Urheberrecht und Staat

Europäische Hochschulschriften Recht

European University Studies in Law

Publications Universitaires Européennes de Droit

Band/Volume 6690

Lale Fröhlich-Heidemann

Urheberrecht und Staat

Der Schutz von Individualinteressen und der Schutz des öffentlichen Interesses nach dem Urheberrechtsgesetz

PETER LANG

Bibliografische Information der Deutschen Nationalbibliothek
Die Deutsche Nationalbibliothek verzeichnet diese Publikation in der Deutschen Nationalbibliografie; detaillierte bibliografische Daten sind im Internet über http://dnb.d-nb.de abrufbar.

Zugl.: Berlin, Humboldt-Univ., Diss., 2022

11
ISSN 0531-7312
ISBN 978-3-631-88027-2 (Print)
E-ISBN 978-3-631-88719-6 (E-PDF)
E-ISBN 978-3-631-88720-2 (EPUB)
DOI 10.3726/b20088

Diese Publikation wurde begutachtet.

www.peterlang.com

Meiner Familie

Vorwort

Der Großteil dieser Arbeit entstand vor allem während der Zeit, in der ich noch als angestellte Rechtsanwältin gearbeitet habe. Der Abschluss der Arbeit und insbesondere auch die Disputation fielen bereits in die Zeit, in der ich schon als Richterin in Hamburg tätig war. Aktuelle Rechtsprechung und Literatur konnte bis einschließlich Mai 2022 berücksichtigt werden.

Mein Dank gilt Herrn Prof. Dr. Ronny Hauck für die Betreuung. Frau Prof. Dr. Eva Inés Obergfell danke ich für die Erstellung des Zweitgutachtens.

Ich danke Shalene Edwards für das aufmerksame Lesen der Arbeit und die anschließende Diskussion. Meinen Eltern, Hilde und Arne Fröhlich, danke ich dafür, dass sie mich immer unterstützen, egal was ich mir in den Kopf gesetzt habe. Meiner Mutter danke ich an dieser Stelle auch für das Korrekturlesen. Ohne die Ermutigung jedoch, die ich von Johannes erhalten habe, hätte ich diese Arbeit nicht einmal begonnen geschweige denn fertig gestellt. Danke, dass Du immer für mich da bist.

Hamburg, Juni 2022

Inhaltsverzeichnis

Einleitung

A. Zusammenhang zwischen Urheberrecht und Demokratie

I. Gang der Untersuchung

Wöchentlich gibt die Bundesrepublik Deutschland militärische Lageberichte über Auslandseinsätze beim Bundesverteidigungsministerium in Auftrag, welche als „*Unterrichtungen des Parlaments*" (UdP) Verschlusssachen der niedrigsten Geheimhaltungsstufe „*VS – Nur für den Dienstgebrauch*" qualifiziert sind. Die Funke Medien NRW GmbH[1] betreibt das Internetportal der Westdeutschen Allgemeinen Zeitung und beantragte Zugang zu sämtlichen UdP aus den Jahren 2001 bis 2012 nach dem Informationsfreiheitsgesetz des Bundes (IFG).[2] Dieses Begehren wurde ihr unter Verweis auf sicherheitsempfindliche Belange der Bundesrepublik versagt. Insofern wird in der Folge in dieser Arbeit davon ausgegangen, dass die Interessen mit denen sich staatliche Stellen auf das Urheberrecht berufen, sicherheitspolitischer Natur sind. Auf unbekannten Wegen gelangte Funke Medien NRW dennoch an einen Großteil der UdP und veröffentlichte einige von diesen sodann als „*Afghanistan Papiere*" mit einem Einleitungstext, weiterführenden Links und einer Einladung zur interaktiven Partizipation auf ihrer Website. Gegen diese Veröffentlichung ging die Bundesrepublik Deutschland mit dem Mittel des Urheberrechts gegen die Funke Medien NRW vor und erhob schließlich Klage, der die Instanzen bis zum BGH Recht gaben. Dieser legte dem EuGH Vorlagefragen vor, insbesondere mit Blick auf die Berücksichtigung der EU-Grundrechtecharta (EU-GRCh)[3] im Urheberrecht. Auf die Entscheidung des EuGH hat der BGH nun eine Kehrtwende gemacht und die Veröffentlichung der Afghanistan Papiere als von der Freiheit der Tagesberichterstattungsschranke erfasst angesehen.[4]

Dieser und ähnlich gelagerte Fälle haben es unter dem Schlagwort des „*Zensurheberrechts*"[5] zu negativ konnotierter Berühmtheit gebracht. Bei Fällen, die

---

1 Im Folgenden: Funke Medien NRW.

2 Informationsfreiheitsgesetz vom 5. September 2005 (BGBl. I S. 2722), das zuletzt durch Artikel 44 der Verordnung vom 19. Juni 2020 (BGBl. I S. 1328) geändert worden ist.

3 Charta der Grundrechte der Europäischen Union vom 14.12.2007 (ABl 2007 C 303/1), konsolidierte Fassung vom 07.06.2016 (ABl 2016 C 202/389).

4 Im Detail zu diesem Fall unter: D.III.2.

5 Beispielhaft: *Semsrott*, Zensurheberrecht: Formelle Fehler bei einstweiliger Verfügung zum Glyphosat-Gutachten, https://fragdenstaat.de/blog/2019/06/06/zensurheberre

mit dem Schlagwort des „*Zensurheberrechts*" beschrieben werden, geht es um Konstellationen, in denen durch Instrumente, die das UrhG[6] zur Verfügung stellt, die Verbreitung von Information von Seiten des Staates verhindert werden soll. Da es staatliche Stellen selbst sind, die ein Urheberrecht geltend machen, ist die Nähe zur staatlichen Zensur gegeben.

Das Urheberrecht ist dazu bestimmt, dem Urheber zu dienen. Es soll seine verwertungs- und urheberpersönlichkeitsrechtlichen Interessen wahren.[7] Es wird in dieser Arbeit näher untersucht werden, ob diese auch ein Geheimhaltungsinteresse umfassen. Hinzu kommt, dass das Urheberrecht den Urheber in Bezug auf die Form eines Werkes schützt, nicht aber die Idee oder einen generellen Stil. Gerade diese Komponenten sollen der Allgemeinheit für weiteres Schaffen zugänglich bleiben. Eine Monopolisierung von Inhalten soll gerade nicht erfolgen.[8] Es entsteht vor diesem Hintergrund der Eindruck, dass sich staatliche Stellen nicht aus urheberrechtlich geschützten Interessen auf das Urheberrecht berufen, sondern um unliebsamer Berichterstattung vorzubeugen.

Der Gebrauch eines Rechts zur Unterdrückung des Informationsflusses ist in einem demokratischen Staatsgefüge besonders heikel. So urteilte das BVerfG bereits in den 50er Jahren des zwanzigsten Jahrhunderts in seiner Lüth-Entscheidung, dass die „*ständige geistige Auseinandersetzung*", nämlich der „*Kampf der Meinungen*", das „*Lebenselement*" einer „*freiheitlich-demokratische*[n] *Staatsordnung*" sei.[9] Der in der rechtswissenschaftlichen Literatur gängige Vorwurf, das Urheberrecht schränke die freie Rede ein, wiegt daher so schwer, weil die freie Rede schlechthin konstituierend für ein demokratisches System ist.[10] Zu einer Demokratie gehört untrennbar eine geistige Auseinandersetzung. Wenn sich nun aber auf das Urheberrecht berufen wird, um bestimmte Dokumente der Öffentlichkeit nicht preiszugeben, dann hindert das Urheberrecht die

---

cht-landgericht-koln-formelle-fehler/; *Kraetzig*, Das Urheberrecht als Knebel, https://www.faz.net/einspruch/wie-das-urheberrecht-als-zensurheberrecht-missbraucht-wird-16667102.html?premium (zuletzt abgerufen am 26.05.2022).

6 Urheberrechtsgesetz vom 9. September 1965 (BGBl. I S. 1273), das zuletzt durch Artikel 25 des Gesetzes vom 23. Juni 2021 (BGBl. I S. 1858) geändert worden ist UrhG vom 9. September 1965 (BGBl. I S. 1273), das zuletzt durch Artikel 1 des Gesetzes vom 28.November 2018 (BGBl. I S. 2014) geändert worden ist.

7 Im Detail unter: B.II.

8 *Dreier*, in: Dreier/Schulze Urheberrechtsgesetz, 7. Aufl. 2022 (Einl. Rn. 2).

9 BVerfG, Urteil vom 15.01.1958, 1 BvR 400/57; NJW 1958, 257 (258).

10 Zum Begriff der Demokratie und zum demokratischen System sogleich unter A.II.3.

geistige Auseinandersetzung über ebenjene Dokumente. Ist das Urheberrecht also demokratiehindernd?

Die Materie des Urheberrechts ist in vielerlei Hinsicht mit der *„geistigen Auseinandersetzung“* verwoben. Einerseits schützt das Urheberrecht die eigene geistige Schöpfung, die in der Regel einen Prozess der geistigen Auseinandersetzung mit bereits Bestehendem voraussetzt. Das entstehende Schutzrecht kann aber, wie in dem oben genannten Beispiel, die geistige Auseinandersetzung mit dem geschaffenen Werk wiederum erschweren. In diesem Zusammenhang wird auch der bereits erwähnte Vorwurf laut, das Urheberrecht schränke die freie Rede ein und würde eine treffendere Bezeichnung als *„Zensurheberrecht“* erfahren.[11] Allerdings finden sich im UrhG diverse Schranken, die die geistige Auseinandersetzung mit urheberrechtlich geschützten Werken ermöglichen und so den Konflikt in möglichst schonender Weise lösen sollen. Diese Schranken finden ihr Pendant auf EU-rechtlicher Ebene. Nach diesen Regelungen könnte die geistige Auseinandersetzung (mit urheberrechtlichen Werken) nicht nur bedacht, sondern auch gewünscht sein. Und auch der Gewährung des Ausschließlichkeitsrechts selbst sind Argumente immanent, die eine geistige Auseinandersetzung eigentlich fördern können: Basiert nicht auch ein offener und pluraler Meinungsbildungsprozess auf gewissen Schutzrechten, die denen, die diesen Prozess befeuern, Sicherheiten in Form von (Immaterialgüter-)rechten gewährleisten? Hier sei nicht nur an materielle, sondern auch an (urheber-) persönlichkeitsrechtliche Sicherheiten, wie das Namensnennungsrecht gedacht.

Daraus ergibt sich die Frage, ob dem Urheberrecht nicht (auch) ein Zweck immanent ist, welcher das Ziel verfolgt, gesamtgesellschaftliche menschliche Bedürfnisse zu befriedigen. Dabei ist besonders eine Überlegung naheliegend: Urheberrechtliche Werke wirken in ihrer Umwelt und setzen damit unter Umständen die Basis für eine geistige Auseinandersetzung mit dem Werk durch einen Dritten.[12] Das Ausschließlichkeitsrecht, welches an dem geistigen Werk erwächst, sichert dabei immaterielle Interessen (zum Beispiel das Namensnennungsrecht) als auch mögliche materielle Interessen (zum Beispiel Lizenzgebühren) des Schöpfers. Die geistige Auseinandersetzung der Bürger untereinander ist wiederum Voraussetzung und Teil eines freien und offenen Meinungs- und Willensbildungsprozesses.[13] Der US-amerikanische Rechtswissenschaftler *Neil*

11 So auch: *Düwel*, Das Urheberrecht als Mittel staatlicher Geheimhaltung, 2020, 20, 21.

12 Vgl. *Schack*, Urheber- und Urhebervertragsrecht, 9. Auflage 2019, Rn. 540. Dieser besagt, dass einer der Zwecke der urheberrechtlichen Schranken auch die geistige Auseinandersetzung sei.

13 Dazu sogleich unter A.II.2.

Weinstock Netanel vertritt den Ansatz, den Zweck des Urheberrechts beziehungsweise des Copyrights[14] nicht nur spezifisch in der geistigen Auseinandersetzung, sondern noch weiter in einer Staatsform, in demokratietheoretischen Erwägungen zu erblicken. Wenn man das Dasein des Urheberrechts demokratietheoretisch begründet, wird man hieraus ebenso ableiten, dass das Urheberrecht (auch) in dem Dienst eines freien und offenen Meinungs- und Willensbildungsprozesses stünde.[15] Dieser Ansatz erkennt die Erforderlichkeit des öffentlichen Diskurses in einer Demokratie und strebt daher die Auseinandersetzung mit urheberrechtlich geschützten Werken in der Öffentlichkeit an.[16]

Die Arbeit ist in zwei Teile gegliedert: In dem ersten Teil der Arbeit (B. und C.) soll erarbeitet werden, ob das UrhG Anhaltspunkte liefert, wonach es nicht nur der möglichst umfassenden Gewährung des Ausschließlichkeitsrechts, sondern auch gesamtgesellschaftlichen Zwecken dient – konkret: der geistigen Auseinandersetzung. Dabei werden zunächst der Schutzbereich des Urheberrechts, sein Regelungszweck, sowie auch bestimmte der geistigen Auseinandersetzung dienende Schrankenregelungen bestimmt. Dieser erste Teil bereitet den Boden für die Argumentation des zweiten Teils (D., E. und F.), der untersuchen wird, ob sich staatliche Stellen mit Blick auf die Erkenntnisse aus dem ersten Teil auf das Urheberrecht berufen dürfen. Diese Frage stellt sich, da sich in den als „*Zensurheberrecht*" bezeichneten Fällen staatliche Stellen auf das Urheberrecht berufen und zu vermuten steht, dass diese nie wie ein privater Rechteinhaber agieren, wenngleich jedoch das Urheberrecht auf private Rechteinhaber ausgelegt ist. Bejahendenfalls soll diskutiert werden, ob die Motivation aus der sich heraus auf das Urheberrecht berufen wird und betroffene Interessen der Nutzer einen Unterschied in der Aktivlegitimation machen oder gegebenenfalls machen sollten.

Die Untersuchung wird sich also zu Beginn der Frage widmen, inwiefern die dem Urheber gewährten Rechte verfassungsrechtlich abgesichert sind und was vom Schutzumfang des Urheberrechts umfasst ist (B.). Sodann soll der Blick

14 Das US-amerikanische Copyright weist wesentliche Unterschiede zum deutschen Urheberrecht auf. Einen Überblick gibt: *Stögmüller*, in: Münchener Anwaltshandbuch IT-Recht, 3. Aufl. 2013 (Teil 6 Kapitel B. Rn. 28 ff.).

15 Dazu eingehend unter: F.II Die maßgeblichen Veröffentlichungen *Netanels* hierzu sind: *Netanel*, Copyright and a Democratic Civil Society, Yale Law Journal 1996, 283; *Netanel*, Asserting Copyright´s Democratic Principles in the Global Arena, Vanderbilt Law Review 1998, 217; *Netanel*, Market Hierarchy on Copyright in Our System of Free Expression, Vanderbilt Law Review 2000, 1879; *Netanel*, Copyright's Paradox, 2008.

16 *Marl*, Der Begriff der Öffentlichkeit im Urheberrecht, 2017, 179.

auf die Schranken und speziell auf die Förderung geistiger Auseinandersetzung und damit auch des öffentlichen Informationsinteresses durch das UrhG gelenkt werden (C.). Der zweite Teil geht konkret auf Beispiele des bereits skizzierten Falls als „*Zensurheberrecht*“ (D.) und die rechtliche Bewertung und mögliche Lösung *de lege lata* ein (E.). Dem wird sich die Erarbeitung eines Lösungsvorschlags anschließen (F.). Darf sich der Staat des Urheberrechts bedienen, um eine Geheimhaltung sicherzustellen?

II. Begriffsbestimmung

1. Der Urheber in dieser Arbeit

Bei der Interessenlage im Urheberrecht handelt es sich nicht um einen bipolaren und wohl auch nicht um einen tripolaren Interessengegensatz.[17] Es steht zu vermuten, dass aufgrund permanent technischen Wandels die Interessenlagen nicht einmal grundsätzlich und deutlich auseinander gehalten werden können, sondern dass man es mit einer diffusen, multipolaren und sich stets verändernden Interessenlage zu tun hat. Dabei gilt es auf der einen Seite die Urheber und auf der anderen Seite die Nutzer zu berücksichtigen, zugleich aber im Blick zu behalten, dass der Urheber im nächsten Moment auch selbst Nutzer und der Nutzer selbst Urheber sein mag.[18] In dieser Interessen-Gemengelage werden sich außerdem Verwerter, Verwertungsgesellschaften sowie Leistungsschutzberechtigte wiederfinden. Hervorzuheben sind dabei Intermediäre, die als relativ neue Akteure wahrzunehmen sind.[19] Für die grundlegende Herausarbeitung des Zusammenhangs zwischen dem Urheberrecht als Ausschließlichkeitsrecht für Individuen und der im öffentlichen Interesse stehenden geistigen Auseinandersetzung soll die Multipolarität allerdings in dieser Arbeit außer Acht gelassen werden.

2. Geistige Auseinandersetzung

Geistige Auseinandersetzung wird in dieser Arbeit als das Empfangen von Sichtweisen einer anderen Person, sowie die Reaktion darauf verstanden. Letztere kann sowohl in einer innerlichen Überlegung als auch (beziehungsweise oder) in

---

17 *Loewenheim*, in: Schricker/Loewenheim, 6. Aufl. 2020 (Einl. Rn. 12).

18 Mit Blick auf ein bi- oder tripolares Verhältnis ebenfalls: *Loewenheim*, in: Schricker/Loewenheim, 6. Aufl. 2020 (Einl. Rn. 12).

19 *Peifer*, Die urhebervertragsrechtlichen Normen in der DSM-Richtlinie, ZUM 2019, 648.

einer Antwort darauf zu der ursprünglich diese Sichtweise vertretenden Person, oder aber zu einer Dritten bestehen. Es handelt sich um einen freien Austausch von mindestens zwei Personen über etwa politische, religiöse, kulturelle oder unterhaltende Themen, der in einem Dialog bestehen kann. Der Austausch muss frei sein, denn soweit eine Sichtweise vorgegeben ist, kann die Auseinandersetzung nicht mehr offen sein. „*Offen*“ bezeichnet in diesem Zusammenhang das Einbeziehen einer jeden möglichen Sichtweise. Zusammenfassend bedeutet „*frei*“ daher in diesem Zusammenhang einen herrschaftsfreien und, wenn gewünscht, öffentlichen Diskurs.

3. Geistige Auseinandersetzung und Demokratie

Maßstab dieser Arbeit ist die deutsche Rechtsordnung mit ihren internationalen Bezügen. Insofern sind sowohl das Grundgesetz[20] als auch die Verträge der Europäischen Union[21], und damit auch die EU-GRCh und die EMRK[22], entscheidend.

Das Wort Demokratie leitet sich aus dem altgriechischem „*Herrschaft des Staatsvolkes*“ ab (Volksherrschaften).[23] Für die Bundesrepublik Deutschland gibt Artikel 20 Absatz 1 Satz 1 GG die Demokratie als Staatsform vor. Neben dieser normativen Verankerung des Demokratieprinzips finden sich im Grundgesetz aber weitere wesentliche Regelungen, die das Demokratieprinzip

---

20 Grundgesetz für die Bundesrepublik Deutschland in der im Bundesgesetzblatt Teil III, Gliederungsnummer 100-1, veröffentlichten bereinigten Fassung, das zuletzt durch Artikel 1 u. 2 Satz 2 des Gesetzes vom 29. September 2020 (BGBl. I S. 2048) geändert worden ist.

21 Diese bestehen aus zwei Verträgen in der Fassung aufgrund des am 1. Dezember 2009 in Kraft getretenen Vertrages von Lissabon: den Vertrag über die Arbeitsweise der Europäischen Union (im Folgenden: AEUV), konsolidierte Fassung bekanntgemacht im ABl. EG Nr. C 115 vom 9.5.2008, S. 47; den Vertrag über die Europäische Union (im Folgenden: EU-Vertrag), konsolidierte Fassung bekanntgemacht im ABl. EG Nr. C 115 vom 9.5.2008, S. 13.

22 Gem. Art. 6 EU-Vertrag sind die Grundrechte, wie sie in der Europäischen Konvention zum Schutz der Menschenrechte und Grundfreiheiten – EMRK – gewährleistet sind und wie sie sich aus den gemeinsamen Verfassungsüberlieferungen der Mitgliedstaaten ergeben, als allgemeine Grundsätze Teil des Unionsrechts. Die „*EMRK*“ meint die Konvention zum Schutz der Menschenrechte und Grundfreiheiten vom 22.10.2010 (BGBl. II S. 1198) zuletzt geändert durch Protokoll Nr. 15 vom 24.06.2013 (BGBl. 2014 II S. 1034, 1035).

23 *Weber*, in: Creifelds Rechtswörterbuch, 27. Edition 2021 (Suchwort: Demokratie).

verfassungsrechtlich konkretisieren. Bereits in Artikel 20 Absatz 2 GG finden sich zwei wesentliche Konkretisierungen des Demokratieprinzips. Satz 1 schreibt die Volkssouveränität vor, denn alle Staatsgewalt soll vom Staatsvolk hergeleitet werden. Satz 2 besagt, dass diese Gewalt durch Wahlen und Abstimmungen ausgeübt wird. Die Ausübung der Macht erfolgt also generell durch das Volk in Wahlen und Abstimmungen und konkret durch demokratisch legitimierte Staatsorgane. Regelungen, welche das Demokratieprinzip ferner konkretisieren, sind beispielhaft Artikel 38 Absatz 1 sowie Artikel 21 GG, welche das Prinzip der demokratischen Repräsentation enthalten. Das Grundgesetz schreibt demnach das Prinzip der mittelbaren (das heißt repräsentativen) Demokratie vor.[24] Dementsprechend wird unter dem Begriff „*Demokratie*" in dieser Arbeit auch eine Staatsform verstanden, in der alle Staatsgewalt vom Staatsvolk hergeleitet (Volkssouveränität), aber durch demokratisch legitimierte Staatsorgane ausgeübt wird. Es handelt sich um eine repräsentative Demokratie.

Das soeben auf Basis vom Grundgesetz erläuterte Verständnis von Demokratie für die Zwecke dieser Arbeit entspricht auch dem maßgeblichen Rechtsrahmen der Europäischen Union. Denn nach Artikel 10 Absatz 1 des EU-Vertrags beruht auch die Arbeitsweise der Europäischen Union auf der repräsentativen Demokratie. Dies gilt auch, obwohl diese nach Artikel 11 EU-Vertrag durch Elemente der partizipativen, assoziativen und direkten Demokratie ergänzt wird.[25] Das Prinzip der (repräsentativen) Demokratie findet sich auch in den europäischen Verfassungstraditionen wieder (siehe Artikel 2 EU-Vertrag).[26]

Es wird von einer Konnexität zwischen einer freien Kommunikation und einer demokratischen Staatsform ausgegangen, welche ihre Wurzeln nicht erst in den genannten Gesetzestexten, sondern bereits in der Epoche der Aufklärung findet.[27] Das Leitbild der freien Bildung einer öffentlichen Meinung ist seither als einer der Eckpfeiler staatstheoretischen Denkens verankert.[28] Gemäß dem optimistischen Ideal soll sich in einem freien Kampf und Wettbewerb um

---

24 Für das Vorstehende: *Grzeszick*, in: Maunz/Dürig Grundgesetz-Kommentar, 95. Aufl. 2021 (Art. 20 GG Rn. 11).

25 *Scholz*, in: Maunz/Dürig Grundgesetz-Kommentar, 95. Aufl. 2021 (Art. 23 GG Rn. 73).

26 *Scholz*, in: Maunz/Dürig Grundgesetz-Kommentar, 95. Aufl. 2021 (Art. 23 GG Rn. 73).

27 *Mafi-Gudarzi*, Desinformation: Herausforderung für die wehrhafte Demokratie, ZRP 2019, 65 (67); *Kloepfer*, in: Isensee/Kirchhof, Handbuch des Staatsrechts, 3. Auflage 2005 (§ 42 Rn. 13).

28 *Kloepfer*, in: Isensee/Kirchhof, Handbuch des Staatsrechts, 3. Auflage 2005 (§ 42 Rn. 13).

Meinungen unter Gleichen die Macht der Vernunft durchsetzen.[29] Diese Vorstellung geht zwar nicht von zwangsläufig objektiv richtigen Ergebnissen aus, *„denn dieser Weg ist a process of trial and error (*I. B. Talmon*), aber doch so, daß er durch die ständige gegenseitige Kontrolle und Kritik die beste Gewähr für eine (relativ) richtige politische Linie als Resultante und Ausgleich zwischen den im Staat wirksamen politischen Kräften gibt".*[30] Ein Kontrollieren durch verschiedene gesellschaftliche Akteure mutet als der beste Weg an, um einen staatlichen Willen zu entfalten.[31] Insofern ist die geistige Auseinandersetzung eng mit einer freiheitlich demokratischen Staatsform verwoben.[32]

4. Freier und offener Kommunikationsprozess

Das demokratische Prinzip ist zwingend mit weiteren Grundvorstellungen verbunden, ohne die es nicht schlüssig gedacht werden kann und die daher mit einem Bekenntnis zur Demokratie in Einklang zu bringen sind. Insbesondere hängt mit einer demokratischen Staatsform die Grundvorstellung zusammen, dass ein gewisses Mindestmaß an politischer Willensbildung gewährleistet ist.[33] Die Entscheidungsfindung zur Ausübung der Staatsgewalt – sei sie unmittelbar etwa in Form von Plebisziten oder mittelbar in Form von Wahlen, die ihrerseits Staatsorgane zur unmittelbaren Entscheidung legitimieren – vermag nur dann den wirklichen Willen des Staatsvolks abzubilden, wenn politische Entscheidungen aufgrund eines *„freien und offenen Prozesses der Meinungs- und Willensbildung"* getroffen werden können.[34] Dieser Grundannahme eilen wiederum zwei weitere Grundannahmen voraus, nämlich sowohl die politische Freiheit als auch die Gleichheit der Staatsbürger.[35]

---

29 *Kloepfer*, in: Isensee/Kirchhof, Handbuch des Staatsrechts, 3. Auflage 2005 (§ 42 Rn. 14).

30 BVerfG, Urteil vom 17.08.1956, 1 BvB 2/51; NJW 1956, 1393 (1396).

31 *Mafi-Gudarzi*, Desinformation: Herausforderung für die wehrhafte Demokratie, ZRP 2019, 65 (67).

32 BVerfG, Urteil vom 17.08.1956, 1 BvB 2/51; NJW 1956, 1393 (1396).

33 *Grzeszick*, in: Maunz/Dürig Grundgesetz-Kommentar, 95. Aufl. 2021 (Art. 20 Rn. 15).

34 BVerfG, Urteil vom 02.03.1977, 2 BvE 1/76; NJW 1977, 751; BVerfG, Urteil vom 12.10.1993, 2 BvR 2134/92 und 2 BvR 2159/92; NJW 1993, 3047 (3051); BVerfG, Beschluss vom 31.03.1998, 2 BvR 1877-97 u. 2 BvR 50–98; NJW 1998, 1934 (1936).

35 *Kelsen*, Vom Wesen und Wert der Demokratie, 2018, 9, 10. Für das Grundgesetz ist dessen normativer Anknüpfungspunkt ebenso in Art. 20 Abs. 1 GG zu finden: *Grzeszick*, in: Maunz/Dürig Grundgesetz-Kommentar, 95. Aufl. 2021 (Art. 20 Rn. 15).

Die Gewährleistung des freien und offenen Meinungs- und Willensbildungsprozesses, der erst die Ausübung der politischen Meinungsfreiheit, *„einem der vornehmsten Rechtsgüter jeder freiheitlichen Demokratie“*[36] ermöglicht, ist für *„eine freiheitlich-demokratische Staatsordnung [...] schlechthin konstituierend [ist], denn es ermöglicht erst die ständige geistige Auseinandersetzung, den Kampf der Meinungen, der ihr Lebenselement ist.“*[37] Daher muss mit der Entscheidung für eine demokratische Staatsform zwingend ein herrschaftsfreier öffentlicher Diskurs einhergehen können, welcher durch gewisse Grundrechte die Freiheit der Kommunikation und die Gleichheit der Bürger gewährleistet.[38]

Der Meinungs- und Willensbildungsprozess innerhalb der Gesellschaft ist durch eine Vielzahl an Akteuren gekennzeichnet. Insbesondere sind hier die Massenmedien, vor allem öffentlich-rechtliche und private Rundfunkanstalten, (Zeitungs-)Verlage, soziale Netzwerke und Intermediäre, aber auch Parteien, Verbände und sonstige Organisationsformen der Bürger, sowie Staatsorgane, aber selbstverständlich ebenso Individuen (wie etwa Blogger) zu nennen. Eine begrenzte Zahl von Kommunikationsströmen beziehungsweise überhaupt eine Standardisierung von Kommunikation lässt sich bei diesen Akteuren nicht festmachen.[39] Die zahlreichen Wechselwirkungen, sind alle als geistige Auseinandersetzungen im hier verstandenen Sinne zu klassifizieren.

In der Bundesrepublik Deutschland soll der freie und offene Meinungs- und Willensbildungsprozess durch Artikel 5 Absatz 1 GG, durch die Meinungs-, Informations- und die Pressefreiheit gewährleistet werden.[40] Diese sogenannten *„Kommunikationsgrundrechte“*[41] weisen einen Doppelcharakter auf. Einerseits

---

36 BVerfG, Urteil vom 17.08.1956, 1 BvB 2/51; NJW 1956, 1393 (1396).

37 BVerfG, Urteil vom 15.01.1958, 1 BvR 400/57; NJW 1958, 257 (258).

38 *„Ein Staat, der seine verfassungsrechtliche Ordnung als freiheitlich-demokratisch bezeichnet und sie damit in die große verfassungsgeschichtliche Entwicklungslinie der liberalen rechtsstaatlichen Demokratie einordnet, muß aus dem Grundrecht der Freiheit der Meinungsäußerung ein grundsätzliches Recht der freien politischen Betätigung und damit auch der freien Bildung politischer Parteien entwickeln.“* BVerfG, Urteil vom 17.08.1956, 1 BvB 2/51; NJW 1956, 1393 (1396).

39 *Kluth*, in: BeckOK Grundgesetz, 50. Aufl. 2022 (Art. 21 GG Rn. 71).

40 BVerfG, Urteil vom 15.01.1958, 1 BvR 400/57; NJW 1958, 257 (258).

41 *Grabenwarter*, in: Maunz/Dürig Grundgesetz-Kommentar, 95. Aufl. 2021 (Art. 5 Abs. 1, Abs. 2 GG Rn. 2). Die *„Kommunikationsgrundrechte“* lassen sich zum einen in die Meinungs- und Informationsfreiheit und zum anderen in die Medienfreiheiten einteilen. Die Verwendung des Begriffs in dieser Arbeit umfasst alle diese Freiheiten synonym.

handelt es sich um klassische Grundrechte im Sinne von Freiheitsrechten des Individuums gegenüber dem Staat. Andererseits fungieren sie im Interesse des demokratischen Prozesses als dienende Freiheiten insgesamt.[42] Artikel 5 Absatz 1 GG gewährleistet damit neben der individuellen Kommunikation die öffentliche Meinungsbildung. Allerdings ergibt sich daraus keine „*Aufwertung des Grundrechts*" im Verhältnis zur Beschränkung aus Allgemeinwohlbelangen oder aber bei Grundrechtskollisionen. Denn abgesehen von der Menschenwürde kennt das Grundgesetz keine Grundrechtshierarchie.[43] Zu beachten ist allerdings mit Blick auf die Informationsfreiheit, dass diese lediglich das Recht beinhaltet, sich aus allgemein zugänglichen Quellen ungehindert zu unterrichten. Einen Anspruch auf Zugang zu nicht allgemein zugänglichen Quellen – auch solche aus staatlichen Stellen –, ist aus der Informationsfreiheit gemäß Artikel 5 Absatz 1 GG nicht herzuleiten und kann sich direkt aus der Verfassung allenfalls im Zusammenhang der Pressefreiheit und dem Demokratie- und Rechtstaatsprinzip ergeben.[44]

Eine besondere Rolle im Rahmen des freien und offenen Meinungs- und Willensbildungsprozesses kommt den Medien als sogenannte vierte Gewalt im demokratischen Verfassungsstaat zu. „*Medien*" werden hier nicht nur im traditionellen Sinn – Rundfunk und Print – verstanden, sondern auch in allen neuen Formen, die sich durch Technologisierung in den vergangenen Jahren entwickelt haben. Denn sie sind es, die Informationen auf- und verbreiten und so für die nötige Bildung des Bürgers sorgen, sodass dieser politische Entscheidungen treffen kann. Hauptsächlich ihnen kommt im demokratischen Gefüge die Aufgabe zuteil, das öffentliche Informationsinteresse zu bedienen. Nur wer unterschiedliche Ansichten kennt, kann diese gegeneinander abwägen. Dafür, dass diese Informationen zu den Bürgern gelangen, sind die Medien zuständig. Ohne sie wäre ein freier und offener Meinungs- und Willensbildungsprozess nicht denkbar.[45] Die Selbstbestimmung in der Demokratie kann nur durch ein gewisses Maß an Bildung gesichert sein. Nur der aufgeklärte Bürger kann Macht kontrollieren und insoweit bedingt sich unter demokratietheoretischen

---

42 BVerfG, Beschluss vom 26.06.1990, 1 BvR 1165/89; NJW 1991, 95 (96).

43 Grundgesetz-Kommentar, 95. Aufl. 2021, Art. 5 Abs. 1, Abs. 2 GG Rn. 9.

44 *Grabenwarter*, in: Maunz/Dürig Grundgesetz-Kommentar, 95. Aufl. 2021 (Art. 5 Abs. 1, Abs. 2 GG Rn. 369).

45 Für alles Vorstehende: *Bethge*, in: Sachs Grundgesetz Kommentar, 9. Aufl. 2021 (Art. 5 GG Rn. 65 ff.).

Gesichtspunkten die Legitimation der Staatsgewalt gegenüber dem Bürger mit der dem Bürger zuteil werdenden Bildung und Information.[46]

Für die Europäische Union gilt, dass Artikel 11 Absatz 1 EU-GRCh und Artikel 10 Absatz 1 Satz 1 und 2 EMRK eine identische Garantie in Bezug auf die Meinungs- und Informationsfreiheit kennen. Die Rundfunkfreiheit ist in der EU-GRCh durch die allgemeine Medienfreiheit in Artikel 11 Absatz 2 gewährleistet. Im Wesentlichen decken sich die Gewährleistungen des Grundgesetzes und der EU-GRCh mit Blick auf die Kommunikationsgrundrechte.[47]

5. Öffentliches Interesse und öffentliches Informationsinteresse

Das öffentliche Interesse soll die Belange der Allgemeinheit gegenüber Individualinteressen bezeichnen.[48] Es handelt sich um einen unbestimmten Rechtsbegriff, der in der Praxis im Einzelfall durch Exekutive und Judikative aus einer Gesamtschau jeweiliger einschlägigen gesetzlicher Regelungen ausgelegt werden muss.

Der durch den Staat zu gewährleistende freie und offene Meinungs- und Willensbildungsprozess wird hauptsächlich durch die Medien ausgefüllt. Im Rahmen dieses Prozesses können zugleich Interessen oder Rechte Betroffener beeinträchtigt werden, beispielsweise Staats- und Betriebsgeheimnisse oder Daten, Urheber- und Persönlichkeitsrechte. Die jeweils Betroffenen haben jedoch diese Eingriffe hinzunehmen, soweit der freie und offene Meinungs- und Willensbildungsprozess, wie er sich in der Berichterstattung wiederfindet, von überwiegenden, rechtlichen Interessen getragen wird. Der auf Seiten der Medien streitende und grundrechtlich in Form der Kommunikationsgrundrechte abgesicherte Legitimationsgrund für einen Eingriff in oben genannte Rechte ist das öffentliche Informationsinteresse.[49] Das öffentliche Informationsinteresse ist ein Unterfall des öffentlichen Interesses. In dieser Arbeit ist das öffentliche Interesse in Gestalt des öffentlichen Informationsinteresses von Bedeutung und soll in der unter dieser Ziffer 5 genannten Beschreibung verstanden werden.

---

46 *Voßkuhle*, Rechtsstaat und Demokratie, NJW 2018, 3154.

47 *Grabenwarter*, in: Maunz/Dürig Grundgesetz-Kommentar, 95. Aufl. 2021 (Art. 5 Abs. 1, Abs. 2 GG Rn. 19 ff., 22). Siehe hierzu im Detail unten: B.II.2.c), S. 42 f., D.I., S. 107 ff.

48 *Weber*, in: Creifelds Rechtswörterbuch, 27. Edition 2021 (Suchwort: öffentliches Interesse).

49 *Beater*, Informationsinteressen der Allgemeinheit und öffentlicher Meinungsbildungsprozess, ZUM 2005, 602 (603).

Das öffentliche Informationsinteresse ist bei der Abwägung miteinander kollidierender Grundrechte entscheidend, denn in Bezug auf die Ausübung der Kommunikationsgrundrechte ist ausschlaggebend, ob sich auf diese zum Zweck der privaten Auseinandersetzung oder zur Bildung der öffentlichen Meinung berufen wird, die, wie gesehen, für die Staatsform der Demokratie entscheidend ist.[50]

Für die Feststellung, ob ein öffentliches Informationsinteresse besteht, verbietet sich aus Gründen des Zensurverbots eine allgemeingültige Definition.[51] Nichtsdestotrotz lassen sich Kriterien nennen, die als Indizien für sein Bestehen herangezogen werden können. So sind zwar die Kommunikationsfreiheiten unabhängig vom Inhalt der Kommunikation geschützt, nichtsdestotrotz kann an bestimmten Inhalten ein höheres Interesse bestehen als an anderen. Bei Informationen, die die politische Willensbildung betreffen, wird eher ein öffentliches Informationsinteresse anzunehmen sein als bei Informationen, die Individuen abseits der Öffentlichkeit oder aber rein kommerzielle Interessen betreffen.[52] Ferner kann ein Indiz für das Vorliegen öffentlichen Informationsinteresses in der Relevanz für den freien und offenenen Meinungs- und Willensbildungsprozess selbst liegen, etwa weil ein Vorgang erstmals den Weg in die Öffentlichkeit findet.[53]

6. Missstand

Unter einem Missstand wird hier ein Zustand verstanden, der nicht der Rechtsordnung entspricht.[54] Im Zweifel besteht stets ein öffentliches Informationsinteresse

---

50 BVerfG, Urteil vom 15.01.1958, 1 BvR 400/57; NJW 1958, 257 (258).

51 *Beater*, Informationsinteressen der Allgemeinheit und öffentlicher Meinungsbildungsprozess, ZUM 2005, 602 (604).

52 *Beater*, Informationsinteressen der Allgemeinheit und öffentlicher Meinungsbildungsprozess, ZUM 2005, 602 (604, 605); *Düwel*, Das Urheberrecht als Mittel staatlicher Geheimhaltung, 2020, 101.

53 *Beater*, Informationsinteressen der Allgemeinheit und öffentlicher Meinungsbildungsprozess, ZUM 2005, 602 (609); *Düwel*, Das Urheberrecht als Mittel staatlicher Geheimhaltung, 2020, 98 ff., 101 f. Die weiteren von *Düwel* genannten Kriterien, die die Art der Informationserlangung und die Form der Veröffentlichung betreffen, sind nach hier vertretener Ansicht zwar im Rahmen der Herstellung praktischer Konkordanz im Falle des Eingriffs in die Kommunikationsfreiheiten zu berücksichtigen und für die Frage erheblich, welches Interesse im Ergebnis überwiegt. Sie stellen aber keine Kriterien dafür da, ob ein öffentliches Informationsinteresse selbst besteht.

54 *Edwards*, Die Rechtmäßigkeit von Whistleblowing in der Öffentlichkeit nach der EMRK und nach deutschem Recht, 2017, 12.

über Missstände. Dies besteht aus Gründen der Transparenz und aus Gründen des Korrektivs.[55] Mit Blick auf das Transparenzinteresse gilt, dass offengelegte Informationen die Meinungs- und Willensbildung der Bürger beeinflussen. Nur unter Gewährleistung eines gewissen Maßes an Transparenz ist der Bürger aufgeklärt und damit in der Lage, mündig politische Strukturen mitzugestalten.[56] Ohne dieses Mindestmaß an durch Transparenz gewährleisteter Aufklärung des Bürgers wäre die verfassungsrechtliche Entscheidung für eine repräsentative Demokratie schwer realisierbar. Die Staatsgewalt kann nur dann vom Volk, also den Bürgern ausgehen, wenn diese über die Handlung staatlicher Institutionen aufgeklärt sind.[57] Das Interesse an dem Korrektiv folgt aus dem Interesse an der Transparenz. Sobald die Öffentlichkeit durch transparenten Umgang mit Informationen über Missstände informiert ist, folgt daraus in der Regel das Bestreben den Missstand zu beheben und zu korrigieren.

7. Staatliche Dokumente

Die unter dem Stichwort „*Zensurheberrecht*“ erfassten Fälle betreffen Dokumente aus privater Hand wie auch aus staatlichen Stellen. Da mit der grundgesetzlichen Entscheidung, den freien und offenen Meinungs- und Willensbildungsprozess durch Artikel 5 Absatz 1 GG zu gewährleisten, auch die grundgesetzliche Entscheidung für eine öffentliche Meinungsbildung und damit einen herrschaftsfreien öffentlichen Diskurs einhergeht, erscheint es besonders pikant, wenn an Dokumenten staatlicher Stellen „*Urheberrechte*“ zur Vermeidung ihrer Verbreitung geltend gemacht werden. Nicht nur erscheint dies als widersprüchlich im Verhältnis zu oben genannten grundgesetzlichen Bestimmungen. Hinzukommt, dass die Kontrolle der Staatsgewalt durch Verhinderung der Veröffentlichungen – insbesondere solcher staatlicher Stellen – erheblich eingeschränkt wird. Gegenstand dieser Arbeit sollen daher allein solche Dokumente sein, welche

---

55 *Edwards*, Die Rechtmäßigkeit von Whistleblowing in der Öffentlichkeit nach der EMRK und nach deutschem Recht, 2017, 12 ff.

56 *Gurlit*, in: Das Ende des repräsentativen Staates? Demokratie am Scheideweg – The End of the Representative State? Democracy at the Crossroads, 2016 157 (158); *Edwards*, Die Rechtmäßigkeit von Whistleblowing in der Öffentlichkeit nach der EMRK und nach deutschem Recht, 2017, 13; *Schmale/Tinnefeld*, Öffentlichkeit, Geheimhaltung und Privatheit – Sichtweisen im Raum der europäischen Geschichte und in Cyberia, MMR 2011, 786 (788).

57 *Edwards*, Die Rechtmäßigkeit von Whistleblowing in der Öffentlichkeit nach der EMRK und nach deutschem Recht, 2017, 13.

dem staatlichen Tätigkeitsbereich zuzuordnen sind (in der Folge: staatliche Dokumente). Da staatliche Dokumente eine Nähe zu amtlichen Werken gemäß § 5 UrhG aufweisen, wird auf die gängige Definition von „*amtlich*" zurückgegriffen.[58] Als „*amtlich*" wird ein Werk verstanden, welches auf eine mit der Erfüllung öffentlicher, hoheitlicher Aufgaben betrauten Stelle, zurückzuführen ist.[59] Diese in Erfüllung öffentlicher, hoheitlicher Aufgaben betrauten Stellen werden in dieser Arbeit als „*staatliche Stellen*" bezeichnet. Einschränkend wird in dieser Arbeit der Begriff „*amtlich*" auf solche Dokumente bezogen, die von im Staatsdienst beschäftigten Personen stammen, also etwa Beamten, Richtern, Soldaten und Angestellten im öffentlichen Dienst. Dokumente Dritter, die etwa im Auftrag von staatlichen Stellen erstellt wurden, müssten gesondert untersucht werden, da die Regeln über Urheberrechte in Dienstverhältnissen (§ 43 UrhG) keine Anwendung finden[60] und darüber hinaus auch keine Dienstpflichten gegenüber einem Dienstherrn bestehen, sondern ein privatrechtliches Rechtsverhältnis der Auftragsarbeit zugrundeliegen wird.

8. Investigativ-Journalismus im freien und offenen Meinungs- und Willensbildungsprozess

Im Rahmen dieser Arbeit spielt der Investigativ-Journalismus eine wichtige Rolle. Denn die bereits oben unter dem Stichwort „*Zensurheberrecht*" bekannt gewordenen Fälle betreffen die Frage, inwiefern Medien, die oftmals durch Investigativ-Journalisten recherchierte oder aber diesen zugespielte Dokumente veröffentlichen können, ohne sich der Gefahr der Urheberrechtswidrigkeit auszusetzen. Daher soll hier ein besonderes Augenmerk auf den Investigativ-Journalismus und seine Rolle im freien und offenen Meinungs- und Willensbildungsprozess gelenkt werden. Investigativ-Journalismus (lat. „*investigare*" bedeutet aufspüren, erkunden, erforschen) ist eine Form des Journalismus, der sich umfassend und genau und daher in der Regel langwierig mit der Thematik, über die berichtet werden soll, in Form von Recherche auseinandersetzt. In der Regel handelt es sich thematisch um die Felder Gesellschaft, Politik und Wirtschaft. Durch investigativen Journalismus kann sich eine informierte Öffentlichkeit nicht nur bilden, sondern insbesondere auch ihre Funktion der Kontrolle

58 In Anlehnung an: *Düwel*, Das Urheberrecht als Mittel staatlicher Geheimhaltung, 2020, 23.

59 BGH, Urteil vom 30.04.2009, I ZR 191/05; MMR 2009, 615 (616 Rn. 31); *Katzenberger/Metzger*, in: Schricker/Loewenheim, 6. Aufl. 2020 (§ 5 UrhG Rn. 28).

60 Siehe dazu im Detail unter: E.III.2.c).

als Staatsgewalt in einer repräsentativen Demokratie wahrnehmen.[61] Investigative Journalisten nutzen häufig sogenannte Whistleblower als Quellen. Whistleblower sind Personen, die in ihrem Umfeld (schwerwiegende und erhebliche) Gefahren in gesellschaftlichen, politischen oder wirtschaftlichen Bereich aufdecken.[62] Inhaltlich wird in der Regel ein öffentliches Informationsinteresse an dem durch Whistleblower aufgedeckten und durch Investigativ-Journalisten veröffentlichten Gegenständen bestehen. Es besteht daher eine Vermutung, dass der Schutz von Investigativ-Journalisten und ihren Informanten zugleich ein Schutz des freien und offenen Meinungs- und Kommuniktationsprozesses und damit indirekt des Demokratieprinzips ist.

61 *Schmale/Tinnefeld*, Öffentlichkeit, Geheimhaltung und Privatheit – Sichtweisen im Raum der europäischen Geschichte und in Cyberia, MMR 2011, 786 (789).

62 *Edwards*, Die Rechtmäßigkeit von Whistleblowing in der Öffentlichkeit nach der EMRK und nach deutschem Recht, 2017, 7.

Erster Teil

B. Schutzbereich und Schranken des Urheberrechts

Die Urheber von Werken der Literatur, Wissenschaft und Kunst genießen für ihre Werke Schutz nach Maßgabe des Urheberrechtsgesetzes (§ 1 UrhG). In Abweichung von Vorgängerregelungen[63], die dem Urheber Schutz gewährten, regelt das heutige Recht, dass die Urheber in Bezug auf ihre Werke Schutz erhalten.[64] Das Gesetz schützt damit das Werk – allerdings personenbezogen. Während ein abstrakter Schutz des Werks dem jeweiligen Eigentümer desselben, nicht aber dem Urheber zugute kommen würde, war der Wille des Gesetzgebers des UrhG, dass „[n]*icht das Werk, auf das sich der Schutz bezieht, sondern die Person des Urhebers* […] *im Vordergrund*" stehen soll.[65]

Die Voraussetzungen für die Klassifizierung als urheberrechtlich zu schützenden Gegenstand – also das Werk – sollen in dieser Arbeit nicht weiter beleuchtet werden.[66] Mit Blick auf die Frage, ob sich staatliche Stellen des Urheberrechts bedienen dürfen, wird zwar durchaus in vielen Fällen bereits fraglich sein, ob die betroffenen staatlichen Dokumente urheberrechtsschutzfähig gemäß § 2 UrhG sind.[67] Jedoch wird dies regelmäßig lediglich eine Einzelfallfrage betreffen, ob tatsächlich eine geistige Schöpfung im Sinne des Urheberrechts gegeben ist. Dies hilft im Sinne der Rechtssicherheit aber nicht für eine allgemeingültige Lösung mit Blick auf den Einsatz des Urheberrechts als „*Zensurheberrecht*". Darüber hinaus betrifft die zugrunde liegende Thematik vielmehr die staatliche Stelle als „*Rechteinhaber*". Daher soll in diesem Abschnitt B. heraus gearbeitet werden, wieweit und zu welchem Zweck der Schutz des Urhebers für das urheberrechtlich

---

63 § 1 des Gesetzes betreffend das Urheberrecht an Werken der Literatur und der Tonkunst (LUG) von 1901 und § 1 des Gesetzes betreffend das Urheberrecht an Werken der bildenden Künste und der Photographie (KUG) von 1907.

64 *Nordemann*, in: Fromm/Nordemann Urheberrecht, 12. Aufl. 2018 (§ 1 UrhG Rn. 1).

65 Regierungsentwurf von 1962 – Bundestags-Drucksache IV/270, S. 37.

66 Diese sind Teil einer Reihe von wissenschaftlichen Auseinandersetzungen und Gerichtsentscheidungen gewesen. Zum nun wohl vollharmonisierten, unionsweiten Werkbegriff gibt beispielsweise *Leistner* einen Überblick: *Leistner*, Einheitlicher europäischer Werkbegriff auch im Bereich der angewandten Kunst, GRUR 2019, 1114.

67 Ausdrücklich in Bezug auf die Afghanistan Papiere: Generalanwalt beim EuGH, Schlussantrag vom 25.10.2018, EUGH Aktenzeichen C-469/17; BeckRS 2018, 26149 (Rn. 14).

geschützte Werk mit Blick auf „*schutzwürdige Belange der Allgemeinheit*"[68] reicht. Denn der Regelungsgegenstand des Urheberrechts ist einerseits unter persönlichkeits- und vermögensrechtlichen Aspekten zu betrachten, andererseits ist die Sozialbindung des Eigentums verfassungsrechtlich vorgegeben. Und so ist auch das Urheberrecht, welches in vermögensrechtlicher Hinsicht von der Eigentumsfreiheit geschützt wird, insofern sozialgebunden. Mit der Sozialbindung sind (auch) Allgemeininteressen wie das öffentliche Interesse gemeint, die zu einer Begrenzung des Ausschließlichkeitsrechts führen.[69] Bevor der normative Maßstab jedoch erörtert wird, soll ein Überblick über den Hintergrund des Schutzes vom Urheberrecht gegeben werden, um der Diskussion in dieser Arbeit den nötigen Kontext zu geben.

Fraglich ist für diese Arbeit insbesondere, ob im Rahmen geschützter materieller oder immaterieller Interessen Geheimhaltungsinteressen des Urhebers umfasst sind. Geheimhaltung meint in diesem Zusammenhang ein bewusstes Verbergen.

I. Begründung des Urheberrechts

In welchem Verhältnis individuelles Ausschließlichkeitsrecht zu Kollektivinteressen steht, hängt naturgemäß mit der Antwort auf die Frage zusammen, warum es überhaupt Urheberrecht in Form eines individuellen Ausschließlichkeitsrechts gibt.[70] Aus einer rein rechtspositivistischen Perspektive, könnte man die unterschiedlichen Begründungen des geltenden Urheberrechts als irrelevant abtun, doch sind sie entscheidend für die Akzeptanz des Rechts.[71] Die grundsätzliche Akzeptanz des Urheberrechts als Institution ist entscheidend, da es eigentlich anzuerkennende Belange von Individuen schützen soll, allerdings angesichts der Fälle des „*Zensurheberrechts*" erheblichem Legitimationsdruck ausgesetzt ist.[72] Das Verständnis für die Begründung des Urheberrechts ist elementar, wenn das

---

68 Regierungsentwurf von 1962 – Bundestags-Drucksache IV/270, S. 30.

69 *Wandtke*, in: Wandtke/Bullinger Urheberrecht, 5. Aufl. 2019 (Einl. Rn. 18).

70 Mit Blick auf die Befristung des Urheberrechts argumentiert *Bischhoffshausen* ebenso: *Bischoffshausen*, Die ökonomische Rechtfertigung der urheberrechtlichen Schutzfrist, 2013, 123.

71 *Schack*, in: Geistiges Eigentum: Schutzrecht oder Ausbeutungstitel? Zustand und Entwicklungen im Zeitalter von Digitalisierung und Globalisierung, 2008 123 (138).

72 *Obergfell/Hauck*, Urheberrecht ist keine Waffe gegen die Pressefreiheit, https://www.faz.net/aktuell/feuilleton/debatten/urheberrecht-darf-nicht-missbraucht-werden-um-pressefreiheit-einzuschraenken-16532655.html (zuletzt abgerufen am 26.05.2022).

Berufen auf das Urheberrecht durch staatliche Stellen als problematisch erkannt wird und Lösungsmöglichkeiten diskutiert werden. Bei der Auslegung des Urheberrechts und der Frage, welche Interessen es schützt, muss der ursprüngliche Zweck Beachtung finden.

Die Rechtfertigung eines Rechts wird in dieser Arbeit als „*Offenlegung der Gründe zur Legitimation*"[73] einer Vorschrift erfasst. Mit Blick auf das Urheberrecht kristallisiert sich in der Literatur eine bevorzugte Einteilung in individualistische und kollektivistische Rechtfertigungsansätze heraus, der hier gefolgt werden soll.[74]

Der individualistische Rechtfertigungsansatz ist kontinentaleuropäisch zu verorten, während der kollektivistische Ansatz in der angloamerikanischen Rechtskultur beheimatet ist.[75] Beide Ansätze treffen unterschiedliche Aussagen über die Legitimierung des Rechts am Werk und den daraus erwachsenden Schutzumfang.[76] Als individualistisch werden Ansätze, die den Urheber und seine Interessen ins Zentrum stellen – und sich daher schwerpunktmäßig mit der Beziehung zwischen Urheber und Werk befassen – bezeichnet. Kollektivistische Ansätze haben im Gegensatz dazu primär die Gemeinschaftsinteressen im Blick. Sie befassen sich daher schwerpunktmäßig mit der Beziehung zwischen Werk und Gesellschaft.[77]

1. Individualistische Rechtfertigungsansätze

Nach den individualistischen Erklärungsansätzen liegt die Rechtfertigung des Rechts am Werk an der Beziehung zwischen Urheber und Werk.[78] Die Wurzeln

---

73 *Nazari-Khanachayi*, Rechtfertigungsnarrative des Urheberrechts im Praxistest, 2016, 15.

74 Die Unterscheidung wird auch anhand der Kategorien deontologisch/teleologisch-konsequentialistisch und nicht-utilitaristisch/utilitaristisch vorgenommen. Der für die institutionelle Rechtfertigung aber entscheidende Unterschied liegt in der vom Urheberrecht geschützten Beziehung, welche von dem Urheber her gedacht (individualistisch) oder von der Gesellschaft her gedacht (kollektivistisch) sein kann. Tiefergehend zur Begrifflichkeit: *Stallberg*, Urheberrecht und moralische Rechtfertigung, 2006, 46 ff.; *Hansen*, Warum Urheberrecht?, 2009, 83 ff.; *Bischoffshausen*, Die ökonomische Rechtfertigung der urheberrechtlichen Schutzfrist, 2013, 124 ff., 127 f.; *Nazari-Khanachayi*, Rechtfertigungsnarrative des Urheberrechts im Praxistest, 2016, 27.

75 *Loewenheim*, in: Schricker/Loewenheim, 6. Aufl. 2020 (Einl. Rn. 8, 9).

76 *Hansen*, Warum Urheberrecht?, 2009, 83 ff.

77 *Hansen*, Warum Urheberrecht?, 2009, 83 ff.

78 Vgl. hierzu *Fechner*, Geistiges Eigentum und Verfassung, 1999, 124 ff. Wobei dieser nicht weiter nach den unterscheidenden Anknüpfungspunkten differenziert.

dieser Erklärung finden sich in der klassischen Naturrechtslehre und der daraus erwachsenden Eigentums- und Arbeitstheorie *John Lockes*. Das Verständnis des Naturrechts fußt gemeinhin auf der Überzeugung, dass bestimmte Rechte vorgegeben und unveräußerlich und insofern auch der Disposition durch einen Staat entzogen seien.[79] Für die Rechtfertigung in individualistischer Tradition wurden drei verschiedene Anknüpfungspunkte der Beziehung zwischen Urheber und Werk identifiziert, nämlich eine Handlung des Urhebers, die Person des Urhebers selbst und das geistige Werk als solches.[80] Diese können kumulativ als Begründung des Ausschließlichkeitsrechts herangezogen werden.

a) Durch den schöpfenden Akt entstehendes Recht

Der wohl am weitesten rezipierte Ansatz aus der individualistischen Schule sieht den schöpferischen Akt des Urhebers als eigentumsbegründend an. Das durch menschliche Arbeit und durch Geisteskraft produzierte Produkt wird dem Schöpfer als Eigentum zugeordnet.[81] Die lediglich auf körperliche Gegenstände entwickelte Theorie *John Lockes*[82] von der Vorgegebenheit und Vorstaatlichkeit gewisser Rechte, die dem Inhaber Freiheit gewähren, ist von der Literatur[83], aber

---

79 Wobei diese Arbeit bzw. dieses Kapitel nicht zum Ziel hat, die Frage nach der Existenz von Naturrecht zu beantworten, sondern lediglich nachvollziehbare Begründungen für den Urheberrechtsschutz darlegt; vgl. im Übrigen *John Locke,* der sich ebenfalls nicht mit der Frage nach der Existenz von Naturrecht auseinandersetzte, sondern dieses als gegeben voraussetzte: *Locke*, Two Treatises of Government, 1824, Book 2, Chapter 2, § 5, 132.

80 *Stallberg*, Urheberrecht und moralische Rechtfertigung, 2006, 57 ff., 111 ff., 154 ff.

81 *Stallberg*, Urheberrecht und moralische Rechtfertigung, 2006, 59; *Stieper*, Rechtfertigung, Rechtsnatur und Disponibilität der Schranken des Urheberrechts, 2009, 14; *Oberndörfer*, Die philosophische Grundlage des Urheberrechts, 1. Aufl. 2005, 63. Letzterer ausführlich zur Rezeptionsgeschichte der Arbeitstheorie.

82 *Oberndörfer* hat mittels einer Analyse *Locke'scher* Werke nachgewiesen, dass die Arbeitstheorie *Locke's* von ihm (*Locke*) selbst nie auf immaterielle Güter angewendet wurde: *Oberndörfer*, Die philosophische Grundlage des Urheberrechts, 1. Aufl. 2005, 36 ff.

83 *Oberndörfer*, Die philosophische Grundlage des Urheberrechts, 1. Aufl. 2005, 11 ff. Dies sowohl unter Rekurs auf das Persönlichkeitsrecht: *v. Gierke*, Deutsches Privatrecht Band I: Allgemeiner Teil und Personenrecht, 1895, § 85 S. 764. Ebenso unter Bezugnahme auf die geistige Leistung (und Immaterialgüterrechtslehre) von *Kohler*, Urheberrecht an Schriftwerken und Verlagsrecht, 1906, § 14 S. 128 ff., § 82 S. 439 ff.

auch von höchstrichterlicher Rechtsprechung in Deutschland[84], auf immaterielle Güter und so auch auf das Recht am Werk mit der Argumentation, dass der Urheber die Früchte seiner Arbeit ernten können müsse und insofern kein Unterschied zwischen materiellem und immateriellem Gut zu machen sei, übertragen worden. Resultat des individuellen Schaffens sei das Werk, das allein dem Urheber zur unbedingten Verwertung zuzuschreiben sei und in dessen Macht es liegen müsse, andere von der Nutzung und Verwertung auszuschließen.[85] Auch der Gedanke, dass der Urheber für die von ihm erbrachte geistige und schöpferische Leistung aus Gerechtigkeitsgesichtspunkten belohnt werden müsse, entspringt diesem Ansatz.[86] Das Eigentum an dem geschaffenen Werk folge nicht aus kodifiziertem Recht, sondern als unmittelbare Folge des Schöpfungsaktes aus der Natur der Sache.[87] Kodifiziertes Recht könne dieses Natürliche lediglich anerkennen und ausgestalten.[88]

b) Durch die Persönlichkeit geprägtes Recht

Ein weiterer Anknüpfungspunkt für einen individualistischen Erklärungsansatz eines Ausschließlichkeitsrecht an einer geistigen Schöpfung liegt in der Schöpfungspersönlichkeit des Urhebers und seinen Freiheitsrechten, wie nach der Eigentumstheorie *Georg Wilhelm Friedrich Hegels*, begründet wird. Danach sei das Privateigentum die Notwendigkeit für die Freiheitsverwirklichung eines

---

84 BVerfG, Beschluss vom 07.07.1971, 1 BvR 765/66; GRUR 1972, 481 (483); BVerfG, Beschluss vom 25.10.1978, 1 BvR 352/71; GRUR 1980, 44 (46); BGH, Urteil vom 18.05.1955, I ZR 8/54; GRUR 1955, 492 (496, 497).

85 *Schack*, in: Geistiges Eigentum: Schutzrecht oder Ausbeutungstitel? Zustand und Entwicklungen im Zeitalter von Digitalisierung und Globalisierung, 2008 123 (127 ff.); *Ohly*, in: Geistiges Eigentum: Schutzrecht oder Ausbeutungstitel? Zustand und Entwicklungen im Zeitalter von Digitalisierung und Globalisierung, 2008 140 (145 f.); *Ann*, Die idealistische Wurzel des Schutzes geistiger Leistungen, GRUR Int 2004, 597 (598); *Leistner/Hansen*, Die Begründung des Urheberrechts im digitalen Zeitalter: Versuch einer Zusammenführung von individualistischen und utilitaristischen Rechtfertigungsbemühungen, GRUR 2008, 479.

86 *Fechner*, Geistiges Eigentum und Verfassung, 1999, 130 ff.; *Kirchhof*, Der Gesetzgebungsauftrag zum Schutz des geistigen Eigentums gegenüber modernen Vervielfältigungstechniken, 1988, 8 f.; *Pahud*, Die Sozialbindung des Urheberrechts, 2000, 36 f.

87 *Hubmann*, Das Recht des schöpferischen Geistes, 1954, 7 ff.

88 *Stieper*, Rechtfertigung, Rechtsnatur und Disponibilität der Schranken des Urheberrechts, 2009, 16 ff.; *Hubmann*, Das Recht des schöpferischen Geistes, 1954, 57.

Menschen. Der Urheber sei vom Werk abhängig[89] und müsse folglich Eigentum an dem von ihm geschaffenen Werk erhalten.[90] Das Recht an einem Werk habe daher freiheitssichernde Funktion.[91] Freiheit bedeute Schutz vor staatlichen Eingriffen und damit auch „*Schutz des materiellen Substrats der Freiheitsausübung*"[92]. Diese Eigentumstheorie ist nur im staatstheoretischen Licht zu begreifen, handelt es sich doch um die Frage, wie viel Recht einem Bürger vom Staat zuerkannt werden muss, um „*frei*" zu leben.

c) Geistiges Werk begründet das Recht

Schließlich lässt sich das Ausschließlichkeitsrecht an dem Werk als „*Kind seines* [des Urhebers] *Geistes*"[93] begründen.[94] Dieser Ansatz fußt auf der Annahme einer psychischen Beziehung zwischen Urheber und seinem Werk. Man argumentiert mit einer Abhängigkeit des Urhebers von seinem Werk, welche wiederum durch das Urheberrecht geschützt werden müsse. Das Werk trage zur Kennzeichnung des Urhebers selbst bei, die im Werk zu findende Besonderheit und Individualität sei Teil der Persönlichkeit und daher entstehe ein Recht am Werk durch den Schöpfer. Es handele sich um einen „*in die Außenwelt hinausgestellten Teil der eigenen Individualität*"[95]. Zudem lässt sich mit der Immaterialität geistiger Werke und ihrer darauf basierenden Abhängigkeit zu ihrem Schöpfer argumentieren, da ein geistiges Werk immer eines kommunikativen Aktes bedürfe. Diese werde durch ein Recht am Werk geschützt. Der letztgenannte Ansatz baut darauf auf, dass die Überzeugungskraft, die ein Werk hat, von der Nennung seines Autors abhänge.[96]

---

89 *Hegel*, Grundlinien der Philosophie des Rechts, Neuausgabe, Studienausgabe 2017, § 65. „[…] *aber nur insofern die Sache ihrer N a t u r nach ein Ä u ß e r l i c h e s ist*" (Hervorhebung im Original); *Stallberg*, Urheberrecht und moralische Rechtfertigung, 2006, 113.

90 *Hegel*, Grundlinien der Philosophie des Rechts, Neuausgabe, Studienausgabe 2017, §§ 49 ff.; *Stallberg*, Urheberrecht und moralische Rechtfertigung, 2006, 123.

91 *Hansen*, Warum Urheberrecht?, 2009, 92.

92 *Ossenbühl*, Verfassungsrechtliche Fragen der Beteiligung der Sendeunternehmen an den Vergütungen für private Ton- und Bildüberspielungen, GRUR 1984, 841 (846); *Schulte*, Die Erfindung als Eigentum, GRUR 1985, 772 (774).

93 *Ulmer*, Urheber- und Verlagsrecht, 3. Auflage 1980, 11 f.

94 *Stallberg*, Urheberrecht und moralische Rechtfertigung, 2006, 138. Unter Verweis auf *Becker*, Deserving to Own Intellectual Property, Chicago-Kent Law Review 1993, 609 (626 ff.).

95 *Hubmann*, Das Recht des schöpferischen Geistes, 1954, 76.

96 *Stallberg*, Urheberrecht und moralische Rechtfertigung, 2006, 154 ff., 201.

2. Kollektivistische Theorien

Kollektivistische Begründungsansätze hingegen rechtfertigen das Recht am Werk unter Bezugnahme auf die Beziehung zwischen Werk und Gesellschaft, dessen Teil der Urheber selbst auch ist.[97] Das Recht am Werk ist danach anders als bei den individualistischen Theorien kein Selbstzweck – erst Recht nicht ein (moralisches) Recht des Urhebers –, sondern das Mittel zur Förderung des Zwecks im Rahmen einer Gesellschaft.[98] Fällt der Zweck weg oder wird er nicht erfüllt, taugt das Recht am Werk nicht länger als dessen Mittel und es verliert seine Rechtfertigung. Es liegt auf der Hand, dass eine unendliche Vielzahl von Zwecken bestehen könnte.[99] Eine erschöpfende Darstellung soll nicht erfolgen. Kollektivistische Theorien fußen alle auf dem Anreizmodell, aber verfolgen mitunter einen unterschiedlichen Zweck. Hier soll vornehmlich auf den prominentesten Ansatz, und zwar das Anreizmodell eingegangen werden, welches auf der ökonomischen Effizienztheorie beruht.

Ausgangslage des Anreizmodells ist die Immaterialität persönlicher geistiger Schöpfungen, denen die „*Nicht-Exklusivität*" immanent ist. Eine parallele Nutzung ist in der Regel genauso wenig ausgeschlossen wie – jedenfalls im Bereich des Digitalen – eine Abnutzung, wie dies charakteristisch für materielle Güter ist. Auch ist ein Ausschluss von der Nutzung ohne (technische) Regulierung nicht möglich. Ein durch das Urheberrecht eingeräumtes Ausschließlichkeitsrecht verknappt den Markt und sorgt damit für Allokationseffizienz. Da sich die Produktion persönlicher, geistiger Schöpfungen finanziell nicht lohne (weder für Urheber noch für Investoren), käme es ohne künstliche Verknappung zu einem Marktversagen.[100]

---

97 *Stallberg*, Urheberrecht und moralische Rechtfertigung, 2006, 203.

98 *Dietz*, Verfassungsklauseln und Quasi-Verfassungsklauseln zur Rechtfertigung des Urheberrechts – gestern, heute und morgen, GRUR Int 2006, 1; *Stieper*, Rechtfertigung, Rechtsnatur und Disponibilität der Schranken des Urheberrechts, 2009, 29.

99 Es fragt sich dabei auch, auf welchem Wege ein Zweck ausgemacht wird (Prozess der Zweckbestimmung). Es soll an dieser Stelle (noch) nicht weiter auf die Zielfindung eingegangen werden. Namentlich *Netanel*'s Begründungsansatz beinhaltet nicht nur das Ziel sondern ebenfalls die Zielfindung, nämlich einen demokratischen Prozess. Eingehend hierzu unten: F.II.

100 *Ohly*, in: Geistiges Eigentum: Schutzrecht oder Ausbeutungstitel? Zustand und Entwicklungen im Zeitalter von Digitalisierung und Globalisierung, 2008 140 (144); *Hansen*, Warum Urheberrecht?, 2009, 129, 130.

a) Ökonomische Effizienztheorie

Die auf Grundlage der *„ökonomischen Analyse des Urheberrechts“* entwickelte Theorie, nach der durch ein Ausschließlichkeitsrecht ökonomische Effizienz gesteigert würde[101], besagt, dass das Urheberrecht ein Instrument zur Regulierung ist, weil es den von Natur aus freien Konsum und die freie (Re-)Produktion geistiger Güter künstlich beschränke.[102] Das Recht an einem geistigen Werk biete danach den Anreiz sowohl für Urheber als auch für Investoren (*„deserve rewards“*)[103] zur Schöpfung eigener, geistiger Werke. Die Beschneidung einer von Natur aus freien Verfügbarkeit sei der effizienteste Weg, die Produktion zu steigern. Das daraufhin produzierte Werk bringe kreative und geistige Vielseitigkeit (möglichst hohe schöpferische und geistige Produktivität) und dadurch einen Nutzen für die Gesellschaft. Der Anreiz zur Werkproduktion bestünde konkret in dem durch die künstliche Verknappung erzielten höheren Preis – insbesondere einem solchen, der Aufwand und Investition lohnt.[104]

b) Kulturpolitische oder demokratische Zielbestimmungen

Neben dem Anreiz zur ökonomischen Effizienzmaximierung wird auch der Anreiz für kulturpolitische oder soziale Ziele diskutiert.[105] Das Ausschließlichkeitsrecht habe seine Daseinsberechtigung, wenn und soweit es dem kulturellen

---

101 *Bisges*, Ökonomische Analyse des Urheberrechts, ZUM 2014, 930; *Ohly*, in: Geistiges Eigentum: Schutzrecht oder Ausbeutungstitel? Zustand und Entwicklungen im Zeitalter von Digitalisierung und Globalisierung, 2008 140 (144). Es gibt eine große Bandbreite von ökonomietheoretischen Ansätzen. Beispielhaft mwN *Hansen*, Warum Urheberrecht?, 2009, 107 ff.

102 *Lehmann*, Eigentum, geistiges Eigentum, gewerbliche Schutzrechte – Property Rights als Wettbewerbsbeschränkungen zur Förderung des Wettbewerbs, GRUR Int 1983, 356 (361); *Hansen*, Warum Urheberrecht?, 2009, 129 ff., 131.

103 Ausgehend von der Prämisse, dass es vielseitiges, kulturelles Leben brauche, urteilte der U.S. Supreme Court grundlegend und exemplarisch in *Mazer v. Stein* 347 U.S. 201, 219 1954: *„The economic philosophy behind the Clause empowering Congress to grant patents and copyrights is the conviction that encouragement of individual effort by personal gain is the best way to advance public welfare through the talents of authors and inventors in „Science and useful Arts“. Sacrificial days devoted to such creative activities deserve rewards commensurate with the services rendered“* (Abrufbar unter: https://supreme.justia.com/cases/federal/us/347/201/; zuletzt abgerufen am 26.05.2022).

104 *Hansen*, Warum Urheberrecht?, 2009, 131.

105 *Hansen*, Warum Urheberrecht?, 2009, 251 ff., 256 ff.; *Elkin-Koren/Salzberger*, The law and economics of intellectual property in the digital age, 2013, 49.

und gesellschaftlichen Fortschritt diene.[106] Die Prämisse, dass schöpferisches geistiges Leben für das Wohl einer Gesellschaft notwendig sei und daher dessen Förderung im öffentlichen Interesse liege[107], ist ebenfalls die Grundannahme des von *Neil Weinstock Netanel* entwickelten Ansatzes, wonach eine demokratisch verfasste Gesellschaft effizient durch ein ausschließliches Recht an einem Werk erreicht würde. Auf diesen Ansatz wird in Abschnitt F.II vertieft eingegangen.[108]

3. Einordnung

Eine Rechtfertigung des Urheberrechts, die die sozialen Gegebenheiten außer Acht lässt, wird naturgemäß die sozialen Beziehungen unberücksichtigt lassen und daher zu einer verengten und auch recht einseitigen Betrachtung führen. Daher haben modernere Ansätze versucht, individualistische und kollektivistische Betrachtungen zu verbinden.[109] Diese stammen auch gerade aus dem kontinentaleuropäischen, traditionell individualistisch geprägten Raum. Vertreter solcher Ansätze stellen, ebenso wie bei kollektivistischen Ansätzen üblich, das Werk und seine gesamtgesellschaftliche Bedeutung in den Mittelpunkt.[110]

Die individualistischen und die kollektivistischen Begründungen – und das meint Individual- und Kollektivbelange – stellen keine unvereinbaren Gegensätze dar.[111] Es gibt nicht den einen Grund für ein ausschließliches Recht an einem Werk. Eine überzeugende Begründung, eine absolute Aussage, liefert keines der Modelle allein. Dies wird bereits daran sichtbar, dass sich bislang kein universell gültiger Begründungsansatz durchgesetzt hat.[112] Das Urheberrecht

---

106 *Loewenheim*, in: Schricker/Loewenheim, 6. Aufl. 2020 (Einl. Rn. 9).

107 *Leval*, Toward a Fair Use Standard, Harvard Law Review 1990, 1105 (1109).

108 S. 261 ff.

109 So auch *Nazari-Khanachayi*, Rechtfertigungsnarrative des Urheberrechts im Praxistest, 2016, 59.

110 *Stallberg*, Urheberrecht und moralische Rechtfertigung, 2006, 300 ff.; *Leistner/Hansen*, Die Begründung des Urheberrechts im digitalen Zeitalter: Versuch einer Zusammenführung von individualistischen und utilitaristischen Rechtfertigungsbemühungen, GRUR 2008, 479 (481 f. iVm Fn. 23, 490); *Schack*, in: Geistiges Eigentum: Schutzrecht oder Ausbeutungstitel? Zustand und Entwicklungen im Zeitalter von Digitalisierung und Globalisierung, 2008 123 (138); *Ohly*, in: Geistiges Eigentum: Schutzrecht oder Ausbeutungstitel? Zustand und Entwicklungen im Zeitalter von Digitalisierung und Globalisierung, 2008 140 (146); *Hansen*, Warum Urheberrecht?, 2009, 295.

111 *Hohagen*, in: Perspektiven des geistigen Eigentums und Wettbewerbsrechts: Festschrift für Gerhard Schricker zum 70. Geburtstag, 2005 353 (357).

112 *Ann*, Die idealistische Wurzel des Schutzes geistiger Leistungen, GRUR Int 2004, 597 (598, 603).

muss als Produkt einer Vielzahl von Gründen gesehen werden; es hat im Laufe der Entwicklung des Ausschließlichkeitsrechts „*Urheberrecht*" unterschiedliche Rechtfertigungsansätze gegeben, die das Urheberrecht auf unterschiedliche Weise geprägt und beeinflusst haben.[113] Eine Zuspitzung dieser Beschreibung findet sich im Geltungsbereich der EU: Die EU-Richtlinien zum Urheberrecht stellen kollektivistisch geprägte, wirtschaftsrechtliche Regelungen dar, die das traditionell individualistisch geprägte nationale Urheberrecht der Mitgliedstaaten beeinflussen beziehungsweise überlagern.[114] Damit kann eine Kumulation der Argumente aus der individualistischen und aus der kollektivistischen Tradition für die Diskussion zur Auflösung von Konflikten herangezogen werden.

Für die eingangs gestellte Frage, ob auch Geheimhaltungsinteressen des Urhebers mitbegründend für das Urheberrecht sind, muss hinsichtlich der individualistischen Begründungsansätze differenziert werden. Geheimhaltungsinteressen der Urheber werden individualistische Begründungsansätze bejahen, da diese – wie gesehen – vom Individuum her gedacht auf der Überzeugung bauen, dass Individuen zustehendes Naturrecht Freiheit gegenüber dem Staat einräumt. Freiheit gegenüber dem Staat umfasst dabei auch Geheimhaltung durch das Individuum insbesondere in Bezug auf persönlichkeitsrechtliche Belange. Anders ist der Fall aber gelagert, wenn es sich um Geheimhaltungsinteressen staatlicher Stellen handelt. Geheimhaltungsinteressen staatlicher Stellen sind staatspolitisch und gerade nicht vom Persönlichkeitsrecht eines Individuums her begründet. Der Staat braucht keinen Schutz beziehungsweise einen Freiheitsraum vor sich selbst eingeräumt. Selbst wenn man den urheberrechtlichen Schutz für von Beamten im Staatsdienst geschaffene Werke bejaht[115], so handelt es sich dabei um den Schutz des hinter dem Staatsdieners stehenden Individuums, nicht aber um den Schutz staatspolitischer Interessen.

Hinsichtlich der kollektivistischen Begründungsansätze ist die Frage, ob auch Geheimhaltungsinteressen staatlicher Stellen durch das Urheberrecht zu schützen bezweckt sind, zu verneinen. Zwar ist zunächst jeder gesellschaftliche Zweck zur Begründung der „*Verknappung*" von Zugang zu Dokumenten denkbar. Allerdings zielen die bekannten kollektivistischen Theorien darauf ab, gesamtgesellschaftlichen Mehrwert im Sinne des öffentlichen Interesses zu bringen, etwa

113 *Bischoffshausen*, Die ökonomische Rechtfertigung der urheberrechtlichen Schutzfrist, 2013, 123.

114 *Ohly*, in: Geistiges Eigentum: Schutzrecht oder Ausbeutungstitel? Zustand und Entwicklungen im Zeitalter von Digitalisierung und Globalisierung, 2008 140 (141).

115 Hierzu siehe unten: E.III.2.

in wirtschaftlicher oder kultureller beziehungsweise demokratischer Hinsicht. Staatspolitische Geheimhaltungsinteressen dürften zwar auch im Sinne eines funktionierenden Staatswesens im öffentlichen Interesse sein. Allerdings gehen die kollektivistischen Argumente stets von der Annahme aus, dass richtige Maß zu finden, um die Allokationseffizienz herzustellen. Damit geht ein vollständiger Verschluss eines Werks von vornherein nicht einher. Auch spricht der gemäß Grundgesetz und EU-Verträgen vorgegebene Demokratiemaßstab und damit einhergehende Transparenz- und Korrektivgedanken gegen den Schutz staatspolitischer Geheimhaltungsinteressen.

II. Der Urheber und das Recht am Werk

Das UrhG soll den Urheber schützen indem seine individuelle Verbindung zum Werk als auch der Lohn für seine Werkschöpfung gesichert wird.[116] Dies ergibt sich aus § 11 UrhG. Abseits seiner philosophischen Rechtfertigung steht dem Urheber aber nicht nur einfachgesetzliches Recht gemäß UrhG zu. Dieses einfachgesetzliche Recht ist verfassungsrechtlich abgesichert. Dieser Abschnitt der Arbeit wird untersuchen, was für verfassungsrechtliche Vorgaben für den Umfang des Urheberschutzes bestehen und welche Rechtfertigung hinter diesem verfassungsrechtlichen Schutz liegt. Hier soll insbesondere der Frage nachgegangen werden, ob von dem bezweckten und verfassungsrechtlichen Schutz des Urhebers auch Interessen der Geheimhaltung umfasst sind. Daran wird sich eine historische Kontextualisierung über das Recht an einem Werk anschließen.

Ausgangspunkt dieses Abschnitts ist die Annahme, dass dem UrhG selbst keine Anhaltspunkte zu entnehmen sind, wonach Interessen des Rechteinhabers über die im UrhG normierten materiellen und immateriellen Interessen hinaus gehen. Denn weder der Wortlaut des UrhG noch die Gesetzesbegründung geben dazu Anlass.[117]

1. Prüfungsmaßstab: Grundgesetz und EU-GRCh

Das Urheberrecht ist sowohl in der deutschen Verfassung als auch in der EU-GRCh sowie im ersten Zusatzprotokoll zur EMRK verankert und hat somit deutschen und europäischen Verfassungsrang.[118] Die Europäische Union bringt

---

116 *Loewenheim*, in: Schricker/Loewenheim, 6. Aufl. 2020 (Einl. Rn. 13).

117 Vgl. hierzu insbesondere: Regierungsentwurf von 1962 – Bundestags-Drucksache IV/ 270.

118 *Paulus*, in: Isensee/Kirchhof, Handbuch des Staatsrechts, 3. Auflage 2013 (§ 247 Rn. 44).

die Verflechtung der nationalen Hoheitsgewalten und damit auch ein Zusammenwirken der Grundrechtsordnungen mit sich. So ergibt sich aus dieser Entwicklung auch die Einwirkung der EU-GRCh auf das deutsche Staatsrecht.[119]

Das Verhältnis der maßgebenden, einschlägigen Grundrechte auf europäischer oder nationaler Ebene ist zentral bei Betrachtung des Schutzes des Urhebers. Der Grundrechtsadressat, aber auch der zur Entscheidung berufene Richter sieht sich mit einer Vielzahl an rechtlichen Voll- und Teilregulierungen konfrontiert.[120] In ständiger Rechtsprechung vertritt der Gerichtshof der Europäischen Union, dass die EU-Mitgliedstaaten bei der Umsetzung des Sekundärrechts die Unionsgrundrechte beachten müssen.[121] Da der europäische Gesetzgeber die Harmonisierung im Urheberrecht (bislang) durch Richtlinien vorantreibt, ist der einfachgesetzliche Maßstab in der Regel das innerstaatliche Umsetzungsrecht.[122] Ob sich dieses wiederum an europäischen oder innerstaatlichen Grundrechten messen muss, bestimmt sich nach ständiger Rechtsprechung danach, ob für den Mitgliedstaat im europäischen Richtlinienrecht noch Umsetzungsspielraum verbleibt.[123] Ist dies der Fall, wie etwa bei Artikel 5 Absatz 3 lit. c und d der InfoSoc-Richtlinie, welche nach dem EuGH nicht *„vollständig harmonisiert"* seien, so bleibt der grundrechtliche Maßstab das Grundgesetz – jedenfalls insoweit ausdrücklich, etwa durch Formulierungen oder beispielhafte Aufzählungen[124] ein Umsetzungsspielraum eingeräumt ist.[125] Verbleibt jedoch kein Umsetzungsspielraum, so ist der Grundrechtsschutz am Maßstab der Unionsgrundrechte und damit der EU-GRCh zu messen.[126] Aus diesem

119 *Herdegen*, Isensee/Kirchhof, Handbuch des Staatsrechts, 3. Auflage 2012, § 211 Rn. 1.

120 *Paulus*, in: Isensee/Kirchhof, Handbuch des Staatsrechts, 3. Auflage 2013 (§ 247 Rn. 53).

121 EuGH, Urteil vom 12. 11. 69, RS 29/69; FHOeffR 21, 1970, 1208; EuGH, Urteil vom 17.12.1970, Rechtssache 11/70; NJW 1971, 343; EuGH, Urteil vom 14.05.1974, Rechtssache 4/73; NJW 1975, 518 (518, 519). Mittlerweile kodifiziert in Art. 6 Abs. 1 und 3 EU-Vertrag.

122 Zum Vorteil der europäischen Gesetzgebung mittels Richtlinien: *Paulus*, in: Isensee/Kirchhof, Handbuch des Staatsrechts, 3. Auflage 2013 (§ 247 Rn. 48).

123 BVerfG, Urteil vom 31.05.2016, 1 BvR 1585/13; GRUR 2016, 690 (696 Rn. 115, 116).

124 EuGH, Urteil vom 29.07.2019, C-469/17; GRUR 2019, 934 (Rn. 41 ff.); EuGH, Urteil vom 29.07.2019, C-516/17; GRUR 2019, 940 (Rn. 26 ff.).

125 BVerfG, Beschluss vom 06.11.2019, 1 BvR 16/13; NJW 2020, 300 (302 Rn. 49 ff.); BVerfG, Beschluss vom 06.11.2019, 1 BvR 276/17; NJW 2020, 314 (Rn. 55 f.).

126 *Paulus*, in: Isensee/Kirchhof, Handbuch des Staatsrechts, 3. Auflage 2013 (§ 247 Rn. 47); BVerfG, Urteil vom 31.05.2016, 1 BvR 1585/13; GRUR 2016, 690 (696 Rn. 115).

Grund finden nationale Grundrechte neben denen der Europäischen Union grundsätzlich noch Anwendung.[127]

Es wird daher im Folgenden sowohl auf den durch das Grundgesetz gewährleisteten Schutzumfang als auch auf den der EU-GRCh eingegangen. Schließlich kann die Europäische Menschenrechtskonvention und die Rechtsprechung des Europäischen Gerichtshofs für Menschenrechte zu berücksichtigen sein. Gemäß Artikel 52 Absatz 3 EU-GRCh ist zwischen in der EU-GRCh gewährleisteten Rechten und Rechten, welche sich auch in der EMRK wiederfinden, die notwendige Kohärenz zu schaffen.[128] Dabei ist die EMRK kein Unionsrecht und damit keine unmittelbare Rechtsquelle des Unionsrechts, da die Europäische Union ihr gemäß Artikel 6 Absatz 2 EU-Vertrag noch nicht beigetreten ist. Sie ist aber eine Rechtserkenntnisquelle, was bedeutet, dass die Auslegung der EU-GRCh (auch) anhand der Konvention und der Rechtsprechung durch den Europäischen Gerichtshof für Menschenrechte erfolgt.[129]

Angesichts des Artikel 118 AEUV[130] – die ausdrückliche Kompetenzgrundlage für die Schaffung europäischer Rechtstitel über einen einheitlichen Schutz der Rechte des geistigen Eigentums – und der selbstbewussten Rechtsprechung durch den EuGH, wäre eine Betrachtung lediglich am Maßstab des Grundgesetzes nicht weit genug gedacht und mit Blick auf die steigende Zahl an Richtlinien, die als vollharmonisierend eingestuft werden auch falsch. Das Grundgesetz und seine durch das BVerfG seit über 70 Jahren geprägte Dogmatik außer Acht zu lassen, wäre allerdings genauso ungenügend. Denn trotz des begrüßenswerten

127 Da die Zuständigkeit des BVerfG an der Frage hängt, ob eine Voll- oder eine Teilharmonisierung vorgenommen wurde und damit die Reichweite der deutschen Grundrechte von der Feststellung des Umsetzungsspielraums abhängt, hat das BVerfG eine Vollkontrolle bei der Frage nach Voll- oder Teilharmonisierung übernommen: BVerfG, Beschluss vom 19.07.2011, 1 BvR 1916/09; GRUR 2012, 53 (53 Rn. 54).

128 EuGH, Urteil vom 29.07.2019, C-469/17; GRUR 2019, 934 (939 Rn. 73 ff.); EuGH, Urteil vom 29.07.2019, C-516/17; GRUR 2019, 940 (944 Rn. 57 ff.).

129 *Jarass*, in: Jarass, 4. Aufl. 2021 (Art. 52 EU-GRCh Rn. 64); *Kingreen*, in: Calliess/Ruffert EUV/AEUV, 6. Aufl. 2022 (Art. 52 EU-GRCh Rn. 37). Eine andere Ansicht wonach es sich um unmittelbar geltendes, inkorporiertes Recht handeln soll, wird heute kaum mehr vertreten. Beispielhaft: *Callewaert*, Die EMRK und die EU-Grundrechtecharta, EuGRZ 2003, 198. Für eine Übersicht etwa: *Kingreen*, in: Calliess/Ruffert EUV/AEUV, 6. Aufl. 2022 (Art. 52 EU-GRCh Rn. 31 ff.); *Düwel*, Das Urheberrecht als Mittel staatlicher Geheimhaltung, 2020, 92 ff.

130 Siehe Fußnote 21.

kodifizierten europäischen Grundrechtsstandards in der EU-GRCh (und der Europäischen Menschenrechtskonvention) und seiner Prägung durch den EuGH ist gleichwohl zu erkennen, dass die Europäische Grundrechtsdogmatik noch in den Kinderschuhen steckt. Vor dem Hintergrund, dass die Grundrechtsthemen, mit denen sich der EuGH typischerweise befasste, in die Kategorie der „*ökonomischen Freiheiten*" einzuordnen waren, wird der grundgesetzliche, durch den EuGH geprägte Stand jedoch mit dem grundgesetzlichen Stand in der Bundesrepublik in den frühen 1960er Jahren verglichen.[131] Jedenfalls dürften die grundlegenden Gedanken zu der im Grundgesetz verankerten Eigentumsfreiheit – und soweit anwendbar zum Allgemeinen Persönlichkeitsrecht – ebenfalls für die europäische Ebene fruchtbar gemacht werden können.[132]

2. Materiellrechtlicher Schutz des Urheberrechts und sein Zweck - persönlichkeitsrechtliche und vermögenswerte Rechtspositionen

Der Urheberrechtsschutz umfasst materiellrechtlich einerseits das Eigentumsrecht, da es sich beim Urheberrecht auch um Vermögensschutz handelt und dem Urheber die Verwertungsrechte an seinem Werk zustehen.[133] Andererseits umfasst das Urheberrecht das Urheberpersönlichkeitsrecht.[134] Zusätzlich stehen dem Urheber gegebenenfalls die Meinungs-, Presse- und Informationsfreiheit[135]

---

131 *Goldhammer*, Realitäten europäischer Kommunikationsgrundrechte und der lange Arm des Urhebers – Anmerkung zu EuGH Spiegel Online/Beck, ZUM 2019, 727. Ebenso in diese Richtung: *Goldhammer*, Berichterstattung im Lichte des europäischen Grundrechtsverbunds – Anmerkung zu BGH, Urteil vom 30.4.2020, Aktenzeichen I ZR 228/15, ZUM 2020, 787 (788).

132 Zur Thematik: Europäischer Gerichtshof als Verfassungsgericht *Walter*, in: Maunz/Dürig Grundgesetz-Kommentar, 95. Aufl. 2021 (Art. 93 GG Rn. 80 f.).

133 Nach dem deutschen UrhG bilden beide Seiten (das Persönlichkeitsrecht und das Vermögensrecht (Verwertungsrechte)) eine Einheit. Dem deutschen Urheberrecht liegt damit die monistische Lehre zugrunde. MwN *Bullinger*, in: Wandtke/Bullinger Urheberrecht, 5. Aufl. 2019 (§ 11 UrhG Rn. 1).

134 Die überwiegende Auffassung sieht das Urheberpersönlichkeitsrecht als besondere Erscheinungsform des Allgemeinen Persönlichkeitsrechts – und nicht als Teil des Allgemeinen Persönlichkeitsrechts. Dieser Auffassung wird in dieser Arbeit gefolgt. Danach stehen das Urheberpersönlichkeitsrecht und das allgemeine Persönlichkeitsrecht nebeneinander und ergänzen sich. Gleichwohl haben beide ihre Wurzeln in Art. 2 Abs. 1 iVm Art. 1 Abs. 1 GG. MwN *Bullinger*, in: Wandtke/Bullinger Urheberrecht, 5. Aufl. 2019 (Vor. §§ 12 UrhG ff. Rn. 16).

135 *Fechner*, Geistiges Eigentum und Verfassung, 1999, 342 ff.

und die Wissenschafts- und Kunstfreiheit[136] als weitere Grundrechte zur Seite. Dass das Urheberrecht einerseits immaterielle und andererseits materielle Interessen kennt, kommt im deutschen Recht gemäß § 11 UrhG besonders deutlich zu Tage. Es ist jedoch auch auf europäischer Ebene anerkannt, dass es ein „*Urheberpersönlichkeitsrecht*“ gibt. Dieses wurde bislang allerdings nicht – anders als die Verwertungsrechte – ausdrücklich zum Gegenstand von Harmonisierungsmaßnahmen gemacht.[137]

a) *Vermögensrechtliche Komponente des Rechts des Urhebers am Werk*

Dieser Abschnitt soll einen Überblick über die verfassungsrechtliche Gewährleistung des normgeprägten Grundrechts der Eigentumsfreiheit sowohl auf grundgesetzlicher Ebene als auch auf Ebene der EU-GRCh liefern und damit einen Überblick über die verfassungsrechtliche Verankerung der urheberrechtlichen materiellen Interessen geben.[138]

Für die verfassungsrechtliche Absicherung und die Rechtfertigung des Urheberrechts ist es praktisch ohne Belang, ob das Eigentum als ein vorstaatliches Recht, ein Naturrecht und als dem Menschen angeboren oder als ein vom Staat gewährtes – nicht gewährleistetes – Recht angesehen wird.[139] Für die Rechtswirklichkeit kann es letztlich keine Uneinigkeit darin geben, dass ein Mensch sich nur dann frei entfalten kann, wenn er auch vermögenswerte – auch wirtschaftliche – Positionen in voraussehbarer Weise einnehmen und bewahren kann. Denn diese Positionen entscheiden über die Teilhabe in der marktwirtschaftlich geprägten Gesellschaft.[140]

---

136 *Fechner*, Geistiges Eigentum und Verfassung, 1999, 288 ff. Allerdings ist ein „*mehr*“ an Grundrechtsschutz durch weitere Grundrechte neben dem Grundrecht auf vermögensrechtlichen Schutz zweifelhaft: *Paulus*, in: Isensee/Kirchhof, Handbuch des Staatsrechts, 3. Auflage 2013 (§ 247 Rn. 5, 12).

137 Zur systematischen Einordnung und einem Plädoyer für die Harmonisierung auch der urheberpersönlichkeitsrechtlichen Seite: *Klass*, Werkgenuss und Werknutzung in der digitalen Welt: Bedarf es einer Harmonisierung des Urheberpersönlichkeitsrechts, ZUM 2015, 290.

138 Die Regelungen zur Enteignung werden im Rahmen dieser Arbeit nicht bearbeitet.

139 Zu diesem rechtsphilosophischen Streit: *Di Fabio*, Urheberrecht und Kunstfreiheit unter digitalen Verwertungsbedingungen, 1. Auflage 2018, 29.

140 MwN *Di Fabio*, Urheberrecht und Kunstfreiheit unter digitalen Verwertungsbedingungen, 1. Auflage 2018, 29; *Papier/Shirvani*, in: Maunz/Dürig Grundgesetz-Kommentar, 95. Aufl. 2021 (Art. 14 GG Rn. 3).

i. Artikel 14 GG

Die vermögenswerten Aspekte des Urheberrechts sind als Teil der Eigentumsgarantie von Artikel 14 Absatz 1 GG erfasst.[141] Eigentum nach deutschem Verfassungsrecht ist die *„Zuordnung eines Rechtsguts zu einem Rechtsträger“*.[142] Artikel 14 Absatz 1 GG schützt *„grundsätzlich alle vermögenswerten Rechte, die dem Berechtigten von der Rechtsordnung in der Weise zugeordnet sind, daß er die damit verbundenen Befugnisse nach eigenverantwortlicher Entscheidung zu seinem privaten Nutzen ausüben darf“*[143]. Die Eigentumsfreiheit hat im Gesamtgefüge der Verfassung zunächst die Aufgabe, dem Träger des Grundrechts durch *„Zubilligung und Sicherung von Herrschafts-, Nutzungs- und Verfügungsrechten einen Freiheitsraum im vermögensrechtlichen Bereich zu gewährleisten und ihm damit die Entfaltung und eigenverantwortliche Gestaltung des Lebens zu ermöglichen; insoweit steht sie in einem inneren Zusammenhang mit der Garantie der persönlichen Freiheit. Darüber hinaus bewahrt die Eigentumsgarantie den konkreten, vor allem den durch Arbeit und Leistung erworbenen Bestand an vermögenswerten Gütern vor ungerechtfertigten Eingriffen durch die öffentliche Gewalt.“*[144] Kennzeichnung des Eigentums ist nach grundgesetzlichem Verständnis die Privatnützigkeit, das heißt die Zugehörigkeit zu einem Rechtsträger, der individuell und eigenverantwortlich seinen Nutzen ziehen können soll. Als Institutsgarantie gibt Artikel 14 GG dem Gesetzgeber außerdem auf, jene Bereiche der Privatrechtsordnung zuzuordnen, die zum grundlegenden Bestand der vermögensrechtlichen Betätigung zählen und ohne die man *„Privateigentum“* als solches nicht mehr benennen könnte.[145]

Alle Grundrechte haben Ausstrahlungswirkung auf die gesamte

---

141 BVerfG, Beschluss vom 07.07.1971, 1 BvR 765/66; GRUR 1972, 481; *Schlingloff*, Das Urheberpersönlichkeitsrecht im Spannungsfeld von Kunstfreiheit und politischer Betätigungsfreiheit, GRUR 2017, 572 (577); *Stieper*, Rechtfertigung, Rechtsnatur und Disponibilität der Schranken des Urheberrechts, 2009, 42; *Papier/Shirvani*, in: Maunz/Dürig Grundgesetz-Kommentar, 95. Aufl. 2021 (Art. 14 GG Rn. 314). Kritisch zur Überzeugungskraft dieser Zuordnung: *Grzeszick*, Geistiges Eigentum und Art. 14 GG, ZUM 2007, 344 (347 ff.).

142 BVerfG, Beschluss vom 11.10.1988, 1 BvR 743/86 u. a.; NJW 1992, 1307 (1308).

143 BVerfG, Beschluss vom 09.01.1991, 1 BvR 929/89; NJW 1991, 1807.

144 BVerfG, Beschluss vom 07.07.1971, 1 BvR 765/66; GRUR 1972, 481 (483).

145 BVerfG, Beschluss vom 07.07.1971, 1 BvR 765/66; GRUR 1972, 481 (483); *Di Fabio*, Urheberrecht und Kunstfreiheit unter digitalen Verwertungsbedingungen, 1. Auflage 2018, 33.

Rechtsordnung.[146] Mit Blick konkret auf das Urheberrecht umfasst der Schutz der vermögenswerten Elemente nach Artikel 14 GG die vermögenswerte Zuordnung des urheberrechtlichen Werks und die darin verkörperte geistige Leistung[147] (Recht auf Zuordnung) sowie die Verfügungsfreiheit des Schöpfers über dasselbe.[148] Die Verfügungsfreiheit meint die Freiheit, in Eigenverantwortung über das urheberrechtliche Werk zu bestimmen und dieses wirtschaftlich zu verwerten (Verfügungs- und Verwertungsrecht).[149]

Hintergrund dieser vermögenswerten Zuordnung ist gerade im Urheberrecht das Leistungsprinzip, wonach das wirtschaftliche Ergebnis eigener privater oder privatwirtschaftlicher Leistung, demjenigen zuzuordnen ist, der diese Leistung auch erbracht hat.[150] Bei der verfassungsrechtlichen Beurteilung, wie weit der Schutz der Eigentumsfreiheit im Urheberrecht geht, sind die untrennbare Verbindung persönlich, geistiger Schöpfungen und ihre wirtschaftlichen Verwertung sowie die besondere Natur dieses Vermögensrechts entsprechend zu beachten.[151] Die klare Trennung zwischen Inhalts- und Schrankenbestimmung ist beim Eigentumsrecht generell[152] und beim Urheberrecht im Speziellen nicht leicht.[153] Dabei ist es umstritten, ob ein Unterschied zwischen inhalts- und

---

146 *Papier/Shirvani*, in: Maunz/Dürig Grundgesetz-Kommentar, 95. Aufl. 2021 (Art. 14 GG Rn. 350).

147 BVerfG, Beschluss vom 07.07.1971, 1 BvR 765/66; GRUR 1972, 481; BVerfG, Beschluss vom 25.10.1978, 1 BvR 352/71; GRUR 1980, 44; BVerfG, Beschluss vom 11.10.1988, 1 BvR 743/86 u. a.; NJW 1992, 1307; BVerfG, 1. Senat, Beschluss vom 03.10.1989, 1 BvR 775/86; GRUR 1990, 183; BVerfG, Beschluss vom 23.10.2013, 1 BvR 1842/11, 1 BvR 1843/11; NJW 2014, 46 (Rn. 72).

148 BVerfG, Beschluss vom 07.07.1971, 1 BvR 765/66; GRUR 1972, 481 (483).

149 *Papier/Shirvani*, in: Maunz/Dürig Grundgesetz-Kommentar, 95. Aufl. 2021 (Art. 14 GG Rn. 315).

150 *Fechner*, Geistiges Eigentum und Verfassung, 1999, 202 f. Die Argumentation des Leistungsprinzips, findet sich auch in der bundesverfassungsrechtlichen Rechtsprechung wieder, vgl. BVerfG, Beschluss vom 07.05.1963, 2 BvR 481/60; NJW 1963, 1395 (1396); BVerfG, Beschluss vom 03.03.1965, 1 BvR 208/59; NJW 1965, 1013; BVerfG, Urteil vom 28.02.1980, 1 BvL 17/77 u.a.; NJW 1980, 692 (693); BVerfG, Urteil vom 16.07.1985, 1 BvL 5/80; NJW 1986, 39.

151 BVerfG, Beschluss vom 07.07.1971, 1 BvR 765/66; GRUR 1972, 481 (483).

152 *Papier/Shirvani*, in: Maunz/Dürig Grundgesetz-Kommentar, 95. Aufl. 2021 (Art. 14 GG Rn. 417). A.A. *Leisner*, Isensee/Kirchhof, Handbuch des Staatsrechts, 3. Auflage 2010, § 173 Rn. 11 ff., 127 ff.

153 BVerfG, Beschluss vom 24.11.2009, 1 BvR 213/08; GRUR 2010, 332 (334 Rn. 59); BVerfG, Beschluss vom 11.10.1988, 1 BvR 743/86 u. a.; NJW 1992, 1307 (1308). Vgl. hier insbesondere den Wortlaut unter Ziff. II.1, in dem über Art. 14 Abs. 2 GG

schrankenbestimmenden Gesetzen überhaupt besteht.[154] Im Ergebnis fallen jedoch sowohl Inhalts- als auch Schrankenangaben nach Artikel 14 GG häufig zusammen.[155] Es handelt sich oft um einen Zufall, ob die Eigentümerrechte gesetzgeberisch durch eine von Anfang an restriktive Inhaltsbestimmung oder durch eine Schrankensystematik bei erst einmal weitläufiger Inhaltsfestlegung wieder eingegrenzt werden.[156] Verfassungsrechtlich macht daher eine Differenzierung keinen Unterschied.[157]

Weitere Richtschnur der Ausgestaltung des Eigentums ist das Wohl der Allgemeinheit nach Artikel 14 Absatz 2 GG. Dieser besagt, dass Eigentum verpflichtet und dessen Gebrauch zugleich dem Wohl der Allgemeinheit dienen soll. Artikel 14 Absatz 2 GG stellt ein Gebot an den Gesetzgeber dar[158], bei Ausgestaltung der Inhalts- und Schrankenbestimmung nach Artikel 14 Absatz 1 Satz 2 GG das Ziel der Sozialpflichtigkeit allen Eigentums zu verfolgen.[159] Daraus folgt, dass

---

einleitend im Absatz geschrieben wird: „*Richtschnur der inhaltlichen Ausgestaltung ist andererseits das Wohl der Allgemeinheit*" und den Absatz mit folgendem Satz endet: „*Nur in den Grenzen des danach Zumutbaren hat der Eigentümer die zur Pflege und Förderung des sozialen Zusammenlebens gebotenen Schranken hinzunehmen.*" (Hervorhebung nur hier).

154 Zum Beispiel wird vertreten, dass Inhaltsbestimmungen das Eigentum zukünftig ausgestalten, während Schrankenbestimmungen das bestehende Eigentum einschränken, Darstellung bei: *Wendt*, in: Sachs Grundgesetz Kommentar, 9. Auflage 2021 (Art. 14 GG Rn. 55 ff.).

155 *Axer*, in: BeckOK Grundgesetz, 50. Aufl. 2022 (Art. 14 GG Rn. 13).

156 *Papier/Shirvani*, in: Maunz/Dürig Grundgesetz-Kommentar, 95. Aufl. 2021 (Art. 14 GG Rn. 417); BVerfG, Beschluss vom 15.07.1981, 1 BvL 77/78; NJW 1982, 745 (748, 749).

157 *Axer*, in: BeckOK Grundgesetz, 50. Aufl. 2022 (Art. 14 GG Rn. 13); *Papier/Shirvani*, in: Maunz/Dürig Grundgesetz-Kommentar, 95. Aufl. 2021 (Art. 14 GG Rn. 417).

158 MwN *Papier/Shirvani*, in: Maunz/Dürig Grundgesetz-Kommentar, 95. Aufl. 2021 (Art. 14 GG Rn. 315). In der Literatur wird auch vertreten, es handele sich bei Artikel 14 Absatz 1 Satz 2 einerseits und Artikel 14 Absatz 2 Grundgesetz andererseits um zwei verschiedene Eigentumsschranken. Der Meinung aber, es handele sich, wie auch in dieser Arbeit vertreten, um einen einheitlichen Gesetzesvorbehalt, ist auch das BVerfG gefolgt: BVerfG, Urteil vom 01.03.1979, 1 BvR 532, 533/77, 419/78, 1 BvL 21/78; NJW 1979, 699 (703); BVerfG, Urteil vom 10.03.1981, 1 BvR 92/71, 1 BvR 96/71; NJW 1981, 1257. Bereits 1967 befand das BVerfG in einem Beschluss, dass Artikel 14 Absatz 2 Grundgesetz eine „[...] *Richtschnur für den Gesetzgeber, bei der Regelung des Eigentumsinhalts das Wohl der Allgemeinheit zu beachten*", sei: BVerfG, Beschluss vom 12.01.1967, 1 BvR 169/63; NJW 1967, 619 (620).

159 *Papier/Shirvani*, in: Maunz/Dürig Grundgesetz-Kommentar, 95. Aufl. 2021 (Art. 14 GG Rn. 416).

ein unbedingter Vorrang vor den Interessen der Gemeinschaft durch das Individualinteresse des Urhebers nicht beansprucht werden kann.

Auf das Grundrecht der Eigentumsfreiheit als *„Jedermann-Grundrecht“*, können sich alle natürlichen und juristischen Personen[160] des Privatrechts berufen. Hingegen sind juristische Personen des öffentlichen Rechts in der Regel selbst Grundrechtsverpflichtete und können nicht zugleich Träger desselben sein.[161] Denn gemäß Artikel 1 Absatz 3 GG sind Adressaten des Grundrechts der Eigentumsfreiheit der Staat und die sonstigen juristischen Personen des öffentlichen Rechts.

Vor dem Hintergrund der Zuweisung beziehungsweise Anerkennung des Verfügungs- und Verwertungsrechts über das Werk an den Urheber, stellt sich die Frage, ob nicht gerade aus diesem verfassungsrechtlichen Schutz auch das Recht besteht, keinen materiellen Nutzen aus dem Werk zu ziehen. Daran schließt sich die Frage an, ob daraus ein Geheimhaltungsrecht abzuleiten ist.

Da, wie gesehen, kein vorgegebenen Begriff des Eigentums existiert, kann es auch kein entsprechendes Verständnis der vermögenswerten Rechte des Urhebers geben.[162] Inhalt und Schranken werden gemäß Artikel 14 Absatz 1 Satz 2 GG durch die Gesetze bestimmt. Dem Urheber muss nach dem Grundgesetz nicht jedes denkbare aus dem Urheberrecht erwachsene Recht gewährt und entsprechend gesichert werden. Allerdings ist mit Blick auf den Regelungsgehalt von Artikel 14 GG festzustellen, dass im Verhältnis zum zugestandenen Freiheitsraum, der in der Zubilligung und Sicherung von Herrschafts-, Nutzungs- und Verfügungsrechten besteht, ebenso der Freiheitsraum bestehen muss diese Rechte nicht zu nutzen. Die durch die Gewährleistung ermöglichte Entfaltung und eigenverantwortliche Gestaltung des Lebens muss erst Recht gelten, wenn eine Entscheidung dahingehend getroffen wird, diese Rechte nicht auszuüben.[163]

Fraglich ist jedoch, ob hieraus auch ein Recht auf Geheimhaltung des Werks besteht. Ein Recht auf Geheimhaltung ist aber aus der Eigentumsfreiheit nicht abzuleiten, denn das privatnützig ausgestaltete Eigentum hat im Kern den Zweck dem Eigentümer finanziell eine eigenverantwortliche Lebensgestaltung

160 Soweit sie ihrem Wesen nach auf sie anwendbar sind, Art.19 Abs. 3 GG.

161 *Papier/Shirvani*, in: Maunz/Dürig Grundgesetz-Kommentar, 95. Aufl. 2021 (Art. 14 GG Rn. 333).

162 BVerfG, Beschluss vom 07.07.1971, 1 BvR 765/66; GRUR 1972, 481 (483).

163 Von diesem Grundsatz werden in der Literatur für das Patentrecht Ausnahmen diskutiert, wenn Patente nicht praktiziert werden. Vgl. mwN: *Hofmann*, Funktionswidriger Einsatz subjektiver Rechte, GRUR 2020, 915.

und damit korrespondierende Freiheit zu ermöglichen.[164] Ein Recht darauf, sein Eigentum oder auch das Vermögen der Kenntnis anderen zu entziehen, kann allenfalls aus dem Allgemeinen Persönlichkeitsrecht folgen.[165]

ii. Artikel 17 EU-GRCh

Die materiellen, vermögenswerten Interessen des Urhebers werden auch durch europäische Richtlinien bestimmt und genießen damit nicht nur grundrechtlichen, sondern auch europäischen verfassungsrechtlichen Schutz. Artikel 17 EU-GRCh ist für alle innerstaatlichen Rechtsvorschriften, die eine Richtlinie der Europäischen Union in deutsches Recht umsetzen (soweit die Richtlinie den Mitgliedstaaten keinen Umsetzungsspielraum überlässt, sondern zwingende Vorgaben macht) als auch alle anderen (direkten), das geistige Eigentum betreffenden Rechtsakte der europäischen Union der verfassungsrechtliche Maßstab.[166]

Unter teilweiser wörtlicher Wiedergabe des Artikel 1 zum Zusatzprotokoll zur EMRK wird die Eigentumsfreiheit für die Europäische Union in Artikel 17 EU-GRCh normiert.[167] Dass das *„geistige Eigentum"* in Artikel 17 Absatz 2 EU-GRCh besonders hervorgehoben wird, bedeutet keine Abweichung vom Zusatzprotokoll. Im Gegenteil wurde die ausdrückliche Nennung *„geistigen Eigentums"* als *„ein Aspekt des Eigentumsrechts"* aufgrund seiner zunehmenden Bedeutung in der EU-Rechtsordnung ausdrücklich aufgeführt.[168] Nach Artikel 52 Absatz 3 Satz 1 EU-GRCh darf Artikel 17 EU-GRCh nicht hinter den Anforderungen der

164 BVerfG, Beschluss vom 11.10.1988, 1 BvR 743/86 u. a.; NJW 1992, 1307 (1308).

165 LG München I, Schlussurteil vom 06.04.2011, 9 O 3039/11; ZUM 2011, 588 (590).

166 BVerfG, Urteil vom 31.05.2016, 1 BvR 1585/13; GRUR 2016, 690 (Rn. 115). Auf die Gefahr einer schwindenden systematischen Geschlossenheit auf europäischer einfachrechtlicher Ebene aufgrund einer Vielzahl an nicht notwendig aufeinander abgestimmten Richtlinien sei an dieser Stelle hingewiesen. Es kann jedoch in dieser Arbeit nicht weiter hierauf eingegangen werden.

167 Erläuterungen zur Charta der Grundrechte, Amtsblatt der Europäischen Union 2007 C 303/17 vom 14. Dezember 2007. Artikel 345 AEUV, wonach die Verträge die Eigentumsordnung in den verschiedenen Mitgliedstaaten unberührt lassen, berührt nicht den Schutz des Eigentums nach Artikel 17 EU-GRCh. Im Übrigen hierzu: *Jarass*, in: Jarass, Charta der Grundrechte der EU, 4. Aufl. 2021 (Art. 17 EU-GRCh Rn. 5).

168 Erläuterungen zur Charta der Grundrechte, Amtsblatt der Europäischen Union 2007 C 303/17 vom 14. Dezember 2007. Artikel 17 Absatz 2 EU-GRCh korrespondiert insofern auch mit der Kompetenz der Union nach Artikel 118 AEUV zur Schaffung europäischer Rechtstitel über einen einheitlichen Schutz der Rechte des geistigen Eigentums in der Union.

EMRK zurückbleiben. Obwohl allerdings Artikel 17 EU-GRCh in Anlehnung an Artikel 1 des Zusatzprotokolls zur EMRK normiert wurde, ist die Rolle dieser zur Bestimmung des Schutzbereichs nicht groß. Denn das für eine Normprägung des Schutzbereichs nötige einfache Recht fehlt in Ermangelung eines eigenen, das Eigentum ausgestaltenden Gesetzgebers für die EMRK.[169] Daneben ist hingegen die Rechtsprechung des Europäischen Gerichtshofs für Menschenrechte eine wichtige Quelle zur Bestimmung des Verhältnisses von Individual- und Gemeinwohlinteressen.[170]

Inhaltlich wird Eigentum auf der Ebene der Europäischen Union weit und zwar als ein dem Einzelnen zugeordnetes, vermögenswertes Recht verstanden, welches rechtmäßig[171] erworben wurde. Artikel 17 EU-GRCh ist autonom auszulegen[172] und ist nicht auf Rechtspositionen, die nach dem Recht der Mitgliedstaaten vom „*Eigentum*" umfasst werden, beschränkt.[173] Artikel 17 Absatz 1 EU-GRCh gewährleistet den Bestand der (geistigen) Eigentumsposition beim Eigentümer, die Nutzungs- und die Verfügungsbefugnis.[174] Eine präzise(re) – insbesondere dogmatische – Definition des Schutzbereichs von Artikel 17 EU-GRCh fehlt allerdings bislang.[175]

Auch das Unionsrecht gewährleistet das Eigentum nur im Angesicht seiner Sozialpflichtigkeit.[176] Dies entspricht der Rechtsprechung des BVerfG zur Sozialpflichtigkeit der Inhalts- und Schrankenbestimmungen.[177] Bislang fehlt

169 *Calliess*, in: Calliess/Ruffert EUV/AEUV, 6. Aufl. 2022 (Art. 17 EU-GRCh Rn. 4).

170 EGMR, Urteil vom 10.01.2013, 36769/08; GRUR 2013, 859.

171 Die Bezeichnung „*rechtmäßig* [erworbenes Eigentum]" in Art. 17 Abs. 1 EU-GRCh engt den Schutzbereich gegenüber dem der Europäischen Menschenrechtskonvention nicht ein (Artikel 53 EU-GRCh): mwN *Bernsdorff*, in: Meyer/Hölscheidt Charta der Grundrechte der Europäischen Union, 5. Aufl. 2019 (Art. 17 EU-GRCh Rn. 15).

172 *Bernsdorff*, in: Meyer/Hölscheidt Charta der Grundrechte der Europäischen Union, 5. Aufl. 2019 (Art. 17 EU-GRCh Rn. 13).

173 Dies illustrieren vor allem die französische und die englische Fassung („*possessions*"/ „*biens*"). *Jarass*, in: Jarass, Charta der Grundrechte der EU, 3. Aufl. 2016 (Art. 17 EU-GRCh Rn. 6).

174 *Bernsdorff*, in: Meyer/Hölscheidt Charta der Grundrechte der Europäischen Union, 5. Aufl. 2019 (Art. 17 EU-GRCh Rn. 16).

175 *Bernsdorff*, in: Meyer/Hölscheidt Charta der Grundrechte der Europäischen Union, 5. Aufl. 2019 (Art. 17 EU-GRCh Rn. 22).

176 *Calliess*, in: Calliess/Ruffert EUV/AEUV, 5. Aufl. 2016 (Art. 17 EU-GRCh Rn. 13).

177 Vgl. Fußnote 156.

allerdings auf Ebene des EuGH eine weitergehende, ausreichend ausdifferenzierte Schrankensystematik.[178]

Der persönliche Schutzbereich der Eigentumsfreiheit umfasst sowohl natürliche als auch juristische Personen des Privatrechts. Ob sich auch juristische Personen des öffentlichen Rechts innerhalb des Unionsgebietes auf das Eigentumsgrundrecht berufen können, ist bislang nicht Gegenstand der Rechtsprechung des EuGH gewesen.[179] Adressaten von Artikel 17 EU-GRCh sind gemäß Artikel 51 Absatz 1 Satz 1 EU-Grundrechte-Charta zum einen die Europäische Union und zum anderen die Mitgliedstaaten, soweit sie Unionsrecht durchführen.

Auch auf der Ebene der EU-GRCh wird man die Frage bejahen, ob vor dem Hintergrund der Zuweisung der Eigentumsposition zum Eigentümer und der Befugnis, das (geistige) Eigentum zu nutzen, darüber zu verfügen und es zu verwerten, auch das Recht besteht, keinen materiellen Nutzen aus dem Werk zu ziehen. Denn das in Artikel 17 EU-GRCh gewährleistete Recht Eigentum zu nutzen und darüber zu verfügen, muss ebenso das Recht beinhalten, diese geschützten Rechte nicht auszuüben. Ebenso wenig wie nach Artikel 14 GG sind allerdings am Maßstab des Artikels 17 EU-GRCh Geheimhaltungsinteressen geschützt. Dies begründet sich zum einen mit dem oben beschriebenen Schutzgehalt. Darüber hinaus lässt sich aber bereits am Wortlaut, welcher wie ein Anspruch formuliert, ist herleiten, worauf alles ein „*Recht*" nach Artikel 17 EU-GRCh besteht. Ein Recht auf Geheimhaltung findet sich dort nicht aufgelistet.

iii. Zwischenergebnis

Sowohl Artikel 17 EU-GRCh, als auch Artikel 14 Grundgesetz weisen grundsätzlich die Zuordnung des wirtschaftlichen Wertes eines urheberrechtlich geschützten Werkes dem Urheber zu, allerdings nur im Rahmen der der Allgemeinheit dienenden Schranken. Das Eigentum ist aus verfassungsrechtlichen Gründen sozialgebunden. Die Eigentumsfreiheit gehört sowohl auf deutscher als auch auf europäischer Ebene zu den elementaren Rechtsgrundsätzen.[180] Die

---

178 *Bernsdorff*, in: Meyer/Hölscheidt Charta der Grundrechte der Europäischen Union, 5. Aufl. 2019 (Art. 17 EU-GrCh Rn. 22).

179 Grundsätzlich dürfte dies abzulehnen sein, da sie selbst Grundrechtsadressaten sind: *Calliess*, in: Calliess/Ruffert EUV/AEUV, 6. Aufl. 2022 (Art. 17 EU-GRCh Rn. 5).

180 EuGH (Präsident des Gerichtshofes), Beschluss vom 13.11.2000, C-317/00 P(R); BeckRS 2004, 76303 (Rn. 57); *Depenheuer/Froese*, in: von Mangoldt/Klein/Starck, Grundgesetz, 7. Aufl. 2018 (Art. 14 GG Rn. 1, 108 ff.).

Eigentumsfreiheit stellt die rechtliche Grundlage individueller Freiheit dar und eröffnet den Bürgern die Möglichkeit, das eigene Wohl unabhängig vom Staat zu mehren.[181] Nicht hingegen werden – weder auf deutscher noch auf europäischer Ebene – Geheimhaltungsinteressen durch die Eigentumsfreiheit geschützt.

b) Persönlichkeitsrechtliche Komponente des Rechts des Urhebers am Werk

Die ideellen persönlichkeitsrechtlichen Belange der Urheber werden im deutschen Recht durch das Urheberpersönlichkeitsrecht geschützt.[182] Es handelt sich um ein besonderes Persönlichkeitsrecht[183], welches Ausfluss der engen Beziehung zwischen Urheber und Werk ist. Das gesetzgeberische Ideal – geprägt von individualistischen Theorien – ist, dass das Werk das Wesen, die Wahrnehmung und Gefühle des Schöpfers höchst individuell zum Ausdruck bringt.[184]

Da der einfachrechtliche europäische Gesetzgeber bislang keinen urheberpersönlichkeitsrechtlichen Schutz kennt[185] und die EU-GRCh nur bei der Anwendung der Unionsrechtsordnung anwendbar ist[186], ist das

181 *Depenheuer/Froese*, in: von Mangoldt/Klein/Starck, Grundgesetz, 7. Aufl. 2018 (Art. 14 GG Rn. 1).

182 §§ 12 ff. UrhG.

183 Siehe hierzu Fußnote 134.

184 Das Werk als Spiegel der Urheber-Persönlichkeit. *Bullinger*, in: Wandtke/Bullinger Urheberrecht, 5. Aufl. 2019 (Vor. §§ 12 ff. UrhG Rn. 1). Ob diese Vorstellung auch die Realität für den Großteil der Urheber und ihrer Werke darstellt, sei an dieser Stelle offen gelassen. Die Frage der Realitätsnähe dieses Begriffs kann in dieser Arbeit nicht weiter erläutert werden.

185 Auch in der jüngsten Richtlinie (Richtlinie (EU) 2019/790 des europäischen Parlaments und des Rates vom 17. April 2019 über das Urheberrecht und die verwandten Schutzrechte im digitalen Binnenmarkt und zur Änderung der Richtlinien 96/9/EG und 2001/29/EG (DSM-Richtlinie)) nicht. In dieser existiert nur ein Hinweis zum Urheberpersönlichkeitsrecht der Urheber und zum Persönlichkeitsrecht der ausübenden Künstler. In Erwägungsgrund 23 der DSM-Richtlinie sollen die Mitgliedstaaten auch künftig vorschreiben dürfen, dass bei der Nutzung von Werken oder sonstiger Schutzgegenstände die Persönlichkeitsrechte der Urheber und ausübenden Künstler zu wahren sind. Rechte werden aber nicht geregelt. Vgl. dazu: *Wandtke*, Grundsätze der Richtlinie über das Urheberrecht im digitalen Binnenmarkt, NJW 2019, 1841 (1841); *Klass*, Werkgenuss und Werknutzung in der digitalen Welt: Bedarf es einer Harmonisierung des Urheberpersönlichkeitsrechts, ZUM 2015, 290. A.A. *Ubertazzi*, Das EU-Reglement über die Urheberpersönlichkeitsrechte, GRUR Int. 2018, 110.

186 Vgl. siehe oben: B.II.1.

Urheberpersönlichkeitsrecht bislang nicht vom Geltungsbereich der EU-GRCh erfasst.[187]

Ebenso wie beim Eigentum ist es im Ergebnis unerheblich, ob das Urheberpersönlichkeitsrecht als ein vorstaatliches Recht, ein Naturrecht und als dem Menschen angeboren oder als ein vom Staat gewährtes – nicht gewährleistetes – Recht angesehen wird[188], denn in der Rechtswirklichkeit des deutschen Rechts ist der Schutz urheberpersönlichkeitsrechtsspezifischer Interessen verfassungsrechtlich anerkannt. Darüber hinaus stellte der Gesetzgeber unmissverständlich fest, dass es sich bei „[b]*eide*[n] *Seiten des Urheberrechts – das Persönlichkeitsrecht und das Vermögensrecht (Verwertungsrechte)* –, […] [um] *eine untrennbare Einheit* […] [, die] vielfältig *miteinander verflochten*“[189] ist, handelt.

i. Artikel 2 Absatz 1 in Verbindung mit Artikel 1 Absatz 1 GG[190]

Das Urheberpersönlichkeitsrecht stellt ein besonderes Persönlichkeitsrecht dar.[191] Es knüpft an die Eigenschaft einer Person als Urheber an und stützt sich nach deutschem Verfassungsrecht – ebenso wie das Allgemeine Persönlichkeitsrecht – auf Artikel 2 Absatz 1 in Verbindung mit Artikel 1 Absatz 1 GG.[192]

Der sachliche Schutzbereich des (Urheber-)Persönlichkeitsrechts schützt als besonderes Persönlichkeitsrecht die Beziehung zwischen einem Urheber und seinem Werk. Dabei steht der Urheber im Fokus des Schutzes (siehe auch § 11 Satz 1 UrhG).[193] Das Urheberpersönlichkeitsrecht schützt überwiegend

187 EuGH, Urteil vom 10.07.2014, C-198/13; EuZW 2014, 795 (796 Rn. 33).

188 Bereits: *Hubmann*, Das Recht des schöpferischen Geistes, 1954, 74 ff.

189 Regierungsentwurf von 1962 – Bundestags-Drucksache IV/270, S. 43.

190 Für das Urheberpersönlichkeitsrecht gilt dasselbe wie für das Allgemeine Persönlichkeitsrecht: Ebenso wie dieses findet das Urheberpersönlichkeitsrecht seinen dogmatischen Standort in Art. 2 Abs. 1 GG. Art. 1 Abs. 1 GG hat hierbei die Rolle als Auslegungsmaßstab, um Inhalt und Reichweite des Schutzumfangs zu ermitteln. Vgl. *Di Fabio*, in: Maunz/Dürig Grundgesetz-Kommentar, 95. Aufl. 2021 (Art. 2 Abs. 1 GG Rn. 128).

191 Beide Rechte haben unterschiedliche Schutzgüter. Das Allgemeine Persönlichkeitsrecht bezieht sich auf die Existenz des Menschen. Das Urheberpersönlichkeitsrecht schützt den Urheber in seiner Beziehung zu seinem Werk: *Bullinger*, in: Wandtke/Bullinger Urheberrecht, 5. Aufl. 2019 (Vor. §§ 12 ff. UrhG Rn. 16).

192 *Bullinger*, in: Wandtke/Bullinger Urheberrecht, 5. Aufl. 2019 (Vor. §§ 12 ff. UrhG Rn. 16).

193 *Bullinger*, in: Wandtke/Bullinger Urheberrecht, 5. Aufl. 2019 (Vor. §§ 12 ff. UrhG Rn. 2).

die ideellen Interessen des Urhebers am Werk.[194] Die im Werk zum Ausdruck kommende individuelle Form soll danach Wesen, Wahrnehmung und Gefühle seines Schöpfers hervorbringen. In jedem Werk des Urhebers blieben Spuren seiner Persönlichkeit.[195] Die Idee hinter diesem Schutz ist, dass das Werk die Persönlichkeit des Urhebers spiegelt. Diese Sichtweise führt dazu, neben den verwertungsrechtlichen auch urheberpersönlichkeitsrechtliche Befugnisse einfachgesetzlich zu regeln.[196] Aus dem verfassungsrechtlich garantierten Urheberpersönlichkeitsrecht folgt das Veröffentlichungsrecht, das Recht auf Anerkennung der Urheberschaft sowie das Recht darauf, eine Entstellung des Werks zu verbieten (§§ 12 bis 14 UrhG).

Aus der Zuweisung beziehungsweise Anerkennung der individuellen Verbindung zwischen Schöpfer und Werk, fließt auch das Veröffentlichungsrecht des Urhebers. Danach steht es dem Urheber sowohl frei das Werk zu veröffentlichen als auch es nicht der Öffentlichkeit preiszugeben. Bei der Freiheit, ob und wie ein Werk zu veröffentlichen ist (einfachgesetzlich im deutschen UrhG ausdrücklich in § 12 Absatz 1 niedergelegt), handelt es sich vielleicht um *„eines der wichtigsten Rechte des Urhebers“*[197]. Wenn der Urheber das Werk etwa für noch nicht abgeschlossen oder für ihn belastend hält, wird der Wunsch bestehen, das Werk nicht aus der Privatsphäre des Urhebers zu entlassen um sich nicht einer möglichen Diskussion in der Öffentlichkeit auszusetzen.[198] Sobald – aber erst dann, wenn – der Urheber sich aber entscheidet, das Werk zu veröffentlichen, tritt er mit dem Werk in den Rechtsverkehr ein, was zu unwiderruflichen Beschränkungen der materiellen Interessen des Urhebers führt (§§ 44a ff. UrhG). Aus dem Schutz des Urheberpersönlichkeitsrechts folgt daher das Recht des Urhebers als Schöpfer darüber zu entscheiden, ob ein Werk veröffentlich wird oder nicht. Das Recht ein Werk nicht zu veröffentlichen ist ein Geheimhaltungsrecht, also das Recht anderen Personen die Kenntnis von dem Werk beziehungsweise seinem Inhalt zu verwehren.[199] Es ist jedoch eine Differenzierung geboten. Nicht alle

194 Es dient aber auch den materiellen Interessen am Werk. Als Beispiel sei hier das Recht auf Anerkennung der Urheberschaft genannt. Dieses dient auch dazu, dem Urheber Folgeaufträge durch Identifikationsmöglichkeit zu erhalten: *Bullinger*, in: Wandtke/Bullinger Urheberrecht, 5. Aufl. 2019 (Vor. §§ 12 ff. UrhG Rn. 3).

195 *Dustmann*, in: Fromm/Nordemann Urheberrecht, 12. Auflage 2018 (Vor. §§ 12 bis 14 UrhG Rn. 2).

196 *Bullinger*, in: Wandtke/Bullinger Urheberrecht, 5. Aufl. 2019 (Vor. §§ 12 ff. UrhG Rn. 1).

197 Regierungsentwurf von 1962 – Bundestags-Drucksache IV/270, S. 34.

198 *Dustmann*, in: Fromm/Nordemann Urheberrecht, 12. Aufl. 2018 (§ 12 UrhG Rn. 2).

199 KG, Urteil vom 27.11.2007, 5 U 63/07; NJW-RR 2008, 857 (860).

Geheimhaltungsinteressen des Urhebers sind nach dem Urheberpersönlichkeitsrecht geschützt.[200] Lediglich solche Geheimhaltungsinteressen sind geschützt, welche als Schutz des urheberrechtsspezifischen Interesses des Urhebers zu bewerten sind. Es handelt sich dabei um das rechtlich geschützte Interesse, darüber zu bestimmen, ob ein Urheber mit der ersten Veröffentlichung den Schritt von der Privatsphäre in die Öffentlichkeit setzt und sich somit gemeinsam mit seinem Werk der öffentlichen Kenntnisnahme und Kritik aussetzt.[201] Geheimhaltungsinteressen, welche hingegen als sicherheitspolitisch eingeordnet werden können, werden nicht durch das UrhG, sondern durch die §§ 93 ff. StGB[202], das SÜG[203] und etwa § 3 Nummer 1 lit. b IFG geschützt.[204]

Vom persönlichen Schutzbereich sind alle natürlichen und juristischen Personen des Privatrechts[205] erfasst.[206] Bezüglich der Grundrechtsfähigkeit juristischer Personen des öffentlichen Rechts gilt das zu Artikel 14 GG bereits unter B.II.2.a) Gesagte: Grundsätzlich können sie sich nicht auf Grundrechte berufen. Denn Adressat der verfassungsrechtlich geschützten Position des Urheberpersönlichkeitsrechts ist gemäß Artikel 1 Absatz 3 GG die öffentliche Gewalt. Die Gesetzgebung, die vollziehende Gewalt und die Rechtsprechung sind an die Grundrechte als unmittelbar geltendes Recht hingegen gebunden.

ii. Urheberpersönlichkeitsrechtlicher Schutz auf europäischer Ebene

Das Urheberpersönlichkeitsrecht wird auf europäischer Ebene zwar erwähnt[207], gleichwohl ist es bislang nicht zum Gegenstand von Gesetzgebung

---

200 So noch: BGH, Vorlagebeschluss vom 01.06.2017, I ZR 139/15; NJW 2017, 3450 (3454 Rn. 46). Dann aber: BGH, Urteil vom 30.04.2020, I ZR 139/15; GRUR-RS 2020, 12514 (Rn. 54).

201 BGH, Urteil vom 30.04.2020, I ZR 139/15; GRUR-RS 2020, 12514 (Rn. 54).

202 Strafgesetzbuch in der Fassung der Bekanntmachung vom 13. November 1998 (BGBl. I S. 3322), das zuletzt durch Artikel 2 des Gesetzes vom 22. November 2021 geändert worden ist.

203 Sicherheitsüberprüfungsgesetz vom 20. April 1994 (BGBl. I S. 867), das zuletzt durch Artikel 4 des Gesetzes vom 5. Juli 2021 (BGBl. I S. 2274) geändert worden ist.

204 BGH, Urteil vom 30.04.2020, I ZR 139/15; GRUR-RS 2020, 12514 (Rn. 54).

205 Soweit sie ihrem Wesen nach auf sie anwendbar sind, Art, 19 Abs. 3 GG.

206 *Di Fabio*, in: Maunz/Dürig Grundgesetz-Kommentar, 95. Aufl. 2021 (Art. 2 Abs. 1 GG Rn. 223, 224).

207 Vgl. Art. 9 und Erwägungsgrund 20 der Richtlinie 2006/116/EG des Europäischen Parlaments und des Rates vom 12. Dezember 2006 (sog. Schutzdauer-Richtlinie); Erwägungsgrund 28 der Richtlinie 96/9/EG des Europäischen Parlaments und des Rates vom 11. März 1996 (sog. Datenbank-Richtlinie); Erwägungsgrund 28 der

geworden.[208] Teilweise wird bezüglich des Urheberpersönlichkeitsrechts im Rahmen europäischer Gesetzgebung auch auf die Bestimmungen der Revidierten Berner Übereinkunft[209], die RBÜ, verwiesen.[210] In der Tat kann man in dieser, die seit der Revisionskonferenz von Rom 1928 in der heute gültigen Pariser Fassung in Artikel 6bis das Recht auf Werkintegrität sowie das Recht auf Anerkennung der Urheberschaft festschreibt[211], einen Mindestbestand und eine Basis des Urheberpersönlichkeitsrechtsschutzes auf europäischer und völkerrechtlicher Ebene ansehen. Gleichwohl führt dies nicht zu einem einheitlichen Standard zum Schutz des Urheberpersönlichkeitsrechts innerhalb der Europäischen Union.[212] Es sei allerdings erwähnt, dass auch der EuGH – unter Anlehnung an Art. 6bis RBÜ – davon ausgeht, dass das Urheberpersönlichkeitsrecht zum spezifischen Gegenstand des Urheberrechts gehört.[213] Dennoch wird aus den genannten Gründen ein „*europarechtliches Urheberpersönlichkeitsrecht*" nicht zum Maßstab dieser Arbeit.

Richtlinie 98/83/EG des Rates vom 3. November 1998 (sog. Satelliten- und Kabel-Richtlinie); Erwägungsgrund 19 InfoSoc-Richtlinie (vgl. zur InfoSoc-Richtlinie Fußnote 319).

208 A.A. ausführlich: *Ubertazzi*, Das EU-Reglement über die Urheberpersönlichkeitsrechte, GRUR Int. 2018, 110. Dieser argumentiert, dass die EU-Richtlinien zum Urheberrecht nicht nur ausnahmslos die Harmonisierung der Verwertungsrechte, sondern auch die Urheberpersönlichkeitsrechte zum Gegenstand haben.

209 Berner Übereinkunft zum Schutz von Werken der Literatur und Kunst vom 9. September 1886 in der Pariser Fassung vom 24. Juli 1971 (BGBl. 1973 II S. 1071). Zuletzt geändert durch Änderungsbeschluss vom 2. Oktober 1979 (BGBl. 1985 II S. 81).

210 Erwägungsgrund 28 der Datenbank-Richtlinie und Erwägungsgrund 19 der InfoSoc-Richtlinie (vgl. zur InfoSoc-Richtlinie Fußnote 319).

211 Art. 6 bis RBÜ lautet in Absatz 1: „*Unabhängig von seinen vermögensrechtlichen Befugnissen und selbst nach deren Abtretung behält der Urheber das Recht, die Urheberschaft am Werk für sich in Anspruch zu nehmen und sich jeder Entstellung, Verstümmelung, sonstigen Änderung oder Beeinträchtigung des Werkes zu widersetzen, die seiner Ehre oder seinem Ruf nachteilig sein könnten.*"

212 *Klass*, Werkgenuss und Werknutzung in der digitalen Welt: Bedarf es einer Harmonisierung des Urheberpersönlichkeitsrechts, ZUM 2015, 290 (297).

213 EuGH, Urteil vom 20.10.1993, Rechtssachen C-92/92 und C-326/92; GRUR 1994, 280 (282 Rn. 20).

c) *Aspekte der Kunst-, Wissenschafts- sowie der Meinungs- und Pressefreiheit*

Der Vollständigkeit halber sei hier noch erwähnt, dass soweit ein urheberrechtlich geschütztes Werk als Kunst im Sinne von Artikel 5 Absatz 3 GG zu klassifizieren wäre, es auch durch die Kunstfreiheit nach deutschem Verfassungsrecht geschützt ist.[214] Soweit die Kunstfreiheit einschlägig ist, würde die Meinungsfreiheit, sofern dessen Schutzbereich durch ein Werk ebenfalls eröffnet ist, als ein nicht vorbehaltlos gewährleistetes und im Übrigen allgemeineres Grundrecht gegenüber der Kunstfreiheit zurücktreten.[215] Aber ein urheberrechtliches Werk kann – und wird oftmals, insbesondere bei politik- oder sachbezogenen Auseinandersetzungen – eine Meinung im Sinne von Artikel 5 Absatz 1 GG zum Ausdruck bringen. Insofern ist auch zu betonen, dass die Meinungsfreiheit und ebenso das Urheberrecht von demselben Rechtsgedanken getragen sind. Beide sollen dem Individuum die Wiedergabe und die weitere Bekanntmachung seiner Meinung beziehungsweise seines Werkes gewährleisten.[216] Es ist allerdings bei der Thematik, welches Grundrecht für ein urheberrechtlich geschütztes Werk einschlägig ist, zu beachten, dass die Meinungsäußerungsfreiheit lediglich die Äußerung und Verbreitung der Meinung, nicht aber das dadurch entstandene Produkt schützt. Hierfür ist dann wieder die Eigentumsfreiheit einschlägig.[217] Das zu der Meinungsfreiheit Gesagte gilt gleichsam im Sinne einer Konkretisierung für die Pressefreiheit. Hinsichtlich der Kommunikationsgrundrechte ist außerdem auf das Zensurverbot hinzuweisen, welches gerade im Bereich der Pressefreiheit größte praktische Relevanz entfaltet. Die Zensur ist ein effektives und charakteristisches Instrument undemokratischer Staaten, um die Presse an der Erfüllung ihrer Aufgaben als Wachhund zu hindern.[218]

---

214 Eingehend zum Verhältnis Kunstfreiheit nach Art. 5 Abs. 3 GG und dem Urheberrecht *Wandtke*, Grenzenlose Freiheit der Kunst und Grenzen des Urheberrechts, ZUM 2005, 769; *Di Fabio*, Urheberrecht und Kunstfreiheit unter digitalen Verwertungsbedingungen, 1. Auflage 2018, 31, 41 ff. Zur Frage, inwieweit das Urheberrecht dem Gewährleistungsrecht der Kunstfreiheit unterfällt und der mitunter schwierigen Abgrenzung, ob die Kunstfreiheit oder das Urheberpersönlichkeitsrecht im konkreten Fall Schutz entfalten können: vgl. *Di Fabio*, Urheberrecht und Kunstfreiheit unter digitalen Verwertungsbedingungen, 1. Auflage 2018, 42 ff.

215 *Fechner*, Geistiges Eigentum und Verfassung, 1999, 342.

216 *Fechner*, Geistiges Eigentum und Verfassung, 1999, 343.

217 *Fechner*, Geistiges Eigentum und Verfassung, 1999, 344.

218 *Grabenwarter*, in: Maunz/Dürig Grundgesetz-Kommentar, 95. Aufl. 2021 (Art. 5 Abs. 1, Abs. 2 GG Rn. 392).

Für die europäische Ebene gelten im Wesentlichen dieselben Ausführungen, da gemäß Artikel 13 Satz 1 EU-GRCh die Kunst- und Wissenschaftsfreiheit und nach Artikel 11 EU-GRCh die Kommunikationsgrundrechte garantiert sind. Ein urheberrechtliches Werk kann im Rahmen der Verwertung und damit im Anwendungsbereich der EU-GRCh sowohl in den Schutzbereich der Kunst- und Wissenschaftsfreiheit[219] als auch in den der Kommunikationsgrundrechte[220] fallen. Die Kommunikationsgrundrechte unterliegen ebenfalls Artikel 52 Absatz 3 EU-GRCh: Soweit die Gewährleistungen der EU-GRCh denen der EMRK entsprechen, haben sie die gleiche Bedeutung und Tragweite, wie sie ihnen in der genannten Konvention verliehen wird.[221]

d) Zwischenergebnis

Das Urheberrecht ist hinsichtlich der materiellen Interessen auf Ebene des Grundgesetzes und auf Ebene der EU-GRCh in Form der Eigentumsfreiheit verfassungsrechtlich geschützt. Dabei handelt es sich um das verfassungsrechtlich garantierte Verfügungs- und Verwertungsrecht des Urhebers, um diesem Freiheit und Unabhängigkeit vom Staat zu gewährleisten. Geheimhaltungsinteressen werden durch die Eigentumsfreiheit nicht geschützt.

Die immateriellen Interessen des Urhebers sind europarechtlich bislang nicht kodifiziert. Damit scheidet ein Schutz nach der EU-GRCh aus. Der urheberpersönlichkeitsrechtliche Schutz ist jedoch auf Ebene des Grundgesetzes gemäß Artikel 2 Absatz 1 in Verbindung mit Artikel 1 Absatz 1 GG gewährleistet. Das Urheberpersönlichkeitsrecht schützt als besonderes Persönlichkeitsrecht die Beziehung zwischen einem Urheber und seinem Werk. Es geht hierbei um den Schutz des Urhebers als Person und nicht um den Schutz des Werkes um seiner selbst willen. Vom verfassungsrechtlich garantierten

---

219 *Sigg*, in: BeckOK Migrations- und Integrationsrecht, 11. Aufl. 2022 (Art. 13 EU-GRCh Rn. 4).

220 *v. Coelln*, in: Stern/Sachs Europäische Grundrechte-Charta: GRCh, 1. Aufl. 2016 (Art. 11 EU-GRCh Rn. 11 ff.).

221 Für den Bereich der Meinungs- und Informationsfreiheit ist dies unstreitig. Für die nach Art. 11 Abs. 2 EU-GRCh gewährleistete Medienfreiheit ist dies hingegen streitig. *Cornils*, in: BeckOK Informations- und Medienrecht, 35. Aufl. 2021 (Art. 11 EU-GRCh Rn. 11, 34). Weiter umstritten ist, ob diese Verweisung den Rückgriff auf die allgemeine Schrankenregelung aus Artikel 51 Absatz 1 EU-GRCh sperrt: *Bernsdorff*, in: Meyer/Hölscheidt Charta der Grundrechte der Europäischen Union, 5. Aufl. 2019 (Art. 11 EU-GRCh Rn. 15); *Cornils*, in: BeckOK Informations- und Medienrecht, 35. Aufl. 2021 (Art. 11 EU-GRCh Rn. 34).

Urheberpersönlichkeitsrecht geht auch der Schutz von Geheimhaltungsinteressen aus. Diese beschränken sich jedoch auf urheberspezifische und umfassen keine staatspolitischen Interessen.

Gegebenenfalls bestehende Unterschiede zwischen den inhaltlichen Gewährleistungen nach dem Grundgesetz einerseits und der EU-GRCh andererseits dürften jedenfalls in Zukunft verschwinden.[222] Denn man würde zu eigenartigen Ergebnissen gelangen, wenn Grundrechte, die als universelle Menschenrechte anerkannt sind, unterschiedlichen Schutz unter dem Grundgesetz, der Europäischen Menschenrechtskonvention oder der EU-GRCh aufwiesen.[223]

3. Historischer Hintergrund des Schutzes geistiger Leistungen

Den genannten grundrechtlichen Normierungen des Urheberrechts ist der Schutz des individuellen Urhebers gemein; denn sie betreffen im Kern die persönliche Leistung des Urhebers. Dies begründet sich mit der deutschen Rechtstradition, die in einer Linie mit den traditionell im kontinental-europäischen Raum verbreiteten individualistischen Begründungen des Urheberrechts steht.[224] Es handelt sich um eine historisch verhältnismäßig neue Idee, den Urheber in das Zentrum des Schutzes zu stellen.[225] Es wird nun untersucht, ob aus den historischen Wurzeln eine Erkenntnis hinsichtlich des Umfangs und des Zwecks des Urheberrechtsschutzes insbesondere mit Blick auf Geheimhaltungsinteressen gezogen werden kann.

a) Recht an Werken in der Geschichte

Da das heutige Begriffsverständnis des „*Urheberrechts*“ als ein dem Schöpfer zustehendes Ausschließlichkeitsrecht historisch nicht determiniert ist, soll in diesem Abschnitt nicht vom Urheberrecht, sondern vom (individuellen) Recht am Werk oder Recht an einer eigenen geistigen Schöpfung die Rede sein.

---

222 *Paulus*, in: Isensee/Kirchhof, Handbuch des Staatsrechts, 3. Auflage 2013 (§ 247 Rn. 52).

223 Zur Meinungs- und Pressefreiheit: *Leisner*, Isensee/Kirchhof, Handbuch des Staatsrechts, 3. Auflage 2010, § 173 Rn. 11 ff., 127 ff.

224 *Schack*, in: Geistiges Eigentum: Schutzrecht oder Ausbeutungstitel? Zustand und Entwicklungen im Zeitalter von Digitalisierung und Globalisierung, 2008 123 (131).

225 *Obergfell*, Das originäre Verlegerrecht, GRUR 2019, 992 (1000, 1001). *Obergfell* argumentiert für eine Diskontinuität der Entwicklung zwischen Privileg und Urheberrecht.

i. Von der Antike bis zum Buchdruck

Das Recht an eigenen geistigen Schöpfungen findet seinen Ursprung nicht etwa in der Antike, wie man aufgrund der zahlreichen in dieser Epoche entstandenen literarischen Werke und dem hochkulturellen Schriftwesen meinen könnte. Ein ausschließliches Recht an der eigenen geistigen Schöpfung des Schöpfers war der Antike auf Basis des heutigen Erkenntnisstandes unbekannt.[226] Individuell gestaltete Produkte wurden nicht als persönliches Werk desjenigen, der es angefertigt hatte, sondern als eine Freilegung einer unabänderlichen Idee des Ästhetischen oder als eine Realisierung einer Eingebung verstanden.[227] Der Künstler galt dabei als bloßes Medium und nicht als Quelle des Schaffens, weshalb auch kein Recht des jeweiligen Künstlers an der Schöpfung erwuchs. Im Gegenteil galt das kreative Schaffen als ein Dienst an der Gemeinschaft. Hinzu kam, dass die meisten Werke mündlich weitergegeben und dabei regelmäßig abgeändert wurden[228], so dass zu vermuten steht, dass im Übrigen die Rückverfolgung eines Werks auf ein Individuum kaum mehr möglich gewesen sein dürfte.

Die Vorstellung, eine Schöpfung allein dem Schöpfer zuzuordnen, blieb zunächst auch den Menschen im Mittelalter unbekannt: Hier galt der Schaffende als Ausführender einer übergeordneten, transzendenten Einheit.[229] Dies mag nicht zuletzt auch daran gelegen haben, dass die erst langsam sich wieder entwickelnde Schriftkultur abgesehen von aktuellen Berichten von geistlichen und weltlichen Herrschern im Wesentlichen aus dem Abschreiben bekannter Texte, insbesondere der antiken Klassiker und lateinisch theologischen Schriften für den kirchlichen Alltag bestand.[230] Hingegen wurden Lieder, Gedichte und Geschichten ganz überwiegend mündlich übermittelt, was dem weit verbreiteten Analphabetismus zur damaligen Zeit zuzuschreiben ist.[231] Die Veröffentlichung war zu dieser Zeit nicht etwa an die Entstehung von Rechten eines individuellen Schöpfers, der mit Gottes Gnaden ein Werk geschaffen hatte, sondern an die Entstehung von Rechten der Allgemeinheit an dem Werk geknüpft.

---

226 *Ulmer*, Urheber- und Verlagsrecht, 3. Auflage 1980, 50, 51; *Nordemann/Czychowski*, in: Fromm/Nordemann Urheberrecht, 12. Aufl. 2018 (Einl. Rn. 24); *Ann*, Die idealistische Wurzel des Schutzes geistiger Leistungen, GRUR Int 2004, 597 (597, 598); *Gieseke*, Vom Privileg zum Urheberrecht, 1995, 1 ff.

227 *Vogel*, in: Schricker/Loewenheim, 6. Aufl. 2020 (Einl. Rn. 108).

228 *Peukert/Rehbinder/Hubmann*, Urheberrecht und verwandte Schutzrechte, 18. Aufl. 2018, 41 Rn. 127; *Hansen*, Warum Urheberrecht?, 2009, 13.

229 *Vogel*, in: Schricker/Loewenheim, 6. Aufl. 2020 (Einl. Rn. 109).

230 *Gieseke*, Vom Privileg zum Urheberrecht, 1995, 4.

231 *Gieseke*, Vom Privileg zum Urheberrecht, 1995, 4.

Das Nicht-Veröffentlichen soll sogar einem Verbergen eines der Gesellschaft natürlichen Rechts gleich gestanden haben.[232]

Seit dem 12. Jahrhundert sind Schriften überliefert, in denen die Forderung von gewissen Rechten an dem eigenen Geschaffenen seinen Niederschlag findet. In diesen werden bereits Veröffentlichungsrechte thematisiert und es wird gefordert, eine Änderung ihrem Schöpfer allein vorzubehalten. Teils geht es aber auch schlicht um die namentliche Nennung des Schöpfers der Schöpfung.[233] Bemerkenswert ist, dass hierbei weniger ökonomische als persönlichkeitsrechtliche Interessen im Spiel gewesen sein dürften, da zu dieser Zeit der Grundsatz der freien Abschrift galt.[234]

Der Gedanke von individuellen Rechten an einem Werk war zu dieser Zeit noch nicht aufgekommen. Kulturelle Güter galten im Gegensatz zu heute als dem Kollektiv zugehörige Gemeingüter.

ii. Der Buchdruck und das Privilegienwesen

Die Erfindung des Buchdrucks gegen Mitte des 15. Jahrhunderts markiert den Startschuss für das aufkommende Bewusstsein für individuelle Rechte an einem Werk. Damit verbunden war auch eine entsprechende Forderung nach dem individuellen Rechtsschutz an Schöpfungen literarischer – und soweit in Notenform gegossen auch musikalischer[235] – Art. Dies ist allerdings wohl nicht allein der technischen Errungenschaft, sondern auch dem sich ändernden, vermehrt von Humanismus und Renaissance geprägten Zeitgeist zuzurechnen. Verstärkt, wenn auch noch fernab von breitem Konsens, wurde ein Werk als Ausdruck einer individuell geschaffenen Besonderheit wahrgenommen, die einer Person zuzurechnen sei.[236] Mit der sich im Wandel befindlichen Beziehung des Erzeugers zu seiner Schöpfung erstarkte ebenso die Idee, eigene Rechte an dem Erzeugnis geltend machen zu können. Zu diesem Zeitpunkt ist die Idee eines ausschließlichen Rechts, im Sinne eines absoluten Immaterialgüterrechts noch fern.[237] Um 1500 war der ungeregelte Nachdruck von Werken etwas Alltägliches.[238] Schließlich

232 *Hansen*, Warum Urheberrecht?, 2009, 14; *Bappert*, Wege zum Urheberrecht, 1962, 92.

233 *Ulmer*, Urheber- und Verlagsrecht, 3. Auflage 1980, 51; *Gieseke*, Vom Privileg zum Urheberrecht, 1995, 8,9.

234 *Gieseke*, Vom Privileg zum Urheberrecht, 1995, 6.

235 Rechtsgrundsätze für den Schutz von Autoren und Komponisten von und der Verwertung ihrer Musikwerke haben sich erst spät und eigenständig entwickelt. Näheres bei *Gieseke*, Vom Privileg zum Urheberrecht, 1995, 107 ff.

236 *Gieseke*, Vom Privileg zum Urheberrecht, 1995, 18 f.

237 *Gieseke*, Vom Privileg zum Urheberrecht, 1995, 22, 37.

238 MwN *Gieseke*, Vom Privileg zum Urheberrecht, 1995, 17, 33.

führte ein wirtschaftlicher Konflikt zwischen den Buchdruckern dazu, dass Forderungen nach einem Nachdruckverbot laut wurden.[239] Die rechtliche Lösung für den Konflikt wurde in befristeten Ausschließlichkeitsrechten des Druckens, die als Privileg von der Obrigkeit erteilt wurden, gefunden. Diese Privilegien sind jedoch keinesfalls pauschal als Vorreiter des heutigen Urheberrechts nach UrhG zu kategorisieren.[240] Denn die Privilegien bezogen sich nicht auf die geistige Schöpfung, sondern auf den Druck – also den Gegenstand, auf dem ein entsprechendes Werk verkörpert war.[241] Obgleich die Privilegienvergabepraxis noch wenig erforscht ist[242], lassen sich grobe Merkmale aufzeichnen: Inhalt der Privilegien war eine zeitlich begrenzte, zugunsten des Privilegierten strafbewährte Untersagung, ein konkretes gedrucktes Schriftstück nachzudrucken, Nachdrucke zu veräußern oder in andere Territorien entsprechende Nachdrucke zu exportieren.[243] Neben der wohl uneinheitlichen Praxis der Vergabe, also den unterschiedlichen an die Vergabe eines Privilegs geknüpften Voraussetzungen, war die Durchsetzbarkeit eines solchen Privilegs an das Herrschaftsgebiet der das Privileg erteilenden Autorität geknüpft.[244] Die Verschiedenheit von Privileg und Urheberrecht im Sinne des UrhG ergibt sich daher insbesondere daraus, dass ein Privileg individuell vom jeweiligen Herrscher als Hoheitsakt erteilt wurde und nicht wie das Urheberrecht heute gemäß abstrakt-generell gültigen Normen erwächst.[245] Schließlich muss Beachtung finden, dass Druckprivilegien auf die Regulierung und Beaufsichtigung des Buchdrucks abzielten und damit einen Zweck erfüllten, der ganz unabhängig vom Schutz der Schöpfung war. Um unerbetene und insbesondere – unter dem Eindruck der Reformation – aus

239 MwN *Hansen*, Warum Urheberrecht?, 2009, 14.

240 *Obergfell*, Das originäre Verlegerrecht, GRUR 2019, 992 (1001); *Dölemeyer/Klippel*, in: Festschrift zum hundertjährigen Bestehen der Deutschen Vereinigung für Gewerblichen Rechtsschutz und Urheberrecht und ihrer Zeitschrift Band I, 1991 185 (191 ff.).

241 Und zwar auch, wenn es sich um Autorenprivilege handelte, vgl. *Hansen*, Warum Urheberrecht?, 2009, 14, 15; *Gieseke*, Vom Privileg zum Urheberrecht, 1995, 67–72.

242 Vgl. dazu nur: *Dölemeyer/Klippel*, in: Festschrift zum hundertjährigen Bestehen der Deutschen Vereinigung für Gewerblichen Rechtsschutz und Urheberrecht und ihrer Zeitschrift Band I, 1991 185 (190 f.); *Wadle*, Privilegien für Autoren oder für Verleger, Zeitschrift der Savigny-Stiftung für Rechtsgeschichte 2007, 144 (146 f.).

243 Vgl. hierzu die von *Gieseke* aufgezählten Merkmale: *Gieseke*, Vom Privileg zum Urheberrecht, 1995, 66 ff.

244 *Gieseke*, Vom Privileg zum Urheberrecht, 1995, 39.

245 Zum Gegensatz Privileg/ Leistungsschutzrecht: *Obergfell*, Das originäre Verlegerrecht, GRUR 2019, 992 (1001).

klerikaler Perspektive unsittliche Druckerzeugnisse zu verhindern, wurden zum Ende des 16. Jahrhunderts sämtliche zu druckende Werke der Vorzensur unterzogen.[246] Damit war das Augenmerk der Autorität zu dieser Zeit mit Blick auf den immer größer werdenden Buchdruck und -handel in juristischer Hinsicht vor allem auf die Zensur[247], also den Inhalt, und gerade nicht auf die Form- und Ausgestaltung gerichtet.

Privilegien wurden zwar grundsätzlich an Autoren, Drucker und Verleger erteilt. Allerdings waren es vermehrt die Drucker und Verleger, die unter den Privilegierten vertreten waren.[248] Und selbst die Autorenprivilegien schützten den bereits erfolgten oder den geplanten Druck[249]: In den überlieferten Privilegien finden sich die Arbeit, der Fleiß und die Druckkosten regelmäßig als Motive für die Privilegienvergabe wieder.[250] Der *„Ertrags- und Lohnsicherungsgedanke"*, also ökonomische Interessen, stellten offenkundig ein tragendes Motiv für seine Erteilung dar.[251]

Obgleich augenscheinlich allein der Investitions- und damit ein Druckerschutz durch die Privilegien verfolgt wurde, kann kein einheitliches Ziel, welches durch die Privilegienvergabe verfolgt wurde, identifiziert werden. Gründe dafür finden sich zum einen in der damaligen Vielzahl an Privilegien erteilenden Autoritäten, aber auch in der Unterschiedlichkeit der erteilten Privilegien selbst.[252] Hinzu kommt, dass die Schlussfolgerung, das Privilegienwesen habe letztlich rein wirtschaftspolitische Hintergründe gehabt, zu kurz greift:[253] Im Zusammenhang des damaligen politischen und ökonomischen Systems muss die hoheitliche Zielsetzung zur Schaffung einer sittlichen Ordnung des Gemeinwesens Beachtung finden, welches dem Ausbau einer *„guten policey"* verschrieben

---

246 *Obergfell*, in: Verlagsrecht, 2. Aufl. 2021 (1. Teil, Kap. A, Rn. 43).

247 *Gieseke*, Vom Privileg zum Urheberrecht, 1995, 56–58, 83.

248 *Gieseke*, Vom Privileg zum Urheberrecht, 1995, 59.

249 *Hansen*, Warum Urheberrecht?, 2009, 15.

250 *Hansen*, Warum Urheberrecht?, 2009, 14; *Gieseke*, Vom Privileg zum Urheberrecht, 1995, 42, 61. Bei *Gieseke* ist auf Seite 42 ein Privileg abgedruckt, auf S. 61. ist die *arenga*, die die Beweggründe für die Erteilung eines Privilegs übersetzt, abgedruckt.

251 *Gieseke*, Vom Privileg zum Urheberrecht, 1995, 62.

252 Kaiserliche, reichsständische, reichstädtische und kirchliche Autoritäten konnten Monopol-, General-, Spezialprivilegien erteilen. Vgl. *Gieseke*, Vom Privileg zum Urheberrecht, 1995, 40; *Hansen*, Warum Urheberrecht?, 2009, 17.

253 So aber: *Ann*, Die idealistische Wurzel des Schutzes geistiger Leistungen, GRUR Int 2004, 597 (598).

war.[254] Grundsätzlich wurden Privilegien nur erteilt, wenn die jeweilige erteilende Autorität einen Mehrwert für das Gemeinwesen erwarten konnte.[255]

In Bezug auf den durch Privilegien eingeräumten Schutz stand somit zwar offenkundig der Zweck, das Druckergewerbe für seine Mühen und Kosten zu schützen. Allerdings ist dieser Schutz wohl als Konsequenz des darüber liegenden Ziels zu verstehen, nämlich die als schutzwürdig erachteten Belange der Allgemeinheit zu sichern.[256] Es gilt außerdem zu beachten, dass in anderen Fällen aus Gemeinwohlgründen sowohl Privilegien erteilt, als auch widerrufen wurden und dass aus denselben Gemeinwohlgründen der Nachdruck ebenso stückweit gewünscht war, um Druckerzeugnisse zum allgemeinen Wohl zu vergünstigen.[257]

Trotz der aufgezeigten gewaltigen Unterschiede zwischen Privilegienwesen und dem heute kodifizierten Urheberrecht, lohnt ein Blick in die Geschichte der Privilegien, denn sie zeigt, wie geistige Schöpfungen in der Geschichte als kulturelles Gut wahrgenommen wurden, durch das Rechte eines Individuums entstehen konnten.

iii. Verlags- und Autoreneigentum

Das Privilegiensystem bot zumindest in den deutschsprachigen Ländern aufgrund territorialer juristischer Zersplitterung keine einheitliche und wirksame Durchsetzbarkeit.[258] Um sicheren Schutz für ihre Investitionen zu haben, entwickelte sich in Hochburgen des Buchdrucks im 16. Jahrhundert die Idee vom *Verlagseigentum*, welches allerdings nicht überall verbreitet und angewandt wurde. Es besagte, dass ein dem Verleger originär zustehendes, also privilegienunabhängiges Recht an dem von ihm getätigten Druck bestehe. Einem redlichen

---

254 *Dölemeyer/Klippel*, in: Festschrift zum hundertjährigen Bestehen der Deutschen Vereinigung für Gewerblichen Rechtsschutz und Urheberrecht und ihrer Zeitschrift Band I, 1991 185 (191); *Rigamonti*, Geistiges Eigentum als Begriff und Theorie des Urheberrechts, 1. Aufl. 2001, 13.

255 *Gieseke*, Vom Privileg zum Urheberrecht, 1995, 60. Vgl. hierzu die *Arenga* vom Peutinger-Privileg von 1511, in dem es um den Druck von Wegekarten des Römischen Reiches ging. Abgedruckt in: *Gieseke*, Vom Privileg zum Urheberrecht, 1995, 61.

256 Vgl. auch *Hansen*, Warum Urheberrecht?, 2009, 16.

257 *Dölemeyer/Klippel*, in: Festschrift zum hundertjährigen Bestehen der Deutschen Vereinigung für Gewerblichen Rechtsschutz und Urheberrecht und ihrer Zeitschrift Band I, 1991 185 (192, 193).

258 *Gieseke*, Vom Privileg zum Urheberrecht, 1995, 121.

Erwerber eines Manuskripts, stehe ein *„eigentumsähnliches Vervielfältigungs- und Verbreitungsrecht“* zu, bis eine Neuauflage nicht mehr beabsichtigt sei.[259]

Das erste *Autorenprivileg* war zwar bereits 1486 in Venedig erteilt worden, welches dem Autor das alleinige Veröffentlichungsrecht und damit einen Schutz gegen Nachdruck und Entstellungen einräumte.[260] Allerdings dauerte es bis zum Ende des 17. Jahrhunderts, bis sich ein allgemeines Zustimmungserfordernis des Autors bei Erstdruck durchsetzte.[261] Dieses führte dazu, dass erstmals der Autor und damit der Schöpfer eines Werks zum generellen Schutzsubjekt wurde.[262]

Bei Betrachtung sowohl der Lehre vom Verlags- als auch vom Autoreneigentum gilt es hervorzuheben, dass diese wohl letztlich ein Versuch waren, ein privilegienunabhängiges Recht herzuleiten: Denn das Privileg schützte vornehmlich die wirtschaftlichen Interessen der Verleger.[263] Daher kann nach hier vertretener Ansicht aus denselben Gründen wie beim Privileg nicht ohne Weiteres von einer *„Vorstufe zum Urheberrecht“* ausgegangen werden. Es ist festzuhalten, dass nicht nur das Privileg, sondern auch die Ideen vom Verlags- und Autoreneigentum rechtliche Versuche und Überlegungen darstellen, um das Verhältnis von einem einerseits möglichen individuellen Recht am Werk, welches kraft Schöpfung erwächst und andererseits möglichen Interessen der Allgemeinheit am Werk, miteinander in Einklang zu bringen.

iv. Argumentation mit Gemeinwohlinteressen

Mit der von Gelehrten vorgenommenen Differenzierung zwischen Rechten an Sachen (etwa dem Papier des Manuskripts) und Rechten an in den Sachen verkörperten Schöpfungen im beginnenden 18. Jahrhundert, wurde nicht nur der Schritt zur Lehre des geistigen Eigentums[264] erreicht, sondern auch das

---

259 *Gieseke*, Vom Privileg zum Urheberrecht, 1995, 93. *Gieseke* ist der Meinung, dass das Verlagseigentum eine Vorstufe der dann im 18. Jahrhundert entwickelten Idee vom geistigen Eigentum sei.

260 *Gieseke*, Vom Privileg zum Urheberrecht, 1995, 40.

261 *Gieseke*, Vom Privileg zum Urheberrecht, 1995, 117.

262 *Ann*, Die idealistische Wurzel des Schutzes geistiger Leistungen, GRUR Int 2004, 597 (598). *Ann* bezeichnet das Autorenrecht als die idealistische Begründung des heutigen Urheberrechts.

263 *Hansen*, Warum Urheberrecht?, 2009, 19.

264 Der deutsche Begriff des *„geistigen Eigentums“* ist nach deutschem Recht privatrechtsdogmatischen, rechtspolitischen und urheberrechtlichen Einwänden ausgesetzt. Er wird in dieser Arbeit dennoch synonym mit dem Begriff des Immaterialgüterrechts verwendet. Hierzu: *Ohly*, Geistiges Eigentum, Juristen Zeitung 2003, 545. Die Frage, ob der Begriff *„geistiges Eigentum“* dogmatisch passt, ist nicht nur im deutschen

juristische Verständnis von Eigentum erheblich erweitert.[265] Aufbauend auf *John Lockes* Arbeitstheorie[266] wurde der Erst-Recht-Schluss gezogen, dass das, was für manuelle Arbeit gelte, erst recht für *„geistige Arbeit"* zu gelten habe. Der Kreative, der ein geistiges Werk schaffe, erlange durch diesen Akt auch Eigentum - nämlich geistiges Eigentum - an dieser schöpferischen Arbeit.[267] Weiter baut die Lehre vom geistigen Eigentum auf bereits anerkannten persönlichkeitsrechtlichen Prinzipien auf, wie der Benennung von Quelle und Autor und dem Zustimmungserfordernis des Autors vor Veröffentlichung.[268]

Beachtung finden muss, dass die Geschichte des geistigen Eigentums zwar einerseits auf der vom Liberalismus geforderten Freiheit des Individuums, also der Idee des Eigentumsrechts als Ausdruck von Freiheit, fußt.[269] Andererseits - und dies darf im Rahmen der Diskussion nicht vergessen werden - basiert die Idee vom geistigen Eigentum auf dem Geist der Aufklärung, welcher für die Forderung nach Verbreitung vernunftgeleiteten Denkens und unzensierter geistiger Auseinandersetzung im Rahmen der Gemeinschaft und gegen die im Privilegienwesen gängige Zensur kämpfte.[270]

Queen Anne schaffte 1710 das weltweit erste *„Urheberrechtsgesetz"* und gestand damit Autoren für 14 Jahre das ausschließliche Vervielfältigungsrecht

---

Rechtssystem fragwürdig. Ebenso verhält es sich im US-amerikanischen Recht. Etwa für das US-amerikanische *„intellectual property"* wird hier ein guter Überblick gegeben: *Elkin-Koren/Salzberger*, The law and economics of intellectual property in the digital age, 2013, 42–46. Allerdings sind diese Diskussionen keinesfalls gleichzusetzen. Das US-amerikanische *„Property"* ist kein Äquivalent zum Eigentum nach deutschem bürgerlichem Recht. Einen Überblick mwN hierzu gibt *Goldhammer*, in: Geistiges Eigentum im Verfassungsstaat: Geschichte und Theorie, 2016 1 (2).

265 *Gieseke*, Vom Privileg zum Urheberrecht, 1995, 122; *Hansen*, Warum Urheberrecht?, 2009, 20.

266 Siehe oben zu der problematischen Übertragung der Arbeitstheorie auf das Recht des Autors: Fußnote 80.

267 *Ohly*, Geistiges Eigentum, Juristen Zeitung 2003, 545 (548); *Hansen*, Warum Urheberrecht?, 2009, 20.

268 *Gieseke*, Vom Privileg zum Urheberrecht, 1995, 115.

269 *Rigamonti*, Geistiges Eigentum als Begriff und Theorie des Urheberrechts, 1. Aufl. 2001, 22 f.

270 *Hansen*, Warum Urheberrecht?, 2009, 21; *Geiger*, Der urheberrechtliche Interessenausgleich in der Informationsgesellschaft – Zur Rechtsnatur der Beschränkungen des Urheberrechts, GRUR Int 2004, 815 (816); *Hilty*, Urheberrecht in der Informationsgesellschaft: „Wer will was von wem woraus?" – Ein Auftakt zum „zweiten Korb", ZUM 2003, 983 (986).

ihrer Werke zu.[271] Allerdings lag ihre Motivation nicht in einer Bekennung zu einem etwaig universell geltenden Naturrecht, als vielmehr in dem wirtschaftspolitischen Ziel begründet, die mächtige Stellung der Buchhändlergilde im Interesse des Gemeinwohls zu zerstören.[272] Praktisch ließen sich Verleger dieses Recht der Autoren allerdings regelmäßig abtreten, sodass auch unter dem kodifizierten Statute of Anne letztlich eine Stärkung der Verleger und keine Stärkung der Urheber zu verzeichnen war.[273] Die im Geist der Aufklärung entstandene amerikanische Verfassung[274] formulierte ebenso exemplarisch für die vorausgesetzte allgemeine Nützlichkeit, nämlich die Förderung kulturpolitischer Interessen im Rahmen der Ermächtigung des Kongresses (US Congress) im Jahre 1787 zur Urheberrechtsgesetzgebung „*to promote the progress of Science and useful Arts, by securing for limited Times to Authors and Inventors the exclusive Right to their respective Writings and Discoveries*“[275]. In der US-amerikanischen Verfassung sollen, wie Article I, Section 8, Clause 8 eindrücklich zeigt, das Gemeinwohl im öffentlichen Interesse zuvörderst gefördert werden. Diese Klausel aus der US-amerikanischen Verfassung stellt das Schulbeispiel einer kollektivistischen Begründung des Urheberrechts dar. Nur um das Gemeinwohl zu fördern, wird der Schutz von Individualinteressen (der Urheber) eingeräumt. Zugleich fußt die US-amerikanische Verfassung auf einem für damalige Verhältnisse revolutionären Konzept von Rechten eines jeden Bürgers, die dieser kraft seines Menschseins habe: Sie ist geistiges Kind naturrechtlicher Ideen.[276]

---

271 Verlängerbar um maximal einmal weitere 14 Jahre.

272 *Ann*, Die idealistische Wurzel des Schutzes geistiger Leistungen, GRUR Int 2004, 597 (599); *Peukert/Rehbinder/Hubmann*, Urheberrecht und verwandte Schutzrechte, 18. Aufl. 2018, 12 (Rn. 34). So heißt es im Statute of Anne: „*Whereas printers, booksellers, and other persons have of late frequently taken the liberty of printing, reprinting, and publishing, or causing to be printed, reprinted, and published, books and other writings, without the consent of the authors or proprietors of such books and writings, to their very great detriment, and too often to the ruin of them and their families: <u>for preventing therefore such practices</u> for the future, <u>and for the encouragement of learned men to compose and write useful books</u>* […]“. (Hervorhebung nur hier).

273 *Hansen*, Warum Urheberrecht?, 2009, 19.

274 *Geiger*, in: Interessenausgleich im Urheberrecht, 1. Aufl. 2004 143 (145); *Geiger*, Der urheberrechtliche Interessenausgleich in der Informationsgesellschaft – Zur Rechtsnatur der Beschränkungen des Urheberrechts, GRUR Int 2004, 815 (816).

275 Article I, Section 8, Clause 8.

276 Was sich beispielsweise in der Präambel ausdrückt: „*We the People of the United States, in Order to form a more perfect Union, […], and secure the Blessings of Liberty to ourselves and our Posterity, do ordain and establish this Constitution for the United States of America.*“ Im Übrigen zu dem starken Einfluss Lockes auf den ersten

v. *Urheberpersönlichkeitszentrierte Gesetzgebung*

Die Entstehung und Entfaltung der Lehre vom geistigen Eigentum darf nicht darüber hinwegtäuschen, dass in der Praxis im deutschsprachigen Raum nach wie vor das Privilegienwesen herrschte. Während in England bereits das genannte Statute of Anne in Kraft getreten und die französische Gesetzgebung im Rahmen der Französischen Revolution nach 1789 ebenfalls Rechte an geistigen Gütern anerkannt hatte, wurde in Deutschland erst durch einen Beschluss der Bundesversammlung 1835 ein durch die Länder zu gewährleistender „*Urheberrechtsschutz*" eingeführt.[277] Bis ins 19. Jahrhundert gab es bedeutende Stimmen gegen die Lehre vom geistigen Eigentum.[278] Insbesondere die Pandektenwissenschaft, die das römische Recht der Pandekten rezipierte, erkannte das geistige Eigentum nicht als Eigentum an, weil das römische Recht nur das Sacheigentum (res) kannte.[279] Aufgrund der maßgeblichen Prägung des deutschen Zivilrechts durch die Pandektenwissenschaft knüpfte man fortan das Recht am Werk statt an das Eigentum dogmatisch an das Persönlichkeitsrecht.[280] Wie vorstehend erläutert, wird das Werk rechtlich bis heute als ein Teil der Persönlichkeit verstanden.[281] Noch im 19. Jahrhundert wurde das Recht am Werk „*in seinem ganzen Umfange als ein aus geistiger Schöpfung fließendes Persönlichkeitsrecht*"[282] gesehen. Konsequenz dieser Anknüpfung war, dass die vermögensrechtliche Komponente bloßer Ausfluss des Persönlichkeitsrechts sein sollte. Erst angestoßen mit der sozialen Eigentumstheorie *Rudolph von Jherings*[283] und *Otto von Gierkes*[284]

---

bürgerlich-demokratischen Verfassungsstaat, die USA: *Kukk*, Verfassungsgeschichtliche Aspekte zum Grundrecht der allgemeinen Handlungsfreiheit (Art. 2 Abs. 1 GG), 2000, 74.

277 Der Wortlaut des Beschlusses der Bundesversammlung vom 2. April 1835 ist abgedruckt in: *Rehbinder*, in: Woher kommt das Urheberrecht und wohin geht es? Wurzeln, geschichtlicher Ursprung, geistesgeschichtlicher Hintergrund und Zukunft des Urheberrechts, 1988 99 (99 f. Fn. 1).

278 Siehe hierzu: *Hansen*, Warum Urheberrecht?, 2009, 22.

279 *Ohly*, Geistiges Eigentum?, Juristen Zeitung 2003, 545 (546, 547).

280 *v. Gierke*, Deutsches Privatrecht Band I: Allgemeiner Teil und Personenrecht, 1895, § 85, 756.

281 Vgl. siehe oben: B.II.2.b).

282 *v. Gierke*, Deutsches Privatrecht Band I: Allgemeiner Teil und Personenrecht, 1895, § 58, 764.

283 *v. Jhering*, Der Zweck im Recht I, Reprografischer Nachdruck der 4. Aufl. 1904, insb. 58 ff. (Kapitel VI.).

284 *v. Gierke*, Die soziale Aufgabe des Privatrechts, 1889, 10. Hier heißt es wörtlich: „*Wir brauchen aber auch ein P r i v a t r e c h t, in welchem trotz aller Heilighaltung der*

wurde schließlich durch *Josef Kohler* die soziale Komponente des Rechts am Werk angesprochen.[285] Dieser lehnte ein zeitlich unbegrenztes und absolutes *„Urheberrecht"* mit dem Argument ab, dass diese Güter *„einen so weitgehenden Individualismus nicht ertragen"* würden, da es deren Sinn und Zweck sei, zum *„Ocean des allgemeinen Kulturlebens"*[286] zu werden.[287]

Angestoßen durch diese Argumentation wurde in den 1920er Jahren insbesondere von der Literatur eine nutzerorientierte Betrachtungsweise diskutiert, die ein Recht der Allgemeinheit am Werk[288] geschützt sehen wollte.[289] Die Vertreter dieser Betrachtung untermauerten ihre Forderung nach mehr Nutzerorientierung mit im Wesentlichen zwei Argumenten, die sich aufgrund ihrer Zeitlosigkeit ebenso auf heute übertragen lassen: Das Recht der Allgemeinheit am Werk sahen die Vertreter zum einen in der Vorgegebenheit der Dinge begründet. Niemand schafft schließlich etwas, ohne dass er von dem bereits Vorhandenen profitiere (Inspiration).[290] Darüber hinaus sei ein Werk in aller Regel dazu bestimmt, auf die Gesellschaft oder jedenfalls auf einzelne andere Personen zu wirken – ein Werk wird nicht für sich allein geschaffen, sondern zur Betrachtung durch die Gemeinschaft.[291] Aus beiden Argumenten folge, dass das individuelle Ausschließlichkeitsrecht daher insofern einzuschränken sei, als dass der Allgemeinheit nicht *„zu lange und zu geizig vorenthalten wird, was sie*

---

unantastbaren Sphäre des Individuums der Gedanke der Gemeinschaft lebt und webt. Schroff ausgedrückt: in unserem öffentlichen Recht muß ein Hauch des naturrechtlichen Freiraumes wehen und unser Privatrecht muß ein Tropfen sozialistischen Öles durchsickern!" (Hervorhebung im Original).

285 *Hansen*, Warum Urheberrecht?, 2009, 28; *Stieper*, Rechtfertigung, Rechtsnatur und Disponibilität der Schranken des Urheberrechts, 2009, 15; *Pahud*, Die Sozialbindung des Urheberrechts, 2000, 14.

286 *Kohler*, Das Autorrecht, 1880, 47 ff.

287 *Kohler*, Das Autorrecht, 1880, 48. Zum Wirken Kohlers, insbesondere zu Kohlers Lehre zu den Immaterialgüterrechten: *Obergfell*, Josef Kohler – Werk und Wirkung auf dem Gebiet des Immaterialgüterrechts, ZEuP 2019, 499 (506 ff.).

288 Zum Beispiel ausdrücklich: *Hoffmann*, Gedanken zur Systematik eines deutschen Urheberrechtsgesetzes, GRUR 1931, 706 (708).

289 *Hansen*, Warum Urheberrecht?, 2009, 29.

290 *Elster*, Der Schutz des Geisteswerkes als Ausgleich zwischen Urheber und Allgemeinheit, UFITA 1931, 215 (220, 221).

291 MwN *Stieper*, Rechtfertigung, Rechtsnatur und Disponibilität der Schranken des Urheberrechts, 2009, 24.

zur Bereicherung des Kulturlebens, zur Förderung des Fortschritts, zur Ausübung der mannigfaltigsten Meinungsverschiedenheiten" benötige.[292]

Während des Nationalsozialismus wurde der persönlichkeitsrechtliche Charakter des ausschließlichen individuellen Rechts am Werk mit dem Argument, das Gemeinwohl habe stets Vorrang, verworfen.[293]

vi. Der Weg zum UrhG von 1965

Angesichts der durch die Nationalsozialisten geführten Schreckensherrschaft, in der jedes willkürliche staatliche Handeln ganz nach der Devise „*Gemeinnutz vor Eigennutz*"[294] mit dem Wohl der Volksgemeinschaft gerechtfertigt wurde, taten sich nach 1945 offensichtlich Bedürfnisse nach vorstaatlichen Grundsätzen hervor. Bekanntester Nachkriegs-Vertreter ist wohl *Gustav Radbruch*, der 1946 forderte: „*Wir müssen uns wieder besinnen auf die Menschenrechte, die über allen Gesetzen stehen, auf das Naturrecht, das gerechtigkeitsfeindlichen Gesetzen die Geltung versagt*"[295]. Es wird daher überzeugend vertreten, dass im Nachhall des Dritten Reichs jedenfalls eine Begründung für das nach 1945 aufflammende Bedürfnis nach naturrechtlichen und arbeitstheoretischen Legitimierungen des heutigen Urheberrechts nach UrhG zu suchen ist.[296]

Der bestehende Gegensatz der persönlichkeitsrechtlichen zu den dominierenden vermögensrechtlichen Interessen, wurde noch im 19. Jahrhundert durch die Immaterialgüterrechtstheorie zusammengeführt.[297] Nach dem dualistischen Ansatz stehen sich beide Komponenten gleichberechtigt gegenüber: die materielle, übertragbare und die ideelle, unübertragbare Schutzrechtskomponente.[298] Im Gegensatz zur dualistischen Theorie basiert die monistische Theorie auf der

---

292 *Elster*, Der Schutz des Geisteswerkes als Ausgleich zwischen Urheber und Allgemeinheit, UFITA 1931, 215 (225, 226).

293 MwN *Hansen*, Warum Urheberrecht?, 2009, 32 ff.

294 Punkt 24 NSDAP Parteiprogramm vom 24.02.1920.

295 *Radbruch*, Aphorismen zur Rechtsweisheit, 1963, 32 Nr. 119. Dort heißt es: „*Der Positivismus hat mit seiner Überzeugung „Gesetz ist Gesetz" den deutschen Juristenstand wehrlos gemacht gegen Gesetze willkürlichen und verbrecherischen Inhalts. Dabei ist der Positivismus gar nicht in der Lage, aus eigener Kraft die Geltung von Gesetzen zu begründen.*"

296 *Kelsen*, Was ist Gerechtigkeit?, 2016, 42. So auch: *Pahud*, Die Sozialbindung des Urheberrechts, 2000, 21; *Hansen*, Warum Urheberrecht?, 2009, 34; *Vogel*, in: Schricker/Loewenheim, 6. Aufl. 2020 (Einl. Rn. 137).

297 *Hansen*, Warum Urheberrecht?, 2009, 25.

298 *Kohler*, Urheberrecht an Schriftwerken und Verlagsrecht, 1906, § 82 S. 439 ff.

Idee der untrennbaren Verklammerung beider Komponenten, welches in der Auffassung vom ausschließlichen Recht an einem Werk als einem einheitlichen Recht mit zweiseitiger Schutzfunktion mündet.[299] Diese Theorie vermochte es, sich im deutschen Recht durchzusetzen und ist seit 1965 im deutschen UrhG besonders sichtbar in den § 11 Satz 1 und § 29 Absatz 1 UrhG kodifiziert. Das Urheberrecht ist danach um den Schutz der geistigen und persönlichen Beziehung des Urhebers zu seinem Werk zentriert. Beachtenswerteste Konsequenz ist die Unübertragbarkeit nicht nur der persönlichkeitsrechtlichen, sondern auch der vermögensrechtlichen Komponenten. Letztere sind anderen lediglich in Form von *Nutzungsrechten gewährbar*. Die Ausübung der dem Urheberpersönlichkeitsrecht entspringenden Rechte kann allenfalls *gestattet werden*[300].

Seit den 1980er Jahren erstarkte eine Diskussion um die ökonomische Analyse des Urheberrechts und damit auch um dessen Nutzen und Nutzenfolgen, welche im öffentlichen Interesse stehen. Mittlerweile kreist die Diskussion nicht mehr nur um die Forderung nach einer Implementierung nutzenorientierten Schutzes, sondern ebenfalls um kulturpolitische Interessen.[301] Hinzu kommt, dass sich seit den 1980er Jahren der „*Nutzer*" angesichts des digitalen Zeitalters gewandelt hat und gar eine Verschmelzung von Nutzer und Rechteinhaber anzunehmen ist.

b) Zwischenergebnis

Es ist nicht abschließend geklärt, ob das Urheberrecht im heutigen Sinne nach UrhG als eine kontinuierliche Entwicklung aus dem Privilegienwesen zu werten ist.[302] Dagegen spricht, dass das Privilegiensystem, wie dargestellt, gerade kein einheitliches Regelungsgefüge darstellte und es keine einheitlichen,

299 *Ulmer*, Urheber- und Verlagsrecht,§ 18 S. 114.

300 Wenngleich die Berechtigung zu der Ausübung des Urheberpersönlichkeitsrechts als selbstständige und kommerzialisierbare Rechtsposition – mittlerweile – anerkannt ist. Vgl. *Bullinger*, in: Wandtke/Bullinger Urheberrecht, 5. Aufl. 2019 (§ 12 UrhG Rn. 2).

301 Lediglich beispielhaft: *Lehmann*, Eigentum, geistiges Eigentum, gewerbliche Schutzrechte – Property Rights als Wettbewerbsbeschränkungen zur Förderung des Wettbewerbs, GRUR Int 1983, 356 (360); *Ohly*, Geistiges Eigentum, Juristen Zeitung 2003, 545 (550); *Hansen/Schmidt-Bischoffshausen*, Ökonomische Funktionen von Verwertungsgesellschaften – Kollektive Wahrnehmung im Lichte von Transaktionskosten- und Informationsökonomik, GRUR Int 2007, 461 (463); *Hansen*, Warum Urheberrecht?, 2009, 38.

302 Diese Frage kann hier nicht geklärt werden. Vgl. zur Diskussion und mwN: *Obergfell*, Das originäre Verlegerrecht, GRUR 2019, 992 (1000, 1001).

allgemeingültigen Maßgaben zur Erteilung eines Privilegs durch die lokale Hoheit gab. Insbesondere spricht jedoch dagegen, dass sich Privilegien nicht auf die geistige Schöpfung sondern auf den Druck bezogen und es entscheidend auf den Inhalt ankam, ob ein Privileg von der Hoheit gewährt oder versagt wurde. Im Gegensatz dazu ist das heute grundrechtlich abgesicherte Urheberrecht, in Form geschützter materieller und immaterieller Interessen, welches kraft Schöpfung entsteht, ein echtes Gegenmodell zu einem mit Obrigkeits Gnaden gewährten Recht an einem Objekt. Erst die Ideen der Aufklärung führten das Recht an geistigen Gütern originär auf den Urheber zurück und argumentierten so für eine in materieller und geistiger Hinsicht entstehende Unabhängigkeit von einer staatlichen oder wirtschaftlichen Macht. Zugleich ist ihnen der Gedanke immanent der Allgemeinheit eine freie Auseinandersetzung und Verbreitung von geistigen Werken zu ermöglichen.

Aus den historischen Wurzeln ist eine Erkenntnis hinsichtlich des Umfangs und des Zwecks des Urheberrechtsschutzes zu ziehen und zwar wenn man den gegenwärtigen individuellen verfassungsrechtlich garantierten Schutz am Werk als Antwort auf die historische Entwicklung begreift. In Abweichung von früheren Regelungen, die dem Urheber Schutz gewährten, regelt das heutige Recht, dass die Urheber in Bezug auf ihre Werke unabhängig vom Inhalt Schutz genießen.[303] Das Gesetz schützt das Werk personenbezogen. Nicht nur ist damit eine Abkehr von der Zensur zu erkennen. Ganz anders als das Privileg ist kein abstrakter Schutz kodifiziert, welches lediglich dem Eigentümer des jeweiligen Werkes zugute käme. Im Zentrum steht die natürliche Person, der Schöpfer. Diese Entwicklung hängt damit zusammen, dass das Urheberrecht historisch als Wirtschaftsgut für die finanzielle Existenz und Unabhängigkeit der Schöpfer sorgte. Aus diesem Grund ist die Frage, ob das Urheberrecht historisch auch Geheimhaltungsinteressen schützte, zu verneinen.

Darüber hinaus lässt sich folgende Feststellung machen: Eine „*Zensur*“ beschrieb historisch in der Regel die Situation, in der staatliche Stellen Werke Dritter, die diese veröffentlichen wollten, inhaltlich überprüften und nicht zur Veröffentlichung freigaben. Mit Blick auf das „*Zensurheberrecht*“ sieht die Situation jedoch ganz anders aus. Typologisch handelt es sich dort um staatliche Dokumente, die durch die staatlichen Stellen gar nicht erst veröffentlich werden sollen.

---

303 Vgl. dazu oben bereits: B.II.

4. Das Urheberrecht schützt keine staatlichen Geheimhaltungsinteressen

Dieser Abschnitt der Arbeit hat untersucht, wie weit der rechtliche Schutz des Urhebers reicht und welche Rechtfertigung hinter diesem Schutz steht.

Zusammenfassend aus den rechtsphilosophischen Begründungen, der verfassungsrechtlichen Verankerung und der historischen Entwicklung sind es die folgenden Merkmale, die das Verständnis vom Schutz des Urhebers nach deutschem Recht ausmachen: Das Urheberrecht ist ein auf eine natürliche Person entwickeltes, unabhängig von seinem Inhalt entstehendes Privatrecht durch Schöpfung. Es umfasst die materiellen und von der Eigentumsfreiheit verfassungsrechtlich abgesicherten als auch die immateriellen und vom Allgemeinen Persönlichkeitsrecht verfassungsrechtlich abgesicherten Interessen. Zusätzlich stehen dem Urheber gegebenenfalls die Meinungs-, Presse- und Informationsfreiheit und die Wissenschafts- und Kunstfreiheit als weitere Grundrechte zur Seite. Das Urheberrecht ist mit dem bestimmten Schutzgegenstand des urheberrechtlich geschützten Werkes – etwa in Abgrenzung zum allgemeinen Persönlichkeitsrecht – kein Rahmenrecht. Zusammenfassend ist das Urheberrecht ein absolutes, gegenüber jedermann geltendes Herrschaftsrecht an einem geistigen Gut, welches durch die Rechtsordnung einer Person in bestimmtem Umfang zugeordnet ist.[304]

Das UrhG selbst schützt keine Geheimhaltungsinteressen, die über den Schutz der materiellen und immateriellen Interessen des Urhebers hinaus gehen, denn der Zweck des UrhG ist der Schutz der Person des Urhebers. Auch die hinter dem Urheberrechtschutz stehenden Grundrechte gebieten keine andere verfassungskonforme Auslegung des urheberrechtlichen Schutzes. Ebenso wenig gebietet der Blick in die historische Entwicklung des heute kodifizierten Schutzes eine andere Lesart. Geheimhaltungsinteressen sind vom UrhG als Ausfluss des Urheberpersönlichkeitsrechts lediglich mit Blick auf urheberrechtsspezifische Interessen, wie sie im UrhG ihren Niederschlag gefunden haben, geschützt. Dazu zählt etwa das Recht einer Privatperson grundsätzlich darüber zu bestimmen, ob ein Werk veröffentlicht und damit allgemein zur Kenntnis genommen werden soll. Das Urheberrechtsgesetz schützt aber entsprechend seiner individualistischen Prägung keine staatspolitischen Interessen. Vertrauliche Informationen gehören ohnehin nicht zum Schutzgegenstand des Urheberrechtsgesetzes[305]. Im

304 *Schack*, Urheber- und Urhebervertragsrecht, 9. Auflage 2019, Rn. 180 ff.

305 Persönliche Äußerungen in Briefen, die auch vertrauliche Informationen enthalten, können freilich vom Schutz des Urheberrechtsgesetzes umfasst sein. Sie sind dann

Gegenteil sind Informationen frei und nicht Teil einer geschützten persönlichen geistigen Schöpfung. Geheimhaltungsinteressen können allenfalls im Rahmen persönlichkeitsrechtlicher Belange geschützt sein.[306] Es erscheint in Anbetracht individualistischer Begründungstheorien für das Urheberrecht absurd, dass in jüngerer Vergangenheit politisch motivierte Geheimhaltungsinteressen staatliche Stellen dazu bewogen haben dürften sich auf das Urheberrecht zu berufen. Denn das auf dem Naturrecht fußende Verständnis individualistisch begründeten Urheberrechts beruht auf der Überzeugung, dass bestimmte Rechte vorgegeben und unveräußerlich und insofern auch und gerade der Disposition durch einen Staat entzogen sein sollen. Auch ein Blick in die Geschichte lässt keinen anderen Schluss zu. Das Erwachsen des Urheberrechts kraft Schöpfung ohne etwaige Inhaltskontrolle und/oder Abhängigkeit von der Hoheitsgewalt ist, wie gesehen, ein relativ junges Recht. Dass sich nun ausgerechnet staatliche Stellen auf das Urheberrecht berufen und es zur Unterdrückung von Inhalten herhalten soll, erinnert an die Zeit, in der Erzeugnisse nur mit der Obrigkeit passendem Inhalt gedruckt werden durften. Gleichwohl handelt es sich bei den Fällen des „*Zensurheberrechts*" um eine neue Kategorie staatlicher inhaltlicher Kontrolle. Denn in Abweichung zu der „*klassischen*" Zensur kontrollieren staatliche Stellen in diesen Fällen nicht Dokumente Dritter, sondern – sofern es sich nicht um Gutachten privater Dritter handelt, die in dieser Arbeit nicht weiter untersucht werden – um staatliche Dokumente, die gar nicht erst der Öffentlichkeit preisgegeben werden sollen.

Der Schutz des Urhebers am Werk dient nach deutschem Recht aber nicht der Geheimhaltung staatspolitischer Interessen.[307]

---

nach dem UrhG aber aufgrund ihrer Form, nicht aufgrund ihres – möglicherweise – vertraulichen Inhalts geschützt, vgl. hierzu: BGH, Urteil vom 26.11.1954, I ZR 266/52; NJW 1955, 260.

306 *Nieland*, Urheberrecht vs. Pressefreiheit – Zur Lösung von Interessenkonflikten nach der „Ashby Donald"-Entscheidung des EGMR, K&R 2013, 285 (288).

307 Pauschaler formulierte es die 28. Informationsfreiheits-Konferenz („*Das Urheberrecht dient nicht der Geheimhaltung*"), Entschließung abrufbar unter: https://datenschutz-hamburg.de/assets/pdf/IFK-Entschliessung_Urheberrecht_dient_nicht_der_Geheimhaltung_vom_17.6.2014.pdf (zuletzt abgerufen am 26.05.2022); Ebenso: *Hauck*, Urheberrechtlicher Geheimnisschutz und seine Grenzen – Anmerkung zu BGH, Urteil vom 30.4.2020 Az. I ZR 139/15 Afghanistan Papiere II, ZUM 2020, 769 (772, 776); *Edwards*, Die Rechtmäßigkeit von Whistleblowing in der Öffentlichkeit nach der EMRK und nach deutschem Recht, 2017, 159.

III. Einschränkbarkeit des Urheberrechts

Unbestritten ist, dass das Urheberrecht beschränkt gewährleistet wird.[308] Nachdem nun beleuchtet wurde, wie weit und zu welchem Zweck das Urheberrecht erwächst, stellt sich die Frage, wieweit und zu welchem Zweck die Schranken mit Blick auf „*schutzwürdige Belange der Allgemeinheit*"[309] das Ausschließlichkeitsrecht einschränken können. Schranken ermöglichen es Nutzern, urheberrechtlich geschützte Werke nach Maßgabe spezieller Bedingungen zu nutzen und stehen damit im öffentlichen Interesse.[310] Die Untersuchung hat gezeigt, dass das Urheberrecht keine über die spezifischen urheberrechtlich normierten Geheimhaltungsinteressen, etwa staatspolitisch motivierte Geheimhaltungsinteressen, schützt. Andersherum können aber Schranken, welche Ausdruck öffentlichen Informationsinteresses sind, den Zugang zum Werk freistellen. Der Gesetzgeber hat sowohl im UrhG 1965 als auch in der Novelle 1985 zur Begründung der Beschränkung des Ausschließlichkeitsrechts auf die soziale Natur des Urheberrechts verwiesen.[311] Allerdings ist auch auf dieser Seite der Argumentation Vorsicht geboten. Das Argument „*Volksbildung*" etwa, zum mitunter zustimmungs- und erst recht vergütungsfreien Gebrauch, hat bereits eine veritable Geschichte des Missbrauchs erlebt: so war dies beispielsweise bereits ein Argument zur Rechtfertigung von (Raub)kopien Maria Theresia´s, ebenso wie von der Staatsführung der ehemaligen Deutschen Demokratischen Republik. Und auch die Studentenbewegung von 1968 berief sich auf den Nutzen der Allgemeinheit, konkret der Bildung, um den Preis für die Verbreitung von Schriften möglichst gering zu halten.[312] Es lässt sich generell festhalten, dass das Missbrauchsrisiko relativ hoch ist. Oftmals wird schlicht das Interesse an möglichst billiger Zugänglichmachung auf dieser Seite der Argumentation vordergründig sein. Ein Konsument von Kultur hat sich in der Vergangenheit und wird sich auch in Zukunft nicht anders verhalten, als ein Konsument anderer Waren.[313]

---

308 *Schack*, in: Geistiges Eigentum: Schutzrecht oder Ausbeutungstitel? Zustand und Entwicklungen im Zeitalter von Digitalisierung und Globalisierung, 2008 123 (135).

309 Regierungsentwurf von 1962 – Bundestags-Drucksache IV/270, S. 30.

310 *Lüft*, in: Wandtke/Bullinger Urheberrecht, 5. Aufl. 2019 (Vor. §§ 44a ff. Rn. 3).

311 Regierungsentwurf von 1962 – Bundestags-Drucksache IV/270, S. 62; Regierungsentwurf von 1983 – Bundestags-Drucksache 10/837, S. 9.

312 *Ulmer*, Urheber- und Verlagsrecht, 3. Auflage 1980, 543; *Fechner*, Geistiges Eigentum und Verfassung, 1999, 242.

313 *Hilty*, Urheberrecht in der Informationsgesellschaft: „Wer will was von wem woraus?" – Ein Auftakt zum „zweiten Korb", ZUM 2003, 983 (989).

Bevor erörtert werden soll, für welche Konstellation eine Freistellung konkret wegen öffentlichen Informationsinteresses eingeräumt wird[314], muss zunächst untersucht werden, wie sich die Schranken des UrhG dogmatisch zum Ausschließlichkeitsrecht des Urhebers verhalten. Dies ist Gegenstand dieses Abschnitts.

1. Berührung von Verwertungs- und Urheberpersönlichkeitsrechten durch Schranken

Im UrhG sind Schranken in inhaltlicher, zeitlicher und fremdenrechtlicher Weise vorgesehen. Es sollen hier die inhaltlichen Schranken, die in den §§ 44a ff. UrhG sowie in den zugrundeliegenden EU-Richtlinien geregelt sind, diskutiert werden.

Maßgebend dafür, ob die Schranken verfassungsgemäße Eingriffe in das seinerseits verfassungsrechtlich geschützte Urheberrecht darstellen, ist die Einordnung, ob verwerter- oder/und urheberpersönlichkeitsrechtliche Interessen betroffen sind. Dies gilt für die Schranken nach UrhG ebenso wie für die europarechtlichen Schrankenregelungen, jedoch mit der Ausnahme, dass, wie bereits erörtert, die europarechtlichen Regelungen das Urheberpersönlichkeitsrecht nicht betreffen. Die im UrhG kodifizierten §§ 44a ff. UrhG schränken vordergründig lediglich die Verwertungsrechte der Urheber ein. Die Urheberpersönlichkeitsrechte werden hiervon zunächst nicht berührt.[315] In der Regel setzt nämlich die Nutzung einer Schrankenbestimmung voraus, dass das betreffende Werk zumindest veröffentlicht (§ 6 Absatz 1 UrhG), wenn nicht sogar erschienen (§ 6 Absatz 2 UrhG) ist.[316]

2. Rechtsquellen der Schrankenregelungen

Bei den Schranken des UrhGes handelt es sich um Regelungen, die sich *„aus der sozialen Natur des Urheberrechts ergeben“*, wie der historische Gesetzgeber

314 Vgl. hierzu unter C.

315 Zur Frage, inwieweit Werkverwerter- und Werknutzerinteressen bei der Bestimmung des Umfangs der dem Urheber zustehenden persönlichkeitsrechtlichen Befugnisse zu beachten sind: *Dreier*, in: Dreier/Schulze Urheberrechtsgesetz, 7. Aufl. 2022 (Vor. §§ 44a ff. UrhG Rn. 19 f.).

316 *Stieper*, in: Schricker/Loewenheim, 6. Aufl. 2020 (Vor. §§ 44a ff. UrhG Rn. 19); *Dreier*, in: Dreier/Schulze Urheberrechtsgesetz, 7. Aufl. 2022 (Vor. §§ 44a ff. UrhG Rn. 19a). In Bezug auf § 50 UrhG siehe aber: BGH, Urteil vom 30.04.2020, I ZR 139/15; GRUR-RS 2020, 12514 (Rn. 63). Vgl. hierzu unten: E.III.2.c).

zum UrhG bereits feststellte.[317] *„Es muß den verfassungsrechtlich garantierten Anspruch auf eine angemessene Nutzung der schöpferischen Leistung und die schutzwürdigen Interessen der Allgemeinheit in einen gerechten Ausgleich und ein ausgewogenes Verhältnis bringen.“*[318] Mittlerweile ist der europäische Gesetzgeber gesetzgeberisch federführend. Wenngleich noch eine Reihe weiterer Richtlinien das Urheberrecht betreffen, war die InfoSoc-Richtlinie[319] – und dort der Artikel 5 – maßgebliche Grundlage der deutschen Schrankenregelungen der §§ 44a ff. UrhG.[320]

3. Schrankenregelungen abschließend

Für das deutsche Recht gilt, dass das UrhG die aus dem Urheberrecht fließenden Befugnisse und ihre Beschränkungen abschließend regelt und eine nachgelagerte Güter- und Interessenabwägung, die sich etwa direkt auf die Grundrechte bezieht, ausscheidet.[321] Dies gilt auch für das Recht der Europäischen Union. Der EuGH stellte für diesen Rechtsrahmen fest, dass die in Artikel 5 der InfoSoc-Richtlinie normierten Ausnahmen und Beschränkungen auch mit Blick auf tangierte Grundrechtspositionen erschöpfend aufgeführt sind[322] und die dort vorgegebene Interessenabwägung bereits durch den europäischen Gesetzgeber vorgenommen wurde.[323] Außerhalb der in der InfoSoc-Richtline vorgesehenen Ausnahmen und Beschränkungen dürfen daher keine Abweichungen von den ausschließlichen Rechten des Urhebers gerechtfertigt werden. Eine den Ausnahmen und Beschränkungen nachgelagerte Interessenabwägung verbietet sich.[324]

---

317 Regierungsentwurf von 1962 – Bundestagsdrucksache IV/270, S. 62.

318 BVerfG, Beschluss vom 25.10.1978, 1 BvR 352/71; GRUR 1980, 44 (46).

319 Richtlinie 2001/29/EG vom 22.5.2001 zur Harmonisierung bestimmter Aspekte des Urheberrechts und der verwandten Schutzrechte in der Informationsgesellschaft (InfoSoc-Richtlinie).

320 *Lüft*, in: Wandtke/Bullinger Urheberrecht, 5. Aufl. 2019 (Vor. §§ 44a ff. UrhG Rn. 5).

321 BGH, Urteil vom 20.03.2003, I ZR 117/00; NJW 2003, 3633 (3634, 3635); *Dreier*, in: Dreier/Schulze Urheberrechtsgesetz, 7. Aufl. 2022 (Vor. §§ 44a ff. UrhG Rn. 3). A.A.: *Hoeren/Herring*, WikiLeaks und das Erstveröffentlichungsrecht des Urhebers – Informationsfreiheit als externe Schranke des Urheberrechts, MMR 2011, 500 (502, 503).

322 Und insofern für die europäische Ebene das statuierte, was der BGH für das deutsche Recht bereits 2003 urteilte: BGH, Urteil vom 20.03.2003, I ZR 117/00; NJW 2003, 3633.

323 EuGH, Urteil vom 29.07.2019, C-516/17; GRUR 2019, 940 (943 Rn. 41, 42).

324 EuGH, Urteil vom 29.07.2019, C-469/17; GRUR 2019, 934 (938 Rn. 56, 57); EuGH, Urteil vom 29.07.2019, C-516/17; GRUR 2019, 940 (943 Rn. 41, 42).

4. Zweck der Schranken und Einordnung ihrer Rechtsstellung

Der durch das UrhG gewährte Schutz wird durch den enumerativen Schrankenkatalog begrenzt.[325]

a) Unterschiedliche Zwecke der Schranken

Eine eindeutige Klassifizierung der Schranken nach jeweils verfolgtem konkretem Zweck ist kaum möglich, denn diese verfolgen zumeist mehr als nur einen Zweck.[326] Die Unterteilung von Schranken danach, ob Grundrechte, spezifische gesamtgesellschaftliche Interessen oder Marktversagen zugrunde liegen, ist wegen der ganz unterschiedlichen Rechtstraditionen, aus denen diese Ansätze stammen, wenig hilfreich.[327] Die sich *„aus der sozialen Natur des Urheberrechts ergeben[*den*]“*[328] Schranken lassen sich aber dennoch grob danach unterscheiden, ob sie zunächst der Förderung geistiger Auseinandersetzung, dem Schutz privater Interessen von Verbrauchern, wirtschaftlichen oder staatlichen Interessen dienen.[329]

b) Schranken als Freiheiten

Die durch eine Schranke vermittelte Rechtsstellung ist umstritten. Teils werden Schranken als zum *„objektiven Recht“*[330] gehörend beschrieben. Dieser Begriff

---

325 *Hofmann*, Die Systematisierung des Interessenausgleichs im Urheberrecht am Beispiel des Rechts der öffentlichen Wiedergabe – Anmerkung zu EuGH, Urteil vom 7.8.2018 – C-161/17, ZUM 2018, 641 (647).

326 *Schack*, Urheber- und Urhebervertragsrecht, 9. Auflage 2019, Rn. 533; *Pahud*, Die Sozialbindung des Urheberrechts, 2000, 124. Letzterer lehnt eine Einteilung gänzlich ab.

327 *Stieper*, Rechtfertigung, Rechtsnatur und Disponibilität der Schranken des Urheberrechts, 2009, S. 8.

328 Regierungsentwurf von 1962 – Bundestags-Drucksache 270/IV, S. 62.

329 *Stieper*, in: Schricker/Loewenheim, 6. Aufl. 2020 (Vor. §§ 44a ff. UrhG Rn. 3 ff.); *Schack*, Urheber- und Urhebervertragsrecht, 9. Auflage 2019, Rn. 533 ff. Eine besondere Stellung haben allerdings die §§ 44a, 55a und 69d ff. UrhG, denn diese sind auf Basis der InfoSoc-Richtlinie eingefügt worden: *Stieper*, Rechtfertigung, Rechtsnatur und Disponibilität der Schranken des Urheberrechts, 2009, 8, 9.

330 So z.B. *Guibault*, Copyright limitations and contracts, 2002, 97. *„The exclusion of certain acts from the rights owners power of control directly benefits all users of protected works, who obtain as a result an objective right to accomplish the acts specified in the copyright act.“*; für den deutschen Rechtsraum explizit: *Hohagen*, in: Perspektiven des geistigen Eigentums und Wettbewerbsrechts: Festschrift für Gerhard Schricker zum 70. Geburtstag, 2005 353 (360). Weitergehend: *Hoeren*, Urheberrecht und Verbraucherschutz. Überlegungen zum Gesetz über Urheberrecht in der Informationsgesellschaft,

taugt allerdings nach hier vertretener Auffassung nicht zur Charakterisierung der in den Schranken verbürgten Position. Denn das *„objektive Recht“* bezeichnet die Summe aller abstrakten Rechtsnormen, also letztlich jedes von der Legislative verabschiedete Gesetz und Gewohnheitsrecht.[331] Vergütungspflichtige Schranken sind ferner als *„Instrument differenzierter Rechtsdurchsetzung“* (oder nur *„Durchsetzungsinstrumente“*) bezeichnet worden.[332] Diese Bezeichnung beschreibt jedoch lediglich den Blickwinkel aus Sicht des Ausschließlichkeitsrechtsinhabers. Der EuGH spricht von *„Rechte[n] zugunsten der Nutzer von Werken“*[333]. Die Begrifflichkeit eines *„Rechts“* ist in diesem Zusammenhang jedoch problematisch.[334] In den Schranken sind keine *„subjektiven Rechte“* zu erblicken[335], denn eine Schranke vermittelt gerade keine klageweise Durchsetzbarkeit zur Nutzung.[336] Teilweise wird der weitere Begriff der *„Zugangsregel“* verwendet, der die Beziehung zwischen gemeinfreier Handlung und Ausschließlichkeitsrecht beschreiben soll.[337] Nach hier vertretener Auffassung ist jedoch auch dieser Begriff aufgrund seiner Vieldeutigkeit nicht geeignet, die durch die Schranken vermittelte Rechtsposition zu beschreiben, denn er impliziert, dass

---

2003, 26. Dieser spricht von einer subjektiv-rechtlichen Befugnis in Bezug auf § 53 Absatz 1 UrhG (*„Recht auf Privatkopie“*).

331 *„Das „objektive Recht“ des einzelnen Nutzers kann es nicht geben“*, so *Stieper*, Rechtfertigung, Rechtsnatur und Disponibilität der Schranken des Urheberrechts, 2009, 157.

332 *Hofmann*, in: Gewerblicher Rechtsschutz, 2. Aufl. 2020 (§ 46 UrhG Rn. 3); *Hofmann*, Kontrolle oder nachlaufender Rechtsschutz – wohin bewegt sich das Urheberrecht, GRUR 2018, 21 (23).

333 EuGH, Urteil vom 29.07.2019, C-516/17; GRUR 2019, 940 (944 Rn. 54).

334 Einen umfassenden Überblick über die umstrittene Frage, ob Schranken *„Rechte“* bzw. *„subjektive Rechte“* der Nutzer beinhalten, gibt *Stieper*, Rechtfertigung, Rechtsnatur und Disponibilität der Schranken des Urheberrechts, 2009, 153 ff.

335 So aber: *Geiger*, in: Interessenausgleich im Urheberrecht, 1. Aufl. 2004 143 (154); *Geiger*, Der urheberrechtliche Interessenausgleich in der Informationsgesellschaft – Zur Rechtsnatur der Beschränkungen des Urheberrechts, GRUR Int 2004, 815 (820); *Geiger*, Paris District Court (Tribunal de grande instance), April 30, 2004, IIC – International Review of Intellectual Property and Competition Law 2005, 148 (155).

336 Die Klassifizierung als subjektives Recht lässt sich vermutlich nicht auf die Klagebefugnis beschränken. Diese dürfte aber zumindest einen wichtigen Aspekt desselben darstellen. So: *Hohagen*, in: Perspektiven des geistigen Eigentums und Wettbewerbsrechts: Festschrift für Gerhard Schricker zum 70. Geburtstag, 2005 353 (356 Fußnote 21).

337 *Grünberger*, Zugangsregeln bei Verlinkungen auf rechtswidrig zugänglich gemachte Werke, ZUM 2016, 905 (906).

überhaupt ein „*Zugang*“ gewährt werden muss. Unter Umständen fällt aber eine Handlung bereits tatbestandlich gar nicht in das Ausschließlichkeitsrecht, sodass sich keine Frage des „*Zugangs*“ stellt. Es könnte insofern die Deutung möglich sein, dass der Umfang des Urheberrechts erst gemeinsam mit den Schrankenregelungen umschrieben ist[338], dass es sich bei Inhalt und Schranken um „*zwei Seiten derselben Medaille*“[339] handelt und dass sich aus dieser dogmatischen Herangehensweise auch die Rechtstellung der Schranken erklärt. Man könnte daher näher erörtern, ob es sich bei den Schranken um Ausnahme- oder aber Schutzbereichsbestimmungen handelt. Während es bei einer „*Ausnahme*“ um eine Abweichung vom grundsätzlichen Bereich einer allgemein formulierten Regel geht[340], stellt eine „*Schutzbereichsbeschränkung*“ die Definition des Inhalts der Regel selbst dar. Der Schutzbereich des ausschließlichen Urheberrechts reichte dann nämlich nur soweit, wie er durch die Schranke umschrieben ist. Aus der Bestimmung der Rechtsnatur der Schranken würden unmittelbar zwei Folgen resultieren: Wenn eine Schranke als Teil der Definition angesehen wird, kann es keinen Grundsatz der engen Schrankenauslegung geben.[341] Dogmatisch folgte außerdem aus einem solchen Verständnis, dass es bei der Reichweite einer Schrankenbestimmung nicht mehr um die Rechtfertigung eines Eingriffs, sondern darum, ob überhaupt ein Eingriff in das vom Gesetz gewährte Ausschließlichkeitsrecht vorliegt, geht.[342]

Der letztgenannten Herangehensweise ist zuzustimmen. Im Ergebnis sollte keine Aufteilung in Gewährungs- und Zurücknahmeakt des Ausschließlichkeitsrechts vorgenommen werden. Denn es gilt zu beachten, dass das UrhG gemäß § 1 den Urhebern von Werken der Literatur, Wissenschaft und Kunst für ihre Werke Schutz lediglich nach Maßgabe des UrhG ausspricht. Dies entspricht auch den Vorgaben des Artikels 14 GG und dem gesetzgeberischen Auftrag,

---

338 Vgl. bereits: BVerfG, Beschluss vom 25.10.1978, 1 BvR 352/71; GRUR 1980, 44 (46). Das BVerfG schreibt hier: „*Das Verwertungsrecht der öffentl. Wiedergabe steht dem Urheber von vornherein nur in den durch § 52 Abs. 1 gezogenen Grenzen zu. Es handelt sich um eine Frage der Gesetzestechnik, wenn das Ges. das Verwertungsrecht zunächst als umfassend formuliert, die „Schranken“ dieses Rechts aber in § 52 Abs. 1 normiert.*“

339 „*Inhalt und Schranken sind zwei Seiten derselben Medaille*“ laut *Schack*, Urheber- und Urhebervertragsrecht, 9. Auflage 2019, Rn. 512.

340 Hierzu sogleich unter: B.III.4.d)iii.(1).

341 Hierzu sogleich unter: B.III.4.d)iii.

342 *Stieper*, Rechtfertigung, Rechtsnatur und Disponibilität der Schranken des Urheberrechts, 2009, 63; *Dreier*, Überlegungen zur Revision des Schrankenkatalogs der Richtlinie 2001/29/EG, GRUR Int. 2015, 648 (650, 656).

Inhalt- und Schranken des Eigentums zu bestimmen. In urheberpersönlichkeitsrechtlicher Hinsicht besteht auch kein Bedürfnis nach einem zunächst umfänglich erwachsenden Ausschließlichkeitsrecht, denn nach § 14 UrhG ist der Urheber ohnehin berechtigt, Entstellungen zu verbieten, die ihn in seinen ideellen Rechten zu verletzen drohen ganz unabhängig von vermögenswerten Interessen. Ein einheitlicher gesetzgeberischer Akt, der Ausschließlichkeitsrechte des Urhebers umschreibt und bestimmte Nutzungsrechte von vornherein nicht mit umfasst, dürfte aus diesen Gründen sehr viel mehr der Lebenswirklichkeit entsprechen.[343] Es dürfte abgesehen von den soeben genannten Argumenten mit Blick auf die Diversität der verfolgten Zwecke durch die Schranken auch vieles dafür sprechen, dass unter Umständen gar keine Aussage pauschal darüber getroffen werden kann, ob Schrankenbestimmungen Ausnahmen von einem Grundsatz der Ausschließlichkeit darstellen, oder umgekehrt das ausschließliche Recht eine Ausnahme von der Gemeinfreiheit darstellt, ohne sich die für jede einzelne Schranke konkret zugrunde liegende gesetzgeberische Wertentscheidung anzusehen.[344]

In dieser Arbeit wird die Ansicht vertreten, dass die der Allgemeinheit, und damit implizit dem einzelnen Nutzer gewährte Rechtsposition mittels einer urheberrechtlichen Schranke als eine „*Freiheit*" zu klassifizieren ist[345], denn eine solche ist dadurch gezeichnet, dass weder ein Verbot noch ein Gebot zur Nutzung

---

343 *Haß*, in: Festschrift für Rainer Klaka, 1987 127 (133). Dieser schreibt: „*Wie gekünstelt ist doch normalerweise die Vorstellung, der Gesetzgeber räume gleichsam gedanklich zunächst ein „allumfassendes", jedenfalls möglichst weitgehendes Recht ein, um dieses fast im gleichen Augenblick, aber doch später mit Belastungen im Interesse der Allgemeinheit zu versehen! Eine solche Konstruktion würde dem Gesetzgeber unterstellen, daß er für die berühmte juristische Sekunde mit der einen Hand ein Teilrecht vergibt, das er mit der anderen Hand sofort wieder nimmt. Das ist ein reiner Juristengedanke!*"

344 Vgl. etwa hierzu unter: C.III.

345 So auch: *Stieper*, Rechtfertigung, Rechtsnatur und Disponibilität der Schranken des Urheberrechts, 2009, 162; *Hirsch Ballin*, Zur Zwangslizenz im Urheberrecht, UFITA 1955, 274 (280, 281). Weitergehend *Hohagen*, in: Perspektiven des geistigen Eigentums und Wettbewerbsrechts: Festschrift für Gerhard Schricker zum 70. Geburtstag, 2005 353 (350). Dieser schreibt in Bezug auf § 53 UrhG, es handele sich um „*eine objektivrechtliche Grenze des ausschließlichen Vervielfältigungsrechts des Urhebers.*" Eine möglicherweise praktikable Differenzierung nach „*interne*" und „*externe*" Schranke (so *Nazari-Khanachayi*, Rechtfertigungsnarrative des Urheberrechts im Praxistest, 2016, 63.) ist für die Bestimmung der Rechtsnatur von Schranken hingegen nach hier vertretener Auffassung nicht hilfreich.

gegenüber dem Ausschließlichkeitsrechtsinhaber besteht.[346] Die infrage stehende Nutzung des Werkes wird dem Nutzer durch die Schrankenbestimmung auch nicht – so wie etwa das Urheberrecht dem Urheber – zur alleinigen Ausübung zugewiesen, so dass er ebendiese Nutzungshandlungen anderen Nutzern untersagen könnte, wie etwa der Urheber es kann. Die betreffende Nutzung ist jedem, der die Voraussetzungen der betreffenden Schranke erfüllt, erlaubt.[347] Wenn in der Folge von in den Schranken verbürgten Rechtspositionen oder Interessen die Rede ist, wird in dieser Arbeit daher synonym auch von Freiheiten gesprochen. Für die dogmatische Einordnung der Schrankenregelungen folgt daraus, dass Schranken keine Rechtfertigungsgründe darstellen, die einer tatbestandsmäßigen Verletzung des Urheberrechts als Ausschließlichkeitsrecht die Widerrechtlichkeit im Einzelfall nehmen können.[348] Die Regelungen aus den Schranken sind bereits auf Tatbestandsebene zu berücksichtigen.[349]

Eine andere Frage, die mit der Rechtsnatur der Schranken zusammenhängt, ist, wie gesetzliche Schranken zu behördlich angeordneten Nutzungsbeschränkungen stehen. Solche Nutzungsbeschränkungen werden von Behörden in Verbindung mit Informationsgesuchen nach dem IFG ausgesprochen und betreffen die Weiterverwendung der auf Basis des IFG herausgegebenen Dokumente.[350] Vieles spricht dafür, dass freigestellte Handlungen nach den Schrankenregelungen nicht einseitig durch Rechteinhaber, auch nicht durch Verwaltungsakt, gemäß dem UrhG wieder beschränkt werden können. Denn dies würde zu einer Umgehung der urheberrechtlichen Bestimmungen führen.[351] Inwiefern

---

346 *Stieper*, Rechtfertigung, Rechtsnatur und Disponibilität der Schranken des Urheberrechts, 2009, 164.

347 *Stieper*, Rechtfertigung, Rechtsnatur und Disponibilität der Schranken des Urheberrechts, 2009, 162.

348 Anders aber: BGH, Beschluss vom 20.09.2012, I ZR 69/11; GRUR 2013, 503 (503 Rn. 9).

349 *Dreier*, EuGH, Privatkopie und kein Ende? Anmerkung zu EuGH, Urteil vom 27. Juni 2013 – C-457/11 bis C-460/11, ZUM 2013, 769 (773); *Stieper*, in: Schricker/Loewenheim, 6. Aufl. 2020 (Vor. §§ 44a ff. UrhG Rn. 34).

350 Dies war im Verfahren in Bezug auf die Glyphosat Gutachten in Fußnote 604 der Fall: LG Köln, Beschluss vom 19.03.2019, 14 O 86/19; BeckRS 2019 4970,; *Hauck/Fink*, Freiheit für das Glyphosat-Gutachten? Die Einschränkung öffentlich-rechtlicher Informationsansprüche durch das Veröffentlichungsrecht des Urhebers, GRUR-Prax 2019, 406. Wobei in jedem einzelnen Fall geprüft werden muss, ob eine Schranke greift.

351 Hierzu refererierte *Anne Lauber-Rönsberg („Geheimnisschutz durch (Urheber-) Persönlichkeitsrechte?*") auf dem 2. Online-Symposion, Urheberrechtlicher Geheimnisschutz vs. Presse- und Informationsfreiheit des Humboldt-Forschungsinstituts Eigentum

allerdings eine Verwendung dieser Dokumente auf Basis öffentlich-rechtlicher Vorschriften untersagt werden kann, ist nicht Gegenstand dieser Arbeit.

c) Gesetzgebungsebene

Da es beim Urheberrecht um eine Abgrenzung verschiedener Freiheitsbereiche geht, sind die Grenzen des einen Freiheitsbereichs immer durch den Freiheitsbereich des nächsten bedingt. Urheber-, Allgemein-, Verwerter- und Nutzerinteressen sind in Ausgleich zu bringen.[352] Mit Blick auf die durch das Ausschließlichkeitsrecht betroffenen inhaltlichen Schranken der §§ 44a ff. UrhG und der InfoSoc-Richtlinie befinden sich auf der einen Seite Eigentumsinteressen und auf der anderen Seite Zugangs-, Nutzungs- und Wettbewerbsinteressen. Dieser Ausgleich entspricht der verfassungsrechtlichen Vorgabe, erstens eine konkrete Inhaltsbestimmung gesetzgeberisch festzulegen und zweitens dabei die Sozialgebundenheit des Eigentums zu beachten.[353] Der gesetzgeberische Gestaltungsspielraum der Schranken ist allerdings nicht grenzenlos: Der Kern des Urheberrechts, das Urheberpersönlichkeitsrecht, die Verfügungsfreiheit und die vermögensrechtliche Zuordnung müssen erhalten bleiben.[354] Bei der Gestaltung der Schranken ist zu beachten, dass der Gesetzgeber *„nicht nur die Individualbelange zu sichern hat, sondern ihm auch aufgetragen ist, den individuellen Berechtigungen und Befugnissen die im Interesse des Gemeinwohls erforderlichen Grenzen zu ziehen; er muß den Bereich des einzelnen und die Belange der Allgemeinheit in einen gerechten Ausgleich bringen."*[355] Schranken müssen, um den verfassungsrechtlichen Vorgaben aus dem Grundgesetz und der EU-GRCh zu genügen, *„durch Gründe des Gemeinwohls gerechtfertigt"* [356] sein.

---

und Urheberrecht in der Demokratie am 12. Oktober 2020. Der Vortrag, der zum Zeitpunkt der Abgabe dieser Dissertation, am 25.01.2021, noch unter: https://demokratie-eigentum-urheberrecht.de/2-online-symposion-urheberrechtlicher-geheimnisschutz-vs-presse-und-informationsfreiheit/ abrufbar war, ist zum Zeitpunkt der Einreichung beim Verlag (Mai 2022) nicht mehr aufzufinden.

352 *Dreier*, in: Dreier/Schulze Urheberrechtsgesetz, 7. Aufl. 2022 (Vor. §§ 44a ff. UrhG Rn. 1).

353 *Dreier*, in: Dreier/Schulze Urheberrechtsgesetz, 7. Aufl. 2022 (Vor. §§ 44a ff. UrhG Rn. 1).

354 *Di Fabio*, Urheberrecht und Kunstfreiheit unter digitalen Verwertungsbedingungen, 1. Auflage 2018, 35. Vgl. im Übrigen oben unter B.II.2.

355 BVerfG, Beschluss vom 07.07.1971, 1 BvR 765/66; GRUR 1972, 481 (484).

356 BVerfG, Beschluss vom 07.07.1971, 1 BvR 765/66; GRUR 1972, 481 (484).

Da inhaltliche, den Vermögenswert des Urheberrechts betreffende Schranken Ausdruck der Sozialpflichtigkeit des Eigentums sind, steht dem Gesetzgeber mit Blick auf den zu regelnden Zweck durch die Schranken ein Ermessensspielraum bis zur Grenze der Unverhältnismäßigkeit zu. Daraus folgt, dass die meisten Schranken verfassungsrechtlich zulässig, aber nicht zwingend geboten sein dürften.[357] Dasselbe gilt für die Ebene der EU-GRCh.

d) Anwendungsebene

In der Vergangenheit sahen der EuGH[358] und der BGH[359] die Gewährleistung des Ausschließlichkeitsrechts des Urhebers als Regel und die Schrankenbestimmungen als Ausnahme.[360] Da eine Schranke immer eine Abweichung von dem grundsätzlich umfassend gewährten Ausschließlichkeitsrecht bedeute, wurde nach traditioneller Auffassung auf den „*Grundsatz der engen Schrankenauslegung*" geschlossen.[361]

Es ist zu untersuchen, ob es methodisch zwingend ist, Schranken generell eng auszulegen, denn diese Auslegungsregel hätte Auswirkung auch darauf, wann eine Schranke, welche Freistellungen im öffentlichen Informationsinteresse vorschreibt, zur Anwendung kommt.

Vorab wird in Kürze noch erläutert, warum der Drei-Stufen-Test diese Frage nicht von vornherein beantwortet und dass die verfassungsrechtlichen Vorgaben ebenso wenig eine zwingende Auslegungsregel vorschreiben.

i. Drei-Stufen-Test

Der Drei-Stufen-Test beantwortet diese Frage nicht von Vornherein. Für die europäische Union ist dieser in Artikel 5 Absatz 5 der InfoSoc-Richtlinie normiert. Er besagt, dass Schranken ausschließlicher Rechte nur in bestimmten Sonderfällen Anwendung finden dürfen (erste Stufe), die die normale Verwertung des Werks oder des sonstigen Schutzgegenstands nicht beeinträchtigen (zweite Stufe) noch die berechtigten Interessen des Urhebers oder Rechtsinhabers

357 *Stieper*, Rechtfertigung, Rechtsnatur und Disponibilität der Schranken des Urheberrechts, 2009, 63.

358 EuGH, Urteil vom 29.11.2017, C-265/16; GRUR 2018, 68 (69 Rn. 32).

359 BGH, Urteil vom 17.11.2014, I ZR 177/13; GRUR 2015, 667 (669 Rn. 19).

360 *Dreier*, in: Dreier/Schulze Urheberrechtsgesetz, 7. Aufl. 2022 (Vor. §§ 44a ff. UrhG Rn. 3, 4).

361 Siehe hierzu: *Stieper*, in: Schricker/Loewenheim, 6. Aufl. 2020 (Vor. §§ 44a ff. UrhG Rn. 36 Fn. 255).

ungebührlich verletzen (dritte Stufe). In Deutschland sah man sich im innerstaatlichen Recht nicht veranlasst, den Drei-Stufen-Test wörtlich zu übernehmen. Begründet wurde dies unter anderem damit, dass die Ausgestaltung der Schranken im UrhG die Vorgaben durch den Drei-Stufen-Test inhaltlich bereits wiedergebe.[362]

Der Drei-Stufen-Test ist zwar technisch eine Schranken-Schranke des Urheberrechts[363], also seinerseits eine Grenze der normierten Schranken. Bei genauer Betrachtung wird jedoch klar, dass er letztlich eine Ausformung des allgemeinen Abwägungs- und Verhältnismäßigkeitsgrundsatzes normiert.[364] In dem Szenario, in dem die Auswertung eines Werkes durch ein in den Schranken beschriebenes, und damit urheberrechtlich erlaubtes Handeln nicht (mehr) gewährleistet werden könnte, wäre der Eingriff in das Urheberrecht kaum mehr zu rechtfertigen.[365] Die in der Schranken-Schranke normierte Regel soll dem Interessenkonflikt zwischen Rechteinhabern auf der einen und den Zugangsinteressen einzelner Nutzer und der Allgemeinheit auf der anderen Seite Rechnung tragen. Dass eine Interessenabwägung den Grundsatz der Verhältnismäßigkeit beachten muss, ist aber bereits grundgesetzliches und europarechtliches Verfassungsprinzip.[366] Zudem ist die Ausformung des allgemeinen Abwägungs- und Verhältnismäßigkeitsgrundsatzes nicht seine Hauptaufgabe. Der Drei-Stufen-Test soll im europäischen Rechtssystem als Harmonisierungsinstrument fungieren.[367] Der Drei-Stufen-Test darf weder dazu benutzt werden, Schranken ausdehnend

---

362 Regierungsentwurf von 2002 – Bundestags-Drucksache 15/38, S. 15. Diese Sichtweise ablehnend: *Schack*, Urheber- und Urhebervertragsrecht, 9. Auflage 2019, Rn. 535.

363 *Senftleben*, Grundprobleme des urheberrechtlichen Dreistufentests, GRUR Int 2004, 200; *Schack*, Urheber- und Urhebervertragsrecht, 9. Auflage 2019, Rn. 535.

364 *v. Becker*, Parodiefreiheit und Güterabwägung. Das „Gies-Adler"-Urteil des BGH, GRUR 2004, 104 (108 Fn. 52); *Senftleben*, Grundprobleme des urheberrechtlichen Dreistufentests, GRUR Int 2004, 200 (210 f.); *Stieper*, Rechtfertigung, Rechtsnatur und Disponibilität der Schranken des Urheberrechts, 2009, 73, 74; *Bergmann*, in: Festschrift für Eike Ullmann, 2006 23 (25). Nicht so deutlich hingegen: *Leistner*, „Ende gut, alles gut" … oder „Vorhang zu und alle Fragen offen", GRUR 2019, 1008 (1011, 1012). Ablehnend, wenn auch nicht ausdrücklich: *Schack*, Urheber- und Urhebervertragsrecht, 9. Auflage 2019, Rn. 535.

365 *Stieper*, Rechtfertigung, Rechtsnatur und Disponibilität der Schranken des Urheberrechts, 2009, 74.

366 *Grzeszick*, in: Maunz/Dürig Grundgesetz-Kommentar, 95. Aufl. 2021 (Art. 20 GG Teil VII. Rn. 107 ff.); *Calliess*, in: Calliess/Ruffert, 6. Aufl. 2022 (Art. 5 EUV Rn. 44).

367 *Grünberger*, Bedarf es einer Harmonisierung der Verwertungsrechte und Schranken?, ZUM 2015, 273 (288).

auszulegen, noch die vom Wortlaut und von der Zwecksetzung der Schranke umfassten Ergebnisse national wieder einzuschränken[368] und normiert damit letztlich eine Selbstverständlichkeit.

ii. Verfassungsrechtliche Vorgabe

Aus der Verfassung ist eine allgemeine Auslegungsregel für inhaltliche Schrankenbestimmungen ebenso nicht vorgegeben. Dem eigentums-rechtlichen Schutz ist das Erfordernis eines angemessenen Interessenausgleichs immanent.[369] Wie erläutert, ist eine Differenzierung zwischen Inhalts- und Schrankenbestimmungen für Artikel 14 GG nicht geboten. Aufgrund des einheitlichen Schutzniveaus kann nichts anderes für Artikel 17 EU-GRCh gelten. Das Urheberpersönlichkeitsrecht wirkt als „*Schranken-Schranke*" der Inhalts- und Schrankenbestimmungen in Bezug auf die Vermögenswerte des Urheberrechts.[370] Der nach Artikel 14 Absatz 1 Satz 2 GG bestehende gesetzgeberische Auftrag, das heißt die gesetzgeberische Ausgestaltung der verwertungsrechtlichen Beschränkung, darf nicht unverhältnismäßig das Urheberpersönlichkeitsrecht tangieren. Grundsätzlich können daher Beschränkungen nur in Bezug auf bereits veröffentliche Werke vorgenommen werden.[371] Auch für Schranken, die das Urheberpersönlichkeitsrecht durch § 62 UrhG mittelbar betreffen, kann nichts anderes gelten.

iii. Grundsatz der engen Schrankenauslegung aus methodischen Gründen

Fraglich ist, ob ein Grundsatz der engen Schrankenauslegung methodisch zwingend ist.

(1) Wortlaut

Mit Blick auf den europäischen Gesetzgeber und einem Vergleich der deutschen, französischen und englischen Fassung der InfoSoc-Richtlinie fallen vom

368 *Grünberger*, Bedarf es einer Harmonisierung der Verwertungsrechte und Schranken?, ZUM 2015, 273 (288); *Bayreuther*, Beschränkungen des Urheberrechts nach der neuen EU-Urheberrechtsrichtlinie, ZUM 2001, 828 (839).

369 *Hohagen*, in: Perspektiven des geistigen Eigentums und Wettbewerbsrechts: Festschrift für Gerhard Schricker zum 70. Geburtstag, 2005 353 (357).

370 *Metzger*, Rechtsgeschäfte über das Urheberpersönlichkeitsrecht nach dem neuen UrhebervertragsrechtUnter besonderer Berücksichtigung der französischen Rechtslage, GRUR Int 2003, 9 (13).

371 Zu den Ausnahmen siehe unten: E.III.2.c).

Wortlaut her keine Unterschiede auf. So spricht Artikel 5 InfoSoc-Richtlinie von „*Ausnahmen und Beschränkungen*" in der deutschen Fassung. In der englischen Fassung der Richtlinie heißt es „*Exceptions and Limitations*", in der französischen Fassung „*Exceptions et Limitations*". Es handelt sich um wortwörtliche Übersetzungen, was darauf hindeutet, dass der europäische Gesetzgeber ebenso wenig wie eine dogmatische Einordnung die inhaltliche Ausgestaltung den Mitgliedstaaten überließ.[372] Während Frankreich („*Exceptions au droit d'auteur et aux droits voisins*"[373]) und Irland („*Exceptions*")[374] Artikel 5 InfoSoc-Richtlinie als „*Ausnahmen*" in innerstaatliches Recht inkorporiert haben, heißt Abschnitt 6 im deutschen UrhG „*Schranken des Urheberrechts durch gesetzlich erlaubte Nutzungen*". Allerdings werden in der InfoSoc-Richtlinie beide Begriffe zusammen benutzt. Daher lässt der unterschiedliche Wortlaut allenfalls auf unterschiedliche Rechtstraditionen schließen.[375]

Aber selbst wenn man von dem Wortlaut *Schranke* als *Beschränkung* eines Rechts ausginge und diese mit einer Ausnahme gleichsetzte, käme man nicht zu dem Ergebnis, dass allen Schranken/Beschränkungen/Ausnahmen ein Grundsatz der engen Auslegung immanent wäre. Von einer Ausnahme ist in der Methodenlehre erst auszugehen, „*wo das Gesetz eine Regel, der es in möglichst weitem Umfang Geltung zu schaffen sucht, für bestimmte, meist eng umgrenzte Fälle durchbrochen hat, weil ihre Durchführung auch in diesen Fällen dem Gesetzgeber wenig praktikabel oder als unangebracht erschien und er deshalb hier glaubte, darauf verzichten zu können*".[376] Mit anderen Worten soll die generelle Regelungsabsicht des Gesetzgebers durch Anwendung der Ausnahmevorschrift übergangen werden. Das bedeutet aber, dass auch bei Ausnahmevorschriften der wahre Sinn der normierten Regel zu erforschen ist. Dieser kann aber gerade nicht durch ein formalistisches Postulat der engen Auslegung, sondern nur durch alle anerkannten Methoden ermittelt werden. Im Gegenteil kann sogar argumentiert werden, dass der Gesetzgeber in Fällen von Schranken gerade nicht der vermeintlichen

---

372 *Stieper*, Rechtfertigung, Rechtsnatur und Disponibilität der Schranken des Urheberrechts, 2009, 133.

373 Loi n° 2006-961 du 1er août 2006 relative au droit d'auteur et aux droits voisins dans la société de l'information.

374 Copyright and Related Rights Act, 2000.

375 A. A. *Geiger*. Dieser meint, dies könnte ein erstes Indiz dafür sein, dass es sich um Unterschiedliches handelt: *Geiger*, Der urheberrechtliche Interessenausgleich in der Informationsgesellschaft – Zur Rechtsnatur der Beschränkungen des Urheberrechts, GRUR Int 2004, 815 (818).

376 *Larenz/Canaris*, Methodenlehre der Rechtswissenschaft, 3. Aufl. 1995, 176.

Grundregel den Vorrang eingeräumt hat, sondern den in den Schranken verbürgten Rechten.[377]

Würde man gemäß dem allgemeinen und juristischen Sprachgebrauch an der wörtlichen Bezeichnung der Abschnittsüberschrift von Abschnitt 6 UrhG „*Schranken des Urheberrechts durch gesetzlich erlaubte Nutzungen*“ verhaften bleiben und eine „*Schranke*“ immer als hierarchisch unter dem im Übrigen im Gesetz normierten Recht verstehen, so hätte die Formulierung dieser Abschnittsüberschrift bereits vor einer Auslegung an der konkreten Norm über die charakteristische Einordnung derselben entschieden. Dies mag zwar ein Indiz sein. Die gesetzgeberische Benennung einer Norm muss aber im Gesamtgefüge des jeweiligen Gesetzes betrachtet werden. Im Falle des Urheberrechts betrifft dies die beiden Bestrebungen, Verwertungsrechte der Urheber einerseits und Befugnisse der Allgemeinheit andererseits zu beachten. Bei genauer Betrachtung des Wortlauts der Abschnittsüberschrift wird dabei deutlich, dass die Berücksichtigung der Interessen der Allgemeinheit nicht die Regelungsabsicht des Gesetzgebers verkehrt. Im Gegenteil erhält das Gesetz erst durch die Schrankenregelungen das vom Gesetzgeber gewünschte ausgeglichene Gepräge.[378] Entscheidend muss der Grund für die normierte Freiheit sein. Der Wortlaut deutet bereits darauf hin, dass es nicht dem gesetzgeberischen Willen entsprechen kann, dem Urheber umfassend Verwertungsrechte einzuräumen.[379] Das Urheberrecht soll nicht nur dem Urheberschutz, sondern durch die Schranken ebenso anderen Interessen Rechnung tragen.[380] Bereits am Wortlaut erkennbar sichert das Gesetz einerseits den Schutz der Urheber und seiner am Werk entstandenen Rechte („*Gesetz über Urheberrecht und verwandte Schutzrechte*“). Aber zugleich sichert es die Belange, die im öffentlichen Interesse eine „*Einschränkung*“ des Urheberrechts (und den

377 *Pahud*, Die Sozialbindung des Urheberrechts, 2000, 111.

378 *Kröger*, Enge Auslegung von Schrankenbestimmungen – wie lange noch? Zugang zu Informationen in digitalen Netzwerken, MMR 2002, 18 (20); *Stieper*, Rechtfertigung, Rechtsnatur und Disponibilität der Schranken des Urheberrechts, 2009, 67.

379 Bzw. umfassend Verwertungsrechte anzuerkennen. Nach der Lehre vom geistigen Eigentum sind dem Urheber nicht nur einzelne Verwertungsrechte zuzuschreiben, deren Verleihung im Ermessen des Gesetzgebers steht, sondern ein qua Schöpfungsakt begründetes umfassendes, ausschließliches Recht in Bezug auf alle Verwertungen. Der Gesetzgeber erkennt dieses Recht danach nur an und gestaltet es gesetzgeberisch aus. Es soll an dieser Stelle nicht weiter auf die Lehre vom Geistigen Eigentum eingegangen werden.

380 MwN *Stieper*, Rechtfertigung, Rechtsnatur und Disponibilität der Schranken des Urheberrechts, 2009, 23 ff.

daraus entstehenden Verwertungsrechten) erfordern, wie etwa die Berichterstattung über Tagesereignisse, die im Wesentlichen in einem durch den Zweck gebotenen Umfang Tagesinteressen Rechnung tragen. Nach dem allgemeinen und juristischen Sprachgebrauch normieren die Schranken Interessen von Nutzern, die ihrerseits gesetzlich normierten (ggf. sogar Verfassungs-)Rang haben. Beispielhaft seien hier die „*Rechtspflege und die öffentliche Sicherheit*", „*Menschen mit einer Seh- oder Lesebehinderung*" oder die „*Berichterstattung über Tagesereignisse*" genannt. Allein am Wortlaut der Überschriften deutet nichts auf eine einschränkende Auslegung der normierten Interessen hin.

(2) Historie

Die historische Auslegung stellt auf den Willen des Gesetzgebers zum Zeitpunkt des Entstehens des Gesetzes ab. Wenn es nach dem gesetzgeberischen Willen einen Grundsatz der engen Schrankenauslegung geben sollte, müssten durch die zahlreichen Novellierungen des geltenden UrhG seit der Verkündung 1965 in den entsprechenden Gesetzesbegründungen Anhaltspunkte hierfür gefunden werden.

Der historische Gesetzgeber zum UrhG von 1965 sah, dass im Urheberrecht ein, „*[w]ie jedes absolute Recht, [...]sozialgebundenes Recht, [das] gewissen Schranken im Interesse der Gemeinschaft unterliegt*"[381]. Im Ganzen verfolgte das UrhG von 1965 bei der Abgrenzung des Urheberrechts gegenüber den Interessen der Allgemeinheit das Ziel einer Verbesserung der Rechtsstellung des Urhebers. Allerdings war der Gesetzgeber auch davon überzeugt, dass oft „*den Allgemeininteressen nur der Verbotscharakter der urheberrechtlichen Befugnisse, nicht dagegen das wirtschaftliche Interesse des Urhebers, aus der Verwertung seines Werkes angemessenen Nutzen zu ziehen*" widerstreitet. Aus dieser Erwägung heraus wurde in zahlreichen Fällen, in denen das ausschließliche Recht des Urhebers mit Rücksicht auf überwiegende Interessen der Allgemeinheit seine Grenze finden muss, dem Urheber ein Vergütungsanspruch für die Nutzung seines Werkes gewährt.[382] Gerade diese Gesetzgebungstechnik spricht aber ebenso für einen möglichst schonenden Ausgleich für alle zu berücksichtigenden Interessen. Ein Grundsatz der engen Schrankenauslegung ist dem nicht zu entnehmen. Dies unterstreichend spricht die Gesetzesbegründung von dem „*allgemeine[n] Grundsatz [...] daß der Urheber insbesondere dort im Interesse der Allgemeinheit freien Zugang zu seinen Werken gewahren muß, wo dies unmittelbar der*

381 Regierungsentwurf von 1962 – Bundestags-Drucksache IV/270, S. 30.
382 Regierungsentwurf von 1962 – Bundestags-Drucksache IV/270, S. 30.

Förderung der geistigen und kulturellen Werte dient, die ihrerseits Grundlage für sein Werkschaffen sind. Nicht gerechtfertigt erscheinen dagegen solche Einschränkungen, wenn sie nur dazu dienen sollen, der Allgemeinheit die Erfüllung von Aufgaben zu erleichtern, die keine engere Beziehung zum Werkschaffen des Urhebers haben, wie etwa Sozialfürsorge, Jugendpflege und Wohltätigkeit.“[383] Der historische Gesetzgeber sah also vielmehr das Bedürfnis nach einer konkreten Einzelfallbetrachtung, wobei abhängig vom Zweck der Nutzung des Werkes auf eine höhere oder niedrigere Tendenz zur Gemeinfreiheit zu schließen sei.

Der Gesetzgeber zum UrhG von 1965 betonte darüber hinaus gewisse Unterschiede zwischen dem Sacheigentum und dem Urheberrecht. Sinn des Sacheigentums sei es, „*dem Eigentümer die alleinige Herrschaft über die ihm gehörende Sache zu geben, damit er andere von der Benutzung ausschließen kann.*“ Urhebergut hingegen sei „*seinem Wesen nach Mitteilungsgut. Ein Geisteswerk soll gerade – jedenfalls von dem Augenblick an, in dem der Urheber es veröffentlicht hat – in seinem Gedanken- oder Gefühlsinhalt möglichst vielen anderen Menschen zugänglich gemacht werden.*“ Das Urheberrecht diene daher nicht dazu, andere auszuschließen, sondern „*Art und Umfang der Benutzung seines Werkes zu überwachen und aus dessen Verwertung Einnahmen zu erzielen. Die Folgerung, die aus der Gleichstellung des „geistigen Eigentums“ mit dem Sacheigentum gezogen wird, daß nämlich jede sachliche Beschränkung des Urheberrechts – auch im Interesse der Allgemeinheit – mit der Rechtsnatur des Urheberrechts nicht vereinbar sei, ist hiernach nicht berechtigt.*“[384] Hier lässt sich sehr deutlich erkennen, dass der historische Gesetzgeber nicht nur die Einzelfallbetrachtung und den Zweck der jeweiligen Nutzung zur Beurteilung herangezogen wissen wollte, sondern auch generell eine Entscheidung hinsichtlich der Spannungen verschiedener Interessen an einem urheberrechtlichen Werk, die die Natur des Urheberrechts bedingt, regelte. Dass die Interessen von vornherein unterschiedliche Startpositionen haben sollten, aus der sich eine etwaige enge Schrankenauslegung ergeben könnte, lässt sich der Gesetzesbegründung jedoch nicht entnehmen.

Ebenso weist die Urheberrechtsnovelle von 1985, die unter anderem die Vergütungsfreiheit für bestimmte Fälle der öffentlichen Wiedergabe einschränkte[385]

---

383 Regierungsentwurf von 1962 – Bundestags-Drucksache IV/270, S. 63.

384 Regierungsentwurf von 1962 – Bundestags-Drucksache IV/270, S. 63. Der Entwurf weist richtigerweise noch darauf hin, dass auch das Sacheigentum dem Eigentümer keine uneingeschränkte Herrschaft über die Sache einräumt. Sein Inhalt und seine Schranken werden nach Artikel 14 GG durch das Gesetz festgelegt.

385 Dies war die gesetzgeberische Reaktion auf die Kirchenmusik-Entscheidung des BVerfG: BVerfG, Beschluss vom 25.10.1978, 1 BvR 352/71; GRUR 1980, 44.

und damit die Urheber stärkte, darauf hin, dass die berechtigten Interessen der Allgemeinheit *„bestimmte[r] Einschränkungen des Urheberrechts"* bestimmen würden, was sich daraus ergebe, *„daß der Urheber seine schöpferische Tätigkeit nicht losgelöst von seiner Umwelt, sondern eingebunden in seinen Kulturkreis und auf der Grundlage des Kulturschaffens vorangegangener Generationen entfalte[t]."* Zudem sei der Urheber auf die Annahme und Aufnahme seines Werkes durch seine Zeitgenossen angewiesen. Kulturelle Schöpfung bedürfe deshalb stets eines gegenseitigen Austauschs, eines Gebens und Nehmens. Es sei die Aufgabe des Urheberrechts, auch diese Interessen angemessen auszugleichen.[386] Beispielhaft verweist die Gesetzesbegründung darauf[387], dass die Einschränkung des Verbotsrechts des Rechteinhabers nicht mit einer Vergütungsfreiheit gleichzusetzen sei.[388] Auch hier zeigt sich kein Wille des Gesetzgebers, die Schranken eng auszulegen.

Die durch die Europäische Union vorangetriebene Gesetzgebung im Bereich des Urheberrechts führte auch nicht zu einem anderen Verständnis des Verhältnisses zwischen Urheberrecht und Schrankenregelungen: Die neunziger Jahre waren zunächst im Urheberrecht gesetzgeberisch im Schwerpunkt[389] mit einer Verbesserung der Position des selbständig tätigen Urhebers und ausübenden Künstlers gegenüber dem in vielen Fällen wirtschaftlich stärkeren Verwerter beschäftigt.[390] Die Schrankenregelungen des Urheberrechts gerieten jedoch mit der InfoSoc-Richtlinie wieder in den Fokus. Im sogenannten ersten Korb[391],

---

386 Regierungsentwurf von 1983 – Bundestags-Drucksache 10/837, S. 9.

387 Auf Seite 10 des Regierungsentwurfs von 1983 – Bundestags-Drucksache 10/837 wird verwiesen auf: BGH, Urteil vom 14.04.1978, I ZR 111/76; GRUR 1978, 474.

388 Regierungsentwurf von 1983 – Bundestags-Drucksache 10/837, S. 11. Eine Vergütungsfreiheit sei nur *„durch ganz besondere gesteigerte Gründe des Gemeinwohls gerechtfertigt"*.

389 Nennenswert mit Blick auf urheberrechtliche Gesetzgebung in den 1990er Jahren sind noch die Implementierungen der Computerprogramm-Richtlinie 91/250/EWG, der Schutzdauer-Richtlinie 93/98/EWG, der Vermiet- und Verleihrichtlinie 92/100/EWG, der Computerprogramm-Richtlinie RL 96/9/EG, die Satelliten- und Kabelrichtlinie 93/83/EWG.

390 Siehe hierzu die Unterrichtung durch die Bundesregierung von 1994 über die Entwicklung des Urhebervertragsrechts: Bundestags-Drucksache 12/7489, S. 14, der auch auf den Bericht aus der 11. Wahlperiode (Bundestags-Drucksache 12/4022) verweist: *„Im Mittelpunkt der erneut aufgenommenen rechtspolitischen Diskussion in den Fachkreisen über eine Reform des Urhebervertragsrechts steht die Verbesserung der Position des selbständig tätigen Urhebers und ausübenden Künstlers gegenüber dem in vielen Fällen wirtschaftlich stärkeren Verwerter."*

391 Regierungsentwurf von 2002 – Bundestags-Drucksache 15/38.

der Inkorporierung der zwingenden Vorschriften der InfoSoc-Richtlinie und insbesondere auch der Schrankenregelungen in das UrhG, beschränkte sich die Gesetzesbegründung nicht nur darauf, auf das „*bestehende und bewährte System urheberrechtlicher Schranken*" hinzuweisen, welches für den analogen Bereich ein ausgewogenes Verhältnis zwischen den berechtigten Ansprüchen der Urheber und denjenigen der Allgemeinheit sicherstellen würde.[392] Vielmehr wurde in der Begründung betont, dass es darum ginge, den Schutz der Rechteinhaber im digitalen Umfeld zu gewährleisten, aber zugleich auch den Nutzern einen angemessenen Rechtsrahmen vorzugeben, der einen möglichst effizienten Einsatz der neuen Technologien zulasse und die Entwicklung der Informationsgesellschaft fördere.[393] Der Gesetzentwurf zum zweiten Korb[394] betonte dazu, dass die Rechtspositionen der Urheber und Verlage, ebenso wie die Belange von Forschung und Wissenschaft, die ebenso verfassungsrechtlich geschützt seien, in einen angemessenen Ausgleich zu bringen seien. Beispielhaft sei dazu erwähnt, dass der zweite Korb eine völlig neue Schrankenregelung einführte, mit der die Wiedergabe von Werken an elektronischen Leseplätzen in öffentlichen Bibliotheken, Museen und Archiven für zulässig erklärt wurde. Diese Wiedergabe entspreche gerade dem Bildungsauftrag dieser Einrichtungen und fördere die Medienkompetenz der Bevölkerung.[395] Dieser gesetzgeberische Umgang mit den Schranken auf deutscher Seite entspricht auch der den beiden „*Körben*" zugrunde liegenden InfoSoc-Richtlinie, wie sich beispielhaft aus den Erwägungsgründen ergibt. Darin wird nicht nur betont, dass von einem hohen Schutzniveau für Urheber auszugehen sei, da diese Rechte für das geistige Schaffen wesentlich seien,[396] sondern ebenso die Wichtigkeit eines angemessenen Interessenausgleichs hervorgehoben.[397] Von einem Grundsatz der engen Schrankenauslegung ist weder ausdrücklich noch implizit die Rede. Die Erwägungsgründe der Richtlinie bemerken, dass Ausnahmen und Beschränkungen nicht auf eine Weise angewandt werden dürften, durch die die berechtigten Interessen der Rechteinhaber verletzt würden oder die normale Verwertung ihrer Werke beeinträchtigt würde. Der Umfang bestimmter Ausnahmen oder Beschränkungen sei daher bei Bedarf auch wieder enger zu begrenzen.[398] Dies

---

392 Regierungsentwurf von 2002 – Bundestags-Drucksache 15/38, S. 26.

393 Regierungsentwurf von 2002 – Bundestags-Drucksache 15/38, S. 14.

394 Regierungsentwurf von 2006 – Bundestags-Drucksache 16/1828.

395 Regierungsentwurf von 2006 – Bundestags-Drucksache 16/1828, S. 46.

396 Erwägungsgründe 9 und 44 InfoSoc- Richtlinie.

397 Erwägungsgrund 31 InfoSoc-Richtlinie.

398 Erwägungsgrund 44 InfoSoc-Richtlinie.

entspricht allerdings im Ergebnis lediglich der rechtsstaatlichen Maßgabe, dass Normen weder ausgehöhlt noch überdehnt anzuwenden sind, was wiederum bedeutet, dass dem Drei-Stufen-Test Folge zu leisten ist.

Die nächste Änderung des UrhGes mit Blick auf Schrankenregelungen sollte (unter anderem) die Nutzung von verwaisten Werken den Bedürfnissen der Informationsgesellschaft anpassen und „*im Interesse des Gemeinwohls*“ fortentwickeln.[399] Da bei verwaisten Werken der Rechteinhaber nicht auffindbar ist, drohten diese dem kulturellen Erbe verloren zu gehen. Die neue Schranke wurde eingeführt, um diesen Verlust zu vermeiden.[400] Diesem Gesetzgebungsvorhaben ist ein Grundsatz der engen Auslegung mit Blick auf die neu eingeführte Schranke fern.

Die amtliche Begründung zum Entwurf eines Gesetzes zur Angleichung des Urheberrechts an die aktuellen Erfordernisse der Wissensgesellschaft[401] betonte unter Berufung auf den völkerrechtlichen Vertrag WCT (World Intellectual Property Organisation (WIPO) Copyright Treaty), dass das Urheberrecht durch den Schutz geprägt sei, den die Rechtsordnung dem Urheber beziehungsweise dem Leistungsschutzberechtigten gewähre: „*Sie erhalten über Verwertungsrechte die Möglichkeit, die geschaffenen Leistungen zu verwerten und zu kontrollieren. Auch der persönlichkeitsrechtliche Bezug zwischen dem Kreativen und seinem Werk ist garantiert.*“ Eine „*wesentliche Maxime des Urheberrechts*“ sei aber ebenso „*der faire Interessenausgleich zwischen den Rechtsinhabern und Nutzern.*“ Es bestehe eine „*Notwendigkeit, ein Gleichgewicht zu wahren zwischen den Rechten der Urheber und dem umfassenderen öffentlichen Interesse, insbesondere Bildung und Forschung.*“[402] Der Gesetzgeber betonte in diesem Kontext, dass im Rahmen des Interessenausgleichs allerdings auf die Möglichkeit zu achten sei, ob und inwiefern Nutzungen zu Gemeinwohlzwecken ohne Erlaubnis des Rechteinhabers gestattet sein sollen und ob beziehungsweise wie diese zu vergüten sind.[403] Schließlich bezweckte die Implementierung der durch die Marrakesch-Richtlinie[404] enthaltenen Schrankenregelungen den Abbau von

---

399 Regierungsentwurf von 2013 – Bundestags-Drucksache 17/13423, S. 10.

400 Vgl. beispielsweise Art. 6 Abs. 2 der Richtlinie 2012/28/EU vom 25. Oktober 2012 über bestimmte zulässige Formen der Nutzung verwaister Werke. Auf dieser Richtlinie beruht (unter anderem) der vorgenannte Regierungsentwurf von 2013.

401 Regierungsentwurf von 2017 – Bundestags-Drucksache 18/12329.

402 Regierungsentwurf von 2017 – Bundestags-Drucksache 18/12329, S. 19.

403 Regierungsentwurf von 2017 – Bundestags-Drucksache 18/12329, S. 26.

404 Richtlinie (EU) 2017/1564 vom 13. September 2017 über bestimmte zulässige Formen der Nutzung bestimmter urheberrechtlich oder durch verwandte Schutzrechte geschützter Werke und sonstiger Schutzgegenstände zugunsten blinder,

Benachteiligungen für Menschen mit einer Seh- oder Lesebehinderung, indem sie ihnen einen verbesserten Zugang zu Büchern, Zeitungen, Zeitschriften und anderen Texten ermöglichte. Auch hier betonte der Gesetzgeber seine grundsätzliche Verpflichtung den vermögenswerten Gehalt des Urheberrechts dem Urheber zuzuordnen, „*soweit nicht Gründen des gemeinen Wohls der Vorrang vor den Belangen des Urhebers zukommt*".[405]

Nach alldem ist der Gesetzgebungs-Geschichte des UrhG kein Grundsatz der engen Schrankenauslegung zu entnehmen.

(3) Systematik

Die systematische Auslegung verlangt eine Betrachtung nicht der einzelnen Normen, sondern des gesamten Gefüges des betreffenden Gesetzes. Eine enge oder weite Auslegung der Schranken muss im Ausgangspunkt an der vom Gesetzgeber getroffenen Güterabwägung ansetzen, die ebenso in der Gesetzgebungstechnik ihren Niederschlag finden müsste. Die grundlegende gesetzgeberische Ausgestaltung darf in der Auslegung des Rechts nicht umgangen werden.[406]

Aus der umfassenden Formulierung der Urheberrechte in §§ 15 ff. UrhG und der abschließenden Aufzählung der Schranken in §§ 44a ff. UrhG und Artikel 5 InfoSoc-Richtlinie könnte sich ein Grundsatz der engen Schrankenauslegung ergeben. Dafür könnte auch ganz allgemein der Aufbau des UrhG sprechen. Denn dieses normiert zunächst den Inhalt des Urheberrechts, daraufhin die sonstigen Rechte des Urhebers und erst dann die Schranken und schließlich die Leistungsschutzrechte.[407] Allerdings entkräftet § 5 UrhG ein solches Argument, der recht prominent als fünfter Paragraph des Gesetzes und damit noch vor den Regelungen über den Inhalt des Urheberrechts nach §§ 11 ff. UrhG, einen wichtigen Bereich zugunsten der Allgemeinheit der urheberrechtlichen Schutzfähigkeit entzieht.[408] Zudem gilt, dass bei einer enumerativen Aufzählung von Schranken der Schluss auf einen allgemeinen Rechtsgedanken im Wege der Rechtsanalogie unzulässig ist. Denn der Gesetzgeber hat sich in diesem Fall

---

sehbehinderter oder anderweitig lesebehinderter Personen und zur Änderung der Richtlinie 2001/29/EG zur Harmonisierung bestimmter Aspekte des Urheberrechts und der verwandten Schutzrechte in der Informationsgesellschaft.

405 Regierungsentwurf von 2018 – Bundestags-Drucksache 19/3071 S. 15.

406 EuGH, Urteil vom 29.07.2019, C-469/17; GRUR 2019, 934 (Rn. 68); EuGH, Urteil vom 29.07.2019, C-516/17; GRUR 2019, 940 (52).

407 *Pahud*, Die Sozialbindung des Urheberrechts, 2000, 110.

408 Vgl. hierzu unten: E.II.

gerade gegen eine Generalklausel entschieden. Eine analoge Anwendung einzelner Ausnahmetatbestände ist gleichwohl erlaubt. Aus diesen Gründen lässt sich kein Grundsatz der engen Auslegung aus der Systematik der Schrankenbestimmungen entnehmen.[409]

Für das Urheberrecht wird das Dogma des Grundsatzes der engen Schrankenauslegung schließlich noch mit zwei Argumenten vertreten, die letztlich als verfassungsrechtlich-systematisch einzustufen sind. Zum einen berufen sich deren Vertreter auf *„in dubio pro auctore"*.[410] Außerdem wird sich auf die Eigentumsgarantie berufen, wonach der wirtschaftliche Nutzen des urheberrechtlichen Werks dem Urheber zuzurechnen sei, was sowohl für Artikel 14 GG als auch für Artikel 17 Grundrechte-Charta gilt.[411] *„In dubio pro auctore"* soll als formalistische Auslegungsregel den Zweifelsfall der Schutzfähigkeit eines Werks klären und ist im Bereich der sogenannten kleinen Münze relevant. Wann das nötige Mindestmaß an Individualität erreicht ist, das zur Schutzfähigkeit eines Werks führt, klärt diese Regel aber offensichtlich nicht.[412] Vor allem aber ist eine solche Auslegungsregel ohne weiteren Anhaltspunkt ein Zirkelschluss: Warum denn *„in dubio pro auctore"*? Auch die Gesetzgebungstechnik, einem umfassenden Urheberrecht enumerativ aufgelistete Schranken gegenüber zu stellen, ist nicht als von Vornherein zu beachtende Auslegungsregel zu verstehen, sondern allenfalls als Vermutung, wenn die Interessenabwägung Remis endet. Ebenso wenig ist der am Ende einer verfassungsrechtlichen Interessenabwägung verwendete Grundsatz *„in dubio pro libertate"* in dieser Frage hilfreich.[413] Zwar enthält das Grundgesetz eine Grundentscheidung zugunsten des Privateigentums

---

409 *Stieper*, Rechtfertigung, Rechtsnatur und Disponibilität der Schranken des Urheberrechts, 2009, 67, 68. Dieser hält lediglich fest, dass sich bei einer *„ausdehnenden Anwendung von Schrankenbestimmungen konsequent am begrenzten Privilegierungszweck der jeweiligen Schranke orientiert"* wird.

410 Vgl. hierzu: *Rigamonti*, Eigengebrauch oder Hehlerei? Zum Herunterladen von Musik- und Filmdateien aus dem Internet, GRUR Int 2004, 278 (284). Dieser vertritt diese Auffassung allerdings nicht.

411 *Pahud*, Die Sozialbindung des Urheberrechts, 2000, 109.

412 *Pahud*, Die Sozialbindung des Urheberrechts, 2000, 109.

413 A.A. *Hoeren*, Urheberrecht 2000 – Thesen für eine Reform des Urheberrechts, MMR 2000, 3. Der Schutz *„geistigen Eigentums"* sei, so *Hoeren*, nicht die Regel, sondern die Ausnahme. Die immaterialgüterrechtlichen Monopolrechte stünden nur dem zu, der Informationen ausnahmsweise überdurchschnittlich herausgesucht und zusammengestellt habe. *„Anfangs- und Endpunkt des Urheberrechts ist der Gedanke der Informationsfreiheit."*

und zugunsten der Freiheit des Individuums. Dies bedeutet aber nur die grundsätzliche Schutzfähigkeit des Eigentums in der Form, wie sie oben erörtert wurde. Selbiges gilt selbstverständlich für das sogenannte *„geistige Eigentum"*. Sein Inhalt und seine Schranken werden durch die Gesetze gemäß Artikel 14 Absatz 1 Satz 2 GG und im Licht von Artikel 14 Absatz 2 GG bestimmt. Das Eigentum ist bereits vom verfassungsrechtlichen Wortlaut her nicht schrankenlos gewährleistet. Das UrhG ist eine Inhaltsbestimmung im Sinne von Artikel 14 Absatz 1 Satz 2 GG. Das Ausschließlichkeitsrecht des Urhebers und die Schranken stehen damit auf derselben Stufe. Außerdem bestehen neben der Eigentumsfreiheit andere Grundrechte. Die verschiedenen Grundrechtspositionen sind in ein *„Verhältnis abstrakter Gleichrangigkeit"*[414] zu bringen. So ist mit Blick auf die Kommunikationsgrundrechte die Wechselwirkung zwischen Urheberrecht und Kommunikationsgrundrecht entscheidend: Das Urheberrecht ist im Licht von Artikel 5 Absatz 1 GG auszulegen und zugleich Grundrechtsschranke gemäß Artikel 5 Absatz 1 Satz 2 und Absatz 2 GG.[415] Wenn einer Schranke verfassungsrechtlich geschützte Interessen zugrundeliegen, sind alle Positionen im Rahmen praktischer Konkordanz zu einem Ausgleich zu bringen.[416] Es gibt neben der Menschenwürde keine Grundrechtshierarchie. Aber auch wenn die in einer Schranke verbürgten Interessen kein Ausfluss von Grundrechten oder der Verfassung sind, führt dies nicht zu einer aus der Eigentumsfreiheit folgenden engen Auslegung der Schranke.[417] Die Sozialpflichtigkeit des Urheberrechts ist das Bekenntnis der Rechtsordnung, gerade nicht nur Individualinteressen den grundsätzlichen Vorrang zu gewähren. Auch ein Gemeinwohlinteresse gebietet eine am objektiven Regelungsgehalt, dem Zweck und der Bedeutung der Schranke orientierte Abwägung.[418] Dies bedeutet nicht, dass ein

414 *Pahud*, Die Sozialbindung des Urheberrechts, 2000, 107.

415 *Stieper*, Rechtfertigung, Rechtsnatur und Disponibilität der Schranken des Urheberrechts, 2009, 69. Allgemein zur Wechselwirkungslehre: BVerfG, Urteil vom 15.01.1958, 1 BvR 400/51; GRUR 1958, 254 (258).

416 *Stieper*, Rechtfertigung, Rechtsnatur und Disponibilität der Schranken des Urheberrechts, 2009, 70.

417 *Stieper*, Rechtfertigung, Rechtsnatur und Disponibilität der Schranken des Urheberrechts, 2009, 70. A.A: *Bornkamm*, in: Festschrift für Henning Piper, 1996 641 (649 f.); *Schack*, in: Perspektiven des geistigen Eigentums und Wettbewerbsrechts: Festschrift für Gerhard Schricker zum 70. Geburtstag, 2005 511 (515).

418 BGH, Urteil vom 24.01.2002, I ZR 102/99; GRUR 2002, 605 (606): *„In jedem Fall sind neben den Interessen des Urhebers die durch die Schrankenbestimmungen geschützten Interessen zu beachten und ihrem Gewicht entsprechend für die Auslegung der gesetzlichen Regelung heranzuziehen."* Im Ergebnis auch: BGH, Urteil vom 27.01.2005, I ZR

unverhältnismäßiger Eingriff in das Urheberrecht gerechtfertigt wäre. Die Einschränkung des Urheberrechts muss geeignet sein, den Zweck der Schranke zu fördern, erforderlich und angemessen im engeren Sinne sein.[419] Dies gilt sowohl für die Gesetzgebungs- als auch für die Anwendungsebene. Es folgt daraus kein Grundsatz der engen Auslegung.

(4) Telos

Die teleologische Auslegung einer Norm fordert nach einer dem Zweck der Vorschrift erörternden Analyse. Danach könnten der Sinn und Zweck der urheberrechtlichen Schrankenregelungen ergeben, dass diese grundsätzlich eng auszulegen seien. Durch die Schranken werden vielfach ihrerseits verfassungsrechtlich geschützte Interessen berücksichtigt. Insbesondere finden sich Schranken, die Ausdruck der Kommunikationsgrundrechte sind.[420] Eine Auslegung im Rahmen praktischer Konkordanz bedeutet, dass weder auf Gesetzgebungs- noch auf Anwendungsebene eine der widerstreitenden Rechtspositionen bevorzugt und maximal behauptet wird, sondern im Gegenteil alle Rechtspositionen einen möglichst schonenden Ausgleich erfahren.[421]

Auch die in den Richtlinien Aufschluss gebenden Erwägungsgründe geben keinen Hinweis auf eine einschränkende Auslegung der Schranken. Der Erwägungsgrund 31 der InfoSoc-Richtlinie spricht im Gegenteil von einem angemessenen „*Rechts- und Interessenausgleich zwischen den verschiedenen Kategorien von Rechtsinhabern*". Mit den in der DSM-Richtlinie vorgesehenen „*Ausnahmen und Beschränkungen*" soll laut Erwägungsgrund 6 ebenfalls „*ein angemessener Rechte- und Interessenausgleich zwischen den Urhebern und anderen Rechteinhabern einerseits und den Nutzern andererseits gewahrt werden.*"

Selbst wenn man zwischen primären und sekundären Zielen des UrhG unterscheidet[422], kommt man zu keinem Grundsatz der engen Schrankenauslegung. Wenn man annimmt, dass das UrhG zuvörderst und daher primär den Schutz

119/02; GRUR 2005, 670 (671); *Bergmann*, in: Festschrift für Eike Ullmann, 2006 23 (25); *Raue*, in: Urheberrecht im Informationszeitalter: Festschrift für Wilhelm Nordemann zum 70. Geburtstag, 2004 327 (339); *Stieper*, Rechtfertigung, Rechtsnatur und Disponibilität der Schranken des Urheberrechts, 2009, 70.

419 *Stieper*, Rechtfertigung, Rechtsnatur und Disponibilität der Schranken des Urheberrechts, 2009, 71.

420 Vgl. hierzu siehe unten: C.III.

421 BVerfG, Beschluss vom 16.05.1995, 1 BvR 1087/91; NJW 1995, 2477 (2479).

422 *Dietz*, Das Droit Moral des Urhebers im neuen französischen und deutschen Urheberrecht, 1968, 173 f. Ausführlich hierzu siehe unten: C.IV.

des Urhebers normiert und erst sekundär die Förderung der in den Schranken niedergelegten Freiheiten, lässt sich hieraus keine Auslegungsregel entnehmen. Durch die Normierung der Schranken hat sich der Gesetzgeber nämlich gerade für die Kodifizierung der Schranke entschieden und nicht für die umfassende Gewährung des Ausschließlichkeitsrechts.

Es ergibt sich selbst bei Betrachtung des Urheberrechts aus einer ökonomischen Perspektive kein Grundsatz der engen Schrankenauslegung. Dieser Ansatz wird wegen der Zielsetzung der EU-Gesetzgebung nach einem einheitlichen Binnenmarkt angesprochen, auch wenn es im Gegensatz etwa zur US-amerikanischen Verfassung keinen direkten Anknüpfungspunkt im deutschen UrhG gibt.[423] Der vorwiegend aus dem angloamerikanischen Raum stammende ökonomische Ansatz betrifft naturgemäß nicht nur die Begründung des Urheberrechts, sondern ebenso seine Schranken.[424] Das Ausschließlichkeitsrecht des Urhebers wird nach dieser Lehre nur soweit gewährt, wie es gerade nötig ist. Dieser Ansatz ist auf das deutsche Recht nur – aber immerhin – hinsichtlich der vermögensrechtlichen Komponente des Urheberrechts und entsprechender Schranken übertragbar.[425] Sie eignet sich aber nicht dazu, einen formalistischen Grundsatz der engen Schrankenauslegung zu begründen. Das Recht der Urheber wird danach in Bezug auf solche Nutzungen eingeschränkt, wo der Markt kein verlässlicher Bürge für die effizienteste Nutzung ist. Dafür gibt es aber keine Formel, sondern lediglich den unbestimmten Rechtsbegriff „*faire use*".[426] Ganz abgesehen davon kann es ganz unterschiedliche Gründe für eine vermeintliche Ineffizienz geben, die nicht nur durch hohe Transaktionskosten, sondern auch durch andere externe Effekte oder eigennützige Motive der Urheber verursacht

423 Dieser Ansatz wird wegen der Zielsetzung der EU-Gesetzgebung nach einem einheitlichen Binnenmarkt angesprochen, auch wenn sich im Gegensatz etwa zur amerikanischen Verfassung kein direkter Anknüpfungspunkt im Grundgesetz oder im deutschen UrhG findet. Vgl. aber zum europäischen Rahmen und der Vollziehung des Binnenmarktes: mwN *Goldhammer*, Realitäten europäischer Kommunikationsgrundrechte und der lange Arm des Urhebers – Anmerkung zu EuGH Spiegel Online/Beck, ZUM 2019, 727. Dieser macht darauf aufmerksam, dass der EuGH, nach Vollendung des Binnenmarktes, sich ersichtlich mehr und mehr als Grundrechtsgericht etablieren will.

424 Vgl. mwN *Stieper*, Rechtfertigung, Rechtsnatur und Disponibilität der Schranken des Urheberrechts, 2009, 74 ff. Vgl. im Übrigen oben: B.I.2.

425 *Stieper*, Rechtfertigung, Rechtsnatur und Disponibilität der Schranken des Urheberrechts, 2009, 75.

426 Allenfalls Fallgruppen, aber auch diese sind nicht „*fair-use*" fest.

sind.[427] Obwohl die Geschichte der Fair-Use Doctrine lange zurück geht[428], ist weder der Begriff noch seine Anwendung endgültig geklärt.[429] So wurde mit der Begründung der Verringerung der Kosten bei der Werkschöpfung (des gegebenenfalls neuen Urhebers) die Einschränkung des Urheberrechts als *„fair use“* gesehen, die die Freistellung bestimmter Nutzungen beinhaltete.[430] Dieses Argument taugt nur, wenn der durch die Schranke Begünstigte selbst schöpferisch tätig wird.[431] Die komplette Freistellung einer Nutzung mittels einer Schranke ist bei der Begründung des Urheberrechts als Instrument gegen Marktversagen durch die Etablierung eines effizienten Marktes durch Verknappung immer dann geboten, wenn die Gewährung des Urheberrechts selbst zu einem Marktversagen führen würde.[432] Wenn also zu erwarten ist, dass keine effizienzsteigernde Wirkung des Marktes eintreten wird, fehlt es bereits an einer Rechtfertigung des Urheberrechts. Die Nutzung des Werks wäre von vornherein frei. Diese Herangehensweise verbietet daher eine schematische Herangehensweise, wie es ein Grundsatz der engen Auslegung fordern würde.

---

427 *Stieper*, Rechtfertigung, Rechtsnatur und Disponibilität der Schranken des Urheberrechts, 2009, 85 ff. zusammenfassend 95.

428 Vgl. nur *Schumann*, Fair Use im amerikanischen Urheberrecht, GRUR Int 1969, 125.

429 So wurde sie bezeichnenderweise in *Dellar* v. *Samuel Goldwyn, Inc* 104 F. 2d 661, 662 2d Cir. 1939 als *„the most troublesome (issue) in the whole law of copyright“* abgetan. (Abrufbar unter: https://law.justia.com/cases/federal/appellate-courts/F2/104/661/1492993/ zuletzt abgerufen am 26.05.2022).

430 *Campbell v. Acuff-Rose Music, Inc.* 92-1292 US 1994: *„Although such transformative use is not absolutely necessary for a finding of fair use, Sony, supra, at 455, n. 40, 11 the goal of copyright, to promote science and the arts, is generally furthered by the creation of transformative works. Such works thus lie at the heart of the fair use doctrine's guarantee of breathing space within the confines of copyright, see, e.g., Sony, supra, at 478–480 (BLACKMUN, J., dissenting), and the more transformative the new work, the less will be the significance of other factors, like commercialism, that may weigh against a finding of fair use.“* (Abrufbar unter: https://yalelawtechdotorg.files.wordpress.com/2011/09/campbell-v-acuff-rose-music.pdf zuletzt abgerufen am 26.05.2022).

431 *Stieper*, Rechtfertigung, Rechtsnatur und Disponibilität der Schranken des Urheberrechts, 2009, 84.

432 Einen Überblick gibt: *Netanel*, Copyright and a Democratic Civil Society, Yale Law Journal 1996, 283 (314 ff.). Generell zu öffentlichen Gütern, die durch ihre *„Nichtrivalität“* geprägt sind: *Schäfer/Ott*, Lehrbuch der ökonomischen Analyse des Zivilrechts, 5. Auflage 2012, 108.

(5) *Zwischenergebnis*

Nach hier vertretener Auffassung gibt es nach dem Vorgesagten aus juristisch methodischen Gründen keinen zwingenden Grundsatz der engen Auslegung der Schranken des Urheberrechts. Im Gegenteil ist eine Schranke je nach objektivem Bedeutungsgehalt anzuwenden. Die objektive Bedeutung ist nach den anerkannten Auslegungsmethoden und dem Grundsatz der Verhältnismäßigkeit zu ermitteln.

iv. Rechtsprechung auf deutscher und europäischer Ebene

Im Ergebnis entspricht dieser Schluss auch der Rechtsprechung. Für den deutschen Rechtsraum gilt bereits seit der Elektronischen Pressespiegel-Entscheidung[433] im Jahr 2002, dass eine pauschale Regel, wonach immer eine enge Auslegung der Schranken gelte, nicht existiere. Neben dem Urheberrecht seien „*die durch die Schrankenbestimmungen geschützten Interessen zu beachten und ihrem Gewicht entsprechend für die Auslegung der gesetzlichen Regelung heranzuziehen*". Auf europäischer Ebene verhielt es sich so, dass zwar der EuGH einen Grundsatz der engen Schrankenauslegung in den vergangenen Jahren immer wieder betonte[434], diesem jedoch im Ergebnis eine Absage erteilt haben dürfte.[435] Formaler Ausgangspunkt der Abwägung dürfte zwar beim EuGH noch

---

433 BGH, Urteil vom 11.07.2002, I ZR 255/00; GRUR 2002, 963 (966). Die Vorinstanzen waren von einer Unanwendbarkeit von § 49 Abs. 1 UrhG auf elektronische Pressespiegel wegen des Grundsatzes der engen Schrankenauslegung ausgegangen. Der erste Leitsatz der Entscheidung lautete: „*§ 49 UrhG ist als urheberrechtliche Schrankenregelung auf der Grundlage der wertenden Entscheidungen des historischen Gesetzgebers eng auszulegen. Die Vorschrift ist deshalb einer Anpassung an die durch die technische Weiterentwicklung geänderten Bedürfnisse der modernen Informationsgesellschaft im Wege einer ‚zeitgemäß' erweiternden Auslegung grundsätzlich nicht zugänglich.*" OLG Hamburg, Urteil vom 12.10.2000, 3 U 119/00; GRUR-RR 2002, 51.

434 EuGH, Urteil vom 05.06.2014, C-360/13; GRUR 2014, 654 (655 Rn. 23).

435 *Stieper*, Der Trans Europa Express ist aus Luxemburg zurück – auf dem Weg zu einer Vollharmonisierung der urheberrechtlichen Schranken – Zugleich Anmerkung zu EuGH Urteilen vom 29.7.2019 – C-469/17, C-476/17, C-516/17, ZUM 2019, 713 (715). Weder aus Art. 17 Abs. 2 EU-GRCh noch aus der europäischen Rechtsprechung ließe sich schlussfolgern, dass der Schutz des Rechts des geistigen Eigentums „*schrankenlos und sein Schutz daher bedingungslos zu gewähren wäre*" EuGH, Urteil vom 29.07.2019, C-476/17; GRUR 2019, 929 (931 Rn. 33); EuGH, Urteil vom 29.07.2019, C-516/17; GRUR 2019, 940 (944 Rn. 56); EuGH, Urteil vom 29.07.2019, C-469/17; GRUR 2019, 934 (939 Rn. 72). Die in den Ausnahmen und Beschränkungen der Art. 5 InfoSoc-Richtlinie niedergelegten Rechte zugunsten der Nutzer seien „*unter Achtung ihres Wortlauts und unter Wahrung ihrer praktischen Wirksamkeit mit den durch die*

ein Grundsatz der engen Schrankenauslegung sein[436], praktisch legt er jedoch die in der Richtlinie normierten Ausnahmen und Beschränkungen im Licht der betroffenen grundrechtlichen Interessen aus.[437] Beispielhaft schreibt er, dass Artikel 5 Absatz 3 (lit. c und d) InfoSoc-Richtlinie gerade den Zweck hätte, „*der Ausübung des durch Art. 11 GrCh gewährleisteten Rechts auf freie Meinungsäußerung der Nutzer von Schutzgegenständen und auf Pressefreiheit Vorrang einzuräumen.*"[438] Mag der EuGH in seiner vorherigen Rechtsprechung noch zwischen einer Heranziehung eines Grundsatzes enger Schrankenauslegung und demgegenüber der praktischen Wirksamkeit der Schranken und der Anerkennung der in ihr verkörperten Rechten unklar gewesen sein, dürfte er sich mittlerweile im Ergebnis von einem Grundsatz der engen Schrankenauslegung abgewendet haben.[439]

v. Geltende Auslegungsregel: der Grundsatz der Verhältnismäßigkeit

Die Argumentation, dass eine Abwägung über verschiedene Grundrechte durch den Gesetzgeber selbst erfolgt sei, ist zwar formal eine einleuchtende Begründung.[440] Allerdings kann aus dem Argument nicht auf die Auslegung geschlossen werden. Denn so würde sich jede Diskussion erübrigen. Eine Kontrolle der vom

---

Charta gewährleisteten Grundrechten voll und ganz im Einklang" auszulegen. EuGH, Urteil vom 29.07.2019, C-469/17; GRUR 2019, 934 (940 Rn. 76); EuGH, Urteil vom 29.07.2019, C-516/17; GRUR 2019, 940 (944 Rn. 59).

436 EuGH, Urteil vom 29.07.2019, C-469/17; GRUR 2019, 934 (939 Rn. 69); EuGH, Urteil vom 29.07.2019, C-516/17; GRUR 2019, 940 (944 Rn. 53).

437 Beispielhaft stand in der *Metall auf Metall* Entscheidung auf der einen Seite das (vollständig harmonisierte) Vervielfältigungsrechts des Tonträgerherstellers, dessen Rechte vor dem Hintergrund von Art. 17 Abs. 2 EU-GRCh ebenso Grundrechtsrang haben, wie die Kunstfreiheit eines DJs. Vgl. dazu auch *Hauck*, Kopieren oder Zitieren – Zur urheberrechtlichen Zulässigkeit des Samplings, GRUR-Prax 2019, 385.

438 EuGH, Urteil vom 29.07.2019, C-516/17; GRUR 2019, 940 (944 Rn. 57); EuGH, Urteil vom 29.07.2019, C-469/17; GRUR 2019, 934 (939 Rn. 73).

439 *Leistner*, Das Urteil des EuGH in Sachen „Funke Medien NRW/Deutschland" – gute Nachrichten über ein urheberrechtliches Tagesereignis – Anmerkung zu EuGH, Urteil vom 29.7.2019 – C-469/17, ZUM 2019, 720 (725); *Goldhammer*, Realitäten europäischer Kommunikationsgrundrechte und der lange Arm des Urhebers – Anmerkung zu EuGH Spiegel Online/Beck, ZUM 2019, 727 (729 f.).

440 *Dreier*, Der Schrankenkatalog: Adäquate Zugangsregeln für die Wissensgesellschaft? Vortrag auf dem III. ZUM-Symposion „EU-Urheberrechtsreform – Ergebnisse und Analysen" des Instituts für Urheber- und Medienrecht am 1.2.2019 in München, ZUM 2019, 384 (393).

Gesetzgeber vorgenommenen Abwägung durch ein Gericht wäre ausgeschlossen, da sich die Legislative ja bereits ihre Gedanken zu der Abwägung gemacht habe. Dies entspricht nicht dem grundgesetzlich vorgesehenem staatlichen Gefüge. Behörden sind zur Anwendung, Gerichte sind zur Auslegung berufen. Ein Gesetz muss sich – jedenfalls nach grundgesetzlichem Verständnis – immer (wieder) an Grundrechten messen lassen können.[441] Eine andere Herangehensweise widerspräche dem Grundsatz der Überprüfbarkeit staatlichen Handelns. Richtig hingegen ist, dass der Wortlaut des Gesetzes Ausgangspunkt einer jeden Auslegung sein muss und die im Gesetz vorgenommene Abwägung durch den Gesetzgeber seine entsprechende Berücksichtigung in der Rechtsanwendung finden muss. Richtig ist es weitergehend, dass die Frage nach einer Auslegung einer Schranke stets an der vom Gesetzgeber durch seine Regelung getroffene Güterabwägung anzusetzen hat.[442] Dies ist aber kein Argument für oder gegen eine enge oder weite Auslegung, sondern eine Selbstverständlichkeit im rechtsstaatlichen Gefüge.

Letztlich handelt es sich bei der Frage der Auslegung von Urheberrecht und seinen Schranken um eine Verhältnismäßigkeitsprüfung.[443] Diese Prüfung und Abwägung ist nicht nur aus der Perspektive des Urhebers beziehungsweise Rechteinhabers vorzunehmen, sondern hat beim Wortlaut und der Gestaltung des auszulegenden Gesetzes anzufangen. Zudem muss sich die Auslegung am Ausgleich zwischen gleichberechtigten Grundrechtsträgern orientieren.[444] Dies ist nicht nur dann der Fall, wenn das Gesetz durch unbestimmte Rechtsbegriffe

---

441 *Dreier*, Der Schrankenkatalog: Adäquate Zugangsregeln für die Wissensgesellschaft? Vortrag auf dem III. ZUM-Symposion „EU-Urheberrechtsreform – Ergebnisse und Analysen" des Instituts für Urheber- und Medienrecht am 1.2.2019 in München, ZUM 2019, 384 (393). Der zudem darauf hinweist, dass diese Ansicht die *„seltsame Folge"* hätte *„dass Schrankenbestimmungen damit nachträglich zwar dem Drei-Stufen-Test unterworfen werden, wohingegen sie sich nicht erneut an den Grundrechten messen lassen müssten"*.

442 *Stieper*, Rechtfertigung, Rechtsnatur und Disponibilität der Schranken des Urheberrechts, 2009, 65; *Raue*, in: Urheberrecht im Informationszeitalter: Festschrift für Wilhelm Nordemann zum 70. Geburtstag, 2004 327 (339).

443 In Bezug auf die dritte Stufe des Drei-Stufen-Tests explizit: *Senftleben*, in: Interessenausgleich im Urheberrecht, 1. Aufl. 2004 159 (175). In Bezug auf den gesamten Test (186). EGMR, Urteil vom 10.01.2013, 36769/08; GRUR 2013, 859; *Hoeren*, Anmerkung zum Urteil EGMR, 10.1.2013 – 36769/08 Ashby Donald. /. Frankreich, ZUM 2013, 797.

444 BVerfG, Urteil vom 31.05.2016, 1 BvR 1585/13; GRUR 2016, 690 (691 Rn. 71). So bereits: EGMR, Urteil vom 10.01.2013, 36769/08; GRUR 2013, 859 (861 Rn. 37 ff.).

oder Generalklauseln das Maximum an Spielraum für die Abwägung belässt. Im Falle des UrhG muss die Gesetzesauslegung an konkreten Merkmalen eines Schrankentatbestands ansetzen.[445] Dabei ist zwingend, dass im Rahmen einer Interessenabwägung miteinander konkurrierende Grundrechte verfassungskonform abgewogen und durch praktische Konkordanz in Ausgleich zu bringen sind.[446]

Es ist daher nach hier vertretener Auffassung nicht von einer Regel auszugehen, wonach den Urheberrechteinhabern bei einer Kollision unterschiedlicher Rechtepositionen bei der Auslegung grundsätzlich eine Überlegenheit einzuräumen wäre.[447] Die im Zweifelsfall betroffenen Interessen sind in einer Interessenabwägung in ein Gleichgewicht zu bringen. Urheberrechte, Leistungsschutzrechte und Schranken stehen in keinem hierarchischen Verhältnis zueinander. Sie müssen am Wortlaut ansetzend interessengerecht in Ausgleich gebracht werden.[448]

IV. Zwischenergebnis

Die Bestimmung der Funktionen und des Zwecks des Urheberrechts ist eine rechtspolitische und in Normen zu beantwortende Frage.[449] Der Schutzbereich des Urheberrechts ist in vermögensrechtlicher Hinsicht beschränkt, weil er als Ausfluss der Eigentumsfreiheit sozialgebunden ist. Der Schutzbereich geht bis

---

445 *Stieper*, Reformistischer Aufbruch nach Luxemburg, GRUR 2017, 1209 (1212).

446 So ist beispielsweise bei der Auslegung der Schrankenregelung betreffend das Zitatrecht die Informationsfreiheit zwingend zu berücksichtigen. Vgl. *Kröger*, Enge Auslegung von Schrankenbestimmungen – wie lange noch? Zugang zu Informationen in digitalen Netzwerken, MMR 2002, 18 (21).

447 A.A. scheinbar *Lüft*, in: Wandtke/Bullinger Urheberrecht, 5. Aufl. 2019 (Vor §§ 44a ff. UrhG Rn. 1). Wobei dieser einen solchen Grundsatz in dem Fall nicht sehen will, in dem es zu einer Kollision zwischen Urheberrecht und in den Schranken kodifizierten Grundrechten kommt. *Schack*, Urheber- und Urhebervertragsrecht, 9. Auflage 2019, Rn. 95; *Grzeszick*, Geistiges Eigentum und Art. 14 GG, ZUM 2007, 344. Im Übrigen wie hier vertreten durch: *Stieper*, in: Schricker/Loewenheim, 6. Aufl. 2020 (Vor. §§ 44a ff. UrhG Rn. 37); *Dreier*, in: Dreier/Schulze Urheberrechtsgesetz, 7. Aufl. 2022 (Vor. §§ 44a ff. UrhG Rn. 7 ff.).

448 Immer wieder sind allerdings – zu Recht – mahnende Stimmen aufgekommen, die viele Schranken im Lichte von Lobbyverbänden kritisch betrachten, vgl. nur *Schack*, in: Geistiges Eigentum: Schutzrecht oder Ausbeutungstitel? Zustand und Entwicklungen im Zeitalter von Digitalisierung und Globalisierung, 2008 123 (135).

449 *Peukert*, in: Interessenausgleich im Urheberrecht, 2004 11 (42).

zu den „*schutzwürdige[n] Belange[n] der Allgemeinheit*“[450]. Dass im deutschen UrhG nun auf der einen Seite generell formulierte Rechte – das Urheberrecht und die Leistungsschutzrechte – einem enumerativen Katalog von Schranken gegenüberstehen, bringt die gesetzgeberische Wertung zum Ausdruck, dass das Ausschließlichkeitsrecht „*Urheberrecht*“ gewissen Schranken unterworfen ist.[452] Wie dargelegt, wäre es aber ein Zirkelschluss, zu argumentieren, dass diese Gesetzgebungstechnik zu einem Grundsatz der engen Schrankenauslegung führte. Genauso wenig wie „*in dubio pro libertate*“ ist diese Gesetzgebung ein Auslegungsargument. Die gesetzgeberische Entscheidung zur umfassenden Regelung des Urheberrechts kommt frühestens, dann aber zwingend, am Ende einer Prüfung, einer Interessenabwägung, welche auf ein Patt hinausläuft, zum Tragen. Denn genauso unbestritten wie der Schutz des Urheberrechts als privates Recht existiert daneben ein staatlicher Auftrag zum Schutz des öffentlichen Interesses.

Das Urheberrecht ist dann bei der Anwendung kein beliebiger Abwägungsbelang im Rahmen einer allgemeinen Interessenabwägung.[453] Selbstverständlich muss Beachtung finden, dass das Urheberrechtsgesetz ein Gesetz zum Schutz der Urheber ist.[454] Anders als etwa im Presserecht, in dem auch eine Abwägung zwischen verschiedenen ebenfalls grundrechtlich geschützten Belangen – der Pressefreiheit auf der einen und in der Regel dem allgemeinen Persönlichkeitsrecht auf der anderen Seite – vorzunehmen ist, liegt die rechtliche Bewertung anders, sobald die veröffentlichten Quellen selbst urheberrechtlich geschützt sind.[455] Dann kann es möglich sein eine aus presserechtlichen Erwägungen

450 Regierungsentwurf von 1962 – Bundestagsdrucksache IV/270, S. 30.

451 *Dreier*, in: Dreier/Schulze Urheberrechtsgesetz, 7. Aufl. 2022 (Vor. §§ 44a ff. UrhG Rn. 1).

452 A.A. *Ohly*, in: Geistiges Eigentum und Gemeinfreiheit, 2007 1 (16).

453 *Di Fabio*, Urheberrecht und Kunstfreiheit unter digitalen Verwertungsbedingungen, 1. Auflage 2018, 25.

454 A.A.: *Geiger*, in: Interessenausgleich im Urheberrecht, 1. Aufl. 2004 143 (148, 149). *Geiger* meint, dass der Interessenausgleich nicht in einem Hierarchieverhältnis statt fände, da schließlich alle miteinander in Ausgleich zu bringende Interessen grundrechtlich anerkannt seien. Nach hier vertretener Auffassung mag dies auf verfassungsrechtlicher Ebene der Fall sein. Durch das UrhG hat aber der Gesetzgeber eine – verfassungsgemäße – Gewichtung auf einfachgesetzlicher Ebene vorgenommen.

455 *Nieland*, Urheberrecht vs. Pressefreiheit – Zur Lösung von Interessenkonflikten nach der „Ashby Donald“-Entscheidung des EGMR, K&R 2013, 285.

zulässige Erscheinung mit Urheberrecht zu unterbinden.[456] Der entscheidende Unterschied liegt nicht nur in der nach hier vertretener Auffassung vorzugswürdigen Bewertung einer Schranke als im Rahmen des Tatbestandes zu berücksichtigender Freiheit. Darüber hinaus sind im Urheberrecht eben nur die in den Schranken explizit berücksichtigten Interessen von Bedeutung und nicht wie im Presserecht im Grundsatz zunächst einmal jeder das öffentliche Interesse betreffende Belang.

Für die Auslegung einer jeden urheberrechtlichen Gesetzesbestimmung ist der aus der individualistischen Rechtstradition stammende Gedanke maßgebend, dass die Herrschaft des Urhebers über seine eigene geistige Schöpfung die Folge seines geistigen Eigentums und seines Urheberpersönlichkeitsrechts ist.[457] Das Urheberrecht ist konzipiert auf die natürliche Person als Privatrechtssubjekt. Dabei ist der Zuweisungs- und Verfügungsgehalt mit Ausschlussrecht des Urhebers über sein Werk der Ausgangspunkt, das Fundament einer jeden Betrachtung. Dieses ist nur soweit es das Gesetz bestimmt mit Allgemeininteressen in Ausgleich zu bringen. Das vermeintliche Dilemma besteht darin, dass Rechtssicherheit durch eine enumerative Aufzählung von Schranken des Urheberrechts gewährleistet werden soll. Viel ist aber bereits gewonnen, wenn die Schranken des Urheberrechts nicht als eine Sonderregelung verstanden werden, aus der eine zwingend enge Auslegung folgt.[458]

---

456 Zur Entscheidung des EGMR, wonach Urheberrecht als Eingriff in die Meinungsfreiheit sich an Artikel 10 Abs. 2 EMRK zu messen habe: EGMR, Urteil vom 10.01.2013, 36769/08; GRUR 2013, 859.

457 *Nordemann*, in: Fromm/Nordemann Urheberrecht, 12. Aufl. 2018 (§ 1 UrhG Rn. 3). So schon: BGH, Urteil vom 18.05.1955, I ZR 8/54; GRUR 1955, 492.

458 *Dreier*, Der Schrankenkatalog: Adäquate Zugangsregeln für die Wissensgesellschaft? Vortrag auf dem III. ZUM-Symposion „EU-Urheberrechtsreform – Ergebnisse und Analysen“ des Instituts für Urheber- und Medienrecht am 1.2.2019 in München, ZUM 2019, 384; *Dreier/Leistner*, Urheberrecht im Internet: die Forschungsherausforderungen, GRUR-Beilage 2014, 13 (16).

C. Öffentliches Informationsinteresse im UrhG

Im Folgenden soll nun der Blick auf die Berücksichtigung schutzwürdiger Belange der Allgemeinheit unter dem Aspekt der Kommunikationsgrundrechte im UrhG gelenkt werden. Es wird anhand normativer Grundlagen im UrhG erörtert, inwiefern das UrhG auch der Förderung der geistigen Auseinandersetzung mit Blick auf das öffentliche Informationsinteresse dient. Auch wenn das Urheberrecht zunächst ein Ausschließlichkeitsrecht hinsichtlich des Werks darstellt, ist zunächst zu fragen, ob auch dieses selbst Anhaltspunkte zur Förderung einer geistigen Auseinandersetzung beinhaltet, welches auch im öffentlichen Informationsinteresse stehen könnte. Sodann wird untersucht, inwiefern die Schranken Anhaltspunkte zur Förderung geistiger Auseinandersetzung im öffentlichen Informationsinteresse beinhalten.

Die Untersuchung in diesem Kapitel steht unter der Annahme, dass die normative Verankerung einer geistigen Auseinandersetzung der Förderung des öffentlichen Informationsinteresses dient. Denn geistige Auseinandersetzung – ein freier Austausch von mindestens zwei Personen über etwa politische, religiöse, kulturelle oder unterhaltende Themen – ist die Basis eines freien und offenen Meinungs- und Willensbildungsprozesses, in dem sich das öffentliche Informationsinteresse erst entwickelt.

I. Grundsätzliche Einordnung

In der Literatur wird vertreten, dass geistige Auseinandersetzung auch durch das deutsche UrhG gefördert wird.[459] Es ist jedoch zu erkennen, dass für die Identifizierung der geistigen Auseinandersetzung im deutschen UrhG nicht pauschal auf Argumente einer kollektivistisch geprägten Urheberrecht-Rechtswissenschaft, etwa aus den USA, zurückgegriffen werden kann.[460] Maßstab für das UrhG ist

---

459 *Schack*, Urheber- und Urhebervertragsrecht, 9. Auflage 2019, 540; *Nieland*, Urheberrecht vs. Pressefreiheit – Zur Lösung von Interessenkonflikten nach der „Ashby Donald“-Entscheidung des EGMR, K&R 2013, 285 (286).

460 So scheint es aber *Geiger* zu machen, wenn er unter Berufung auf die berühmte Urheberrechtsklausel der US-amerikanischen Verfassung schlussfolgert: *„Daraus folgt: Wenn die Belange der Allgemeinheit (z.B. neue Ideen, reiches Kulturleben, …) als Rechtfertigung für die Existenz des Urheberrechts anerkannt werden, so muss das Recht*

das Grundgesetz und – soweit EU-Recht implementiert wurde – die EU-GRCh, nicht aber die US-Verfassung und ihr Artikel 1 § 8 Section 8[461].

Die Suche nach einem normativen Anknüpfungspunkt für eine geistige Auseinandersetzung beim Ausschließlichkeitsrecht ist nicht systemwidrig. Es könnte nämlich entgegnet werden, dass das UrhG nicht den Inhalt eines Werkes, sondern lediglich die Form schützt. Kann eine Form überhaupt eine Meinung im Sinne des geistigen Austauschs und damit im Sinne der Kommunikationsgrundrechte beinhalten? Nur die konkrete Ausgestaltung ist urheberrechtlich schutzfähig; nicht jedoch die zugrunde liegende Meinung, die gegebenenfalls lediglich eine Idee ist. Die Entgegnung würde aber verkennen, dass die Frage, wo der schutzlose Inhalt in die konkrete und schutzfähige Form fließt, nicht deutlich getrennt werden kann. Es gibt keine konkret benennbare Grenze. Gemessen an der Genauigkeit einer Formulierung können zum Beispiel auch Ideen im fließenden Übergang schutzfähig werden, etwa anhand der Auswahl, der Anordnung und der Kombination.[462] Insofern ist die Frage danach, ob eine urheberrechtlich schutzfähige Form auch eine Meinung im Sinne des geistigen Austauschs beinhalten kann, unbedingt zu bejahen.

II. Ausschließlichkeitsrecht – ein Instrument geistiger Auseinandersetzung

Fraglich ist, ob das Ausschließlichkeitsrecht des Urhebers auch Anhaltspunkte zur Förderung einer geistigen Auseinandersetzung beinhaltet, welche auch im öffentlichen Informationsinteresse stehen können. Jedenfalls die Erwägungen zum UrhG von 1965 lassen auf den ersten Blick nicht erkennen, dass das UrhG einen Austausch über politische oder andere zeitgeschichtliche oder historische Werke explizit fördern soll.[463] Dort ging es zuvörderst um den Schutz des Ausschließlichkeitsrechts – unter anderem also die Kodifizierung des Rechts ein geistiges Gut von der geistigen Auseinandersetzung auszuschließen.

Der Gesetzgeber zum UrhG hat aber – wenn wohl auch noch nicht ausdrücklich bei Inkrafttreten des Gesetzes 1965 – einen konkreten Zusammenhang

---

so ausgestaltet werden, dass es der Gesellschaft zugute kommt." *Geiger*, in: Interessenausgleich im Urheberrecht, 1. Aufl. 2004 143 (145).

461 Article 1 Section 8 Clause 1, 8: "*The Congress shall have Power* […] *To promote the Progress of Science and useful Arts, by securing for limited Times to Authors and Inventors the exclusive Right to their respective Writings and Discoveries;* […]".

462 *Dreier*, in: Dreier/Schulze Urheberrechtsgesetz, 7. Aufl. 2022 (§ 2 UrhG Rn. 43).

463 Regierungsentwurf von 1962 – Bundestags-Drucksache IV/270.

zwischen dem Urheberrecht und dem Meinungsbildungsprozess, und damit auch die dem öffentlichen Informationsinteresse dienende geistige Auseinandersetzung gesehen. Er hat dies in seine Erwägungen, die letztlich zum Urhebervertragsrecht führten, mit einfließen lassen: Dieses sollte *„die Rechtsstellung der Urheber stärken."* Denn das *„kreative Schaffen der Urheber ist unverzichtbar für die Kultur in unserem Land und für seine kulturelle Identität. Künstler und andere Kulturschaffende tragen darüber hinaus mit ihrer Arbeit [...] in vielfältiger Weise zur demokratischen Meinungsbildung bei [...]."*[464] Auch die Allgemeinheit hat ein Interesse daran, dem Urheber gewisse Rechte einzuräumen. Will man als Gesellschaft später in den Genuss von urheberrechtlichen Werken kommen, müssen dem Urheber gewisse Sicherheiten eingeräumt werden. Denn der Urheber wird sein Werk der Öffentlichkeit im Zweifel nur preisgeben, wenn er sicher gehen kann, dass er nicht nach Veröffentlichung einem beliebigen Kopieren durch Dritte schutzlos ausgeliefert ist. Unter diesem Gesichtspunkt ist die Gewährung eines Ausschließlichkeitsrechts von großer Bedeutung zur Absicherung des Urhebers.

Der Anreizgedanke ist dem – obgleich stark individualistisch geprägten – UrhG auch normativ nicht fremd. Der Anreiz zum Werkschaffen wird im deutschen UrhG beispielsweise durch § 15 UrhG gesetzt: Hier wird dem Urheber das ausschließliche Recht zur Nutzung und Verwertung seines Werks zugesprochen und entsprechend auch die Grundlage für Lizenzeinnahmen und damit zur wirtschaftlichen Unabhängigkeit gesetzt.[465] Man könnte sogar argumentieren, dass die nach § 15 Absatz 2 und 3 UrhG geregelte Verbreitung in der Öffentlichkeit durch das aus dem Ausschließlichkeitsrecht folgende wirtschaftliche Auswertungsrecht dem Urheber „*schmackhaft*" gemacht würde.[466] Andersherum wird dem Urheber aber ein Rückrufsrecht wegen gewandelter Überzeugung eingeräumt (§ 42 UrhG). Hiermit soll der Urheber die Veröffentlichung des Werkes verhindern oder jedenfalls unterbinden können, wenn es nicht mehr seiner Überzeugung entspricht und ihm die Verwertung nicht zumutbar ist. Häufig liegen dem Überzeugungswandel neue wissenschaftliche Erkenntnisse und/oder politische und kulturelle Entwicklungen zugrunde.[467] Die in der öffentlichen Kommunikation einfließenden Beiträge sind daher nach der Vorstellung des Urheberrechtsgesetzgebers eng an die jeweilige Auffassung des

464 Gesetzentwurf von 2001 – Bundestags-Drucksache 14/6433, S. 7.
465 *Schulze*, in: Dreier/Schulze Urheberrechtsgesetz, 7. Aufl. 2022 (§ 15 UrhG Rn. 3 ff.).
466 So wörtlich *Marl*, Der Begriff der Öffentlichkeit im Urheberrecht, 2017, 149.
467 *Schulze*, in: Dreier/Schulze Urheberrechtsgesetz, 7. Aufl. 2022 (§ 42 UrhG Rn. 1).

Urhebers gebunden – ihm bleibt die Möglichkeit den Beitrag zurückzurufen. Diese Regelung könnte sogar zu einer Ermutigung des Urhebers zur Veröffentlichung führen, weil ihm eine Hintertür offen gehalten wird.[468] Die Möglichkeit seine Meinung einerseits kundzutun, andererseits aber gegebenenfalls auf Basis von anderen Einflüssen auch wieder zu ändern, ist Wesensmerkmal eines freien Meinungs- und Willensbildungsprozesses. § 42 UrhG ist daher ein weiterer normativer Anknüpfungspunkt im UrhG, wonach dieses eine geistige Auseinandersetzung fördert.

III. Schranken – ein Instrument geistiger Auseinandersetzung

Es ist zu untersuchen, inwiefern die Schranken Anhaltspunkte zur Förderung geistiger Auseinandersetzung im öffentlichen Informationsinteresse beinhalten. Es existieren ganz konkrete Bestimmungen im UrhG, die dem Zweck geistiger Auseinandersetzung zugeschrieben werden[469] und im begrenzten Rahmen dem öffentlichen Informations- und Austauschinteresse Rechnung tragen.[470] Hierzu zählen insbesondere die Freiheit der Information und Berichterstattung (§§ 48, 49, 50, 55 UrhG) sowie die Zitatfreiheit (§ 51 UrhG).[471] (Grundsätzlich lediglich) veröffentlichte Werke können Objekt öffentlicher Auseinandersetzung und damit auch öffentlicher Kritik sein – wer Sorge vor öffentlicher Kritik und Auseinandersetzung hat, sollte sein Werk nicht veröffentlichen.[472]

---

468 *Marl*, Der Begriff der Öffentlichkeit im Urheberrecht, 2017, 150.

469 Vgl. zu der Einteilung *Schack*, Urheber- und Urhebervertragsrecht, 9. Auflage 2019, Rn. 533, 540.

470 *Löffler*, Das Grundrecht auf Informationsfreiheit als Schranke des Urheberrechts, NJW 1980, 201.

471 Daneben sind die Freiheit der Vervielfältigung zum eigenen Gebrauch (§ 53 UrhG), die Privilegierungen für die wissenschaftliche Forschung und den (Schul)Unterricht in § 53 Abs. 2 Nr. 1 und 3 UrhG enthalten. Die Freiheit zur öffentlichen Zugänglichmachung von Werken für Unterricht und Forschung findet sich in § 52 a UrhG, für Museen und Archive in § 52 b UrhG, für Kopienversand in § 53 a UrhG. Eine ausschließlich technisch bedingte Schranke findet sich in § 44 a UrhG.

472 *Schack*, Urheber- und Urhebervertragsrecht, 9. Auflage 2019, Rn. 540. Zu der Konstellation in Dienstverhältnissen und der Rechtsprechung des BGH zu § 50 UrhG in der Afghanistan Papiere II Entscheidung: E.III.2.c).

1. § 48 UrhG – öffentliche Reden

Um die „*schnelle Unterrichtung der Allgemeinheit zu erleichtern*“[473] schränkt § 48 UrhG das Vervielfältigungs- (§ 16 UrhG), das Verbreitungs- (§ 17 UrhG) und das Recht der öffentlichen Wiedergabe (§§ 15 Absatz 2, 19 ff. UrhG) an bestimmten öffentlich gehaltenen Reden ein.[474] Dabei geht § 48 UrhG über das Zitatrecht aus § 51 UrhG hinaus: zustimmungs- und vergütungsfrei dürfen die Reden wiedergegeben werden.[475] Dass der Inhalt solcher Reden dagegen frei ist, ergibt sich aus dem originär erwachsenen urheberrechtlichen Schutz, welche lediglich die konkrete Form eines Werks umfasst.[476] Um den Interessenausgleich angemessen zu gestalten, sind lediglich die gehaltenen Reden auf in § 48 UrhG aufgeführten öffentlichen Anlässen frei für die Wiedergabe.[477] EU-rechtlich findet sich die Regelung des § 48 UrhG im Schrankenkatalog der InfoSoc-Richtlinie, Artikel 5 Absatz 3 lit. f. wieder.[478]

Hintergrund der Vorschrift ist, dass die Allgemeinheit über an sie adressierte Reden über das öffentliche Leben informiert werden können soll, etwa durch Nachdruck in einem Print- oder Wiedergabe in einem Onlinemedium.[479] Die Schranke soll die Wirkung einer öffentlichen Rede erweitern.[480] Die Norm ist Ausfluss der Kommunikationsgrundrechte – insbesondere der Informationsfreiheit[481] –, welche (auch) den (herrschafts-) freien und öffentlichen Meinungs- und Willensbildungsprozess gewährleisten sollen und daher konstitutiv für den öffentlichen Kommunikationsprozess sind.[482] Gerade wegen des Stellenwerts des freien Kommunikationsprozesses stellt es eine verfassungsgemäße Begrenzung des Urheberrechts dar, die Nutzung unter den einschränkenden Voraussetzungen vergütungsfrei zu gestatten.[483]

---

473 Regierungsentwurf von 196 – Bundestags-Drucksache IV/270, S. 65.

474 *Dreier*, in: Dreier/Schulze Urheberrechtsgesetz, 7. Aufl. 2022 (§ 48 UrhG Rn. 1).

475 Paraphrasierungen und Bearbeitungen von Reden sind im Gegensatz zur von § 48 UrhG erlaubten Wiedergabe wegen des Änderungsverbotes gemäß § 62 UrhG nicht gestattet.

476 *Dreier*, in: Dreier/Schulze Urheberrechtsgesetz, 7. Aufl. 2022 (§ 48 Rn. 1).

477 *Engels*, in: BeckOK Urheberrecht, 34. Aufl. 2022 (§ 48 UrhG Rn. 1).

478 *Dustmann*, in: Fromm/Nordemann Urheberrecht, 12. Aufl. 2018 (§ 48 UrhG Rn. 4).

479 *Engels*, in: BeckOK Urheberrecht, 34. Aufl. 2022 (§ 48 UrhG Rn. 1).

480 *Schack*, Urheber- und Urhebervertragsrecht, 9. Auflage 2019, Rn. 541.

481 *Melichar/Stieper*, in: Schricker/Loewenheim, 6. Aufl. 2020 (§ 48 UrhG Rn. 1).

482 *Dustmann*, in: Fromm/Nordemann Urheberrecht, 12. Aufl. 2018 (§ 48 UrhG Rn. 1 ff.).

483 *Engels*, in: BeckOK Urheberrecht, 34. Aufl. 2022 (§ 48 Rn. 1).

§ 48 UrhG dient der „*geistigen Auseinandersetzung*" der Gesellschaft, denn sie dient der Mitteilung an die Allgemeinheit, welche so die Möglichkeit bekommt, sich im Falle von § 48 Absatz 1 Nr. 1 UrhG mit einem „*tagesgebundene[n]*"[484] Thema zu beschäftigen. Damit ist ein Austausch von mindestens zwei Personen über etwa politische, religiöse, kulturelle oder unterhaltende Themen gemeint. Thematisch meint „*tagesgebunden*" ein Geschehen zum Zeitpunkt der Rede, welches im öffentlichen Interesse steht (etwa politisch, auch wirtschaftlich, gesellschaftlich, kulturell und sonstige öffentliche Interessen). Nicht nötig ist, dass das Geschehen durch ein bestimmtes Ereignis (erst) in das öffentliche Interesse gerückt ist.[485] Auf die „*Tagesgebundenheit*" kommt es bei Reden, die bei öffentlichen Verhandlungen vor staatlichen, kommunalen oder kirchlichen Organen gehalten worden sind (§ 48 Absatz 1 Nr. 2 UrhG), wegen eines berechtigten allgemeinen Informationsinteresses des Bürgers nicht gesondert an.[486] Dem liegt der Gedanke von der Kontrollierbarkeit staatlichen Handelns, letztlich also der Gedanke vom Rechtstaat zugrunde. Hier soll die Gelegenheit der Berichterstattung zeitlich ungebunden möglich sein.

2. § 49 UrhG – Zeitungsartikel und Rundfunkkommentare

§ 49 UrhG dient der „*schnellen Unterrichtung der Öffentlichkeit*".[487] Artikel und Abbildungen über wirtschaftliche, politische oder religiöse Tagesfragen können durch die Presse nachgedruckt werden, wenn ihr Abdruck nicht ausdrücklich vorbehalten ist. § 49 UrhG entspricht Artikel 5 Absatz 3 lit. c) InfoSoc-Richtlinie.[488] Der Inhalt der Tagesneuigkeit ist selbstverständlich frei, was auch § 49 Absatz 2 UrhG zur Vermeidung von Fehldeutungen ausdrücklich klarstellt. Der Gesetzgeber zum UrhG von 1965 erwog, dass es „*für die Meinungsbildung der Öffentlichkeit über die bezeichneten Tagesfragen […] von erheblicher Bedeutung [ist], daß andere Blätter bereits erschienene Artikel, soweit sie solche Tagesfragen betreffen, aufgreifen können, um die darin vertretene Stellungnahme zu erörtern, sie zu unterstützen oder zu bekämpfen. Eine solche Weiterverbreitung der genannten Artikel liegt auch regelmäßig im Interesse der Zeitung selbst. Wünscht*

484 Regierungsentwurf von 1962 – Bundestags-Drucksache IV/270, S. 65.

485 *Engels*, in: BeckOK Urheberrecht, 34. Aufl. 2022 (§ 48 UrhG Rn. 7).

486 § 169 Absatz 1 Satz 2 GVG schränkt Berichterstattung in mündlichen Verhandlungen und Urteilsverkündungen allerdings wieder ein.

487 Regierungsentwurf von 1962 – Bundestags-Drucksache IV/270, S. 66.

488 Siehe hierzu: *Lüft*, in: Wandtke/Bullinger Urheberrecht, 5. Aufl. 2019 (§ 49 UrhG Rn. 1 ff.).

sie gleichwohl den Abdruck nicht, so kann sie ihn durch einen Vorbehalt untersagen.“[489] Diese Übernahme ist grundsätzlich zustimmungs-, aber nicht vergütungsfrei (§ 49 Absatz 1 Satz 2 Halbsatz 1 UrhG), womit der Angemessenheit des Interessenausgleichs zwischen Urheber und Nutzer Rechnung getragen werden soll.

Hintergrund der Vorschrift sind ebenso die Kommunikationsgrundrechte, welche (auch) den (herrschafts-)freien und öffentlichen Meinungs- und Willensbildungsprozess gewährleisten sollen und daher konstitutiv für den öffentlichen Kommunikationsprozess sind.[490] Denn dieser Kommunikationsprozess setzt voraus, dass jeder Einzelne möglichst zügig und ungestört von möglichst zahlreichen Informationen Kenntnis nehmen kann. Die Förderung aktueller gesellschaftlich relevanter Fragen ist somit der Kerngedanke hinter der Pressespiegelfreiheit.[491] Der in einer Demokratie konstitutive Kommunikationsprozess wäre erheblich gestört, wenn die Kenntnisnahme an die ursprüngliche Veröffentlichungsstelle gebunden wäre.[492] Da § 49 UrhG jedem Dritten die Auseinandersetzung mit Artikeln, Abbildungen und Kommentaren ermöglicht, ist die Vorschrift nicht als eine Sonderregelung für Zeitungs- und Zeitschriftenverlage und Rundfunksender zu bewerten.[493]

§ 49 UrhG dient der geistigen Auseinandersetzung der Bevölkerung, denn die Norm dient der Verbreitung und damit einem Austausch von mindestens zwei Personen über etwa politische, religiöse, kulturelle oder unterhaltende Themen. Die Vorschrift fördert so den Kommunikations- und Meinungsbildungsprozess.

3. § 50 UrhG – Berichterstattung über Tagesereignisse

Bild- und Tonberichterstattung über Tagesereignisse sind nach § 50 UrhG in einem durch den Zweck gebotenen Umfang hinsichtlich Vervielfältigung (§ 16 UrhG), Verbreitung (§ 17 UrhG) und öffentlicher Wiedergabe (§§ 15 Absatz 2, 19 ff. UrhG) eines Werkes, welches im Verlauf dieser Ereignisse wahrnehmbar wird, frei. Diese Schranke dient dem öffentlichen Informationsinteresse der Allgemeinheit, die über aktuelle Tagesereignisse unterrichtet werden

---

489 Regierungsentwurf von 1962 – Bundestags-Drucksache IV/270, S. 66.

490 *Melichar/Stieper*, in: Schricker/Loewenheim, 6. Aufl. 2020 (§ 49 UrhG Rn. 1).

491 *Schack*, Urheber- und Urhebervertragsrecht, 9. Auflage 2019, 542.

492 *Engels*, in: BeckOK Urheberrecht, 34. Aufl. 2022 (§ 49 UrhG Rn. 1).

493 *Engels*, in: BeckOK Urheberrecht, 34. Aufl. 2022 (§ 49 UrhG Rn. 1). A.A. *Elster*, Der Schutz des Geisteswerkes als Ausgleich zwischen Urheber und Allgemeinheit, UFITA 1931, 215 (247).

können soll. Innerhalb von § 50 UrhG ist die Berichterstattung verfassungsgemäß[494] zustimmungs- und vergütungsfrei. Der Hintergrund ist, dass die Berichterstattung nicht die eigentliche Verwertung des Werkes *„bildet [...]. Die Einnahmen beruhen daher in der Regel nicht auf der Wiedergabe des Werkes"*.[495] Auf europäischer Ebene deckt *Artikel5* Absatz 3 lit. c InfoSoc-Richtlinie die Norm.[496]

§ 50 UrhG hat die folgenden Merkmale: Die Berichterstattung über das Tagesereignis, ein wahrnehmbares Werk und das Erfordernis, dass die Wiedergabe des Werks nicht den vom Zweck der Berichterstattung gebotenen Umfang überschreitet. Liegen diese Voraussetzungen vor, so ist Vervielfältigung, Verbreitung und öffentliche Wiedergabe von Werken, die im Verlauf dieser Ereignisse wahrnehmbar werden, in einem dem Zweck gebotenen Umfang freigestellt. Vom Wortlaut umfasst eine Berichterstattung zunächst die wirklichkeitsgetreue, sachliche Schilderung einer tatsächlichen Begebenheit, also keine eigenen Ansichten etwa in Form eines Kommentars.[497] Die tatsächliche Begebenheit ist das Tagesereignis. Diese Definition deckt sich mit der des EuGH, der unter einer Berichterstattung die Bereitstellung von Informationen über ein Tagesereignis definiert.[498] Das Tagesereignis umfasst wiederum zwei Komponenten: ein öffentliches Interesse und Aktualität.[499] Das geforderte öffentliche Interesse wird im Licht der hinter § 50 UrhG stehenden Kommunikationsgrundrechte, allen voran der Pressefreiheit, so ausgelegt, dass es nicht nur Begebenheiten aus Gesellschaft, Politik und Wirtschaft umfasst, sondern gleichfalls solche aus Sport, Kunst und Kultur.[500] Demgegenüber wird das Erfordernis der Aktualität im

---

494 BGH, Urteil vom 01.07.1982, I ZR 118/80; GRUR 1983, 25 (27); BGH, 01.07.1982, I ZR 119/80; GRUR 1983, 28 (30).

495 Regierungsentwurf von 1962 – Bundestags-Drucksache IV/270, S. 67. Siehe hierzu auch: *Dreier*, in: Dreier/Schulze Urheberrechtsgesetz, 7. Aufl. 2022 (§ 50 UrhG Rn. 1).

496 *Dreier*, in: Dreier/Schulze Urheberrechtsgesetz, 7. Aufl. 2022 (§ 50 UrhG Rn. 2a).

497 *Nordemann-Schiffel*, in: Fromm/Nordemann Urheberrecht, 12. Aufl. 2018 (§ 50 UrhG Rn. 3); *Lüft*, in: Wandtke/Bullinger Urheberrecht, 5. Aufl. 2019 (§ 50 UrhG Rn. 2); *Engels*, in: BeckOK Urheberrecht, 34. Aufl. 2022 (§ 50 UrhG Rn. 6); *Vogel*, in: Schricker/Loewenheim, 6. Aufl. 2020 (§ 50 UrhG Rn. 13). Alle Vorstehenden unter Hinweis auf: *Roeber*, Die Stellung der Filmberichterstattung im Urheberrecht, UFITA 1936, 336 (337).

498 EuGH, Urteil vom 29.07.2019, C-516/17; GRUR 2019, 940 (944, 945 Rn. 66).

499 *Vogel*, in: Schricker/Loewenheim, 6. Aufl. 2020 (§ 50 UrhG Rn. 16 ff.).

500 *Vogel*, in: Schricker/Loewenheim, 6. Aufl. 2020 (§ 50 UrhG Rn. 70); BGH, Urteil vom 11.07.2002, I ZR 285/99; GRUR 2002, 1050 (1051).

Licht des ebenso verfassungsrechtlich geschützten Urheberrechts so ausgelegt, dass es maßgeblich darauf ankommen soll, ob das Publikum die Berichterstattung noch als Gegenwartsberichterstattung wahrnimmt.[501] Es kommt insofern darauf an, inwiefern das Publikum ein Interesse an zeitnaher Berichterstattung hat.[502] Nur die Wiedergabe der im Verlauf des Tagesereignisses wahrnehmbaren Werke ist gestattet. Das bedeutet, dass das Werk, welches wiedergegeben werden darf, nicht selbst das Tagesereignis sein kann.[503] „*Wahrnehmbar werden*“ bedeutet dabei ein hör- oder/und sichtbar werden.[504] Generalanwalt Szpunar vertrat vor dem EuGH die Ansicht, dass Schriftwerke nicht von der Tagesberichterstattungsschranke gemäß Artikel 5 Absatz 3 lit. c InfoSoc-Richtlinie erfasst sein könnten, da sich die der Vorschrift zugrunde liegende Bestimmung der RBÜ nur auf akustisch oder visuell wahrnehmbare Werke beziehe.[505] Während der deutschen Rechtswissenschaft – soweit ersichtlich – eine solche Differenzierung ohnehin fremd ist[506], ist der EuGH dieser Auslegung nicht gefolgt.[507] Daher wird hier die Auffassung vertreten, dass auch Schriftwerke als „*Werke*“ im Sinn von § 50 UrhG erfasst werden. Schließlich darf die Nutzung der Werke lediglich in einem durch den Zweck der Berichterstattung gebotenen Umfang geschehen. Der zulässige Umfang ist in jedem einzelnen Fall gesondert festzustellen.[508] Die früher vom BGH über den Wortlaut des § 50 UrhG hinausgehende Forderung, dass in jedem konkreten Einzelfall eine Prüfung darüber einzuholen sei, ob die Einholung einer Zustimmung des Urhebers möglich und zumutbar ist[509], wurde

---

501 BGH, Urteil vom 20.12.2007, I ZR 42/05; GRUR 2008, 693 (696); BGH, Urteil vom 11.07.2002, I ZR 285/99; GRUR 2002, 1050 (1051); *Vogel*, in: Urheberrecht, 6. Aufl. 2020 (§ 50 UrhG Rn. 20).

502 *Lüft*, in: Wandtke/Bullinger Urheberrecht, 5. Aufl. 2019 (§ 50 UrhG Rn. 4); *Nordemann-Schiffel*, in: Fromm/Nordemann Urheberrecht, 12. Aufl. 2018 (§ 50 UrhG Rn. 3).

503 BGH, Urteil vom 17.12.2015, I ZR 69/14; ZUM-RD 2016, 214 (216 f. Rn. 19); *Lüft*, in: Wandtke/Bullinger Urheberrecht, 5. Aufl. 2019 (§ 50 UrhG Rn. 5); *Dreier*, in: Dreier/Schulze Urheberrechtsgesetz, 7. Aufl. 2022 (§ 50 UrhG Rn. 7).

504 *Lüft*, in: Wandtke/Bullinger Urheberrecht, 5. Aufl. 2019 (§ 50 UrhG Rn. 5).

505 Generalanwalt beim EuGH, Schlussantrag vom 10.01.2019, EUGH Aktenzeichen C-516/17; BeckRS 2019, 19 (Rn. 33).

506 *Lüft*, in: Wandtke/Bullinger Urheberrecht, 5. Aufl. 2019 (§ 50 UrhG Rn. 5); *Engels*, in: BeckOK Urheberrecht, 34. Aufl. 2022 (§ 50 UrhG Rn. 10).

507 EuGH, Urteil vom 29.07.2019, C-516/17; GRUR 2019, 940 (944, Rn. 64).

508 *Nordemann-Schiffel*, in: Fromm/Nordemann Urheberrecht, 12. Aufl. 2018 (§ 50 UrhG Rn. 3).

509 *Dustmann*, in: Fromm/Nordemann Urheberrecht, 12. Aufl. 2018 (§ 12 UrhG Rn. 12); *Engels*, in: BeckOK Urheberrecht, 34. Aufl. 2022 (§ 50 UrhG Rn. 6a); BGH, Beschluss vom 27.07.2017, I ZR 228/15; GRUR 2017, 1027 (1032 Rn. 41 ff.).

vom EuGH als nicht mit dem Wortlaut sowie dem Sinn und Zweck der zugrundeliegenden Vorschrift der InfoSoc-Richtlinie zu vereinbaren verworfen[510] und ist damit nicht länger eine Voraussetzung.[511]

Hintergrund der Vorschrift ist die Unterstützung des gesellschaftlichen Kommunikationsvorgangs.[512] Damit ist auch § 50 UrhG als Ausfluss der Kommunikationsgrundrechte, namentlich insbesondere der Informationsfreiheit, zu bewerten. Die Vorschrift dient dem (herr-schafts) freien Meinungs- und Willensbildungsprozess.

§ 50 UrhG ist der geistigen Auseinandersetzung der Bevölkerung zu dienen bestimmt, denn die Vorschrift normiert, dass ein gesteigertes öffentliches Interesses an der öffentlichen Zugänglichmachung eines geschützten Werks existieren kann.[513]

4. § 51 UrhG – Zitatfreiheit

§ 51 UrhG stellt das Zitieren aus fremden geschützten Werken zustimmungs- und vergütungsfrei, sofern die Nutzung in ihrem Umfang durch den besonderen Zweck gerechtfertigt ist und wobei Film- und Multimediawerke ebenso wie gängige Printmedien erfasst sind. Die rechtliche Zulässigkeit des Zitats nach § 51 UrhG hängt also an der Form, der Intention und dem Umfang der Nutzung[514], ist aber immer auf die Untermauerung der eigenen Ausführungen beziehungsweise die Auseinandersetzung mit Gedanken anderer begrenzt.[515] Die urheberrechtliche Zitatfreiheit gemäß § 51 UrhG beruht auf Artikel 5 Absatz 3 lit. d InfoSoc-Richtlinie.[516]

Hintergrund der Vorschrift ist, dass im Allgemeininteresse eine freie geistige Auseinandersetzung ermöglicht werden soll. Die Vorschrift dient also dem Dialog, der Kritik und der kulturellen Entfaltung.[517] Die Auseinandersetzung mit

---

510 EuGH, Urteil vom 29.07.2019, C-516/17; GRUR 2019, 940 (944 Rn. 60 ff.).

511 Dem EuGH Urteil hat sich der BGH angeschlossen: BGH, Urteil vom 30.04.2020, I ZR 139/15; GRUR-RS 2020, 12514 (Rn. 45).

512 *Engels*, in: BeckOK Urheberrecht, 34. Aufl. 2022 (§ 50 UrhG Rn. 1).

513 *Wandtke/Hauck*, Urheberrecht versus Pressefreiheit, NJW 2017, 3422 (3425).

514 *Schulz*, in: BeckOK Urheberrecht, 34. Aufl. 2022 (§ 51 UrhG Rn. 14). Zur umstrittenen Frage, ob das zitierende Werk selbst urheberschutzfähig sein muss, siehe mwN *Schack*, Urheber- und Urhebervertragsrecht, 9. Auflage 2019, Rn. 545 Fn. 97, 98.

515 *Dustmann*, in: Fromm/Nordemann Urheberrecht, 12. Aufl. 2018 (§ 51 UrhG Rn. 1).

516 *Dreier*, in: Dreier/Schulze Urheberrechtsgesetz, 7. Aufl. 2022 (§ 51 UrhG Rn. 1b).

517 *Dreier*, in: Dreier/Schulze Urheberrechtsgesetz, 7. Aufl. 2022 (§ 51 Rn. 1).

Gedanken anderer ist im Interesse des intellektuellen Fortschritts. Denn der Urheber setzt auf kulturellen Leistungen von Vorgängern an. Auf dieser Überlegung aufbauend wird dem Urheber wiederum zugemutet, dass er im Interesse der Allgemeinheit eine verhältnismäßig geringfügige Freiheit seines Ausschließlichkeitsrechts hinzunehmen hat. Dies gilt wiederum aber nur, wenn dies der geistigen Kommunikation dient.[518] Die Vorschrift möchte damit die geistige Auseinandersetzung erleichtern, indem dem Zitierenden selbstständige Ausführungen der Belegstelle oder der Erörterungsgrundlage erspart bleiben und seine selbstständigen Ausführungen also dort ansetzen, wo das Zitat endet. Im Umkehrschluss bedeutet dies aber auch, dass die bloße Intention, ein Werk leichter zugänglich zu machen, die Voraussetzungen von § 51 UrhG nicht erfüllt. Das Zitat ist ein Hilfsmittel zum Verständnis der eigenen Darstellung: *„das zitierende Werk muss die Hauptsache, das Zitat die Nebensache bleiben“*.[519]

Ebenso wie § 50 UrhG ist die Zitatfreiheit im Licht der Kommunikationsgrundrechte auszulegen.[520] Zwar gewährt das UrhG dem Urheber Ausschließlichkeitsrechte, allerdings betreffen diese nicht den gedanklichen Inhalt vom Rechteinhaber.[521] Die intellektuelle Bezugnahme auf das und damit die geistige Auseinandersetzung mit dem Werk ist gerade – wie § 51 UrhG zeigt – gesetzgeberisch gewünscht. Die Zitatfreiheit stellt eine Grundlage geistiger Auseinandersetzung dar.[522] § 51 UrhG schützt daher wichtige Gemeinschaftsinteressen in einer Demokratie.

5. Zwischenergebnis

Es besteht ein normativer Ansatz, wonach Schranken der geistigen Auseinandersetzung dienen.[523] Der *„Förderung der geistigen und kulturellen Werte“* als *„allgemeinen Grundsatz“*[524] wurde damit eine *„rechtliche Normativität“*[525] gegeben.

---

518 MwN OLG München, Urteil vom 14.06.2012, 29 U 1204/12; ZUM-RD 2012, 479 (480).

519 MwN OLG München, Urteil vom 14.06.2012, 29 U 1204/12; ZUM-RD 2012, 479 (480); BGH, Urteil vom 30.06.1994, I ZR 32/92; GRUR 1994, 800 (803).

520 *Dreier*, in: Dreier/Schulze Urheberrechtsgesetz, 7. Aufl. 2022 (§ 51 UrhG Rn. 1).

521 *Schulz*, in: BeckOK Urheberrecht, 34. Aufl. 2022 (§ 51 UrhG Rn. 1).

522 BGH, Urteil vom 22.09.1972, I ZR 6/71; GRUR 1973, 216 (217); *Dustmann*, in: Fromm/Nordemann Urheberrecht, 12. Aufl. 2018 (§ 51 UrhG Rn. 1).

523 So auch: *Nazari-Khanachayi*, Rechtfertigungsnarrative des Urheberrechts im Praxistest, 2016, 65.

524 Regierungsentwurf von 1962 – Bundestags-Drucksache IV/270, S. 63.

525 *Nazari-Khanachayi*, Rechtfertigungsnarrative des Urheberrechts im Praxistest, 2016, 64.

Es wird deutlich, dass zu den Aufgaben des Urheberrechts auch nach dem individualistisch geprägten UrhG der Schutz bestehender Werke mit der Förderung des Austauschs darüber Hand in Hand geht.

Der Zweck der eben erörterten Schranken besteht darin, den Kommunikationsgrundrechten angemessene Geltung zu verschaffen und die Interessen der Allgemeinheit an einem reichhaltigen Kulturleben zu wahren. Selbst wenn der Urheber nicht in allen Fällen über die Nutzung entscheiden kann und teilweise sein Verbotsrecht zum Vergütungsanspruch wird, so bleibt ihm dennoch die wirtschaftliche Verwertung erhalten. Es ist nicht ausgeschlossen, dass diese *„unfreiwillige"* Vergütung den Urheber nicht dennoch zur Schöpfung und Verbreitung seines Werks animiert.[526] Da es die Schranken sind, die die Nutzung urheberrechtlicher Werke freistellen, ist ihnen am offensichtlichsten der Nutzen für die geistige Auseinandersetzung abzugewinnen.

Die Schranken normieren ein kulturelles Interesse. Einerseits sollen gesetzlich erlaubte Nutzungen dazu beitragen, den Austausch zu erhöhen und anzuregen, um so das Maß von Kreativität und Innovation durch möglichst große Verbreitung bei Gewährleistung des nötigen Schutzes insgesamt zu erhöhen.[527] Hierbei ist die Überlegung bedeutend, dass geistige Güter nahezu immer in einer Beziehung zu älteren Werken anderer stehen. Sie dienen dann wiederum der geistigen Auseinandersetzung mit wieder neuen Werken wiederum anderer Schöpfer, wie bereits oben erläutert.[528] Je mehr geschaffen – und veröffentlicht – wird, desto mehr Inspirationsquellen stehen wiederum für neue Werke zur Verfügung. Diese geistige Auseinandersetzung ist einer der Zwecke, denen das Urheberrecht ebenso wie dem Urheberschutz dient.[529]

Die Schranken normieren auch ein verfassungsrechtlich gesichertes gesellschaftliches Interesse. So ist bei den genannten Schranken die Überlegung bedeutend, dass ein Informations- und Überprüfungsbedürfnis in einer demokratisch verfassten Gesellschaft besteht. *„Der mündige und mit Recht kritische Bürger will sich von der Richtigkeit der ihm übermittelten Information selbst*

---

526 *Geiger*, Die Schranken des Urheberrechts als Instrumente der Innovationsförderung – Freie Gedanken zur Ausschließlichkeit im Urheberrecht, GRUR Int 2008, 459 (462 f.).

527 Regierungsentwurf von 2017 – Bundestags-Drucksache 18/12329, S. 19 unter Verweis auf *Dreier*, Überlegungen zur Revision des Schrankenkatalogs der Richtlinie 2001/29/EG, GRUR Int. 2015, 648.

528 *Elster*, Der Schutz des Geisteswerkes als Ausgleich zwischen Urheber und Allgemeinheit, UFITA 1931, 215 (220, 221); *Stieper*, Rechtfertigung, Rechtsnatur und Disponibilität der Schranken des Urheberrechts, 2009, 23.

529 *Schack*, Urheber- und Urhebervertragsrecht, 9. Auflage 2019, Rn. 540.

anhand von Belegen, Briefen, Dokumenten und sonstigen Unterlagen überzeugen.“[530] Auf dieses berechtigte Verlangen muss das Urheberrecht ebenso eine Antwort bereit halten, wie es dies für die berechtigten Interessen der Urheber in Form des Urheberrechts tut. Denn die Gewährung eines Ausschließlichkeitsrechts im Bereich immaterieller Güter muss sich in der freiheitlich demokratisch verfassten Bundesrepublik gemäß dem Grundgesetz am Leitbild der freien Bildung einer öffentlichen Meinung, einem Eckpfeiler demokratischen staatstheoretischen Denkens, messen lassen. Die geistige Auseinandersetzung und wechselseitige Kontrolle aller gesellschaftlichen Akteure mutet, wie bereits eingangs unter A. erläutert, als der günstigste Weg an, um den staatlichen Willen zu entwickeln.

IV. Geistige Auseinandersetzung im UrhG

Zurückkommend auf die eingangs gestellte Frage, für welche Konstellation eine Freistellung wegen des öffentlichen Informationsinteresses nach dem UrhG eingeräumt wird, kann zunächst zwischen primären und sekundären Zwecken des UrhGes unterschieden werden.[531] Im UrhG geht es zuvörderst um den Schutz des Urhebers beziehungsweise seiner ideellen und materiellen Interessen an seinem Werk (siehe oben B.). Es handelt sich um ein Bekenntnis des Gesetzgebers dazu, dem Schöpfer eines geistigen Werkes eine hervorgehobene Rolle innerhalb des Systems zu gewähren. Wie unter C.II. gesehen, gibt es zwar auch normativ belegbare Argumente, die dafür sprechen, dass auch das Ausschließlichkeitsrecht eine geistige Auseinandersetzung fördern kann. Gleichwohl stellt das Ausschließlichkeitsrecht gerade keine Handlung frei, sondern schließt sie aus.

Eine Freistellung von Nutzung geschieht durch die Schranken. Wenn dies im Licht von Kommunikationsgrundrechten geschieht, findet sich jedenfalls sekundär die Förderung der gesamtgesellschaftlichen Kultur und die Förderung eines Austauschs und damit einer geistigen Auseinandersetzung im öffentlichen Informationsinteresse. Dies ist außerdem an den Tatbestandsmerkmalen der Schranken zu erkennen, die keine unbestimmten Rechtsbegriffe kennen und – um bei dem Beispiel von § 50 UrhG zu bleiben – gerade nicht Berichterstattung per se

---

530 *Löffler*, Das Grundrecht auf Informationsfreiheit als Schranke des Urheberrechts, NJW 1980, 201.

531 *Dietz*, Das Droit Moral des Urhebers im neuen französischen und deutschen Urheberrecht, 1968, 173 f. Dieser nennt allerdings die Unterscheidung mittelbare und unmittelbare Zielsetzung des Urheberrechts.

freistellen, sondern gerade nur die Berichterstattung von Werken, die im Verlauf von „*Tagesereignissen*" wahrnehmbar werden und dies auch nur in einem „*durch den Zweck gebotenen Umfang*". Vor dem Hintergrund der hier vertretenen Auffassung unter B.III.4.d)iii.[532], wonach ein Grundsatz der engen Schrankenauslegung aus methodischen Gesichtspunkten nicht zwingend angezeigt ist, muss gleichwohl erkannt werden, dass selbstverständlich die Auslegung der Schranken am Wortlaut seine Grenzen findet.

Es sind neben den Schranken noch weitere Anhaltspunkte im UrhG zu finden, welche einen normativen Ansatz der geistigen Auseinandersetzung bieten. Im weiteren Sinne gehören hierher auch § 24 UrhG, welcher die freie Benutzung angeregt durch fremde Werke erlaubt und die Freiheit veröffentlichte Werke mitzuteilen (§ 12 Absatz 2 UrhG).[533] Ebenso gehört hierzu die freie Verfügbarkeit amtlicher Werke (§ 5 UrhG). § 5 Urheberrechtsgesetz nimmt unter den genannten Normen im demokratischen Kontext eine besondere Rolle ein, da diese Norm dem Urheber eines amtlichen Werkes überhaupt kein Urheberrecht zugesteht.[534] Zwar sind amtliche Werke auch Werke im Sinne des UrhG, allerdings sind sie gemäß § 5 UrhG vom Urheberschutz ausgenommen, also gemeinfrei. Der Begriff „*amtliche Werke*" wird allerdings in der Vorschrift verwendet, ohne diesen näher zu definieren. Es ist keinesfalls davon auszugehen, dass alle von einem Amtsträger stammenden Dokumente, welche die Schöpfungshöhe erreichen, gemeinfrei sind.[535] Hintergrund von § 5 UrhG ist das Interesse der Öffentlichkeit an einer möglichst weiten Verbreitung von Gesetzen und anderen amtlichen Werken. Die Gemeinfreiheit amtlicher Werke ist Ausfluss des Öffentlichkeitsgrundsatzes und des Rechtsstaatsgebots.[536] Normadressaten müssen die auf sie Anwendung findenden Gesetze nachlesen und gegebenenfalls auch hinterfragen können. Mit § 5 UrhG soll ein ungehinderter Zugang zu und die Verbreitung von amtlichen Werken und damit die Information darüber gewährleistet werden.[537] Damit dient § 5 UrhG der geistigen Auseinandersetzung, denn

---

532 S. 93 ff.

533 *Schack*, Urheber- und Urhebervertragsrecht, 9. Auflage 2019, Rn. 540.

534 *Ahlberg/ Lauber-Rönsberg*, in: BeckOK Urheberrecht, 34. Aufl. 2022 (§ 5 UrhG Rn. 1). A.A. unter Verweis auf die systematische Stellung: *Nordemann*, in: Fromm/Nordemann Urheberrecht, 12. Aufl. 2018 (§ 5 UrhG Rn. 1).

535 *Ahlberg/ Lauber-Rönsberg*, in: BeckOK Urheberrecht, 34. Aufl. 2022 (§ 5 UrhG Rn. 3). Dazu im Detail unter: E.II.1.

536 *Fechner*, Geistiges Eigentum und Verfassung, 1999, 364; *Fischer*, Die urheberrechtliche Schutzfähigkeit gerichtlicher Leitsätze, NJW 1993, 1228 (1229).

537 *Dreier*, in: Dreier/Schulze Urheberrechtsgesetz, 7. Aufl. 2022 (§ 5 UrhG Rn. 3).

die Gemeinfreiheit nach § 5 UrhG, soll die Information und damit auch die Hinterfragung bestimmter geistiger Werke von Beamten gewährleisten.[538]

Das Ziel eines jeden Gesetzes sollte es zwar (auch) sein, die Gesellschaft insgesamt zu verbessern und damit jedenfalls indirekt die gesamte Kultur zu fördern. Die Förderung der Gesamtkultur als sekundäres Ziel des UrhG meint hier aber konkret die Förderung und Ermöglichung geistigen Werkschaffens und die Auseinandersetzung damit, um wieder neue Werke zu schaffen und damit auch gerade deren Verbreitung.[539] Die Verfolgung dieser sekundären, allgemeinkulturellen Ziele des UrhG setzt dabei erst dort an, wo das primäre Ziel, der Schutz materieller und ideeller Interessen der Urheber, aufhört.[540]

Dies zeigt auch die Gesetzgebungstechnik. Ein umfassendes Ausschließlichkeitsrecht der Urheber steht enumerativ gelisteten Schranken gegenüber, die erst gemeinsam den Schutzbereich bestimmen. Es fällt auf, dass das verwandte Patentrecht im Gegensatz dazu die Akzente anders setzt. Dies begründet sich mit der Rechtfertigung des Patentrechts. Die Rechtfertigung des Patentrechts besteht ganz allgemein in der Förderung des technischen und wirtschaftlichen Fortschritts. Hieraus folgt zwangsläufig, dass die Allgemeinheit auf die eine oder andere Weise an der Erfindung teilhaben muss. Sonst könnte der Zweck des Patentrechts nicht verfolgt werden. Exemplarisches Beispiel für die Unterschiedlichkeit der Systeme ist ein Vergleich mit dem kollektivistisch geprägten US-Recht, welches eine solche Unterscheidung zwischen Urheber- und Patentrecht nicht kennt.[541] Für das UrhG wurde zwar das Urheberrecht als kulturpolitisches Instrument für die Allgemeinheit bereits 1992 (wenn auch als „*Seltenheit*") diskutiert.[542] Grundsätzlich treten die Individualinteressen des Urhebers und die Interessen der Allgemeinheit aber als Gegensätze hervor, die im Rahmen praktischer Konkordanz auf Tatbestandsebene in Ausgleich zu bringen sind.

538 Zur Kritik, warum einem Beamten, welcher in seinem Amt ein nicht amtliches Werk schafft, ein Verwertungsinteresse unterstellt, während ihm dieses bei einem amtlichen Werk abgesprochen wird: *Ahlberg/ Lauber-Rönsberg*, in: BeckOK Urheberrecht, 34. Aufl. 2022 (§ 5 UrhG Rn. 1).

539 *Dietz*, Das Droit Moral des Urhebers im neuen französischen und deutschen Urheberrecht, 1968, 173.

540 *Dietz*, Das Droit Moral des Urhebers im neuen französischen und deutschen Urheberrecht, 1968, 174.

541 Für alles Vorstehende: *Schricker*, Urheberrecht zwischen Industrie- und Kulturpolitik, GRUR 1992, 242 (245).

542 *Schricker*, Urheberrecht zwischen Industrie- und Kulturpolitik, GRUR 1992, 242 (244).

Allerdings dürfte mittlerweile nicht nur in der deutschen Rechtsordnung, sondern auch in den kontinentaleuropäischen Staaten anerkannt sein, dass die Funktion des Urheberrechts auch in der Ermöglichung und damit Förderung des Austausches zu erblicken ist.[543] Den Zweck des UrhG auch damit in allgemeinen kulturellen, mitunter auch verfassungsrechtlich notwendigen Belangen – der geistigen Auseinandersetzung insbesondere mit Blick auf einen freien, offenen Kommunikations- und Willensbildungsprozess – zu sehen, darf aber nicht vermengt werden mit den vom UrhG verschiedenen und insbesondere abgestuften rechtspolitischen Zielen, wie sie in der Gesetzgebungsmethodik zum Ausdruck kommen.[544] Der geistigen Auseinandersetzung dient das UrhG nach hier vertretener Auffassung daher nur sekundär.[545]

Die Antwort auf die Frage, wie die Normierungen des UrhG zum öffentlichen Informationsinteresse stehen, ist vornehmlich in den urheberrechtlichen Schranken und den ihnen zugrunde liegenden Grundrechten zu suchen. Das Urheberrecht stellt in diesem Sinne praktische Konkordanz auf (einfacher) Gesetzgebungsebene her.

Es wird deutlich, wie eng das Recht des Urhebers – einem Ausschließlichkeitsrecht zugeschnitten auf ein Privatrechtsubjekt – mit dem Recht auf Informations- und Meinungsfreiheit verwoben ist.[546] Dennoch gehen die Meinungen, wie diese Rechte zueinanderstehen, weit auseinander. Die einen meinen, die Gewährung des Urheberrechts als Ausschließlichkeitsrecht habe immer auch mit der Freiheit der Meinungsäußerung zusammengehangen. Die Freiheit der Meinungsäußerung hänge zusammen mit der Stellung des Urhebers.[547] Andere

543 *Geiger*, Die Schranken des Urheberrechts als Instrumente der Innovationsförderung – Freie Gedanken zur Ausschließlichkeit im Urheberrecht, GRUR Int 2008, 459 (462).

544 Wie bereits oben in Fußnote 531 erläutert, nennt *Dietz* diese Unterscheidung mittelbare und unmittelbare Zielsetzung des Urheberrechts: *Dietz*, Das Droit Moral des Urhebers im neuen französischen und deutschen Urheberrecht, 1968, 173. Wobei seine Subsumtion unter diese Begriffe nach hier vertretener Auffassung zunächst uneindeutig, im Ergebnis aber zutreffend erfolgt. Er sieht als primären Zweck des Urheberrechts den Schutz der materiellen und ideellen Interessen der Urheber („*unmittelbare Zielsetzung*"). Erst sekundär sieht er allgemeine kulturpolitische Zwecke des Urheberrechts („*mittelbare Zielsetzung*").

545 So auch *Dietz*, Das Droit Moral des Urhebers im neuen französischen und deutschen Urheberrecht, 1968, 173.

546 *Geiger*, in: Interessenausgleich im Urheberrecht, 1. Aufl. 2004 143 (145).

547 *Uchtenhagen*, in: Woher kommt das Urheberrecht und wohin geht es? Wurzeln, geschichtlicher Ursprung, geistesgeschichtlicher Hintergrund und Zukunft des Urheberrechts, 1988 29 (37 f.).

meinen, das Urheberrecht sei „*nicht der Grundsatz, sondern die rechtfertigungsbedürftige Ausnahme*". Es sei noch „*niemandem* [...] *gelungen, das Wesen der Idee von dem der Form adäquat abzugrenzen*".[548] Ferner werden die der geistigen Auseinandersetzung dienenden Schranken als die „*wichtigsten*" Schranken des Urheberrechts beschrieben.[549]

Aus den vorgenannten Überlegungen geht hervor, dass die geschützten Interessen, die der Sicherung der Freiheit der geistigen Auseinandersetzung dienen, den Mittelpunkt der urheberrechtlichen Schranken darstellen.[550] Wenn man aber bedenkt, dass auch der Urheber sich durchaus in einigen Fällen auf die Meinungsfreiheit berufen kann, dann mutet es in einem demokratischen Staat systemwidrig an, das Urheberrecht als „*rechtfertigungsbedürftige Ausnahme*"[551] zu bezeichnen. Darüber hinaus sind die weiteren für das Ausschließlichkeitsrecht streitenden Grundrechte der Eigentumsfreiheit und dem Urheberpersönlichkeitsrecht zu berücksichtigen.

---

548 *Hoeren*, Urheberrecht 2000 – Thesen für eine Reform des Urheberrechts, MMR 2000, 3 (3).

549 *Schack*, Urheber- und Urhebervertragsrecht, 9. Auflage 2019, Rn. 540.

550 *Götting*, in: Handbuch des Urheberrechts, 3. Aufl. 2021 (§ 30 Rn. 6).

551 *Hoeren*, Urheberrecht 2000 – Thesen für eine Reform des Urheberrechts, MMR 2000, 3.

Zweiter Teil

D. Klassische Sichtweise: Urheberrecht als Einschränkung der Kommunikationsgrundrechte

Das verfassungsrechtliche Verhältnis zwischen der Eigentumsfreiheit und den Kommunikationsgrundrechten resultiert mit Blick auf das UrhG darin, dass die Kommunikationsgrundrechte „*erst*" auf der Schrankenebene zum Tragen kommen.[552] Andersherum greift das Urheberrecht in den Schutzbereich der Kommunikationsgrundrechte ein. Daher wird traditionell das Urheberrecht als Einschränkung der Kommunikationsgrundrechte betrachtet.[553]

I. Kommunikationsgrundrechte

Diese traditionelle Einordnung kann auch ungeachtet der hier vertretenen Ansicht zum dogmatischen Verhältnis auf einfachgesetzlicher Ebene[554] auf verfassungsrechtlicher Ebene nachvollzogen werden. Es folgt eine kurze dogmatische Einordnung dieser traditionellen Betrachtung. Diese Einordnung fokussiert sich dabei, entsprechend der zu erörternden Frage in Teil zwei dieser Arbeit, auf die Veröffentlichung von staatlichen Dokumenten durch einen Zeitungsverlag in der Print- oder Onlineausgabe.

1. Schutzbereich der Kommunikationsgrundrechte

a) Grundgesetz

Die „*Kommunikationsgrundrechte*" sind die Meinungs-, Informations-, und die Pressefreiheit.[555] Wenn es um die Veröffentlichung von staatlichen

---

552 *Fechner*, Geistiges Eigentum und Verfassung, 1999, 342 ff.; *Bischoffshausen*, Die ökonomische Rechtfertigung der urheberrechtlichen Schutzfrist, 2013, 178.

553 *Bischoffshausen*, Die ökonomische Rechtfertigung der urheberrechtlichen Schutzfrist, 2013, 178; *Stallberg*, Urheberrecht und moralische Rechtfertigung, 2006, 272. Dies als eine unzutreffende Einordnung bezeichnend: *Fechner*, Geistiges Eigentum und Verfassung, 1999, 344.

554 Vgl. siehe oben: B.III.4.b), Nach hier vetretener Ansicht handelt es sich bei den Schranken um Schutzbereichsbestimmungen.

555 *Grabenwarter*, in: Maunz/Dürig Grundgesetz-Kommentar, 95. Aufl. 2021 (Art. 5 Abs. 1, Abs. 2 GG Rn. 2). Siehe bereits oben A.II.4.

Dokumenten durch Verlage geht, kommt der Schutz der Pressefreiheit gemäß Artikel 5 Absatz 1 Satz 2 GG in Betracht, da die Weitergabe der Dokumente infrage steht.[556] Die Pressefreiheit schützt den institutionell-organisatorischen Rahmen, also die Herstellung und Verbreitung, und die Meinungsfreiheit schützt die Form und den Inhalt von Meinungsäußerungen. Damit ist die Pressefreiheit das einschlägige Grundrecht, wenn der Kommunikationsvorgang betroffen ist. Hingegen ist der Inhalt einer Äußerung vom Schutzbereich der Meinungsfreiheit umfasst.[557] Die Informationsfreiheit wiederum gewährleistet lediglich sich aus „*allgemein zugänglichen Quellen ungehindert zu unterrichten*“. Dies ist der Fall, wenn die „*Informationsquelle technisch geeignet und bestimmt ist, der Allgemeinheit, d.h. einem individuell nicht bestimmbaren Personenkreis, Informationen zu verschaffen*“.[558] Soweit Dokumente jedoch erst zugänglich gemacht werden, die streitgegenständlichen Dokumente also lediglich einem bestimmten Personenkreis bekannt sind, handelt es sich nicht um „*allgemein zugängliche Quellen*“ und die Informationsfreiheit ist nicht betroffen. Erst durch die Veröffentlichung können solche Dokumente gegebenenfalls einem individuell nicht mehr bestimmbaren Personenkreis zugänglich werden. Ist dies der Fall, ist das Informieren aus den in dieser Form veröffentlichten Dokumenten von der Informationsfreiheit umfasst.[559]

Unter „*Presse*“ fallen nach dem klassischen Verständnis alle gedruckten (körperlichen) Veröffentlichungen, die nicht unter die Film- oder die Rundfunkfreiheit fallen und die zur Verbreitung an einen unbestimmten Personenkreis geeignet und bestimmt sind.[560] Nach dieser klassischen Definition, fällt der grundrechtliche Schutz von Print- und Onlinemedien auseinander, da letztere das Erfordernis des gedruckten beziehungsweise körperlichen Trägers nicht erfüllen.[561] Der Begriff der Presse ist wegen der Wichtigkeit dieses Grundrechts im Demokratiekontext jedoch weit auszulegen.[562] Daher und zur Vermeidung eines grundrechtlichen Flickenteppichs, etwa in Bezug auf Zeitungen, welche als Print- und Onlineversionen erscheinen, wird in dieser Arbeit die Ansicht vertreten, dass die Zuordnung zur Pressefreiheit nicht lediglich an dem Merkmal

556 *Schemmer*, in: BeckOK Grundgesetz, 50. Aufl. 2022 (Art. 5 GG Rn. 56).

557 Grundgesetz-Kommentar,, Art. 5 Abs. 1, Abs. 2 Rn. 319.

558 BVerfG, Beschluss vom 03.10.1969, 1 BvR 46/65; NJW 1970, 235 (237).

559 *Schulze-Fielitz*, in: Dreier Grundgesetz-Kommentar, 3. Aufl. 2013 (Art. 5 GG Rn. 83).

560 *Grabenwarter*, in: Maunz/Dürig Grundgesetz-Kommentar, 95. Aufl. 2021 (Art. 5 Abs. 1, Abs. 2 GG Rn. 239).

561 Siehe mwN: *Düwel*, Das Urheberrecht als Mittel staatlicher Geheimhaltung, 2020, 74 ff.

562 BVerfG, Beschluss vom 08.10.1996, 1 BvR 1183/90; ZUM-RD 1997, 105 (107).

„gedruckt“ beziehungsweise *„körperlich“* zu erfolgen hat. Die Pressefreiheit ist technologieneutral zu definieren.[563] Nachrichten oder Meinungen müssen in strukturierter Form schriftlich an die Allgemeinheit verbreitet werden.[564] Das von der Pressefreiheit geschützte Verhalten umfasst die Wahrnehmung aller im Zusammenhang mit der Pressearbeit stehenden Tätigkeiten, von der Informationsbeschaffung bis hin zur Verbreitung.[565] Insbesondere ist vom Grundrecht der Pressefreiheit auch eine Veröffentlichung von Dokumenten umfasst, die rechtswidrig erlangt wurde.[566]

Vom persönlichen Schutzbereich der Pressefreiheit sind alle natürlichen und juristischen Personen erfasst; letztere jedenfalls dann, wenn die Pressefreiheit ihrem Wesen nach auf diese anwendbar sind, Artikel 19 Absatz 3 GG.[567] Zeitungverlage sind damit vom persönlichen Schutzbereich umfasst.[568]

Eine Maßnahme ist dann ein Eingriff in die Pressefreiheit, wenn sie durch einen Grundrechtsverpflichteten zu einer Behinderung oder einer Verhinderung des eben definierten grundrechtlich geschützten Verhaltens führt.[569] Damit ist das Urheberrecht in Form des UrhG bereits ein Eingriff auf der Gesetzesebene und das Unterbinden der Veröffentlichung von staatlichen Dokumenten durch staatliche Stellen unter Berufung auf das Urheberrecht mittels Unterlassungsverfügung ein Eingriff auf Anwendungsebene.[570]

---

563 So auch: *Düwel*, Das Urheberrecht als Mittel staatlicher Geheimhaltung, 2020, 79.

564 In Anlehnung an: *Düwel*, Das Urheberrecht als Mittel staatlicher Geheimhaltung, 2020, 80.

565 BVerfG, Beschluss vom 06.10.1959, 1 BvL 118/53; NJW 1960, 29.

566 *Grabenwarter*, in: Maunz/Dürig Grundgesetz-Kommentar, 95. Aufl. 2021 (Art. 5 Abs. 1, Abs. 2 GG Rn. 282).

567 *Schemmer*, in: BeckOK Grundgesetz, 50. Aufl. 2022 (Art. 5 Rn. 39 GG).

568 Zur Frage, wie weit der persönliche Schutzbereich der Pressefreiheit, insbesondere mit Blick auf private Blogs und sonstige Online-Informationsplattformen reicht: *Grabenwarter*, in: Maunz/Dürig Grundgesetz-Kommentar, 95. Aufl. 2021 (Art. 5 Abs. 1, Abs. 2 Rn. 220). Es kommt nicht auf „die berufsmäßige oder vorwiegende Betätigung im Pressewesen, sondern allein […] das Medium Presse an“: BVerfG, Beschluss vom 08.10.1996, 1 BvR 1183/90; ZUM-RD 1997, 105.

569 *Grabenwarter*, in: Maunz/Dürig Grundgesetz-Kommentar, 95. Aufl. 2021 (Art. 5 Abs. 1, Abs. 2 GG Rn. 386).

570 So auch: *Düwel*, Das Urheberrecht als Mittel staatlicher Geheimhaltung, 2020, 85.

b) EU-GRCh

Auf Ebene der EU-GRCh kommt ein Schutz für die Veröffentlichung von staatlichen Dokumenten nach Artikel 11 EU-GRCh in Betracht. Dieser schützt die freie Meinungsäußerung, welches die Freiheit einschließt, Informationen und Ideen ohne behördliche Eingriffe und ohne Rücksicht auf Staatsgrenzen zu empfangen und weiterzugeben. Nach Absatz 2 ist explizit die Freiheit der Medien geschützt. Diese Medienfreiheit ist auch einschlägig, wenn es etwa (Online) Zeitungen sind, die staatliche Dokumente veröffentlichen.[571] Absatz 1 ist mit dem Wortlaut von Artikel 10 Absatz 1 der EMRK nahezu identisch, welcher die individuelle und mediale Kommunikation umfassend schützt.[572] Es wird angenommen, dass Artikel 11 EU-GRCh dem durch die EMRK garantierten Recht entspricht.[573] Auch nach der Konvention umfasst die Informationsfreiheit kein generelles Informationszugangsrecht.[574] Aus diesem Grund streitet auch auf dieser Ebene nicht die Informationsfreiheit für das Veröffentlichen von staatlichen Dokumenten.[575] Artikel 10 EMRK schützt die Freiheit der Information und der Meinungsäußerung, nennt aber die Pressefreiheit nicht explizit. Dennoch wird die Pressefreiheit als von dem einheitlichen Grundrecht auf freie Meinungsäußerung geschützt angesehen.[576] Die nach der Europäischen Menschenrechtskonvention vielfach vertretene Definition von „*Presse*" beschränkt sich zwar auf periodisch erscheinende Erzeugnisse[577], allerdings müssen hier dieselben Argumente für eine einheitliche Behandlung von Nachrichten oder Meinungen, die in strukturierter Form schriftlich an die Allgemeinheit verbreitet werden, gelten, wie sie oben in Bezug auf den Schutz unter dem Grundgesetz angeführt wurden.[578] Am Maßstab der Europäischen Menschenrechtskonvention wird diese Ansicht noch anhand des Wortlauts untermauert: Da dieser die „*Presse*" noch

571 So auch: *Düwel*, Das Urheberrecht als Mittel staatlicher Geheimhaltung, 2020, 95.

572 *Cornils*, in: BeckOK Informations- und Medienrecht, 35. Aufl. 2021 (Art. 10 EMRK Rn. 2).

573 Erläuterung Nr. 1 zu Art. 11 GRCh, ABl. 2007 Nr. C 303/21.

574 *Cornils*, in: BeckOK Informations- und Medienrecht, 35. Aufl. 2021 (Art. 10 EMRK Rn. 20 f.).

575 *Düwel*, Das Urheberrecht als Mittel staatlicher Geheimhaltung, 2020, 89.

576 *Cornils*, in: BeckOK Informations- und Medienrecht, 35. Aufl. 2021 (Art. 10 EMRK Rn. 22).

577 *Cornils*, in: BeckOK Informations- und Medienrecht, 35. Aufl. 2021 (Art. 10 EMRK Rn. 22 f.).

578 Vgl. hierzu bereits oben: D.I.1.a), S. 108 ff. So auch: *Düwel*, Das Urheberrecht als Mittel staatlicher Geheimhaltung, 2020, 88.

nicht einmal wörtlich nennt, erschließt sich nicht, woher das Erfordernis des periodischen Erscheinens kommen soll.[579] Nach hier vertretener Auffassung, fällt daher das Veröffentlichen von staatlichen Dokumenten unter die Pressefreiheit gemäß Artikel 10 Absatz 1 Europäische Menschenrechtskonvention und damit auch unter den Schutz von Artikel 11 EU-GRCh.

Alle am Kommunikationsprozess beteiligten natürlichen und juristischen Personen können sich auf die Pressefreiheit berufen[580] und damit ebenfalls Zeitungsverlage, die die staatlichen Dokumente veröffentlichen.

Artikel 11 EU-GRCh umfasst im Rahmen der Meinungsäußerungsfreiheit gleichfalls die Informationsfreiheit.[581]

Ein Eingriff in den Umfang des nach EU-GRCh gewährten Schutzes ist jedes einer staatlichen Stelle zuzurechnende Verhalten, welches den umschriebenen Schutzbereich beschränkt.[582] Das Urheberrecht stellt einen Eingriff dar.[583] Damit wird auch auf EU-rechtlicher Ebene die Rolle des Urheberrechts als Beschränkung der individuellen und medialen Kommunikation deutlich.

2. Zwischenergebnis

Nach dem hier maßgeblichen Grundrechtsregime fällt das Veröffentlichen staatlicher Dokumente durch Verlage in den Schutzbereich der Kommunikationsgrundrechte, konkret in den Schutzbereich der Pressefreiheit nach dem Grundgesetz und nach der Medienfreiheit der EU-GRCh, die sich mit dem Schutzstandard der Europäischen Menschenrechtskonvention deckt. Sowohl das UrhG als auch der darauf beruhende Einzelakt – ein auf dem UrhG beruhendes gerichtlich verfügtes Unterlassungsgebot – stellt einen Eingriff in die verfassungsrechtlich geschützte Handlung dar.

579 *Edwards*, Die Rechtmäßigkeit von Whistleblowing in der Öffentlichkeit nach der EMRK und nach deutschem Recht, 2017, 68; *Düwel*, Das Urheberrecht als Mittel staatlicher Geheimhaltung, 2020, 88.

580 *Cornils*, in: BeckOK Informations- und Medienrecht, 35. Aufl. 2021 (Art. 10 EMRK Rn. 12).

581 *Jarass*, in: Jarass, 4. Aufl. 2021 (Art. 11 EU-GRCh Rn. 2).

582 *Jarass*, in: Jarass, 4. Aufl. 2021 (Art. 11 EU-GRCh Rn. 22).

583 Generalanwalt beim EuGH, Schlussantrag vom 25.10.2018, EUGH Aktenzeichen C-469/17; BeckRS 2018, 26149 (Rn. 41 ff., 45).

II. Eingriff in die Kommunikationsgrundrechte

Das UrhG verfolgt, wie gesehen, verschiedene Ziele. Unabhängig davon, ob es als Naturrecht an eigenen Werken oder einer kollektivistischen Einrichtung zur Förderung von Wissenschaft und Kunst betrachtet wird, wurde in Teil 1 der Arbeit deutlich, dass die Zielsetzung des Urheberrechts zunächst weit entfernt von den Kommunikationsgrundrechten scheint: Das Urheberrecht ist Privatrecht, die Kommunikationsgrundrechte sind hingegen (die Demokratie konstituierende) Grundrechte.[584]

1. Verfassungskonformer Eingriff in die Kommunikationsgrundrechte

Fraglich ist, wann ein Eingriff in Kommunikationsgrundrechte entsprechend der jeweils einschlägigen Normen – Grundgesetz und EU-GRCh – verfassungsgemäß ist.

Am Maßstab des Grundgesetzes verstößt ein Eingriff in die Kommunikationsgrundrechte gemäß Artikel 5 Absatz 2 GG, wenn er nicht den Vorschriften der allgemeinen Gesetze, den gesetzlichen Bestimmungen zum Schutze der Jugend oder dem Recht der persönlichen Ehre entspricht. Das UrhG ist ein allgemeines Gesetz im Sinne von Artikel 5 Absatz 2 GG.[585] Ob ein Eingriff verfassungsgemäß ist, stellt auf Gesetzes- und Normanwendungsebene eine Frage der Wechselwirkungslehre[586] und der Verhältnismäßigkeit[587] dar und bedarf einer Einzelfallabwägung.[588] Maßgeblich für die Ausübung insbesondere der Pressefreiheit ist insofern regelmäßig das öffentliche Interesse, welches befriedigt werden soll.[589]

Wann ein Eingriff in die nach Artikel 11 EU-GRCh gewährte Medienfreiheit gerechtfertigt ist, bemisst sich danach, welche Schrankenregelung als einschlägig erachtet wird. Nach hier vertretener Auffassung ist die Schranke des Artikels 10 Absatz 2 der Europäischen Menschenrechtskonvention anzuwenden.[590]

---

584 *Cohen Jehoram*, Urheberrecht und Freiheit der Meinungsäußerung, Rechtsmissbrauch und Standardschikane, GRUR Int 2004, 96.

585 KG, Urteil vom 10.06.2015, 24 U 101/14; ZUM-RD 2016, 461 (464).

586 BVerfG, Urteil vom 15.01.1958, 1 BvR 400/57; NJW 1958, 257 (258).

587 *Grabenwarter*, in: Maunz/Dürig Grundgesetz-Kommentar, 95. Aufl. 2021 (Art. 5 Abs. 1, Abs. 2 Rn. 139).

588 *Schemmer*, in: BeckOK Grundgesetz, 50. Aufl. 2022 (Art. 5 GG Rn. 100).

589 Siehe hierzu: *Grabenwarter*, in: Maunz/Dürig Grundgesetz-Kommentar, 95. Aufl. 2021 (Art. 5 Abs. 1, Abs. 2 GG Rn. 407 ff.).

590 *Jarass*, in: Jarass, 4. Aufl. 2021 (Art. 11 EU-GRCh Rn. 27); *Kühling*, in: Handbuch der Europäischen Grundrechte, 2. Aufl. 2020 (§ 28 Rn. 64). Eine andere Ansicht

Hiernach ist ein Eingriff in die Pressefreiheit aufgrund widerstreitender Interessen anderer konventionskonform, soweit er gesetzlich vorgesehen ist und in einer demokratischen Gesellschaft als notwendig erachtet wird. Es handelt sich beim Urheberrecht grundsätzlich um eine zulässige Beschränkung der Kommunikationsgrundrechte nach Artikel 10 Absatz 2 EMRK.[591] Bei dem Merkmal „*notwendig*" handelt es sich im Ergebnis auch um eine anhand der jeweiligen berührten Interessen vorzunehmende Verhältnismäßigkeitsprüfung, wobei aufseiten der Medienfreiheit das öffentliche Informationsinteresse streitet.[592] Ausdrücklich urteilte der Europäische Gerichtshof für Menschenrechte 2013 in seiner *Ashby Donald* u. a. gegen Frankreich Entscheidung[593], dass im Fall der Kollision von urheberrechtlichem Ausschließlichkeitsrecht und den Kommunikationsfreiheiten die Einzelfallabwägung der widerstreitenden Interessen zu beachten habe, dass die möglichen Beschränkungen der Meinungsfreiheit eng auszulegen seien.[594] Vor diesem Hintergrund, seien Beschränkungen nur „*notwendig*", wenn sie einem dringenden sozialen Bedürfnis („*besoin social impérieux*") folgen würden. Dies wiederum setze voraus, dass der Eingriff verhältnismäßig zum verfolgten legitimen Zweck sei („*proportionnée au but légitime poursuivi*") und die nationalen das Recht anwendenden Behörden oder Gerichte zur Rechtfertigung

---

meint, dass die Medienfreiheit der EU-GRCh keine Entsprechung in der Konvention finde und daher die Schrankenregelung gerade nicht übertragbar wäre. Es verbliebe die allgemeine Grundrechtsschranke nach Artikel 52 Absatz 1 EU-GRCh: *Calliess*, in: Calliess/Ruffert, 6. Aufl. 2022 (Art. 11 EU-GRCh Rn. 32 f.); *v. Coelln*, in: Stern/Sachs Europäische Grundrechte-Charta: GRCh, 1. Aufl. 2016 (Art. 11 EU-GRCh Rn. 57); *Bernsdorff*, in: Meyer/Hölscheidt Charta der Grundrechte der Europäischen Union, 5. Aufl. 2019 (Art. 11 EU-GRCh Rn. 20). Einen Überblick über den Streitstand gibt: *Düwel*, Das Urheberrecht als Mittel staatlicher Geheimhaltung, 2020, 97.

591 Aus der französischen Original-Fassung des „Ashby Donald u. a./. Frankreich" Urteils: "... *l'ingérence dans le droit à la liberté d'expression des requérants visait à la protection des droits d'auteur des créateurs de mode. Dès lors que l'article 1 du Protocole no 1 s'applique à la propriété intellectuelle, (Anheuser-Busch Inc. c. Portugal [GC], no 73049/01, § 72, CEDH 2007-I), elle visait ainsi à la protection de droits garantis par la Convention ou ses Protocoles.*" Abgedruckt unter: EGMR, Urteil vom 10.01.2013, 36769/08; BeckRS 2013 7657.

592 *v. Coelln*, in: Stern/Sachs Europäische Grundrechte-Charta: GRCh, 1. Aufl. 2016 (Art. 11 EU-GRCh Rn. 59 f.).

593 EGMR, Urteil vom 10.01.2013, 36769/08; GRUR 2013, 859.

594 EGMR, Urteil vom 10.01.2013, 36769/08; GRUR 2013, 859 (861 Rn. 38); *Nieland*, Urheberrecht vs. Pressefreiheit – Zur Lösung von Interessenkonflikten nach der „Ashby Donald"-Entscheidung des EGMR, K&R 2013, 285 (286).

stichhaltige und ausreichende Gründe („*pertinents et suffisants*") angeführt hätten.[595] Im Kern besagt die Entscheidung, dass eine Abwägung zwischen den aus dem Urheberrecht abgeleiteten Sanktionen mit den Wirkungen, die diese auf die Ausübung der Pressefreiheit haben, vorzunehmen ist.[596]

2. Interessenabwägung im Einzelfall

Die Rechtmäßigkeit eines Eingriffs in die Pressefreiheit am Maßstab des jeweils einschlägigen Verfassungsregimes bemisst sich anhand der widerstreitenden Interessen im Einzelfall. Aufseiten des Urheberrechts stehen eigentümer- und persönlichkeitsrechtliche Interessen. Aufseiten der Pressefreiheit steht insbesondere das öffentliche Informationsinteresse.

Demgegenüber bemisst sich die Frage, ob eine urheberrechtlich relevante Nutzung auf Gesetzgebungsebene durch eine Schranke freigestellt werden kann und also im jeweiligen Einzelfall von einer Schranke des Urheberrechts noch gedeckt ist, danach, ob der Kerngehalt des Urheberrechts – die Zuordnung des vermögenswerten Ergebnisses des Werks, die Verfügungs- und mit ihr die Verwertungsfreiheit sowie die persönliche Zuordnung vom Urheber zum Werk – erhalten bleibt.

Damit stehen sich im Urheberrecht zwei unterschiedliche Tendenzen gegenüber: Auf der einen Seite stehen die verfassungsrechtlich verankerten ideellen und materiellen Interessen des Urhebers, welche durch Gewährung des Ausschließlichkeitsrechts im UrhG ihren Niederschlag gefunden haben. Auf der anderen Seite stehen die Kommunikationsgrundrechte, die unterschiedliche Güter, aber insbesondere das öffentliche Informationsinteresse schützen. Das Urheberrecht *kann* dazu führen, dass Eingriffe in die genannten Kommunikationsgrundrechte

---

595 „*La Cour n' a point pour tâche, lorsqu'elle exerce son contrôle, de se substituer aux juridictions internes compétentes, mais de vérifier sous l'angle de l'article 10 les décisions qu'elles ont rendues en vertu de leur pouvoir d'appréciation. Il ne s'ensuit pas qu'elle doive se borner à rechercher si l'État défendeur a usé de ce pouvoir de bonne foi, avec soin et de façon raisonnable : il lui faut considérer l'ingérence litigieuse à la lumière de l'ensemble de l'affaire pour déterminer si elle était ›proportionnée au but légitime poursuivi‹ et si les motifs invoqués par les autorités nationales pour la justifier apparaissent ›pertinents et suffisants‹. Ce faisant, la Cour doit se convaincre que les autorités nationales ont appliqué des règles conformes aux principes consacrés à l'article 10 et ce, de surcroît, en se fondant sur une appréciation acceptable des faits pertinents.*" EGMR, Urteil vom 10.01.2013, 36769/08; BeckRS 2013 7657.

596 *Nieland*, Urheberrecht vs. Pressefreiheit – Zur Lösung von Interessenkonflikten nach der „Ashby Donald"-Entscheidung des EGMR, K&R 2013, 285 (288).

gerechtfertigt sind.[597] Das UrhG soll dabei den verfassungsrechtlich garantierten Schutz beider Seiten herstellen: Die Informations-, Kunst-, Presse- und Meinungsfreiheit sind bei der Auslegung der Schrankenregelungen zu berücksichtigen.[598] Es fragt sich aber mit Blick auf den Vorwurf, das Urheberrecht schränke die freie Rede ein, ob der gesetzlich voll anerkannte Schutz des Urhebers im UrhG, als Ausfluss von Grundrechten die Kommunikationsgrundrechte zu stark überlagert.[599] Fraglich ist, ob die Kommunikationsgrundrechte stärker als bislang im UrhG Berücksichtigung finden müssen.

3. Urheberrechtliches Werk im Schutzbereich der Kommunikationsgrundrechte

Allerdings ist bei dieser Überlegung im Hinterkopf zu behalten, dass das urheberrechtliche Werk selbst auch eine Meinung enthalten kann und sich damit bei der Kund- und Weitergabe gegebenenfalls selbst auch auf Kommunikationsgrundrechte gestützt werden kann. Diese Überlegung läuft darauf hinaus, dass ein Werk gleichzeitig durch das Urheberrecht geschützt und eine inhaltlich von den Kommunikationsgrundrechten geschützte Handlung darstellen kann. Ein solches Werk wird dabei zugleich die Rede anderer einschränken und zwar in der konkreten Form dieses Werks.[600] Die Folge der Einschränkung der freien Rede durch die Gewährung eines Ausschließlichkeitsrechts tritt natürlich unabhängig davon ein, ob man das Urheberrecht dazu gewährt, um die Meinungsfreiheit des Urhebers, seine persönliche Beziehung zum Werk oder aber der Gesellschaft die beste effizienzökonomische gesamtgesellschaftliche Folge zu sichern. Der Konflikt besteht unabhängig von der Sachlage (und der zugrundeliegenden Motivation) und auch unabhängig von der philosophischen Begründung des Urheberrechts. So muss man zum Erklären dieses Konflikts nicht im deutschen Rechtsraum bleiben, denn dieser Konflikt kann überall auftauchen, wo sowohl ein Ausschließlichkeitsrecht des Urhebers als auch die Pressefreiheit

---

597 *Fechner*, Geistiges Eigentum und Verfassung, 1999, 342.

598 *Götting*, in: Handbuch des Urheberrechts, 3. Aufl. 2021 (§ 3 Rn. 5).

599 Vgl. zur Diskussion 1980 und zur damaligen Zitatschranke § 51 UrhG a.F: *Löffler*, Das Grundrecht auf Informationsfreiheit als Schranke des Urheberrechts, NJW 1980, 201.

600 *Cohen Jehoram*, Urheberrecht und Freiheit der Meinungsäußerung, Rechtsmissbrauch und Standardschikane, GRUR Int 2004, 96 (97 Fn. 10). „*Copyright ultimately serves to further First Amendment purposes by providing a financial incentive for creative speech, but the fact remains that in order to provide that incentive for some speech, other speech is restrained.*"

gewährt wird. Der US-Supreme Court fasste diesen Konflikt in seiner Harper & Row-Entscheidung wie folgt zusammen: „*In our haste to disseminate news, it should not be forgotten that the Framers intended copyright itself to be the engine of free expression. By establishing a marketable right to the use of one's expression, copyright supplies the economic incentive to create and disseminate ideas.*"[601] Es lässt sich also sogar feststellen, dass das Urheberrecht zu einer durchgehenden Beschränkung der Meinungsfreiheit führt.[602] Dieser Befund klingt allerdings dramatischer als er ist. Denn man kann für diese Erkenntnis letzten Endes auch auf den allgemeinen Rechtssatz zurückgreifen, wonach die Freiheit des Einzelnen dort endet, wo die Freiheit des anderen beginnt.

III. Staatliche Stellen machen Urheberrecht geltend

Allerdings geht der Vorwurf des sogenannten „*Zensurheberrechts*" weiter. In diesen Fällen geht es nicht allein um die Einschränkung der Kommunikationsgrundrechte durch das Urheberrecht, sondern um die Einschränkung durch das Urheberrecht, auf das sich der Staat beruft. In Fällen, in denen vom „*Zensurheberrecht*" gesprochen wird, berufen sich staatliche Stellen auf ein Urheberrecht an staatlichen Dokumenten, um die Verbreitung von Dokumenten zu unterbinden[603], womit wiederum die geistige Auseinandersetzung mit diesen Dokumenten aus der Verwaltung verhindert werden soll. Dabei steht es zu vermuten, dass es dem Staat in Wahrheit nicht um Zwecke geht, die das UrhG zu schützen bestimmt ist; und zwar weder primär, noch sekundär. Um dies noch einmal deutlich vor Augen zu führen: Im UrhG geht es zuvörderst um den Schutz des Urhebers, beziehungsweise um seine ideellen und materiellen Interessen an seinem Werk. Es handelt sich um ein Bekenntnis des Gesetzgebers dazu, dem Schöpfer eines geistigen Werkes eine hervorgehobene Rolle im Rahmen des Gesetzes zu gewähren.[604] Soweit es staatliche Stellen sind, die sich auf das Urheberrecht

601 Harper & Row v. Nation Enterprises, 471 U.S. 539 1985 (abrufbar unter: https://supreme.justia.com/cases/federal/us/471/539/; zuletzt abgerufen am: 26.05.2022).

602 *Cohen Jehoram*, Urheberrecht und Freiheit der Meinungsäußerung, Rechtsmissbrauch und Standardschikane, GRUR Int 2004, 96 (97).

603 So auch die Situation beschreibend: *Hoeren/Düwel*, Anmerkung zu EuGH, 29.7.2019 – C-469/17 – Afghanistan-Papiere, MMR 2019, 660 (666).

604 *Geiger*, Die Schranken des Urheberrechts als Instrumente der Innovationsförderung – Freie Gedanken zur Ausschließlichkeit im Urheberrecht, GRUR Int 2008, 459 (462). Unter Hinweis auf die Interessenlage im Urheberrecht ausführlich bei *Hilty*, Urheberrecht in der Informationsgesellschaft: „Wer will was von wem woraus?" – Ein Auftakt zum „zweiten Korb", ZUM 2003, 983.

in den Fällen des „*Zensurheberrechts*" berufen, ist dies nach hier vertretener Auffassung besonders schwerwiegend, da der Vorwurf der Zensur – staatliche Kontrolle von Information – nicht mehr so fern liegt. Zwar ist es grundsätzlich nicht rechtswidrig, sich auf ein Recht aus Gründen zu berufen, die eigentlich nicht durch das Gesetz geschützt werden sollen. Wenn dies der Staat tut, muss diese Situation aber besonders genau untersucht werden. Denn es schmälert die Glaubwürdigkeit staatlicher Stellen bedeutend, wenn offenkundig keine urheberrechtlichen, als vielmehr sicherheitspolitische Erwägungen der Hintergrund sind. Dennoch ist zu beachten, dass die Wortschöpfung „*Zensurheberrecht*" irreführend ist. Wenn sich staatliche Stellen auf das Urheberrecht berufen und es so zur Unterdrückung von Inhalten benutzen, unterziehen sie gerade staatliche Dokumente und nicht Dokumente Dritter einer inhaltlichen Kontrolle.[605]

Es ist nicht neu, dass sich staatliche Stellen auf das Urheberrecht berufen, um den Zugang zu Werken zu verhindern: Der Freistaat Bayern berief sich von 1945 bis zum Ende der urheberrechtlichen Schutzfrist 2015 auf die Urheber- und Verlagsrechte an *Adolf Hitlers „Mein Kampf"*, um damit die Verbreitung nationalsozialistischen Gedankenguts im In- und Ausland zu verhindern.[606] Es wurde ausdrücklich kommuniziert, dass es dem Freistaat um die Verhinderung der Verbreitung nationalsozialistischer Schriften ging.[607] Dennoch liegen die aktuellen Fälle des „*Zensurheberrechts*" noch einmal anders, denn „*Mein Kampf*" ist bekanntlich kein Dokument einer staatlichen Stelle und gerade kein „*staatliches Dokument*" im Sinne dieser Arbeit. Es soll eine beispielhafte Aufzählung von konkreten Fällen erfolgen, um die nicht nur als Einzelfall aufkommende Problematik zu verdeutlichen. Es werden zwei Fälle dargestellt, um einerseits aufzuzeigen, dass es sich um keinen Einzelfall handelt und andererseits die bisherige Argumentationslinie darzulegen. Die folgenden Beispielsfälle werden im Fortgang der Arbeit auch als typologische Betrachtung dienen, um das Phänomen des „*Zensurheberrechts*" zu erfassen.

1. Glyphosat Gutachten

Die sogenannten „*Glyphosat Gutachten*" sind Berichte, die das Bundesamt für Risikoforschung im Zusammenhang mit neuen Forschungserkentnissen zu

605 Vgl. bereits oben: B.II.3.b).

606 OLG München, Urteil vom 14.06.2012, 29 U 1204/12; ZUM-RD 2012, 479; Oberster Gerichtshof (Schweden), Urteil vom 21.12.1998, B 4367-97; GRUR Int 1999, 625; Pretura di Bologna, Entscheidung vom 20.04.1971, GRUR Int 1972, 57.

607 OLG München, Urteil vom 14.06.2012, 29 U 1204/12; ZUM-RD 2012, 479 (485).

dem Herbizid und dessen Rolle in der Krebsentstehung erstellt hat. Diese waren Gegenstand von zwei verschiedenen Gerichtsverfahren[608], die in Köln anhängig waren. Im Folgenden wird die Auseinandersetzung mit dem Mitteldeutschen Rundfunk geschildert:

a) *Sachverhalt*

Das Bundesinstitut für Risikobewertung ist eine bundesunmittelbare Anstalt des öffentlichen Rechts, welche vor allem die Bewertung des Risikos für Menschen im Bereich des Verbraucherschutzes durchführt.[609] Dieses hatte im Jahr 2015 dem Mitteldeutschen Rundfunk im Wege eines einstweiligen Verfügungsverfahrens die Veröffentlichung von Dokumenten zur Risikoeinschätzung von Glyphosat zunächst beim LG Köln, dann bestätigt vom OLG Köln, untersagen lassen.

Nachdem die Internationale Agentur für Krebsforschung zu dem Ergebnis gekommen war, dass das in der Europäischen Union verbreitete Pflanzenschutzmittel Glyphosat für den Menschen „*wahrscheinlich krebserzeugend*" ist, erstellte das Bundesinstituts für Risikobewertung für die Zwecke einer internen Bewertung im Rahmen des europäischen Prüfungsverfahrens zur Wiederzulassung von Glyphosat einen neuen Bewertungsbericht sowie eine Zusammenfassung desselben (zusammen: die Glyphosat Gutachten). Konkret ging es in dieser neuen Bewertung um die Auswirkungen des Herbizids Glyphosat auf die Gesundheit von Mensch und Tier. Die Glyphosat Gutachten wurden von Mitarbeitern des Bundesinstituts für Risikobewertung erstellt.

Dem Mitteldeutschen Rundfunk waren die Glyphosat Gutachten auf unbekanntem Wege übermittelt worden. Er hatte zunächst einen Fernsehbeitrag zum Einsatz von Glyphosat und ein in diesem Zusammenhang möglicherweise bestehendes Krebsrisiko gesendet. In diesem wurde scharf kritisiert, wie das Bundesinstitut für Risikobewertung mit vorher – vor der neuen Einschätzung

---

608 Es handelt sich einmal um das Verfahren, welches der Mitteldeutsche Rundfunk führte und welches sogleich geschildert wird, und außerdem um ein Verfahren welches die Betreiberin des Internetportals „Frag den Staat", die Open Knowledge Foundation e. V., führte. Zum Sachverhalt zu letzterem Verfahren: vgl. LG Köln: „FragDenStaat" darf Gutachten vorerst nicht veröffentlichen, MMR-Aktuell 2019, 415468; Bundesregierung mahnt FragDenStaat ab, MMR-Aktuell 2019, 415049; *Hauck/Fink*, Freiheit für das Glyphosat-Gutachten? Die Einschränkung öffentlich-rechtlicher Informationsansprüche durch das Veröffentlichungsrecht des Urhebers, GRUR-Prax 2019, 406.

609 *Hakenberg*, in: Creifelds Rechtswörterbuch, 27. Aufl. 2021 (Suchwort: Bundesinstitut für Risikobewertung).

der Internationalen Agentur für Krebsforschung – bereits existierenden Studien zum Zusammenhang zwischen Glyphosat und einer Krebserkrankung am Menschen umgegangen sei. Während der Sendung wurden wenige Seiten des Bewertungsberichts für wenige Sekunden gezeigt. Im Nachgang zur Sendung hielt der Mitteldeutsche Rundfunk die Zusammenfassung sowie das Inhaltsverzeichnis des Bewertungsberichts auf einer Homepage bereit.[610] Gegenstand des einstweiligen Verfügungsverfahrens waren allein die auf die Homepage per Link zur Verfügung gestellten Dokumente.

b) *Schranken*

Das LG Köln hat die Schranke der Berichterstattung über Tagesereignisse gemäß § 50 UrhG (welche auf Artikel 5 Absatz 3 lit. c InfoSoc-Richtlinie basiert) zunächst mit der Begründung abgelehnt, dass eine vorher mögliche und zumutbare Zustimmung nicht eingeholt worden sei.[611] Dieses ungeschriebene Erfordernis dieser Schrankenregelung ist zwischenzeitlich vom EuGH europarechtswidrig beurteilt worden, da dies nicht mit dem Wortlaut der zugrundeliegenden Regelung in der InfoSoc-Richtlinie vereinbar sei.[612] Das LG Köln war aber darüber hinaus der Ansicht, es handele sich schon nicht um eine Berichterstattung im Sinne von § 50 UrhG, da die streitgegenständlichen PDF-Dateien auf einer eigenen Unterseite und nicht als Teil eines Berichts in einer Berichterstattung vorgehalten wurden und eine Verbindung zu berichterstattenden Kommentaren nur über gestufte Links erfolgte.[613] Die Präsentation der Dokumente auf der Homepage habe keine Verbindung mehr mit der Sendung gehabt. Ein Nutzer der Webseite sei nicht gezwungen gewesen, zunächst die Sendung zur Kenntnis zu nehmen, um die Dokumente zu verstehen.[614] Die bloße Möglichkeit, dass die

---

610 OLG Köln, Urteil vom 06.12.2017, 6 U 8/17; BeckRS 2017, 151600; LG Köln, Urteil vom 15.12.2016, 14 O 302/15; BeckRS 2016, 133275.

611 LG Köln, Urteil vom 15.12.2016, 14 O 302/15; BeckRS 2016, 133275 (Rn. 108 ff.). Die Kammer ging zunächst noch kurz auf eine den Schranken vorgelagerte Grundrechtsprüfung und eine grundrechtskonforme Auslegung der Schranken im Lichte der Kommunikationsgrundrechte ein und verneinte dies (Rn. 105). Im Ergebnis entspricht dies auch der Rechtsprechung des EuGH (siehe bereits oben unter B.III.4.d) iv.

612 EuGH, Urteil vom 29.07.2019, C-516/17; GRUR 2019, 940 (Rn. 63 ff., 74).

613 Diese Begründung ist von der Entscheidung des EuGH in Bezug auf die Zitatfreiheit, wonach ein Zitat auch die Verlinkung auf eine selbstständig abrufbare Datei umfasst, zu unterscheiden: EuGH, Urteil vom 29.07.2019, C-516/17; GRUR 2019, 940.

614 LG Köln, Urteil vom 15.12.2016, 14 O 302/15; BeckRS 2016, 133275 (Rn. 112).

Dokumente eine Authentizität der Sendung hätten belegen können, mache die Art der Nutzung (isoliertes Onlinestellen) nicht zu einer Berichterstattung.[615] Ferner basierte die Ablehnung der Berichterstattungsschranke darauf, dass die online gestellten Dokumente nach Ansicht der Kammer nicht im Verlauf eines Tagesereignisses, über das berichtet worden ist, wahrnehmbar geworden seien. *„§ 50 UrhG rechtfertigt nicht die Berichterstattung, die sich ihr Tagesereignis selbst erst schafft und urheberrechtlich geschützte Werke, die bis dahin nicht veröffentlicht wurden, erstmals der Öffentlichkeit zur Kenntnis bringt.“*[616]

Das LG Köln lehnte auch die Schranke der Zitatfreiheit (§ 51 UrhG, welche ihr EU-rechtliches Pendant in Artikel 5 Absatz 3 lit. d InfoSoc-Richtlinie findet) ab. Auch hier fehle eine Zustimmung. Im Übrigen handele es sich aber auch nicht um ein *„Zitat“* im Sinne dieser Vorschrift, da es an einer inneren Verbindung zwischen einer eigenen Auseinandersetzung und dem Dokument fehle. Hieran, so das Gericht, fehle es *„regelmäßig, wenn das Zitat ausschließlich eine informierende Berichterstattung bezweckt.“* Das LG wies darauf hin, dass die Zitatfreiheit nicht gestatte, ein fremdes Werk nur um seiner selbst Willen zur Kenntnis der Allgemeinheit zu bringen.[617]

Das OLG Köln lehnte ebenso beide Schrankenregelungen ab.[618] Ein Tagesereignis im Sinne des § 50 UrhG liege zwar vor. Die erforderliche Aktualität sei so lange gegeben, wie ein entsprechender Bericht von der Öffentlichkeit noch als Gegenwartsberichterstattung wahrgenommen würde. Bei einer wie hier infrage stehenden Risiko-Neubewertung für eine Verlängerung der Zulassung in Anbetracht der möglichen Gesundheitsschädlichkeit sei dies der Fall, jedenfalls solange bis eine Entscheidung darüber getroffen sei.[619] Allerdings lehnte das OLG Köln die Schranke mit der Begründung ab, dass *„in fremde Urheberrechte nur in einem durch den Zweck der Berichterstattung gebotenen Umfang eingegriffen werden“* darf. Die fragliche Berichterstattung, habe hier *„die Allgemeinheit anschaulich über das Zulassungsverfahren und die Rolle des Antragstellers [...] unterrichten“* können, *„ohne dass es auf die Einblendung der vollständigen*

615 LG Köln, Urteil vom 15.12.2016, 14 O 302/15; BeckRS 2016, 133275 (Rn. 115).

616 LG Köln, Urteil vom 15.12.2016, 14 O 302/15; BeckRS 2016, 133275 (Rn. 111).

617 LG Köln, Urteil vom 15.12.2016, 14 O 302/15; BeckRS 2016, 133275 (Rn. 121).

618 Auch das OLG ging auf eine gesonderte Grundrechtsabwägung ein, lehnte aber eine außerhalb der Schranken vorgenommene Grundrechtsabwägung unter Berufung auf die Gies-Adler Entscheidung des BGH ab. OLG Köln, Urteil vom 06.12.2017, 6 U 8/17; BeckRS 2017, 151600 (Rn. 46); BGH, Urteil vom 20.03.2003, I ZR 117/00; NJW 2003, 3633.

619 OLG Köln, Urteil vom 06.12.2017, 6 U 8/17; BeckRS 2017, 151600 (Rn. 50).

Dokumente in der Sendung angekommen wäre.“[620] Das Zurverfügungstellen des Dokuments habe keine Berichterstattungsfunktion, als vielmehr eine reine Belegfunktion erfüllt.[621]

Die Zitatschranke in § 51 UrhG lehnte das OLG Köln ab, da kein Zitatzweck und -bedürfnis bestanden habe. Ein Zitat, so das OLG Köln, sei nur zulässig, wenn es als Belegstelle oder Erörterungsgrundlage diene, um selbstständige Ausführungen verständlicher zu machen (Zitatzweck).[622]

2. Afghanistan Papiere

a) Sachverhalt

Wie bereits in der Einleitung dargelegt, gibt die Bundesrepublik Deutschland militärische Lageberichte über Auslandseinsätze beim Bundesverteidigungsministerium in Auftrag.[623] Diese werden in Form von UdPs[624] an ausgewählte Abgeordnete des Deutschen Bundestags, Referate im Bundesministerium der Verteidigung und in anderen Bundesministerien sowie an nachgeordnete Dienststellen des Bundesministeriums der Verteidigung übersandt. Veröffentlicht wird eine gekürzte Fassung der UdPs als „*Unterrichtung der Öffentlichkeit*“. Die Funke Medien NRW beantragte Zugang zu sämtlichen UdP der vergangenen elf Jahre nach dem IFG. Dieses Begehren wurde ihr unter Verweis auf sicherheitsempfindliche Belange der Bundesrepublik, insbesondere nachteilige Auswirkungen auf sicherheitsempfindliche Belange der Bundeswehr gemäß § 3 Nummer 1 lit. b IFG, versagt. Auf unbekannten Wegen gelangte Funke Medien NRW dennoch an einen Großteil der UdP und veröffentlichte einige von diesen sodann als „*Afghanistan-Papiere*“ mit einem Einleitungstext, weiterführenden Links und einer Einladung zur interaktiven Partizipation auf ihrer Website. Die Bundesrepublik Deutschland war daraufhin der Ansicht, Funke Medien NRW habe ihr Urheberrecht an den Berichten verletzt, verlangte erfolglos Unterlassung

620 OLG Köln, Urteil vom 06.12.2017, 6 U 8/17; BeckRS 2017, 151600 (Rn. 49 ff., 52).

621 OLG Köln, Urteil vom 06.12.2017, 6 U 8/17; BeckRS 2017, 151600 (Rn. 52). Die Vorinstanz hatte auch die Tathandlung als Berichterstattung in Zweifel gezogen. LG Köln, Urteil vom 15.12.2016, 14 O 302/15; BeckRS 2016, 133275 (Rn. 112).

622 OLG Köln, Urteil vom 06.12.2017, 6 U 8/17; BeckRS 2017, 151600 (Rn. 54 ff.).

623 Gemäß § 6 Gesetz über die parlamentarische Beteiligung bei der Entscheidung über den Einsatz bewaffneter Streitkräfte im Ausland (Parlamentsbeteiligungsgesetz) vom 18. März 2005 (BGBl. I S. 775).

624 Vgl. siehe oben unter A.I.

und erhob schließlich Klage, der das LG Köln stattgab.[625] Die Berufung von Funke Medien NRW wurde vom OLG Köln zurückgewiesen.[626] Mit ihrer Revision zum BGH verfolgte Funke Medien NRW ihren Antrag auf Abweisung der Unterlassungsklage weiter. Der BGH meinte, dass die Einordnung als urheberrechtlich schutzfähiges Werk dahin stehen könne, sofern Schrankenregelungen oder aber Grundrechte als externe Schrankenregelungen (Grundrechte der Informationsfreiheit und der Pressefreiheit) greifen könnten.[627] Mit Blick auf die Reichweite der Schrankenregelungen in der InfoSoc-Richtlinie hat der BGH das Verfahren ausgesetzt und dem EuGH entsprechende Fragen zur Vorabentscheidung vorgelegt.[628] Dieser wiederum wies darauf hin, dass die *„Ausnahmen und Beschränkungen"* im Rahmen der Tagesberichterstattungsschranke unter Berücksichtigung der besonderen Bedeutung der Kommunikationsfreiheiten zulässig sein könne.[629] Im Ergebnis hat der BGH auf die Entscheidung des EuGH seine Auslegung der *„Berichterstattung"* über *„Tagesereignisse"* modifiziert und das Eingreifen der Tagesberichterstattungsschranke bejaht.[630]

b) Schranken

Das LG Köln kam zu der Überzeugung, dass eine Berichterstattung über Tagesereignisse (§ 50 UrhG) schon deshalb nicht vorliege, weil kein Berichterstattungselement gegeben sei. Das Internetportal habe die Afghanistan Papiere weitestgehend in systematisierter Form ins Internet gestellt und zum Abruf bereitgehalten. Eine journalistische Auseinandersetzung sei nicht festzustellen. Die Einordnung sei auch nicht anders unter dem Aspekt eines Belegs im Licht von § 50 UrhG zu rechtfertigen.[631]

Das LG Köln war auch der Überzeugung, dass die Zitatfreiheit (§ 51 UrhG) nicht greife, da keine eigenen referierenden Ausführungen zu den Afghanistan Papieren vorgenommen worden wären. Schließlich wies das LG Köln darauf hin, dass sich selbst unter Berücksichtigung von Artikel 10 EMRK keine andere

---

625 Alles Vorstehende, insb. zum Sachverhalt sowie zur Entscheidung: LG Köln, Urteil vom 02.10.2014, 14 O 333/13; GRUR-RR 2015, 55.

626 OLG Köln, Urteil vom 12.06.2015, 6 U 5/15; NJW-RR 2016, 165.

627 BGH, Vorlagebeschluss vom 01.06.2017, I ZR 139/15; NJW 2017, 3450 (Rn. 47).

628 EuGH, Urteil vom 29.07.2019, C-469/17; GRUR 2019, 934 (935); BGH, Vorlagebeschluss vom 01.06.2017, I ZR 139/15; NJW 2017, 3450.

629 EuGH, Urteil vom 29.07.2019, C-469/17; GRUR 2019, 934 (939 Rn. 70).

630 BGH, Urteil vom 30.04.2020, I ZR 139/15; GRUR-RS 2020, 12514.

631 LG Köln, Urteil vom 02.10.2014, 14 O 333/13; GRUR-RR 2015, 55 (58).

Wertung ergebe, da der mit Einstellen der Afghanistan Papiere verfolgte Zweck (Information der Öffentlichkeit über angebliche Diskrepanzen zwischen der öffentlichen Darstellung der Auslandseinsätze der Bundeswehr und der tatsächlichen Geschehnisse vor Ort) durch eine beschränkte – jedenfalls nicht vollständige – Bereitstellung der Afghanistan Papiere hätte erreicht werden können.[632]

Das OLG Köln pflichtete dem LG Köln in seinen Wertungen in Bezug auf §§ 50 und 51 UrhG bei und betonte ferner, dass eine von den Schranken losgelöste Grundrechtsabwägung ausscheide und auch in Anbetracht der hier infrage stehenden Kommunikationsgrundrechte nichts anderes gelten könne. Dem Informationsinteresse der Öffentlichkeit sei bereits in hohem Maße Rechnung getragen, indem – unstreitig – die Unterrichtungen der Öffentlichkeit frei zugänglich seien. Diese Einschätzung werde noch dadurch verstärkt, dass keine inhaltliche Auseinandersetzung mit den Afghanistan Papieren erfolge. Wenn und soweit eine Diskrepanz zwischen den Afghanistan Papieren und den Unterrichtungen der Öffentlichkeit bestünde, hätte dies in einer Gegenüberstellung einzelner Abschnitte erfolgen können. Demgegenüber habe das Bundesamt für Risikobewertung legitime Gründe für die Geheimhaltung von bestimmten Informationen angegeben, nämlich sicherheitsempfindliche Belange der Bundeswehr. Selbst wenn keine Vermögensinteressen betroffen wären, sei darauf hinzuweisen, dass das Urheberrecht insbesondere auch die Entscheidung über eine Veröffentlichung einräume.[633]

Der angerufene BGH bestätigte in seiner ersten Afghanistan Papiere Entscheidung die Wortlaut-Auslegung der §§ 50 und 51 UrhG und der zugrundeliegenden Schrankenregelungen der InfoSoc-Richtlinie der Vorinstanzen.[634] Mangels einer Berichterstattung scheide § 50 UrhG, beziehungsweise Artikel 5 Absatz 3 lit. c Fall 2 der InfoSoc-Richtlinie aus.[635] Auch die Zitatfreiheit nach § 51 UrhG beziehungsweise Artikel 5 Absatz 3 lit. d der InfoSoc-Richtlinie greife nicht, da die Einstellung der Afghanistan Papiere keinen Zitatzweck erfüllt habe. Im Übrigen seien diese auch noch nicht rechtmäßig zugänglich gemacht gewesen.[636] Die Afghanistan Papiere seien schließlich nicht veröffentlicht

---

632 LG Köln, Urteil vom 02.10.2014, 14 O 333/13; GRUR-RR 2015, 55 (59). Eine weitere Grundrechtsabwägung (dem Schrankenkatalog nachgelagert), lehnte das LG Köln unter Verweis auf die Gies Adler Entscheidung ab. BGH, Urteil vom 20.03.2003, I ZR 117/00; NJW 2003, 3633.

633 OLG Köln, Urteil vom 12.06.2015, 6 U 5/15; NJW-RR 2016, 165 (168 Rn. 38).

634 BGH, Vorlagebeschluss vom 01.06.2017, I ZR 139/15; NJW 2017, 3450 (3451 Rn. 16).

635 BGH, Vorlagebeschluss vom 01.06.2017, I ZR 139/15; NJW 2017, 3450 (3451 Rn. 19 f.).

636 BGH, Vorlagebeschluss vom 01.06.2017, I ZR 139/15; NJW 2017, 3450 (3452 Rn. 23).

worden. Mit Zustimmung des Berechtigten gemäß § 6 Absatz 1 UrhG seien die Afghanistan Papiere lediglich einem bestimmten Personenkreis und nicht der Öffentlichkeit zugänglich gemacht und zugleich durch Einordnung als Verschlusssache bestimmt, dass diese nicht an die Öffentlichkeit adressiert seien. Die Veröffentlichung der unstreitig nicht identischen Unterrichtungen der Öffentlichkeit sei keine Veröffentlichung im Sinne des § 6 UrhG der Afghanistan Papiere selbst.[637] Allerdings gab der BGH zu bedenken, dass dies im Lichte der im Streitfall betroffenen Grundrechte und im Licht des betroffenen Unionsrechts auch anders auszulegen sein könne.[638] Zu berücksichtigen wäre auf der einen Seite das der Bundesrepublik Deutschland von den Urhebern eingeräumte ausschließliche Recht der Vervielfältigung und der öffentlichen Zugänglichmachung sowie im Übrigen das Geheimhaltungsinteresse. Auf der anderen Seite stünde die durch Artikel 11 EU-GRCh gewährleistete Informationsfreiheit (hier konkret die Freiheit, Informationen ohne behördliche Eingriffe weiterzugeben) und die Pressefreiheit. Der bloße Umstand, so der BGH, dass die Afghanistan Papiere amtlichen Zwecken dienen würden und in Ausübung ihrer Dienstpflichten von Staatsdienern in Erfüllung ihrer Dienstpflichten geschaffen worden seien, würde weder die Urheberrechtsfähigkeit der Berichte noch das Bestehen von Verwertungsrechten aufseiten der Verfasser oder des Dienstherrn berühren. Mit der Anmerkung, dass der BGH zu der Annahme neige, dass auch ein gesteigertes öffentliches Interesse an der Wiedergabe der Afghanistan Papiere nicht zu einer anderen Auslegung der Schrankenregelungen über den Wortlaut hinaus führe, legte der BGH die Sache im Rahmen der Vorabentscheidung dem EuGH vor.[639]

Der EuGH hat festgestellt, dass Artikel 5 der InfoSoc-Richtlinie die Ausnahmen und Beschränkungen auch mit Blick auf tangierte Grundrechtspositionen erschöpfend aufführe.[640] Bei der Auslegung im Rahmen der Anwendung der Ausnahmen und Beschränkungen durch staatliche Stellen und Gerichte müsse allerdings ein angemessener Ausgleich zwischen den verschiedenen durch die

637 Für alles Vorstehende: BGH, Vorlagebeschluss vom 01.06.2017, I ZR 139/15; NJW 2017, 3450 (3452 Rn. 29, 30).

638 BGH, Vorlagebeschluss vom 01.06.2017, I ZR 139/15; NJW 2017, 3450 (3452 Rn. 31 ff.).

639 Für alles Vorstehende: BGH, Vorlagebeschluss vom 01.06.2017, I ZR 139/15; NJW 2017, 3450 (3454 Rn. 43 ff.).

640 Und insofern für die europäische Ebene das statuierte, was der BGH für das deutsche Recht bereits 2003 urteilte: BGH, Urteil vom 20.03.2003, I ZR 117/00; NJW 2003, 3633.

Unionsrechtsordnung geschützten Grundrechten oder anderen allgemeinen Grundsätzen des Unionsrechts gesichert werden.[641] In Bezug auf den vorliegenden Fall meinte der EuGH, dass es sich – unterstellt es handele sich bei den Afghanistan Papieren um urheberrechtlich geschützte Werke – durchaus um eine *„Nutzung von Werken ... in Verbindung mit der Berichterstattung über Tagesereignisse“* nach Artikel 5 Absatz 3 lit. c Fall 2 der InfoSoc-Richtlinie handeln könne.[642]

Der BGH hat daraufhin in seiner zweiten Entscheidung in Sachen Afghanistan Papiere nun wieder eine Kehrtwende eingelegt und das Berufungsurteil unter Verweis auf die Schranke gemäß § 50 UrhG aufgehoben und die Klage abgewiesen.[643] Dies ergebe sich aus einer auf den Zweck der Vorschrift ausgerichteten Auslegung sowie der Achtung der Grundfreiheiten des Rechts auf Meinungsfreiheit und auf Pressefreiheit und der Verhältnismäßigkeit im engeren Sinne.[644] Die *„Berichterstattung“* sei ein weit zu verstehendes Merkmal. Um dieses zu erfüllen, bedürfe es keiner inhaltlichen Erörterungen der UdPs, sondern es genüge deren Präsentation in systematisierter Form mit Einleitung, weiterführenden Links und der Einladung zu interaktiver Partizipation.[645] Der BGH sah auch die Berichterstattung über ein *„Tagesereignis“* als gegeben und zwar in der Behauptung, die öffentliche Darstellung des bei Veröffentlichung aktuellen Afghanistan-Einsatzes als Friedensmission sei nicht zutreffend.[646]

3. Zusammenfassung

Sowohl die staatlichen Dokumente aus dem Fall Afghanistan Papiere als auch aus dem Fall Glyphosat Gutachten zeigen Missstände im in dieser Arbeit verstandenen Sinn auf, an denen ein öffentliches Interesse besteht.[647] Sowohl im Fall Glyphosat Gutachten als auch im Fall Afghanistan Papiere handelt es sich um staatliche Stellen im in dieser Arbeit verstandenen Sinn. Vor dem Hintergrund der Ergebnisse aus C.III.5[648], wonach Schranken (auch) der geistigen

641 EuGH, Urteil vom 29.07.2019, C-516/17; GRUR 2019, 940 (943, 944 Rn. 51, 52); EuGH, Urteil vom 29.07.2019, C-469/17; GRUR 2019, 934 (939 Rn. 68).

642 EuGH, Urteil vom 29.07.2019, C-469/17; GRUR 2019, 934 (940 Rn. 75).

643 BGH, Urteil vom 30.04.2020, I ZR 139/15; GRUR-RS 2020, 12514.

644 GRUR-RS 2020, 12514 (Rn. 46 ff.)

645 BGH, Urteil vom 30.04.2020, I ZR 139/15; GRUR-RS 2020, 12514 (Rn. 38, 48).

646 BGH, Urteil vom 30.04.2020, I ZR 139/15; GRUR-RS 2020, 12514 (Rn. 44).

647 Vgl. oben: A.II.5 bis 8.

648 S. 123 f.

Auseinandersetzung zu dienen bestimmt und Ausfluss der Kommunikationsgrundrechte sind, muss es verwundern, dass die Schranken im Fall der Glyphosat Gutachten die Handlung der Nutzer in den vorgenannten Beispielsfällen nicht freistellten und im Fall der Afghanistan Papiere der Instanzenzug bis zum EuGH und ein zweites Mal zum BGH gehen musste, um gerichtlich festzustellen, dass die relevante Handlung als frei anzusehen ist.

Zwar ist im Fall der Afghanistan Papiere zu erkennen, dass hier letzten Endes eine grundrechtskonforme Auslegung im Licht der betroffenen Grundrechte der Nutzer stattgefunden hat. Insbesondere sah der BGH, dass das Urheberrecht nur urheberrechtsspezifische Interessen des Urhebers und nicht sicherheitspolitische Interessen schützt und daher in diesem Fall hinter den durch die Meinungs- und Pressefreiheit gemäß Artikel 5 Absatz 1 Satz 1 und 2 GG geschützten Veröffentlichungsinteressen zurücktreten muss.[649] Allerdings urteilte der BGH, dass dies nach den Umständen *„im Streitfall“*[650] so zu bewerten sei. Einem Einsatz des Urheberrechts von staatlicher Seite, um als unliebsam empfundene Berichterstattung zu unterbinden, wird durch diese grundrechtskonforme Auslegung nicht mit Sicherheit Einhalt geboten. Rechtssicherheit in Zukunft dahingehend zu gewährleisten, dass staatliche Stellen nicht weiterhin versuchen, das Urheberrecht an staatlichen Dokumenten *„zensierend“* gegen Verlage oder Rundfunkanstalten einzusetzen, ist durch dieses Urteil leider nicht zu erwarten.[651] Insbesondere schweigt dieses jüngste BGH-Urteil in Bezug auf Konstellationen, in denen eine Veröffentlichung von gegebenenfalls urheberrechtlich geschütztem Material im Raum steht, welches nicht mit Aktualitätsbezug veröffentlicht wurde.[652] Schließlich bleibt auch offen, ob das Urheberrecht bei öffentlich finanzierten Gutachten Privater greift. Diese letzte Frage stellt sich insbesondere im Kontext der (vermeintlich) betroffenen Eigentumsfreiheit, wenn eine weitere Verwertung fernliegend ist. Da sich diese Arbeit aber ausweislich der Fragestellung unter A. auf staatliche Dokumente, welche durch Beschäftigte im öffentlichen Dienst erstellt wurden konzentriert, wird auf diese Frage in der Folge jedoch nicht weiter eingegangen.[653]

---

649 BGH, Urteil vom 30.04.2020, I ZR 139/15; GRUR-RS 2020, 12514 (Rn. 54, 55).

650 BGH, Urteil vom 30.04.2020, I ZR 139/15; GRUR-RS 2020, 12514 (Rn. 52).

651 So auch: *Hofmann*, Urheberrecht ist kein Instrument staatlicher Geheimhaltung, GRUR-Prax 2020, 264.

652 *Hofmann*, Urheberrecht ist kein Instrument staatlicher Geheimhaltung, GRUR-Prax 2020, 264; BGH, Urteil vom 30.04.2020, I ZR 139/15; GRUR-RS 2020, 12514.

653 Siehe zu dieser Fragestellung: *Hofmann*, Urheberrecht ist kein Instrument staatlicher Geheimhaltung, GRUR-Prax 2020, 264.

Weder die Schrankenregelungen des UrhG noch die zugrundliegenden Ausnahmen und Beschränkungen der InfoSoc-Richtlinie kennen eine Schranke, welche das Aufdecken von Missständen grundsätzlich und ausdrücklich unabhängig von einer bereits bestehenden Aktualität freistellt. Besonders deutlich wird dies bei der Voraussetzung des „*Tagesereignisses*" und der Ansicht des LG Köln, dass eine Berichterstattung, die sich ihr Tagesereignis selbst erst schaffe, kein Tagesereignis im Sinne des § 50 UrhG sei.[654] Auch am Merkmal der „*Berichterstattung*" verfestigt sich dies. Nach der Überzeugung der Gerichte, soll ein online gestellter Bericht eines Dritten nicht als Berichterstattung gewertet werden, da der Verfasser nicht mit demjenigen, der den Bericht verfasst hat, identisch ist.[655] Diese Auslegung führt dazu, dass allen voran der investigative Journalismus in aller Regel Urheberrechtsverstöße in Kauf nehmen muss, um seine Behauptungen über Missstände zu belegen.[656] Es ist aber gerade der Beleg, der für Investigativ-Journalismus in Zeiten von sog. „*Fake News*" von großer Bedeutung ist. Einem öffentlichen Misstrauen gegenüber Autoritäten aber auch gegenüber den Medien kann nur durch Belege entgegnet werden.

IV. Kategorisierung des Vorwurfs des „*Zensurheberrechts*"

Die geschilderten Fälle eint der mit der Berufung auf das Urheberrecht verbundene Zweck, denn es soll jeweils mit Hilfe des Urheberrechts unliebsame Berichterstattung unterbunden werden. Besonders pikant ist dieses Vorgehen, wenn es ausgerechnet staatliche Stellen sind, die die Unterlassung von Berichterstattung (im weiteren Sinne[657]) verfolgen. Denn das öffentliche Interesse an der Offenlegung von Informationen über Missstände – etwa streitbare Praktiken

654 LG Köln, Urteil vom 15.12.2016, 14 O 302/15; BeckRS 2016, 133275 (Rn. 111); LG Köln, Beschluss vom 19.03.2019, 14 O 86/19; MMR 2019, 546 (Rn. 10). Allerdings verfolgt der BGH mit seinem letzten Urteil eine sehr weite Auslegung: BGH, Urteil vom 30.04.2020, I ZR 139/15; GRUR-RS 2020, 12514 (Rn. 43, 44).

655 *Wandtke/Hauck*, Urheberrecht versus Pressefreiheit, NJW 2017, 3422 (3424).

656 *Wandtke/Hauck*, Urheberrecht versus Pressefreiheit, NJW 2017, 3422 (3424).

657 Im weiteren Sinne deshalb, da die Afghanistan Papiere lediglich in systematisierter Form im Internet eingestellt und zum Abruf bereitgehalten wurden. Darin, so der BGH noch in seiner ersten Afghanistan Papiere Entscheidung, liege keine Berichterstattung im Sinne des § 50 UrhG/Artikel 5 Absatz 3 lit. c InfoSoc-Richtlinie, mangels Analyse oder Kommentar: BGH, Vorlagebeschluss vom 01.06.2017, I ZR 139/15; NJW 2017, 3450 (3451 Rn. 20). Diese Ansicht vertritt der BGH nunmehr nicht weiter: BGH, Urteil vom 30.04.2020, I ZR 139/15; GRUR-RS 2020, 12514 (Rn. 38).

der Streitkräfte oder aber über die staatliche Einschätzung des medial breit diskutierten Herbizids Glyphosat – hat in einer Demokratie ein immenses Gewicht. Es gilt das Vertrauen der Bevölkerung in den Staat zu schützen, indem die Überprüfbarkeit staatlichen Handelns gewährleistet wird.[658]

Die FDP-Fraktion brachte am 10. Mai 2019 einen Antrag in den Bundestag ein, mit dem sie die Änderung von § 5 UrhG und § 6 IFG zur Lösung des Problems anregte.[659] Der Antrag trug den Titel „*Urheberrecht nicht zur Einschränkung der Informationsfreiheit missbrauchen*".[660] In dem Antrag wird der Missstand festgestellt, dass die Veröffentlichung beziehungsweise Verbreitung staatlicher Dokumente mit den Mitteln des Urheberrechts zur Zeit als gängige Praxis bezeichnet werden könne und nennt beispielhaft die bereits beschriebenen Fälle des Glyphosat Gutachtens und der Afghanistan Papiere.[661] Wörtlich heißt es in dem Antrag, dass durch „*solch ein staatliches Vorgehen* […] *Informationen und Dokumente mit den Mitteln des Urheberrechts unter Verschluss gehalten*" werden, „*die dem gesetzlich geregelten und eng begrenzten Geheimnisschutz nicht unterfallen. Das Urheberrecht wird hier somit für die Verfolgung von Zielen instrumentalisiert, die ihm völlig fremd sind. Es dient nicht der Verschleierung von Informationen staatlicher Stellen, sondern dem Schutz von Persönlichkeits- und Vermögensinteressen schutzwürdiger Urheber. Der Missbrauch des Urheberrechts als Zensurinstrument widerspricht dem demokratischen Transparenzgebot und höhlt die kontrollierende Kraft des Bürgers und der Medien im politischen Willensbildungsprozess aus.*"[662] Sollten Dokumente dem Geheimnisschutz unterliegen, so der Entwurf, müsse es eine Ausnahme von dem Grundsatz des freien Zugangs geben.[663]

---

658 Zum Fall Afghanistan-Papiere: *Wandtke/Hauck*, Urheberrecht versus Pressefreiheit, NJW 2017, 3422 (3425).

659 Aufgrund dieses Missstandes sei, so der Antrag, nicht nur das Gesetz entsprechend anzupassen, sondern außerdem eine entsprechende Weisung der Bundesminister an die ihrer Aufsicht unterstehenden Behörden auszusprechen. Antrag vom 10.05.2019 – Bundestags-Drucksache 19/10076, S. 3.

660 Antrag vom 10.05.2019 – Bundestags-Drucksache 19/10076, S. 1. Auf Seiten der Nutzer ist richtigerweise zunächst die Pressefreiheit betroffen, vgl. siehe oben: D.I.1.

661 Antrag vom 10.05.2019 – Bundestags-Drucksache 19/10076, S. 2.

662 Antrag vom 10.05.2019 – Bundestags-Drucksache 19/10076, S. 2.

663 Antrag vom 10.05.2019 – Bundestags-Drucksache 19/10076, S. 3.

Darüber hinaus forderten Medienverbände[664] im Dezember 2019 in einem offenen Brief die Bundesjustizministerin *Christine Lambrecht* auf, dafür zu sorgen, *„dass missbräuchlicher Einsatz urheberrechtlicher Ansprüche bei vom Bund verantworteten Inhalten – wie jüngst gegen die zivilgesellschaftliche Initiative ‚FragDenStaat' im Falle des Glyphosat-Gutachtens des Bundesinstituts für Risikobewertung – gestoppt werden und zukünftig unterbleiben"*.[665] Es handele sich bei diesem Vorgehen um ein Mittel *„taktischer Zweckentfremdung legitimer urheberrechtlicher Schutzmechanismen"*. Im Kern begründen die Unterzeichner ihr Begehren damit, dass dieses Vorgehen weder einem demokratischen Rechtsstaat würdig sei, noch dem Urheberrecht gerecht würde. Die Unterzeichner fordern die Bundesregierung in dem Brief dazu auf, die aufgrund der DSM-Richtlinie anstehende Gesetzesänderung dazu zu nutzen, den § 5 Absatz 2 UrhG durch eine Vermutungsregel weiter zu fassen, so dass Werke, welche im Verantwortungsbereich der staatlicher Stellen erstellt wurden, im Zweifel von dieser Regel erfasst und damit gemeinfrei würden.

Bei dieser Thematik ist es unausweichlich, sich erneut den bezweckten Schutz des Urheberrechtsschutzes vor Augen zu führen (siehe oben Teil B.). Das Urheberrecht ist Ausfluss von Grundrechten, also Rechten, die der Bürger gegen den Staat hat. Es umfasst materiellrechtlich einerseits das Eigentumsrecht, da es sich beim Urheberrecht auch um Vermögensschutz handelt und dem Urheber die Verwertungsrechte an seinem Werk zustehen. Andererseits umfasst das Urheberrecht das Urheberpersönlichkeitsrecht. Zusätzlich stehen dem Urheber gegebenenfalls die Meinungs-, Presse- und Informationsfreiheit und die Wissenschafts- und Kunstfreiheit als weitere Grundrechte zur Seite.[666] Die einfachgesetzliche Gewährleistung des Urheberrechts in Gestalt des UrhG ist ein auf Privatpersonen zugeschnittenes Recht.[667]

In den Beispielsfällen geht es um die Frage, inwiefern es rechtlich zulässig ist, dass sich der Staat oder staatliche Stellen auf ein auf Privatrechtsubjekte zugeschnittenes Recht beruft und dabei Grundrechte der Nutzer einschränkt. Diese Thematik betrifft im Kern zwei unterschiedliche Punkte, die in der Diskussion

664 Unterzeichner sind der Deutscher Journalisten-Verband, Deutsche Journalistinnen und Journalisten-Union – ver.di, Reporter ohne Grenzen e.V., Wikimedia Deutschland und die Open Knowledge Foundation Deutschland e.V.

665 Abrufbar unter: http://docs.dpaq.de/15638-191205_an_bmjv_lambrecht_-_offener_brief_glyphosat_und_and._amtl._werke.pdf (zuletzt abgerufen am 26.05.2022).

666 Vgl. oben B.II.2.c).

667 Vgl. oben B.II.4.

oft vermischt werden. Einerseits geht es darum, welche Stellschrauben das UrhG bereithält. Hier ist insbesondere diskussionsbedürftig, ob der Schutz für Privatrechtssubjekte und staatliche Stellen derselbe sein kann – jedenfalls soweit Grundrechte auf Seiten der Nutzer für diese streiten. Andererseits geht es um die Frage, ob es legitim ist, dass eine staatliche Stelle eines demokratischen Staates, der von einem freien und offenen Meinungs- und Willensbildungsprozess lebt, das Recht ausübt, eine private Rechtsposition zu nutzen, um geistige Auseinandersetzung zu unterbinden. Es ist nach einer Rechtssicherheit gewährenden Lösung für die Nutzer zu suchen. Da die Diskussion um den ersten Themenkreis bedeutsam für den zweiten Themenkreis ist, sollen nun beide in entsprechender Reihenfolge in Kapitel E. und F. behandelt werden.

E. Ein Sonderfall: Eine staatliche Stelle beruft sich auf Urheberrecht

Fraglich erscheint, ob im Rahmen des UrhG das Aufdecken von Missständen durch Veröffentlichung staatlicher Dokumente freigestellt sein kann und inwiefern sich Nutzer diesbezüglich in Rechtssicherheit befinden. Dabei sind erneut verschiedene Ebenen zu unterscheiden. Zuerst sollte hinterfragt werden, ob in Fällen, in denen staatspolitische Geheimhaltungsinteressen motivationsbegründend für das Berufen auf das Urheberrecht sind, das Urheberrecht mit Blick auf seinen Schutzbereich und seine Schutzintention – Sicherung der ideellen und materiellen Interessen des Urhebers – einschlägig sein kann (I.). Sodann fragt sich, inwiefern die fraglichen staatlichen Dokumente tatsächlich schutzfähige Werke des Urheberrechts sind (II.). Und schließlich betrifft die dritte Ebene die Frage, ob es einen Unterschied im Rahmen der Auslegung insbesondere der Schrankenregelungen macht, wenn sich staatliche Stellen auf das Urheberrecht berufen (III.). Im Anschluss wird noch dargelegt, dass in der Literatur außerdem die Ansicht vertreten wird, dass die Lösung für die adäquate Berücksichtigung der betroffenen Grundrechte in einer Interessenabwägung auf der Ebene der „*Widerrechtlichkeit*" gesehen wird (IV.).

I. Das Urheberrecht und staatspolitische Geheimhaltungsinteressen

Sinn und Zweck des UrhG ist es, die materiellen und ideellen Interessen des Urhebers privatrechtlich zu wahren.[668] Wenn sich staatliche Stellen nun auf das Urheberrecht ihrer Beamten und Angestellten in den Beispielsfällen berufen, dann geht es ihnen jedoch überhaupt nicht um die Verwertung des Werks. Wirtschaftliche Interessen werden in aller Regel nicht berührt sein, da von vornherein kein Geld mit den fraglichen Dokumenten verdient werden sollte.[669] Denn es handelt sich um Dokumente zu Zwecken der behördeninternen Kommunikation, Abstimmung und Dokumentation. Allerdings sieht die Lage hinsichtlich der urheberpersönlichkeitsrechtlichen Interessen anders aus. Auch wenn

668 Vgl. siehe oben: B.II.

669 *Hoeren/Herring*, WikiLeaks und das Erstveröffentlichungsrecht des Urhebers – Informationsfreiheit als externe Schranke des Urheberrechts, MMR 2011, 500 (503).

staatliche Stellen sich auf das Urheberrecht berufen, bleiben die ideellen Interessen der jeweiligen Urheber bestehen, insbesondere das Veröffentlichungsrecht aus § 12 UrhG.

Es wird in dieser Arbeit davon ausgegangen, dass es denen sich auf das UrhG berufenden staatlichen Stellen darum geht, dass brisante Informationen entweder vollständig unter Verschluss gehalten werden können oder aber diese – sofern sie etwa auf Basis des IFG schon herausgegeben werden müssen – nicht schnell und unkontrolliert verbreitet werden. Es ist nun zu untersuchen, wie mit dem Befund umzugehen ist, dass sich staatliche Stellen auf ein Recht aus Gründen berufen, die vom UrhG nicht geschützt sind.[670] Dem ist folgende Überlegung vorweg zu stellen: Es ist grundsätzlich rechtlich irrelevant, dass sich erst zu einem späteren Zeitpunkt Interessen entwickeln, die ursprünglich nicht vorhanden waren. Beim intrinsisch motivierten Künstler dürfte dies sogar die Regel darstellen. Dieser schafft zunächst ein Werk ganz ohne materielle Interessen, wird dann erfolgreich und bemerkt, dass er mit seinem Werk Geld verdienen kann. Dem Künstler wird man nicht entgegenhalten, dass er ursprünglich keine materiellen Interessen gehabt habe, und mit dieser Argumentation gegen seine Berechtigung der Geltendmachung seiner Verwertungsrechte vorgehen. Bei staatlichen Stellen liegt die Situation dennoch anders. Es erscheint, dass die Produktion eines Dokuments mit Werkcharakter aus einer staatlichen Stelle eher eine glückliche Fügung ist und das Urheberrecht praktischerweise zur Unterbindung der Weiterverbreitung bereitsteht. Materielle im Sinne von monetären Interessen werden auch später nicht berührt sein.

1. „*Vorteil*" des Urheberrechts gegenüber dem Presserecht

Der „*Vorteil*" des UrhG im Gegensatz zum Presserecht liegt darin, dass das UrhG im Gegensatz zum Äußerungsrecht keine umfassende Abwägung mit der Pressefreiheit und dem öffentlichen Informationsinteresse kennt. Im Presserecht ist auf Anwendungsebene das Allgemeine Persönlichkeitsrecht als Rahmenrecht und das öffentliche Interesse in einer „*freien Abwägung*" in praktischer Konkordanz in Ausgleich zu bringen. Für das Verhältnis zwischen Presserecht und Urheberrecht bedeutet dies, dass wenn sich eine Presseveröffentlichung nicht unter die Schranken des Urheberrechts fassen lässt, ein urheberrechtlicher Verstoß gegeben ist. Das aus dem Presserecht bekannte „*Korrektiv*" einer Abwägung

670 Vgl. siehe oben: B.II.4.

im Einzelfall am Maßstab der tangierten Grundrechte ist im Urheberrecht nicht vorhanden.[671]

Würde man die oben beschriebenen Fälle Glyphosat Gutachten und Afghanistan Papiere lediglich unter dem Blickwinkel des Presserechts beurteilen, würden nach hier vertretener Auffassung gute Argumente für das Überwiegen der Veröffentlichungsinteressen sprechen. Das Informationsinteresse der Öffentlichkeit an einem vom Bundestag nicht in der behaupteten Form legitimierten Kriegseinsatz der Bundeswehr, einer Parlamentsarmee, dürfte gegenüber den Geheimhaltungsinteressen der staatlichen Stellen als höher bewertet werden. Nichtsdestotrotz wurden die Veröffentlichungen, wie gesehen, im Lichte des Urheberrechts untersagt. Die Kommunikationsgrundrechte rechtfertigen außerhalb der Schrankenregelungen (Art. 5 InfoSoc-Richtlinie und §§ 44a ff. UrhG) keine Abweichung der Rechte des Urhebers.[672] Die Umgehungsgefahr liegt damit auf der Hand, denn die normierten Schranken des Urheberrechts können einen Gebrauch des Urheberrechts wegen urheberrechtsfremder Belange, wie etwa unter Berufung auf eine „*Fair Use*“ Klausel, nicht vollständig ausschließen. *De lege lata* ermöglicht danach das UrhG einen Geheimnisschutz, soweit die Schrankenregelungen nicht greifen, während im Presserecht die Rechtmäßigkeit einer Veröffentlichung – abseits von der Intimsphäre – stets mit einem (überwiegenden) öffentlichen Interesse begründet werden kann.

2. Bedeutung des IFG im Zusammenhang mit den Beispielsfällen

Da die Beispielsfälle eng mit dem IFG zusammenhängen, bedarf es einer Einordnung, wie das UrhG zu dem IFG des Bundes steht. Allein das Verhältnis zu diesem wird in dieser Arbeit tiefergehend behandelt, während die verschiedenen Regeln der Bundesländer zum Informationszugang unberücksichtigt bleiben.[673] Ebenfalls bleibt der nach dem BVerWG bestehende verfassungsrechtlich unmittelbare Auskunftsanspruch der Presse in dieser Arbeit unberücksichtigt, denn dieser weist erhebliche Unterschiede zu dem „*Jedermann*“ Auskunftsanspruch

671 *Nieland*, Urheberrecht vs. Pressefreiheit – Zur Lösung von Interessenkonflikten nach der „Ashby Donald“-Entscheidung des EGMR, K&R 2013, 285 (286). Siehe hierzu allerdings die unter dem Stichwort „*Widerrechtlichkeit*“ vertretenen Auffassungen, vgl. siehe bereits oben unter B.III.3., und unten E.IV.

672 Vgl. siehe oben: B.III.3.

673 Einen Überblick über die verschiedenen Regelungen auf Länderebene gibt: *Debus*, in: BeckOK Informations- und Medienrecht, 35. Aufl. 2022 (§ 1 IFG Rn. 59 ff.).

nach IFG auf[674] und in den Beispielsfällen wurde sich nicht auf ihn berufen. Die Beispielsfälle dienen im Rahmen dieser Arbeit aber als typologische Betrachtung, welche untersucht wird.

Gemäß § 1 IFG hat jeder „*nach Maßgabe dieses Gesetzes gegenüber den Behörden des Bundes einen Anspruch auf Zugang zu amtlichen Informationen.*" Mit diesem Gesetz sollte der beschränkten Aktenöffentlichkeit offiziell ein Ende gesetzt werden.[675] Das Gesetz hat seiner Begründung gemäß zum Ziel, größere Transparenz und bessere Kontrollmöglichkeiten für das staatliche Handeln zu etablieren. Lebendige Demokratie verlange, so die Gesetzesbegründung, „*dass die Bürger die Aktivitäten des Staates kritisch begleiten, sich mit ihnen auseinandersetzen und versuchen, auf sie Einfluss zu nehmen.*"[676] Nur im Ausnahmefall darf der Informationsanspruch verweigert werden, etwa wenn Urheberrechte Dritter entgegenstehen (§ 6 IFG).[677] Die informationspflichtige staatliche Stelle muss bei der Entscheidung über die Ausübung der ihr eingeräumten urheberrechtlichen Nutzungsrechte gegenläufigen gesetzlichen Zielvorstellungen und daraus folgenden rechtlichen Verpflichtungen Rechnung tragen. Ein genereller Vorrang eines der staatlichen Stelle zugewiesenen Urheberrechts folgt aus § 6 IFG aber nicht.[678]

Bezeichnenderweise berief sich die Bundesrepublik Deutschland in den Beispielsfällen auch nicht auf den Ausschlussgrund aus § 6 IFG. Im Fall der Afghanistan Papiere versagte die staatliche Stelle den Zugang unter Hinweis auf sicherheitspolitische Interessen (§ 3 IFG), nicht aber unter Berufung auf das Urheberrecht. Sowohl die Glyphosat Gutachten als auch die Afghanistan Papiere wurden nicht auf offiziellem Wege, sondern durch ein „*Leak*" zugänglich gemacht.

In Bezug auf den bloßen Informationszugang wird es ohnehin in der Praxis kaum zu einem Konflikt zwischen dem Gesuch zur bloßen Kenntnisnahme nach IFG und dem UrhG kommen.[679] Das Urheberrecht kommt regelmäßig erst dann ins Spiel, wenn die durch den Informationszugangsanspruch zur

---

674 Vgl. hierzu mwN: *Gurlit*, Informationsbeschaffung der Medien: Gegenüberstellung von presserechtlichen und allgemeinen Informationsansprüchen, AfP 2020, 9.

675 Siehe hierzu: *Bullinger/Stanley*, Das Spannungsverhältnis zwischen Informationsfreiheit und Urheberrecht, GRUR-Prax 2015, 395 (395).

676 Gesetzentwurf von 2004 – Bundestags-Drucksache. 15/4493, S. 6.

677 BVerwG, Urteil vom 25.06.2015, 7 C 1/14; GRUR-RR 2016, 137 (140 Rn. 38).

678 BVerwG, Urteil vom 25.06.2015, 7 C 1/14; GRUR-RR 2016, 137.

679 *Guckelberger*, in: BeckOK Informations- und Medienrecht, 35. Aufl. 2022 (§ 6 IFG Rn. 7).

Verfügung gestellten Dokumente durch das Einscannen und/oder das auf die Internetseite Stellen das Vervielfältigungsrecht des § 16 UrhG, das Verbreitungsrecht des § 17 UrhG und das Recht der öffentlichen Zugänglichmachung gemäß § 19aUrhG berührt sind.

Zu beachten ist jedoch, dass nach hier vertretener Auffassung die (potentielle) Zugangsgewährung zu einem staatlichen Dokument gemäß IFG eine Veröffentlichung im Sinne des § 6 UrhG darstellt.[680] Es ist von einem einheitlichen Veröffentlichungsbegriff im UrhG auszugehen.[681] „*Veröffentlichung*" bedeutet in richtlinienkonformer Auslegung im Sinne von § 6 Absatz 1 UrhG und in Orientierung an § 15 Absatz 3 UrhG, dass das infrage stehende Werk mit Zustimmung des Berechtigten der Öffentlichkeit zugänglich gemacht worden ist. Das bedeutet nicht unbedingt, dass jeder Kenntnis nehmen kann. Nötig ist allerdings eine Kenntnis von einer „*unbestimmte*[n] *Zahl potenzieller Leistungsempfänger*", es muss sich um „*recht viele Personen*"[682] handeln, die nicht miteinander persönlich verbunden sind.[683] Hervorzuheben ist, dass tatsächliche Kenntnisnahme nicht erforderlich ist, also die bloße Möglichkeit des Zuganges ausreicht.

Gegen die Ansicht, wonach die (potentielle) Zugangsgewährung zu einem staatlichen Dokument gemäß IFG eine Veröffentlichung im Sinne des § 6 UrhG darstellt, wird teilweise eingewandt, es könne sich hier noch nicht um eine Veröffentlichung nach § 6 UrhG handeln, denn der Zugang werde nur einer Person gewährt.[684] Nach der einheitlichen Auslegung des Veröffentlichungsbegriffs ist

680 BVerwG, Urteil vom 25.06.2015, 7 C 1/14; GRUR-RR 2016, 137 (140 Rn. 37); *Bullinger*, in: Wandtke/Bullinger Urheberrecht, 5. Aufl. 2019 (§ 12 UrhG Rn. 16a); *Düwel*, Das Urheberrecht als Mittel staatlicher Geheimhaltung, 2020, 252; *Raue*, Informationsfreiheit und Urheberrecht, Juristenzeitung 2013, 280 (285); *Ramsauer*, Das Urheberrecht und Geschäftsgeheimnisse im UIG und IFG, AnwBl 2013, 410 (415). Auch bereits: VG Braunschweig, Urteil vom 17.10.2007, 5 A 188/06; ZUM 2008, 254 (256).

681 *Katzenberger/Metzger*, in: Schricker/Loewenheim, 6. Aufl. 2020 (§ 6 UrhG Rn. 8); *Marquardt*, in: Wandtke/Bullinger Urheberrecht, 5. Aufl. 2019 (§ 5 Rn. 21, § 6 Rn. 5); *Ahlberg/ Lauber-Rönsberg*, in: BeckOK Urheberrecht, 34. Aufl. 2022 (§ 6 UrhG Rn. 15 ff. insb. 21); KG, Urteil vom 21.04.1995, 5 U 1007/95; NJW 1995, 3392 (3393). A.A.: *Dreier*, in: Dreier/Schulze Urheberrechtsgesetz, 7. Aufl. 2022 (§ 6 UrhG Rn. 7); *Schack*, Urheber- und Urhebervertragsrecht, 9. Auflage 2019, Rn. 262.

682 EuGH, Urteil vom 08.09.2016, C-160/15; NJW 2016, 3149 (3151 Rn. 36).

683 *Marquardt*, in: Wandtke/Bullinger Urheberrecht, 5. Aufl. 2019 (§ 6 UrhG Rn. 4 f.); *Katzenberger/Metzger*, in: Schricker/Loewenheim, 6. Aufl. 2020 (§ 6 UrhG Rn. 11).

684 VG Magdeburg, Urteil vom 23.01.2018, 6 A 343/16 MD; ZUM-RD 2018, 365 (367, 368); VG Berlin, Urteil vom 14.09.2012, 2 K 185/11; ZUM-RD 2013, 34 (38); *Schoch*, in: Informationsfreiheitsgesetz, 2. Aufl. 2016 (§ 6 IFG Rn. 46).

jedoch eine tatsächliche Kenntnisnahme durch eine unbestimmte Anzahl von Personen gerade nicht erforderlich. Es reicht die bloße Möglichkeit des Zuganges aus. Dies ist nach dem IFG der Fall. Der Zugangsanspruch steht jeder Person voraussetzungslos zu.[685] Durch das IFG können daher eine große Anzahl staatlicher Dokumente bereits veröffentlicht sein.[686] Andersherum liegt aber keine Veröffentlichung vor, sofern kein Informationsanspruch nach dem IFG besteht und ein Informationsbegehren daher zu Recht abgelehnt wird.[687]

Auch erfolgt im Fall des dem Informationsanspruch nach IFG unterliegenden Dokuments die Zugänglichmachung *„mit Zustimmung"* im Sinne der richtlinienkonformen Auslegung der § 6 Absatz 1 UrhG in Orientierung an § 15 Absatz 3 UrhG. Denn der jeweilige Beamten-Urheber stellt sein Werk der jeweiligen staatlichen Stelle im Rahmen seines Dienstes zu Verfügung und diese stellt es nach dem IFG – entsprechend dem Grundsatz des rechtstreuen Verhaltens staatlicher Institutionen – willentlich zur Verfügung, sofern ein Anspruch nach IFG besteht.

Das Urheberrecht kennt keinen Versagungsgrund, wie die Belange der *„inneren oder äußeren Sicherheit"*, wie das IFG gemäß § 3 Nummer 1 lit. c IFG. Das Urheberrecht dient nicht der Geheimhaltung von Staatsinteressen oder -geheimnissen.[688] Das Recht des Urhebers die Veröffentlichung und anschließende Verbreitung seines Werks zu verhindern, folgt unmittelbar aus dem Urheberpersönlichkeitsrecht. Das Urheberrecht dient vor diesem Hintergrund gegebenenfalls Geheimhaltungsinteressen des Urhebers, der sein Werk, welches – im individualistischen Sinne – seine Persönlichkeit widerspiegelt, vor der Öffentlichkeit geschützt wissen will. Das Urheberrecht dient aber nicht der Geheimhaltung der Belange *„innerer oder äußerer Sicherheit"* des Staates, wie von § 3 Nummer 1 lit. c Informationsfreiheitsgesetz gefordert.[689]

3. Lösungsansätze

Es ist nach Lösungsansätzen zu suchen, die die Möglichkeit unterbinden, sich aus Gründen sicherheitspolitischer Belange, auf das Urheberrecht zu berufen.

---

685 *Ramsauer*, Das Urheberrecht und Geschäftsgeheimnisse im UIG und IFG, AnwBl 2013, 410 (415).

686 *Düwel*, Das Urheberrecht als Mittel staatlicher Geheimhaltung, 2020, 253.

687 *Düwel*, Das Urheberrecht als Mittel staatlicher Geheimhaltung, 2020, 252.

688 Vgl. oben: B.II.4.

689 Vgl. siehe oben: B.II.4.

a) Ein subjektives Element für den Urheberrechtsschutz?

Man könnte an das Einfügen eines subjektiven Elements denken, wonach der Wille sich auf vom Urheberrecht geschützte materielle oder ideelle Interessen zu beziehen vorliegen müsste, um sich auf die §§ 12 ff. UrhG oder die §§ 15 ff. UrhG zu berufen. Wenn durch die Sachlage der bloße Wille, das reguläre Presserecht oder aber das IFG zu umgehen, indiziert ist – wie in den Beispielsfällen insbesondere im Fall der Afghanistan Papiere durch die Verweigerung der Auskunft unter Berufung auf § 3 IFG –, könnte man die Berufung auf das Urheberrecht durch das Einfügen eines subjektiven Elements im Anspruchsaufbau versagen.

Allerdings ist ein solches subjektives Element dem Urheberrecht sowohl für das Entstehen des Rechts als auch für die Geltendmachung des Urheberrechts fremd.[690] Auch ist ein solches subjektives Element nicht bei anderen Immaterialgüterrechten zu finden. Somit widerspräche dies der Systematik der Ausschließlichkeitsrechte, welche aus Immaterialgüterrechten erwachsen. Andere absolute, also gegenüber jedermann wirkende, subjektive Rechte, die an nichtkörperlichen Gütern bestehen und einen eigenständigen Vermögenswert haben, wie neben dem Urheberrecht auch das Namensrecht oder das Recht am eigenen Bild sowie die gewerblichen Schutzrechte (Patente, Gebrauchsmuster, Designs, Kennzeichenrechte, Topographien und Sortenschutz) kennen ein solches subjektives Element ebenso nicht. Zur Entstehung und Durchsetzung diese Rechte müssen regelmäßig (lediglich) objektive Kriterien erfüllt sein. Der subjektive Wille, sich aus dem Grund, den auch das jeweilige Gesetz schützen will, auf das Recht zu berufen, wird nicht gesondert geprüft, sondern ist indiziert.

Ebenso wenig kennt das Sacheigentum – wenngleich der Vergleich hinkt[691] – gemäß §§ 903 ff. des Bürgerlichen Gesetzbuchs (BGB)[692] kein solches subjektives Element. Danach kann vielmehr der Eigentümer *„einer Sache […], soweit nicht das Gesetz oder Rechte Dritter entgegenstehen, mit der Sache nach Belieben verfahren und andere von jeder Einwirkung ausschließen.“*

Im Hinblick auf privatrechtliche Dimensionen, spricht auch gegen das Erfordernis eines subjektiven Elements, dass Rechtsbehelfe im Privatrecht generell

690 BGH, Urteil vom 17.04.1986, I ZR 213/83; GRUR 1986, 739 (741); OLG Düsseldorf, Beschluss vom 28.10.1969, 20 U 50/69; GRUR 1971, 415 (416); *Nordemann*, in: Fromm/Nordemann Urheberrecht, 12. Aufl. 2018 (§ 2 UrhG Rn. 13).

691 Vgl. hierzu mwN *Ohly*, Geistiges Eigentum, Juristen Zeitung 2003, 545.

692 Bürgerliches Gesetzbuch in der Fassung der Bekanntmachung vom 2. Januar 2002 (BGBl. I S. 42, 2909; 2003 I S. 738), das zuletzt durch Artikel 2 des Gesetzes vom 21. Dezember 2021 (BGBl. I S. 5252) geändert worden ist.

nicht motivationsbedürftig sind. Eine weitergehende – wenn auch an objektiven Maßstäben orientierte – Begründungspflicht ist dem Privatrecht fremd.

Zurückkommend auf den Vergleich des Urheberrechts zu anderen immateriellen Rechten ist sicher anzuerkennen, dass dieser Vergleich insofern nicht ganz zutreffend ist, als es sich beim Urheberrecht gerade nicht um ein sogenanntes „*Registerrecht*" handelt. Allerdings ist gerade diese Tatsache, dass das Urheberrecht bereits durch Schöpfung entsteht, ein weiteres Argument gegen ein subjektives Element. § 2 Urheberrechtsgesetz ist gerade Ausdruck der gesetzgeberischen Entscheidung, dass der Zweck des UrhG im Schutz des Urhebers liegt, indem es den Schutz an das Werk also das Ergebnis der Tätigkeit des Urhebers anknüpft, nämlich das Werk. Geschützt ist danach jeder Ausdruck individuellen schöpferischen Schaffens ohne Überprüfung einer Qualifikation über den künstlerischen, literarischen oder wissenschaftlichen Wert oder aber damit verbundene Motivation einer Gestaltung.[693] Die Einführung eines subjektiven Elements liefe dem gesetzgeberischen Willen entgegen. Auch ohne Registerprüfung wäre im Falle der gerichtlichen Auseinandersetzung eine behördliche Prüfung zur Gewährung des Rechts durch eine gerichtliche Prüfung über die Versagung des Rechts etwa wegen fehlender künstlerischer Motivation ersetzt.

Da es der Gesetzessystematik der Ausschließlichkeitsrechte und insbesondere der des UrhG widersprechen würde, ist ein subjektives Element sowohl auf der Ebene der Entstehung als auch auf der Ebene der Durchsetzung des Rechts abzulehnen.[694]

b) Unzulässige Rechtsausübung

Die Fälle, in denen sich jemand auf ein Recht beruft, welches ihm zwar objektiv zusteht, allerdings offensichtlich andere Zwecke verfolgt werden als solche, welche das Gesetz zu schützen bemüht ist, werden in der Rechtsordnung üblicherweise durch eine Klausel, die Rechtsmissbrauch verhindern soll, aufgefangen. Auch in der Presse werden die oben genannten Beispielsfälle als „*Missbrauch*" des Urheberrechts bezeichnet.[695]

---

693 *Loewenheim/Leistner*, in: Schricker/Loewenheim, 6. Aufl. 2020 (§ 2 UrhG Rn. 2).

694 A.A: *Düwel*, Das Urheberrecht als Mittel staatlicher Geheimhaltung, 2020, 198, 199. Dieser geht zwar von einer grundsätzlichen „*Zweckneutralität*" des urheberrechtlichen Schutzes aus. Allerdings könne dies nicht in den Fällen gelten, in denen die Zweckneutralität zu einer Zweckentfremdung führen würde.

695 Beispielhaft: *Kraetzig*, Das Urheberrecht als Knebel, https://www.faz.net/einspruch/wie-das-urheberrecht-als-zensurheberrecht-missbraucht-wird-16667102.html; *Rath*,

i. Grundsatz von Treu und Glauben

Der Grundsatz von Treu und Glauben ist ein der gesamten kontinentaleuropäischen Judikatur und Praxis immanenter Rechtsgedanke.[696] Dem EU-Recht fehlt allerdings bislang eine ausdrückliche Regelung eines Grundsatzes von Treu und Glauben.[697] Für die deutsche Rechtsordnung ist mit § 242 BGB ein das gesamte Rechtsleben beherrschender Grundsatz zu entnehmen, dass jeder bei der Ausübung von Rechten (und bei der Erfüllung von Pflichten) nach Treu und Glauben zu verhalten hat.[698] Dieser Grundsatz gilt auch für das Urheberrecht.[699] Eine analoge Anwendung der Regelung zur Verhinderung des Rechtsmissbrauchs aus dem Wettbewerbsrecht gemäß § 8 Absatz 4 UWG[700] ist mangels Planwidrigkeit der Regelungslücke zu verneinen.[701] Weitere Normen des deutschen Rechts, welche spezifische Ausformungen des Grundsatzes von Treu und Glauben darstellen, § 826 und § 226 BGB, dürften in der hier diskutierten Konstellation keine Anwendung finden. Denn es geht hier gerade um die Frage ob eine bestimmte Rechtsausübung zulässig ist, um Nutzern Zugang zu einem Werk zu verwehren. § 826 BGB bestimmt als Rechtsfolge aber lediglich Schadensersatz. Nach § 226 BGB ist die Ausübung eines Rechts unzulässig, wenn sie nur den Zweck haben kann, einem anderen Schaden zuzufügen. Die staatlichen Stellen berufen sich aber in der untersuchten Konstellation nicht auf das Urheberrecht, um den Nutzern zu schaden, sondern um eigene – urheberrechtsfremde – Interessen zu verfolgen.[702] Aus diesem Grund scheidet auch § 226 BGB hier aus.

Die hier in Betracht kommende Rechtsgrundlage ist vielmehr § 242 BGB.[703] Diese Norm ist auch in der Beziehung zwischen Staat und Bürger

BGH wohl gegen „Zensurheberrecht", https://taz.de/Urteil-zu-Afghanistan-Leaks/!5651382/ (beide Links zuletzt abgerufen am 26.05.2022).

696 *Ranieri*, Verbot des Rechtsmissbrauchs und Europäisches Gemeinschaftsprivatrecht, ZEuP 2001, 165 (173).

697 *Schubert*, in: Münchener Kommentar zum BGB, 9. Aufl. 2022 (§ 242 BGB Rn. 100).

698 *Sutschet*, in: BeckOK BGB, 61. Aufl. 2022 (§ 242 BGB Rn. 1).

699 *Schubert*, in: Münchener Kommentar zum BGB, 9. Aufl. 2022 (§ 242 BGB Rn. 54); *Sutschet*, in: BeckOK BGB, 61. Aufl. 2022 (§ 242 BGB Rn. 8); *Nordemann*, in: Fromm/Nordemann Urheberrecht, 12. Aufl. 2018 (§ 97 UrhG Rn. 189 ff.).

700 Gesetz gegen den unlauteren Wettbewerb in der Fassung der Bekanntmachung vom 3. März 2010 (BGBl. I S. 254), das zuletzt durch Artikel 1 des Gesetzes vom 10. August 2021 (BGBl. I S. 3504) geändert worden ist.

701 BGH, Urteil vom 31.05.2012, I ZR 106/10; GRUR 2013, 176 (177 Rn. 14).

702 *Düwel*, Das Urheberrecht als Mittel staatlicher Geheimhaltung, 2020, 284.

703 So wohl auch: *Hofmann*, Funktionswidriger Einsatz subjektiver Rechte, GRUR 2020, 915 (919, 921).

anwendbar.[704] Dies ist für das öffentliche Recht für die Ausübung von Hoheitsgewalt durch das BVerwG entschieden worden.[705] Für die hier vorliegende Konstellation, in der sich eine staatliche Stelle auf das Urheberrecht beruft, kann nichts anderes gelten. Denn wenn sich die staatliche Stelle den Mitteln des Privatrechts bedient, dann sind die Regeln des Privatrechts auch auf diese anzuwenden.

ii. Voraussetzungen von § 242 BGB

Da die durch die Praxis erfahrene Bedeutung des § 242 BGB weit über den Wortlaut hinaus geht, sind generelle Aussagen über die tatbestandlichen Voraussetzungen nur eingeschränkt möglich.[706] Dennoch kann ein gewisses Muster festgemacht werden, welchem hier gefolgt werden soll:

(1) Rechtliche Sonderverbindung

Der Grundsatz von Treu und Glauben gilt lediglich innerhalb von rechtlichen Sonderverbindungen, was aus der systematischen Stellung von § 242 BGB folgt.[707] Die *„Rechtliche Sonderverbindung“* ist allerdings weit auszulegen.[708] Es soll eine *„speziell herausgehobene Interessenverknüpfung“* erforderlich sein.[709] Sie entsteht bei vertraglichen und allgemein bei gesetzlichen Schuldverhältnissen, aber ist auch für jede gesteigerte Form von sozialem Kontakt angenommen worden.[710] Die durch einen Wettbewerbsverstoß entstandene Rechtsbeziehung ist als eine solche Sonderverbindung qualifiziert worden.[711] Daher ist auch die Verbindung zweier Parteien durch einen behaupteten Urheberrechtsverstoß als eine Sonderverbindung zu qualifizieren. Diese begründet ein gesetzliches Schuldverhältnis.[712] Dabei kann es keinen Unterschied machen, ob der Rechteinhaber originär oder – wie hier der Staat – derivativ berechtigt ist.[713]

---

704 *Schubert*, in: Münchener Kommentar zum BGB, 9. Aufl. 2022 (§ 242 BGB Rn. 74).

705 BVerwG, Urteil vom 22.01.1993, 8 C 46/91; NJW 1994, 674.

706 Vgl. hierzu: *Sutschet*, in: BeckOK BGB, 61. Aufl. 2022 (§ 242 BGB Rn. 13).

707 BGH, Urteil vom 05.06.1985, I ZR 53/83; NJW 1986, 1244 (1245); BGH, Urteil vom 13.06.1985, I ZR 35/83; NJW 1986, 1247 (1248); *Sutschet*, in: BeckOK BGB, 61. Aufl. 2022 (§ 242 Rn. 14).

708 BGH, Urteil vom 22.10.1987, VII ZR 12/87; NJW 1988, 255 (257).

709 *Schubert*, in: Münchener Kommentar zum BGB, 9. Aufl. 2022 (§ 242 BGB Rn. 122).

710 *Mansel*, in: Jauernig, 18. Aufl. 2021 (§ 242 BGB Rn. 10).

711 BGH, Urteil vom 19.10.1989, I ZR 63/88; NJW 1990, 1905.

712 *Nordemann*, in: Fromm/Nordemann Urheberrecht, 12. Aufl. 2018 (§ 97 UrhG Rn. 1 ff.).

713 Vgl. hierzu sogleich unter: E.III.

(2) *Fallgruppe der unzulässigen Rechtsausübung wegen Fehlens eines schutzwürdigen Eigeninteresses*

„*Treu und Glauben*" im Sinne des § 242 BGB bedeutet nach seinem Wortsinn eine auf „*Zuverlässigkeit, Aufrichtigkeit und Rücksichtnahme beruhende äußere und innere Haltung gegenüber einem anderen*" und das Vertrauen auf eben eine solche Einstellung des Gegenübers. Es umfasst damit sowohl Vertrauensschutz als auch Rücksichtnahmepflichten in Bezug auf schutzwürdige Interessen (anderer Beteiligter).[714] Maßstab ist die „*Verkehrssitte*", womit die gesellschaftlich bestehende Verhaltensordnung, die gegebenenfalls (noch) nicht in legislativ normiertes Recht Eingang gefunden hat, gemeint ist.[715]

Das Verbot unzulässiger Rechtsausübung eröffnet eine Vielzahl möglicher Anwendungen. Der genaue Inhalt wurde durch die Herausarbeitung von Funktionskreisen und diesen zugeordneten Fallgruppen konkretisiert.[716] Dabei ist zu beachten, dass sich eine allgemein anerkannte Einteilung und Terminologie nicht durchgesetzt hat.[717] Allgemein anerkannt ist aber, dass das Verbot unzulässiger Rechtsausübung eine für alle Rechtspositionen immanente Schranke darstellt.[718] Im Rahmen dieses Funktionskreises ist wiederum die Fallgruppe der unzulässigen Rechtsausübung wegen Fehlen eines schutzwürdigen Eigeninteresses anerkannt.[719] An ein fehlendes schutzwürdiges Eigeninteresse ist hier zu denken, weil sich im Fall der Glyphosat-Gutachten und der Afghanistan Papiere auf das Urheberrecht gestützt wurde, ohne dass – so die Hypothese dieser Arbeit – urheberrechtliche Interessen berührt sein dürften. Das Urheberrecht

714 *Sutschet*, in: BeckOK BGB, 61. Aufl. 2022 (§ 242 BGB Rn. 16).

715 *Sutschet*, in: BeckOK BGB, 61. Aufl. 2022 (§ 242 BGB Rn. 17).

716 Wobei deren Anzahl und die genaue Abgrenzung der Funktionskreise streitig ist. Im Anschluss an: *Grüneberg*, in: Palandt Bürgerliches Gesetzbuch: BGB, 79. Aufl. 2020 (§ 242 BGB Rn. 15). Im Weiteren: *Sutschet*, in: BeckOK BGB, 61. Aufl. 2022 (§ 242 BGB Rn. 29). Vgl. im Gegensatz dazu bereits die Übersicht bei: *Schubert*, in: Münchener Kommentar zum BGB, 9. Aufl. 2022 (§ 242 BGB Rn. 171 ff.).

717 *Sutschet*, in: BeckOK BGB, 61. Aufl. 2022 (§ 242 BGB Rn. 57).

718 *Sutschet*, in: BeckOK BGB, 61. Aufl. 2022 (§ 242 BGB Rn. 32). Dabei soll *Rechtsmissbrauch* den Tatbestand der missbilligten Inanspruchnahme eines Rechts bezeichnen, während die *unzulässige Rechtsausübung* die Rechtsfolge (die Ausübung oder Durchsetzung wird verwehrt) darstellt. Zu beachten ist allerdings, dass eine Versagung oder eine Beschränkung eines Rechts auf der einen Seite auch immer als Reflex die Gewährung eines Rechts auf der anderen Seite bedeutet. *Sutschet*, in: BeckOK BGB, 61. Aufl. 2022 (§ 242 BGB Rn. 47).

719 *Sutschet*, in: BeckOK BGB, 61. Aufl. 2022 (§ 242 Rn. 82).

wurde in den hier diskutierten Beispielsfällen herangezogen, um die Verbreitung von Dokumenten zu verhindern, die wohl eigentlich aus anderen Gründen, etwa aus sicherheitspolitischen Erwägungen, nicht verbreitet werden sollten. Um an dem oben beschriebenen Maßstab anzuknüpfen – Treu und Glauben als eine auf *„Zuverlässigkeit, Aufrichtigkeit und Rücksichtnahme beruhende äußere und innere Haltung gegenüber einem anderen"* zu verstehen – muss man sich fragen, ob das Berufen auf das Urheberrecht aus in Wahrheit sicherheitspolitischen Interessen als zuverlässig, aufrichtig und dem Gebot der Rücksichtnahme entsprechend zu bezeichnen ist.

Vor allem die Einhaltung von Rücksichtnahme muss nach hier vertretener Auffassung mit Blick auf berührte Kommunikationsgrundrechte der Nutzer verneint werden. Damit könnte ein fehlendes schutzwürdiges Eigeninteresse in den Beispielsfällen bejaht werden. Hierfür spricht auch, dass für die Annahme dieser Fallgruppe nicht ausschließlich sachfremde Ziele verfolgt werden müssen. Es ist lediglich erforderlich, dass diese überwiegen.[720]

Dies entspricht auch der im verwandten Patentrecht diskutierten *„Lehre der zweckwidrigen Rechtsausübung"*.[721] Danach soll der Rechtsdurchsetzung eines Patents Einhalt geboten werden, wenn dieses nicht praktiziert, sondern lediglich dazu genutzt werden soll, im Verletzungsfall Gewinne zu erwirtschaften und insofern der Innovationsfunktion des Patentrechts zuwider läuft.[722]

(3) Umfassende Interessenabwägung

Das bloße Bejahen einer Fallgruppe reicht für die Unzulässigkeit nach § 242 BGB allerdings nicht aus. Die Rechtsausübung ist am Maßstab des § 242 BGB (erst) unzulässig, wenn das der Rechtsausübung zugrunde liegende Interesse nicht schutzwürdig ist. Der Aberkennung der Schutzwürdigkeit muss eine umfassende Interessenabwägung vorangehen.[723] Dies entspricht auch der im Patentrecht diskutierten *„Lehre der zweckwidrigen Rechtsausübung"*, denn danach soll die Rechtsdurchsetzung des Patentrechts trotz Nicht-Praktizierung weiterhin

---

720 In Bezug auf § 8 UWG hierzu: *Büscher*, in: Lauterkeitsrecht: UWG, 3. Aufl. 2016 (§ 8 UWG Rn. 284). So auch: *Düwel*, Das Urheberrecht als Mittel staatlicher Geheimhaltung, 2020, 287, 288.

721 *Hofmann*, Funktionswidriger Einsatz subjektiver Rechte, GRUR 2020, 915 (921).

722 *Stierle*, Der quasi-automatische Unterlassungsanspruch im deutschen Patentrecht, GRUR 2019, 873 (875).

723 *Schubert*, in: Münchener Kommentar zum BGB, 9. Aufl. 2022 (§ 242 BGB Rn. 235); *Sutschet*, in: BeckOK BGB, 61. Aufl. 2022 (§ 242 BGB Rn. 94).

möglich sein, wenn ein nachvollziehbares Interesse des Patentinhabers gegeben ist und darüber hinaus die positiven Auswirkungen einer Nichtausübung überwiegen.[724] Im Ergebnis handelt es sich daher auch dort – wollte man diese Lehre auf das Urheberrecht übertragen[725] – um eine Interessenabwägung.

Bei der Interessenabwägung ist zu beachten, dass die Verfolgung eigennütziger Zwecke grundsätzlich erlaubt ist. Nicht jedes Ungleichgewicht kann die Unzulässigkeit einer Rechtsausübung begründen. Es handelt sich also nicht per se bereits um Rechtsmissbrauch, wenn eigennützig ein Zweck verfolgt wird.[726] Es muss sich um absolute Ausnahmen einer stark unbilligen, mit Gerechtigkeitsvorstellungen nicht mehr übereinkommender Benachteiligung handeln.[727] Die Interessenabwägung hat außerdem die verfassungsrechtlichen Wertungen, allen voran die Grundrechte, zu beachten. Das Grundgesetz mitsamt seinem Grundrechtskatalog verkörpert die grundlegenden objektiven Wertentscheidungen unserer Rechtsordnung, die insbesondere mittels der Generalklauseln auf die Ausgestaltung des Privatrechts Einfluss nimmt. Dies gilt auch, obwohl Privatrechtssubjekte nicht unmittelbar an Grundrechte gebunden sind, da diese den Staat adressieren und dem Bürger vornehmlich Abwehrrechte gegenüber dem Staat einräumen.[728] Die in den Grundrechtsnormen enthaltenen objektivrechtlichen Wertungen entfalten durch eine mittelbare Drittwirkung im Privatrecht ihre Wirkung mit der Folge, dass die in den Grundrechten enthaltenen Wertungen bei einer Interessenabwägung (in einer Generalklausel) zu würdigen sind.[729] Umso mehr muss dies gelten, wenn – wie hier – die Anspruchsinhaber nicht nur mittelbar, sondern unmittelbar Grundrechtsverpflichtete sind.

---

724 *Hofmann*, Funktionswidriger Einsatz subjektiver Rechte, GRUR 2020, 915 (916); *Stierle*, Das nicht-praktizierte Patent, 2018, 262, 263.

725 So wie: *Hofmann*, Funktionswidriger Einsatz subjektiver Rechte, GRUR 2020, 915 (921).

726 *Schubert*, in: Münchener Kommentar zum BGB, 9. Aufl. 2022 (§ 242 BGB Rn. 235).

727 *Sutschet*, in: BeckOK BGB, 61. Aufl. 2022 (§ 242 Rn. 94).

728 *Sutschet*, in: BeckOK BGB, 61. Aufl. 2022 (§ 242 BGB Rn. 22 ff.); *Schubert*, in: Münchener Kommentar zum BGB, 9. Aufl. 2022 (§ 242 BGB Rn. 134 ff.).

729 Ständige Rechtsprechung: BVerfG, Urteil vom 15.01.1958, 1 BvR 400/51; GRUR 1958, 254; BVerfG, Beschluss vom 26.02.1969, 1 BvR 619/63; NJW 1969, 1161; BVerfG, Beschluss vom 19.10.1993, 1 BvR 567/89 u. a.; NJW 1994, 36; BVerfG, Urteil vom 12.12.2000, 1 BvR 1762/95 u. 1787/95; NJW 2001, 591; BVerfG, Beschluss vom 11.04.2018, 1 BvR 3080/09; NJW 2018, 1667; BGH, Urteil vom 29.10.1970, KZR 3/70; GRUR 1971, 171. MwN zur einschlägigen Literatur: *Schubert*, in: Münchener Kommentar zum BGB, 9. Aufl. 2022 (§ 242 BGB Rn. 134).

Unter dem Aspekt der Ausstrahlungswirkung der Kommunikationsgrundrechte könnte es *generell aufgrund verfassungsrechtlicher Erwägungen* als geboten angesehen werden, staatlichen Stellen gemäß § 242 BGB ein Berufen auf das Urheberrecht zu versagen. Dies dürfte in Betracht kommen, als es hier grundrechtsverpflichtete staatliche Stellen sind, die gegen ein grundrechtsberechtigtes Privatrechtssubjekt vorgehen. Die Ausstrahlungswirkung der Grundrechte im Rahmen von § 242 BGB gilt im Besonderen für die öffentliche Hand, was auch gilt, wenn sie sich privatrechtlicher Betätigungsformen bedient.[730] Nach hier vertretener Auffassung, ist aus Gründen des Vertrauensschutzes geboten, dass sich die Bindung der öffentlichen Hand an die Grundrechte nicht lediglich auf hoheitliches Handeln beschränken sollte. In den Beispielsfällen agiert eine staatliche Stelle als Klägerin auf dem Gebiet des Privatrechts. Man könnte daher, sofern staatliche Stellen den urheberrechtlichen Anspruch geltend machen, wegen der für die Nutzer streitenden Kommunikationsgrundrechte einen Rechtschutz gemäß Urheberrecht nach § 242 BGB ganz generell ablehnen.

So wurde im Lichte von Artikel 2 Absatz 1 GG und Artikel 12 GG die vertragliche Inhaltskontrolle gemäß § 242 BGB als Reaktion auf eine strukturelle Ungleichheit gestützt.[731] Ein anderes Beispiel ist, dass eine Kündigung nach § 242 BGB im Lichte von Grundrechten, vor allem dem Gleichheitssatz als gegen Treu und Glauben verstoßend eingeordnet wurde. Dies kommt vor allem dann in Betracht, wenn die Kündigung willkürlich oder aus evident sachfremden Erwägungen ausgesprochen wurde.[732] Allerdings liegt die Situation hier nicht so deutlich, wie in den Beispielen mittelbarer Drittwirkung im Privatrecht. Die Konstellation ist nicht vergleichbar mit den typischen Machtgefällen wie zwischen Vermieter und Mieter oder Arbeitgeber und Arbeitnehmer. Denn die staatliche Stelle agiert hier kollektiv für alle möglicherweise entstandenen Urheberrechte seiner Beamten (dazu sogleich ausführlich E.II.[733]). Dies mag zwar auch eine einschüchternde Wirkung entfalten und man mag dieses Verhalten missbilligen. Soweit man aber staatlichen Stellen einräumt, als Rechtssubjekt im

---

730 BGH, Urteil vom 10.12.1958, V ZR 70/57; NJW 1959, 431; BGH, Urteil vom 26.11.1975, VIII ZR 164/74; NJW 1976, 709; BGH, Urteil vom 21.07.2006, V ZR 252/05; NJW-RR 2006, 1452.

731 BVerfG, Beschluss vom 19.10.1993, 1 BvR 567/89 u. a.; NJW 1994, 36.

732 BAG, Urteil vom 24.01.2008, 6 AZR 96/07; NZA-RR 2008, 404 (406 Rn. 27). Eine beispielhafte Auflistung von Konstellationen, in denen unterschiedliche Grundrechte zur Anwendung von § 242 BGB geführt haben: *Schubert*, in: Münchener Kommentar zum BGB, 9. Aufl. 2022 (§ 242 BGB Rn. 136 ff.).

733 S. 174 ff.

Privatrechtsweg Rechte wahrzunehmen und gegebenenfalls zu klagen – und dies schränkt unsere Rechtsordnung bislang nicht ein – muss diese Situation hingenommen werden. Denn andernfalls wäre bei einem privatrechtlichen Handeln des Staates stets eine Prüfung nach § 242 BGB im Licht der Besonderheit des Staates als Partei vorzunehmen. Da aber unsere Rechtsordnung bislang keine Einschränkung für staatliche Stellen macht, sich dem Privatrecht zu bedienen, ist die grundsätzliche Annahme einer unzulässigen Rechtsausübung nach § 242 BGB, sobald auf Rechteinhaberseite der Staat steht und Grundrechte von Nutzern betroffen sein könnten, nach hier vertretener Auffassung abzulehnen. Einer staatlichen Stelle ist ebenso wie jedem anderen Rechtssubjekt die Möglichkeit der Beteiligung am privatrechtlichen Rechtsverkehr eingeräumt.

Außerdem könnte ein Ausschluss der urheberrechtlichen Anspruchsgrundlage gemäß § 242 BGB mit dieser Begründung im Ergebnis zu einer externen Schranke außerhalb der in Artikel 5 InfoSoc-Richtlinie aufgezählten Schrankenregelungen führen. Daher sind Erwägungen, die eine grundsätzliche Ausstrahlungswirkung der Grundrechte auf das Urheberrecht mittels § 242 BGB, abzulehnen. Der Schrankenkatalog führt auch mit Blick auf tangierte Grundrechtspositionen die Schranken erschöpfend auf.[734] Dies gilt selbst in Anbetracht der für die Nutzer streitenden Demokratie-konstituierenden Kommunikationsgrundrechte.[735]

Die Rechtsausübung könnte aber wegen des zugrundeliegenden als nicht schutzwürdig zu bewertenden Interesses *im konkreten Fall* als missbräuchlich gesehen werden, welches im Rahmen der Interessenabwägung hinter dem Interesse der Nutzer zurücktreten müsste.[736] In den Beispielsfällen verbindet der

734 Vgl. siehe oben: B.III.3.

735 A.A. *Düwel*, Das Urheberrecht als Mittel staatlicher Geheimhaltung, 2020, 288 f., 292 ff. Dieser ist der Ansicht, dass die Kommunikationsgrundrechte der Nutzer gegenüber einer staatlichen Stelle, die selbst grundrechtsverpflichtet und nicht grundrechtsberechtigt ist, überwiegen würden. Einen Verstoß gegen die Schrankenregelungen sieht er nicht, da das Verbot des Rechtsmissbrauchs ein das gesamte Zivilrecht beherrschenden Grundsatz darstelle, der nicht als weitere Schranke im Urheberrecht aufzufassen sei.

736 Hier wird in der Kommentarliteratur teilweise noch einmal weiter differenziert zwischen Fällen, in denen der Rechteinhaber im Einzelfall kein schutzwürdiges Interesse an der Rechtsdurchsetzung geltend machen kann, Fälle, in denen kein schutzwürdiges Interesse verfolgt wird, und schließlich Fälle, in denen das verfolgte Interesse als minder schutzwürdig und das Interesse der Gegenseite als höherwertig erachtet wird: *Schubert*, in: Münchener Kommentar zum BGB, 9. Aufl. 2022 (§ 242 BGB Rn. 239).

Staat mit der Rechtsausübung zwar greifbare Interessen. Diese fallen aber nicht in den Schutzbereich des Urheberrechts. Das UrhG schützt keine staatspolitischen Geheimhaltungsinteressen.[737] Eine rechtsmissbräuchliche Konstellation ist zum Beispiel bei einer Kündigung bejaht worden, bei der die durch den Kündigungsgrund erfassten Interessen nicht betroffen, wohl aber mit der Kündigung andere, nicht geschützte Interessen verfolgt wurden.[738] Als rechtsmissbräuchlich wurden ferner Anfechtungs- und Nichtigkeitsgründe beurteilt, wenn diese nicht die Interessen desjenigen, der sich auf diese beruft, beeinträchtigen, sondern zur Verfolgung anderer Interessen genutzt werden.[739] Allerdings ist in den so entschiedenen Fällen zu beachten, dass es sich um rechtsgeschäftliche Verbindungen handelte, aus denen sich Vertragsparteien wieder lösen wollten. Ursprünglich hatten die sich nun auf sachfremde Erwägungen stützende Parteien jedoch ihren Vertragspartner einmal ausgesucht. Die hier diskutierten Beispielsfälle liegen anders. Eine rechtsgeschäftliche Verbindung, aus welcher sich treuwidrig wieder gelöst werden will, ist nicht vorhanden. Vielmehr begehrt eine Partei mit den Mitteln, die die Rechtsordnung bereitstellt, eine Unterlassung, ohne dass vorher eine rechtsgeschäftliche, freiwillige Verbindung zu den jeweiligen Nutzern bestanden hätte. So gesehen hatten sich die staatlichen Stellen *„ihre Gegner"* nicht ausgesucht. Hier muss – erneut – ins Gewicht fallen, dass eigennützige Zweckverfolgung grundsätzlich nicht gegen Treu und Glauben verstößt.

Weitere Beispiele, welche als rechtsmissbräuchlich beurteilt wurden, weil der verfolgte Zweck mit der Rechtsverfolgung im Rahmen der Interessenabwägung als nicht schutzwürdig erachtet wurde, betrafen den Erwerb weiterer Forderungen gegen einen bereits insolventen Schuldner, gegen den bereits eine übersicherte Forderung bestand zwecks Ausschöpfung der Sicherheit.[740] Ebenso das Sammeln von Vertragsstrafenverstößen gegen einen wettbewerbsrechtlichen Unterlassungsschuldner, um so einen möglichst hohen, wirtschaftlich bedrohlichen Vertragsstrafenanspruch entstehen zu lassen, wurde als rechtsmissbräuchlich bewertet.[741] Auch diese Fälle sind auf die hier diskutierte Konstellation der Beispielsfälle aber nicht übertragbar. Der Zweck in den Beispielsfällen mag zwar urheberrechtsfremd sein. Diese Rechtsausübung bringt den staatlichen Stellen, die das Recht geltend machen, jedoch keinen weiteren über die

---

737 Vgl. oben: B.II.4.

738 BGH, Urteil vom 04.06.1984, II ZR 195/83; NJW 1985, 1957 (1958).

739 BGH, Urteil vom 18.11.1966, I b ZR 146/65; NJW 1967, 245 (246).

740 BGH, Urteil vom 20.03.1991, IV ZR 50/90; NJW 1991, 1946.

741 BGH, Urteil vom 18.09.1997, I ZR 71–95; NJW 1998, 1144.

Unterlassungsverfügung hinaus liegenden Vorteil ein. Der Auffassung, nach der das UrhG mit dem Veröffentlichungsrecht auch das Interesse des Urhebers an einer Geheimhaltung des Inhalts seines Werks schütze[742], ist zwar in dieser Pauschalität nach hier vertretener Auffassung nicht richtig. Lediglich mit Blick auf die Geheimhaltung aus urheberpersönlichkeits-rechtlichen Interessen ist diesem Schutzzweck zuzustimmen[743], nicht hingegen mit Blick auf Geheimhaltungsinteressen wegen eines Kernbereichs exekutiver Eigenverantwortung.[744] Allerdings ist gerade kein subjektiver Wille, den Gesetzeszweck des UrhG zu verfolgen, erforderlich, um das Urheberrecht in Anspruch nehmen zu können. Ein subjektives Element ist für das Entstehen von Ausschließlichkeitsrechten generell systemfremd.[745] Die grundsätzliche Versagung der Geltendmachung eines Urheberrechts wegen § 242 BGB unter Verweis auf die Verfolgung von urheberrechtsfremden Interessen wäre damit eine Erweiterung der urheberrechtlichen Rechtsgrundlagen um ein subjektives Element durch die Hintertür und ist aus diesen Gründen abzulehnen.

Schließlich wird aus denselben Gründen, aus denen *Franz Hofmann* die Ebene des Rechtsmissbrauchs für die hier diskutierte Konstellation als grundsätzliche Lösung befürwortet, diese nach hier vertretener Auffassung abgelehnt.[746] Allein die Ausübung urheberrechtlicher Nutzungsrechte durch staatliche Stellen, so *Hofmann*, sei nicht bereits rechtsmissbräuchlich. Dies stimmt mit der hier vertretenen und oben dargelegten Auffassung überein. *Hofmann* meint aber, dass die Durchsetzung von Urheberrecht wegen der Verfolgung von Geheimhaltungsinteressen rechtsmissbräuchlich sei. Die Verortung auf der Ebene des Rechtsmissbrauchs passe aus dogmatischer Sicht, weil es *„für die Frage der funktionswidrigen Nutzung maßgeblich auf die konkrete Fallgestaltung“* ankomme.[747] Es mag sein, dass im Einzelfall der Tatbestand des Rechtsmissbrauchs wegen zweckwidriger Nutzung erfüllt sein kann. Allerdings wird es immer auf eine Einzelfallprüfung hinauslaufen, in der die Frage zu beantworten ist, ob sich die

742 So aber: BGH, Vorlagebeschluss vom 01.06.2017, I ZR 139/15; NJW 2017, 3450 (3453 Rn. 46).

743 Bezeichnenderweise zitierte der BGH auch lediglich eine solche Entscheidung, in der es evident um urheberpersönlichkeitsrechtliche Geheimhaltungsinteressen, nicht um Staatsgeheimnisse ging: KG, Urteil vom 27.11.2007, 5 U 63/07; NJW-RR 2008, 857 (860).

744 Vgl. siehe oben: B.II.4.

745 Vgl. siehe oben: E.I.3.a).

746 *Hofmann*, Funktionswidriger Einsatz subjektiver Rechte, GRUR 2020, 915.

747 *Hofmann*, Funktionswidriger Einsatz subjektiver Rechte, GRUR 2020, 915 (922).

staatlichen Stellen nicht doch funktionskonform auf das Urheberrecht berufen haben. Dies ist aus Gründen fehlender Rechtssicherheit keine zufriedenstellende Lösung. Ein Grundsatz, nach dem staatlichen Stellen die Rechtsausübung gemäß § 242 BGB verwehrt werden kann, wenn sie sich aus Gründen des staatspolitischen Geheimnisschutzes auf das Urheberrecht berufen, ist aus denen in diesem Abschnitt genannten Gründen jedoch abzulehnen.

c) Zwischenergebnis

Die vorgehende Prüfung hat herausgestellt, dass das schiefe Bild, welches entsteht, wenn sich staatliche Stellen auf Urheberrecht ihrer Beamten aus sicherheitspolitischen Erwägungen berufen, den Ursprung in der (juristischen) Person findet, die sich in den Fällen des „*Zensurheberrechts*" auf das Urheberrecht beruft. Eine grundsätzliche Lösung ist nicht über den Rechtsmissbrauch gemäß § 242 BGB zu finden. Es ist vielmehr zu untersuchen, inwiefern Dokumente staatlicher Stellen überhaupt urheberrechtschutzfähig sind.

II. Schutzfähigkeit von Dokumenten aus der Sphäre einer staatlichen Stelle

Die Schöpfung eines Werkes in Ausübung eines (hoheitlichen) Dienstes, welches urheberrechtlichen Schutz beanspruchen kann, schließt das UrhG ausdrücklich nicht aus.[748] Daher fragt sich, ob an Dokumenten staatlicher Stellen Urheberrecht erwachsen soll. Hier gilt es noch einmal weiter zu differenzieren.[749] Es soll

---

748 *Marquardt*, in: Wandtke/Bullinger Urheberrecht, 5. Aufl. 2019 (§ 5 Rn. 24).

749 Denn im Fall der Afghanistan Papiere ist die Diskussion darüber entfacht, inwiefern an militärischen Lageberichten unter Zugrundelegung des europäischen Werkbegriffs überhaupt ein urheberrechtlich schutzfähiger Gegenstand vorliegt. Danach ist ein urheberrechtliches Werk eine eigene, geistige Schöpfung (EuGH, Urteil vom 12.09.2019, C-683/17; GRUR 2019, 1185 (1186 Rn. 29)). Anhand dieses Maßstabs sind erhebliche Zweifel an der Qualifikation der „*Afghanistan Papiere*" als urheberrechtliches Werk geäußert worden. Denn bei einer eigenen geistigen Schöpfung muss es sich um ein Original in dem Sinne handeln, „*dass es eine eigene geistige Schöpfung seines Urhebers darstellt*" (EuGH, Urteil vom 16.07.2009, C-5/08; GRUR 2009, 1041 (1044 Rn. 37)).) Dies ist der Fall, wenn darin seine Persönlichkeit zum Ausdruck kommt, wenn also der Urheber bei der Herstellung des Werks seine schöpferischen Fähigkeiten zum Ausdruck bringen konnte, indem er frei kreative Entscheidungen trifft (EuGH, Urteil vom 2012, C-145/10; GRUR 166 (168 Rn. 88, 89)). Militärische Lageberichte würden es dem Urheber aber nicht ermöglichen, seinen schöpferischen Geist in origineller Weise zum Ausdruck zu bringen. „*Da es sich um rein informative und*

hier nicht um die Frage gehen, ab wann ein der reinen Information dienendes Dokument als urheberrechtliches Werk eingeordnet werden kann, denn dies ist eine im Einzelfall zu betrachtende Entscheidung und hängt naturgemäß mit dem Werkbegriff als auch mit dem jeweiligen Dokument zusammen.[750] Dies ist nicht Gegenstand dieser Arbeit. Hier soll es vielmehr um die abstraktere Frage gehen, ob beziehungsweise warum Werken aus staatlichen Stellen urheberrechtlicher Schutz trotz verfassungsrechtlicher Wertungen zuteil wird. Müsste es in Anbetracht des Zwecks des Urheberrechts – Schutz der materiellen und ideellen Interessen der Urheber (oben B.) – nicht eine grundsätzliche Ausnahme für Dokumente aus der Sphäre staatlicher Stellen geben? Verschiedene Argumente könnten dafür sprechen. So lässt sich die Kontrollmöglichkeit der Bürger durch Kenntnisnahme von Dokumenten als Begründung aus demokratietheoretischen Erwägungen und der Kontrollierbarkeit der Exekutive anführen. Außerdem fragt sich, ob sich aus der Einheitlichkeit der Rechtsordnung und den Wertungen des IFG eine generelle Gemeinfreiheit amtlicher Werke ergibt. Dabei ist – erneut – auf den Zweck des Urheberrechts zu verweisen: den Schutz der ideellen und materiellen Interessen des Urhebers. Entsprechend stellte bereits der Gesetzgeber von 1965 in Bezug auf *„amtliche Werke“* fest, dass der Urheber *„entweder überhaupt kein Interesse an der Verwertung* [habe] […] *oder* [seine]

---

zwangsläufig in einer einfachen und neutralen Sprache gehaltene Dokumente handelt, wird ihr Inhalt vollständig durch die in ihnen enthaltenen Informationen determiniert, so dass diese Informationen und ihr Ausdruck deckungsgleich sind, was jede Originalität ausschließt. Ihre Ausarbeitung erfordert zweifellos gewisse Anstrengungen und ein Knowhow, aber diese Gesichtspunkte können für sich genommen keinen Urheberrechtsschutz rechtfertigen.“ (Generalanwalt beim EuGH, Schlussantrag vom 25.10.2018, EUGH Aktenzeichen C-469/17; BeckRS 2018, 26149 (Rn. 17 ff.)). Der BGH hatte im Falle der Afghanistan Papiere immerhin Zweifel an der Qualifikation als Werk gesehen, diese aber im Falle des Eingreifens von Schranken für irrelevant gehalten (BGH, Vorlagebeschluss vom 01.06.2017, I ZR 139/15; NJW 2017, 3450 (3451 Rn. 13). Ausdrücklich anders: OLG Köln, Urteil vom 12.06.2015, 6 U 5/15; NJW-RR 2016, 165 (167 Rn. 27); LG Köln, Urteil vom 02.10.2014, 14 O 333/13; GRUR-RR 2015, 55 (56, 57).)

750 Kritisch dahingehend, ob die Afghanistan Papiere überhaupt urheberrechtlich geschützt sind: Generalanwalt beim EuGH, Schlussantrag vom 25.10.2018, EUGH Aktenzeichen C-469/17; BeckRS 2018, 26149 (Rn. 14 ff.). Kritisch ebenso: *Hauck*, Urheberrechtlicher Geheimnisschutz und seine Grenzen – Anmerkung zu BGH, Urteil vom 30.4.2020 Az. I ZR 139/15 Afghanistan Papiere II, ZUM 2020, 769 (770, 771). Zu der Frage des urheberrechtlichen Schutzes an staatlichen Dokumenten: *Düwel*, Das Urheberrecht als Mittel staatlicher Geheimhaltung, 2020, 172 ff.

Interessen hinter denen der Allgemeinheit zurücktreten müßten".[751] Vor diesem Hintergrund ist sich auch vor Augen zu führen, dass allenfalls die wenigsten aus einer staatlichen Stelle stammenden Erzeugnisse urheberrechtlich geschützt sein dürften. Es gehört nicht zum Aufgabenbereich des Staates Sachverhalte in phantasievoller Form aufzuarbeiten, sondern abstrakte Regeln zu konzipieren und diese auf bestehende Sachverhalte anzuwenden.[752]

Im UrhG wird der Umgang mit „*amtlichen Werken*" in § 5 UrhG geregelt. Im Folgenden soll diese Norm weiter beleuchtet und ihr Hintergrund erläutert werden. Besonders interessant ist in diesem Zusammenhang die Frage, welche Überlegungen der Gesetzgeber hatte, als er entschied, bestimmte „*amtliche Werke*" vom Urheberrechtschutz auszunehmen.

1. Amtliche Werke

EU-rechtlich ist der Schutz amtlicher Werke nicht harmonisiert. Aus diesem Grund ist das mitgliedstaatliche Recht einstweilen maßgeblich.[753]

a) Voraussetzungen von § 5 UrhG

§ 5 UrhG bestimmt, dass amtliche Werke nur unter bestimmten Voraussetzungen dem Urheberrechtsschutz unterliegen. Der Begriff „*amtliche Werke*" ist nicht legaldefiniert. Durch die Rechtsprechung hat sich eine Definition herausgebildet, wonach amtliche Werke auf eine mit der Erfüllung öffentlicher, hoheitlicher Aufgaben betraute Stelle zurückzuführen sind.[754] Nach § 5 Absatz 1 UrhG sind Gesetze, Verordnungen, amtliche Erlasse und Bekanntmachungen sowie Entscheidungen und amtlich verfasste Leitsätze zu Entscheidungen solche amtlichen Werke, welche keinen urheberrechtlichen Schutz genießen.[755] Nach Absatz 2 gilt für andere amtliche Werke dasselbe, wenn diese im amtlichen Interesse zur allgemeinen Kenntnisnahme veröffentlicht worden sind.

751 Regierungsentwurf von 1962 – Bundestags-Drucksache IV/270, S. 39.

752 *Ahlberg/ Lauber-Rönsberg*, in: BeckOK Urheberrecht, 34. Aufl. 2022 (§ 5 UrhG Rn. 9).

753 *Katzenberger/Metzger*, in: Schricker/Loewenheim, 6. Aufl. 2020 (§ 5 UrhG Rn. 12a). Zur Frage, ob § 5 UrhG rechtskonform ist, insbesondere vor dem Hintergrund der Qualifizierung als Schranke: *Nordemann*, in: Fromm/Nordemann Urheberrecht, 12. Aufl. 2018 (§ 5 UrhG Rn. 6).

754 BGH, Urteil vom 30.04.2009, I ZR 191/05; MMR 2009, 615 (616 Rn. 31); *Katzenberger/Metzger*, in: Schricker/Loewenheim, 6. Aufl. 2020 (§ 5 UrhG Rn. 28).

755 Mit weiteren Ausführungen zu den genannten Typen: *Katzenberger/Metzger*, in: Schricker/Loewenheim, 6. Aufl. 2020 (§ 5 UrhG Rn. 40 ff.).

Ein „*amtliches*“ Werk muss nach Form, Inhalt und Zweck einem „*Amt*“ lediglich eindeutig zugeordnet werden können.[756] Daher kann ein amtliches Werk gemäß § 5 UrhG auch von einem privaten Urheber geschaffen worden sein.[757] Die Konstellation des privaten Urhebers amtlicher Werke wird in dieser Arbeit jedoch nicht weiter untersucht.

„*Veröffentlicht*“ im Sinne des Absatz 2 bedeutet in richtlinienkonformer Auslegung im Sinne von § 6 Absatz 1 UrhG und in Orientierung an § 15 Absatz 3 UrhG, dass das infrage stehende Werk mit Zustimmung des Berechtigten der Öffentlichkeit zugänglich gemacht worden ist. Wie bereits oben in Bezug auf das IFG dargelegt, wird in dieser Arbeit von einem einheitlichen Veröffentlichungsbegriff im UrhG ausgegangen. Danach ist ein Dokument veröffentlicht, soweit mit Zustimmung des Rechteinhabers eine mögliche Kenntnisnahme durch eine unbestimmte Personenanzahl gegeben ist.[758]

Damit eine Gemeinfreiheit des amtlichen Werks nach Absatz 2 anzunehmen ist, muss dessen Veröffentlichung im „*amtlichen Interesse zur allgemeinen Kenntnisnahme*“ erfolgt sein. Ein amtliches Interesse an der Erstellung durch einen (ggf. privaten) Dritten ist dabei nicht gleichzusetzen mit einem amtlichen Interesse, den Inhalt zu veröffentlichen.[759] Auch ist das amtliche Interesse[760] bereits vom Wortlaut her nicht mit „*dem*“ öffentlichen Interesse gleichzusetzen[761], da jede Handlung einer staatlichen Stelle von irgendeinem Allgemeinbelang im öffentlichen Interesse getragen wird.[762] Da die Regelung den Ausschluss des Urheberrechts mit sich bringt, sind engere Voraussetzungen maßgebend, als

---

756 *Katzenberger/Metzger*, in: Schricker/Loewenheim, 6. Aufl. 2020 (§ 5 UrhG Rn. 28).

757 BGH, 28.04.1972, I ZR 108/70; GRUR 1972, 713 (714); *Katzenberger/Metzger*, in: Schricker/Loewenheim, 6. Aufl. 2020 (§ 5 UrhG Rn. 34). A.A. *Ahlberg/ Lauber-Rönsberg*, in: BeckOK Urheberrecht, 34. Aufl. 2022 (§ 5 UrhG Rn. 8).

758 Vgl. siehe oben mwN: E.I.2., insb. Fußnoten 681 bis 681.

759 *Hauck*, Urheberrechtsschutz für Wertermittlungsgutachten? Zur Zulässigkeit der Online-Veröffentlichung von Gutachten in Zwangsversteigerungsverfahren, ZUM 2011, 542 (548).

760 Mit dem BGH wird hier davon ausgegangen, dass das „*amtliche Interesse*“ das maßgebliche Kriterium ist: BGH, Urteil vom 28.04.1972, I ZR 108/70; GRUR 1972, 713 (714). So auch: *Katzenberger/Metzger*, in: Schricker/Loewenheim, 6. Aufl. 2020 (§ 5 UrhG Rn. 58). A.A.: *v. Ungern-Sternberg*, Werke privater Urheber als amtliche Werke, GRUR 1977, 766 (772).

761 *Ahlberg/ Lauber-Rönsberg*, in: BeckOK Urheberrecht, 34. Aufl. 2022 (§ 5 UrhG Rn. 3).

762 *Katzenberger/Metzger*, in: Schricker/Loewenheim, 6. Aufl. 2020 (§ 5 UrhG Rn. 58); *Katzenberger*, Die Frage des urheberrechtlichen Schutzes amtlicher Werke, GRUR 1972, 686 (690).

sie eine allgemeine Interessenverfolgung staatlicher Stellen gebieten würde.[763] Hintergrund von § 5 UrhG ist das Informationsinteresse der Allgemeinheit. In Absatz 1 handelt es sich um typische Äußerungen von Trägern hoheitlicher Gewalt, welche Regelungen enthalten, die die Bürger adressieren und direkte Handlungspflichten enthalten. In Absatz 2 wird die Gemeinfreiheit auf alle amtlichen Werke erstreckt, welche aus amtlicher Sicht für die Allgemeinheit von so großer Bedeutung sind, dass die ungehinderte Weitergabe ohne urheberrechtlichen Verstoß ermöglicht werden soll.[764] Vor diesem Hintergrund wird deutlich, dass ein amtliches Interesse an möglichst *weiter Verbreitung* des amtlichen Werkes nicht gemeint sein kann: das schier ungreifbare Ausmaß gesetzlicher Regelungen verdeutlicht dies, denn die große Mehrheit der Bundesbürger wird kaum jemals von allen gesetzlichen Regelungen gehört haben, die existieren. Hingegen zielt § 5 UrhG darauf ab, dass die bloße Möglichkeit des ungehinderten Zugangs für die Allgemeinheit für bestimmte amtliche Werke besteht.[765] Aus diesem Grund ist es auch unerheblich, ob das gemeinfreie Werk nach § 5 UrhG von einem Staatsdiener oder einer privaten Person stammt.[766] Im amtlichen Interesse zur allgemeinen Kenntnisnahme erfolgt eine Veröffentlichung nur dann, wenn die *Art* und die *Bedeutung* der Information in dem Dokument darauf abzielen, dass der Nachdruck oder eine sonstige Verwertung des die Information vermittelnden Werkes jedermann freigegeben werden soll (Verbreitungsinteresse).[767]

---

763 BGH, Urteil vom 28.04.1972, I ZR 108/70; GRUR 1972, 713 (714).

764 *v. Ungern-Sternberg*, Werke privater Urheber als amtliche Werke, GRUR 1977, 766 (768).

765 *v. Ungern-Sternberg*, Werke privater Urheber als amtliche Werke, GRUR 1977, 766 (768 Fn. 15).

766 BGH, Urteil vom 17.04.1986, I ZR 213/83; GRUR 1986, 739 (740); *v. Ungern-Sternberg*, Werke privater Urheber als amtliche Werke, GRUR 1977, 766 (768); *Katzenberger*, Die Frage des urheberrechtlichen Schutzes amtlicher Werke, GRUR 1972, 686 (692). Hinzukommt außerdem noch der Gedanke, dass es für die Allgemeinheit nicht ersichtlich ist, ob das amtliche Werk von einem Beamten oder einer Privatperson stammt. Wenn hier differenziert würde, entstünden zwangsläufig Rechtsunsicherheiten. Neben dieser ganz generell als abträglich zu bewertenden Konsequenz, liefe eine Rechtsunsicherheit auch speziell dem Zweck von § 5 UrhG zuwider.

767 BGH, Urteil vom 30.06.1983, I ZR 129/81; GRUR 1984, 117 (119); BGH, Urteil vom 02.07.1987, I ZR 232/85; GRUR 1988, 33 (35); BGH, Urteil vom 20.07.2006, I ZR 185/03; GRUR 2007, 137 (138 Rn. 17); BGH, Beschluss vom 28.09.2006, I ZR 261/03; GRUR 2007, 500 (502 Rn. 18); *Marquardt*, in: Wandtke/Bullinger Urheberrecht, 5. Aufl. 2019 (§ 5 UrhG Rn. 17); *Katzenberger/Metzger*, in: Schricker/Loewenheim, 6. Aufl. 2020 (§ 5 UrhG Rn. 60).

Das für § 5 Absatz 2 UrhG erforderliche Verbreitungsinteresse ergibt sich auch für sich genommen noch nicht aus den Informationsansprüchen, die aus Gesetzen entstehen, etwa dem DNG[768], dem IFG oder dem UIG[769]. Dem Informationszugangsrecht folgt keine Veröffentlichung *„im amtlichen Interesse zur allgemeinen Kenntnisnahme"*, wie dies von § 5 Absatz 2 UrhG gefordert ist. Denn die staatliche Stelle hat in diesen Fällen gerade kein spezifisches Verbreitungsinteresse kundgetan, sondern gibt Dokumente auf Anfrage des Bürgers lediglich aufgrund des Informationsanspruchs etwa aus dem IFG preis.[770] Wenn jedes Dokument aus einer staatlichen Stelle, welches einem Informationszugangsanspruch unterliegt *„im amtlichen Interesse zur allgemeinen Kenntnisnahme veröffentlicht"* und damit gemeinfrei gemäß § 5 Absatz 2 UrhG wäre, wäre überdies § 6 IFG sinnlos.[771]

Nicht erforderlich ist, dass ein besonders dringliches oder unabweisbares Interesse gegeben ist.[772] Um ein amtliches *Verbreitungs*interesse im Sinne von § 5 Absatz 2 UrhG festzustellen, ist letztlich eine Abwägung aller Umstände des Einzelfalls vorzunehmen.[773] Um das amtliche Verbreitungsinteresse festzustellen, muss das Interesse zur Verbreitung gegenüber dem Verwertungsinteresse des Verfassers des Werkes überwiegen. Ferner muss die Verbreitung erforderlich sein. Bei amtlichen Werken im Sinne des § 5 Absatz 2 UrhG ohne wirksamen regelnden Inhalt ist dies nicht per se gegeben.[774] Es kommt auf den Inhalt und die Wichtigkeit der Information an. Wichtig ist eine Information danach immer, wenn eine rasche und umfassende Information an die Allgemeinheit unabdingbar ist. Unabdingbar ist eine Information beispielsweise in der Gefahrenabwehr,

---

768 Gesetz für die Nutzung von Daten des öffentlichen Sektors vom 16. Juli 2021 (BGBl. I S. 2941, 2942, 4114).

769 Umweltinformationsgesetz in der Fassung der Bekanntmachung vom 27. Oktober 2014 (BGBl. I S. 1643), das zuletzt durch Artikel 2 des Gesetzes vom 25. Februar 2021 (BGBl. I S. 306) geändert worden ist.

770 *Nordemann*, in: Fromm/Nordemann Urheberrecht, 12. Aufl. 2018 (§ 5 Rn. 26).

771 Siehe hierzu auch sogleich unten: E.II.1.c)iii.

772 *Marquardt*, in: Wandtke/Bullinger Urheberrecht, 5. Aufl. 2019 (§ 5 UrhG Rn. 17); *Dreier*, in: Dreier/Schulze Urheberrechtsgesetz, 7. Aufl. 2022 (§ 5 UrhG Rn. 9); *Nordemann*, in: Fromm/Nordemann Urheberrecht, 12. Aufl. 2018 (§ 5 UrhG Rn. 2). A.A. *Katzenberger/Metzger*, in: Schricker/Loewenheim, 6. Aufl. 2020 (§ 5 UrhG Rn. 60).

773 BGH, Urteil vom 20.07.2006, I ZR 185/03; GRUR 2007, 137 (138 Rn. 18); OLG Köln, Urteil vom 15.12.2006, 6 U 229/05; ZUM 2007, 548 (551, 552); *Katzenberger/Metzger*, in: Schricker/Loewenheim, 6. Aufl. 2020 (§ 5 UrhG Rn. 61).

774 *Nordemann*, in: Fromm/Nordemann Urheberrecht, 12. Aufl. 2018 (§ 5 UrhG Rn. 26).

also in Situationen, in denen gewisse Informationen für den Schutz von Leib und Leben erforderlich sind.[775] Bei allgemeinen Informationen hingegen, dürfte die Rechtsfolge des § 5 UrhG, die Gemeinfreiheit des Werkes, in der Regel nicht erforderlich sein.[776] Ein amtliches Verbreitungsinteresse dürfte aber meist bei rechtserheblichen Erzeugnissen vorliegen, da sie die Rechtsstellung des Adressaten betreffen, wenn zum Beispiel von dem Adressaten ein bestimmtes Verhalten verlangt wird.[777] Bei der Bewertung, ob ein amtliches Verbreitungsinteresse an der freien Veröffentlichung vorliegt, muss geprüft werden, ob gerade die Freiheit zum Nachdruck oder die sonstige Verwertung des die Information vermittelnden Erzeugnisses von Interesse ist, oder ob diesem nicht bereits durch eine Veröffentlichung genüge getan wird.[778] Nach § 5 Absatz 2 UrhG werden daher etwa sämtliche amtlichen Gesetzesmaterialien und amtlichen Dokumente mit rechtserheblichem Inhalt erfasst sein.[779]

Die amtlichen Dokumente mit rechtserheblichem Inhalt sind von amtlichen Werken, welche der politischen Information und Meinungsbildung dienen, zu unterscheiden (zum Beispiel öffentliche politische Reden von Ministern, Kommentare der öffentlich-rechtlichen Rundfunkanstalten zu politischen Ereignissen, Broschüren der Ministerien im Dienste der politischen Meinungsbildung, Mitteilungen politischer Art durch Presse- und Informationsämter und Filme über die Arbeit parlamentarischer Organe). Amtliche Werke, welche der politischen Information und Meinungsbildung dienen, sind nicht per se amtliche Werke im Sinne von § 5 UrhG, denn ausweislich der Schrankenregelungen in §§ 48 und 49 UrhG geht das Gesetz davon aus, dass jene Werke urheberrechtlichen Schutz genießen (können).[780] Neben diesem systematischen Argument spricht aber vor allem auch Sinn und Zweck des § 5 Absatz 2 UrhG dagegen, amtliche Werke, welche der politischen Information und Meinungsbildung dienen, grundsätzlich als gemeinfrei einzustufen: Politische Information und

775 Beispiel aus dem Regierungsentwurf von 1962 – Bundestags-Drucksache IV/270, S. 39: „*Ein amtliches Interesse an der Veröffentlichung eines Kartenwerkes kann nur in Ausnahmefällen angenommen werden, z.B. wenn eine Behörde eine Karte von der Meeresküste veröffentlicht, in der die für Badende gefährlichen Stellen besonders bezeichnet sind.*“

776 BGH, Urteil vom 20.07.2006, I ZR 185/03; GRUR 2007, 137 (138 Rn. 18).

777 *Ahlberg/ Lauber-Rönsberg*, in: BeckOK Urheberrecht, 34. Aufl. 2022 (§ 5 UrhG Rn. 22).

778 *Nordemann*, in: Fromm/Nordemann Urheberrecht, 12. Aufl. 2018 (§ 5 UrhG Rn. 2); BGH, Urteil vom 02.07.1987, I ZR 232/85; GRUR 1988, 33 (35).

779 *Katzenberger/Metzger*, in: Schricker/Loewenheim, 6. Aufl. 2020 (§ 5 UrhG Rn. 62 ff.).

780 *Katzenberger/Metzger*, in: Schricker/Loewenheim, 6. Aufl. 2020 (§ 5 UrhG Rn. 66).

Meinungsbildung allein berührt die Rechtsstellung des Staatsbürgers in rechtsverbindlicher Weise nicht.[781] Hingegen dürften Dokumente, mit Informationen, die für die Grundrechtsverwirklichung wichtig sind, anders beurteilt werden.[782]

b) Zwischenergebnis

Aus dem Gesagten folgt, dass nach dem Gesetz nicht jedes aus einer staatlichen Stelle stammende Werk „*im amtlichen Interesse zur allgemeinen Kenntnisnahme veröffentlicht*" wird.[783] Im Gegenteil dürfte die Mehrzahl der in den staatlichen Stellen erstellten Dokumente diese Voraussetzung nicht erfüllen. Oft wird es für den Tatbestand des § 5 UrhG schon an der Veröffentlichung scheitern.[784] Es steht zu vermuten, dass das Kriterium „*im amtlichen Interesse zur allgemeinen Kenntnisnahme*" aber jedenfalls nicht erfüllt ist, wenn Dokumente als vertraulich eingestuft werden.[785] Denn behördliche Dokumente, mit gegebenenfalls brisanten

---

781 *Katzenberger*, Die Frage des urheberrechtlichen Schutzes amtlicher Werke, GRUR 1972, 686 (692).

782 *Nordemann*, in: Fromm/Nordemann Urheberrecht, 12. Aufl. 2018 (§ 5 UrhG Rn. 27). Mit dem Hinweis auf Merkblätter, die die wichtigsten Regelungen für den Umgang mit Grundrechten enthalten.

783 Im Ergebnis so ebenfalls: *Düwel*, Das Urheberrecht als Mittel staatlicher Geheimhaltung, 2020, 173.

784 Im Einzelfall wird um diese Voraussetzung gestritten: *Wandtke/Hauck*, Urheberrecht versus Pressefreiheit, NJW 2017, 3422 (3423). Diese argumentieren, dass im Falle der Afghanistan Papiere die als Verschlusssachen eingestuften Dokumente durchaus veröffentlicht worden sein könnten, denn diese seien einer unbestimmten Anzahl von Personen (zahlreichen Abgeordneten sowie diversen Mitarbeitern in den Ministerien) zugänglich gemacht worden. A.A. in diesem Sachverhalt: *Katzenberger/Metzger*, in: Schricker/Loewenheim, 6. Aufl. 2020 (§ 5 UrhG Rn. 73). Ähnlich wie *Wandtke/Hauck* argumentieren aber auch *Hoeren/Herring* im Fall von Botschaftsdepeschen: von einer Veröffentlichung im Sinne von § 5 UrhG „*muss ausgegangen werden, da etwa 2,5 Mio. US-Vertreter, vor allem Angestellte aus verschiedenen Ministerien und Behörden, via Intranet Zugriff auf das Material hatten. Informationen, die als streng geheim eingestuft wurden, mussten zwar über ein anderes, unabhängiges Netzwerk abgerufen werden. Aber selbst auf dieses hatten ungefähr 850.000 Menschen Zugriff, sodass nicht mehr von unveröffentlichten Dokumenten gesprochen werden kann.*" *Hoeren/Herring*, Urheberrechtsverletzung durch WikiLeaks? Meinungs-, Informations- und Pressefreiheit vs. Urheberinteressen, MMR 2011, 143 (144).

785 *Hoeren/Herring*, Urheberrechtsverletzung durch WikiLeaks? Meinungs-, Informations- und Pressefreiheit vs. Urheberinteressen, MMR 2011, 143 (144). So schon: *Katzenberger*, Die Frage des urheberrechtlichen Schutzes amtlicher Werke, GRUR 1972, 686 (689).

Informationen, die aus diesem Grund als vertraulich eingestuft werden, zielen weder von ihrer Art und noch von der Bedeutung der Information in dem Dokument darauf ab, dass der Nachdruck oder eine sonstige Verwertung des die Information vermittelnden Werkes zur Allgemeinen Kenntnisnahme freigegeben werden soll. Werke, die zum rein innerbehördlichen Nutzen geschaffen oder solche, die nicht im amtlichen Interesse veröffentlicht werden, genießen Urheberschutz. Daran ändert nach dem ausdrücklichen Wortlaut des Gesetzes auch ein gegebenenfalls bestehendes „*besonderes*" öffentliches Interesse an dem Dokument nichts.[786]

c) Erweiterung des Anwendungsbereichs des § 5 UrhG

Es ist fraglich, ob eine Erweiterung des Anwendungsbereichs des § 5 UrhG aus verfassungsrechtlichen oder historischen Gründen oder aber aus einer Gesamtbetrachtung mit dem IFG, mit der Erwägung der Einheitlichkeit der Rechtsordnung, geboten erscheint.

i. Verfassungsrechtliche Einordnung

Amtliche Dokumente können urheberrechtlich geschützt sein, wenn die Voraussetzungen der §§ 2 bis 4 UrhG vorliegen. Dies ergibt sich, wie gesehen, aus einem Umkehrschluss aus § 5 UrhG. Es ist fraglich, ob § 5 UrhG aus verfassungsrechtlichen, vor allem demokratietheoretischen und rechtsstaatlichen Gesichtspunkten, eine weitere Einschränkung des Urheberrechts gebieten könnte.

„Ziel der Regelungen zur Gemeinfreiheit von amtlichen Werken war es seit jeher, Publizität für alle Äußerungen der Staatsgewalt zu schaffen. Der dem Gesetz unterworfene Bürger soll sich über Vorschriften aller Art, Entscheidungen und über sonst rechtserhebliche Unterlagen und Äußerungen in gerichtlichen und behördlichen

---

786 Ebenso: *Hauck*, Urheberrechtlicher Geheimnisschutz und seine Grenzen – Anmerkung zu BGH, Urteil vom 30.4.2020 Az. I ZR 139/15 Afghanistan Papiere II, ZUM 2020, 769 (771); *Düwel*, Das Urheberrecht als Mittel staatlicher Geheimhaltung, 2020, 175; *Katzenberger/Metzger*, in: Schricker/Loewenheim, 6. Aufl. 2020 (§ 5 UrhG Rn. 6). A.A.: Unabhängig von der Qualifikation als Dokument einer staatlichen Stelle für eine der urheberrechtlichen Prüfung nachgelagerte Interessenabwägung, in der insbesondere die Wichtigkeit der Kenntnis von brisanten Informationen für die breite Öffentlichkeit zum Zwecke der Meinungsbildung hervorgehoben wird: *Hoeren/Herring*, Urheberrechtsverletzung durch WikiLeaks? Meinungs-, Informations- und Pressefreiheit vs. Urheberinteressen, MMR 2011, 143 (147 f.).

Verfahren frei unterrichten können."[787] Es geht dabei nicht nur um die Publizität von Regeln, sondern auch um die Publizität ihrer Auslegung und Anwendung durch Verwaltungsbehörden und Gerichte. Durch die von § 5 UrhG gewährleistete Gemeinfreiheit dieser amtlichen Werke, soll jedermann Äußerungen von staatlichen Stelle, die für die Amtsausübung bedeutsam sind, Einblick nehmen können, ohne dabei urheberrechtliche Verstöße zu begehen.[788] Es ist ersichtlich, dass § 5 UrhG nur solche Werke freistellt, welche in einem Rechtsstaat unter dem Aspekt der Vorhersehbarkeit staatlichen Handelns und dem damit korrespondierenden Recht eines jeden Bürgers, sich über auf ihn anwendbare Regeln zu informieren, frei sein müssen. Der aus einem Werk erwachsene Regelungsinhalt muss dem Normadressaten bekannt sein und dieser muss sich auch unbegrenzt darüber informieren können.

Vor diesem Hintergrund ist auch ersichtlich, dass § 5 UrhG, trotz des massiven Eingriffs in das Urheberrecht, eine verfassungskonforme Bestimmung darstellt.[789] Grundsätzlich gilt, dass verfassungsrechtlich abgesicherte Rechtspositionen nur durch Rechtsgüter, welche ebenso Verfassungsrang haben, eingeschränkt werden können. Im Rahmen praktischer Konkordanz ist ein Interessenausgleich zu finden. Für das Urheberrecht streiten die Eigentumsfreiheit gemäß Artikel 14 GG und Artikel 17 Absatz 2 EU-GRCh sowie das Urheberpersönlichkeitsrecht aus Artikel 2 Absatz 1 in Verbindung mit Artikel 1 Absatz 1 GG (siehe oben B.[790]), welches gemäß § 5 UrhG – im Falle des Absatz 2 nahezu – vollständig erlischt. Auf der anderen Seite stehen die Nutzerinteressen, die auch Interessen der Öffentlichkeit sind, welche sowohl Artikel 5 Absatz 1 Satz 1 GG als auch das Rechtsstaatsprinzip aus Artikel 1 Absatz 3 und Artikel 20 Absatz 3 GG auf ihrer Seite haben. Vor diesem Hintergrund sucht § 5 UrhG eine Lösung dieses Spannungsverhältnisses.[791] Unter demokratischen und rechtstaatlichen Gesichtspunkten ist § 5 UrhG elementar, da sich die Adressaten von amtlichen Werken mit regelnder Wirkung – also etwa von den geltenden Gesetzen – andernfalls kaum rechtstreu verhalten könnten. Unter partizipatorischen Gesichtspunkten wäre auch ein politisches Engagement

787 BVerfG, 1. Kammer des Ersten Senats, Beschluss vom 29.07.1998, 1 BvR 1143/90; GRUR 1999, 226 (230).

788 BGH, Urteil vom 06.07.2006, I ZR 175/03; GRUR 2006, 848 (850 Rn. 14).

789 Zur Frage der Verfassungsmäßigkeit von § 5 UrhG: *Arnold*, Ist § 5 UrhG verfassungskonform, ZUM 1999, 283.

790 S. 37 ff.

791 *Nordemann*, in: Fromm/Nordemann Urheberrecht, 12. Aufl. 2018 (§ 5 UrhG Rn. 3).

kaum denkbar, wenn politische Gruppen oder oppositionelle Parteien nicht etwa auf Gesetzesbegründungen freien Zugriff hätten.[792] Da amtliche Werke, die die Voraussetzungen von § 5 UrhG erfüllen, gemeinfrei und damit allgemein zugängliche Quellen sind, dient § 5 UrhG auch dem Informationsgrundrecht des Artikel 5 Absatz 1 Satz 1 GG. Wiederholend wird in diesem Zusammenhang auf die Demokratie konstituierende Eigenschaft der Kommunikationsgrundrechte hingewiesen.

§ 5 UrhG ist vor diesem Hintergrund eine verfassungsgemäße Bestimmung über Inhalt und Schranken des Eigentums gemäß Artikel 14 GG und Artikel 17 Absatz 2 EU-GRCh.[793] Die möglichen nachteiligen materiellen Folgen für den Urheber, welcher kraft seines Amtes zur Schaffung von amtlichen Werken berufen wird und der für seine Leistung eine Besoldung erhält, ist verhältnismäßig.[794] Das durch § 5 UrhG betroffene Urheberpersönlichkeitsrecht, welches Ausfluss aus dem Grundrecht aus Artikel 2 Absatz 1 GG in Verbindung mit Artikel 1 Absatz 1 GG ist, wird ebenfalls in verfassungskonformer Weise eingeschränkt: Es wäre mit der verfassungsmäßigen Ordnung nicht in Einklang zu bringen, wenn der eine Besoldung erhaltende Beamten-Urheber den Staat an der Veröffentlichung von Gesetzen und anderen regelnden Werken hindern könnte.[795] Dieses Rechtsgut wiegt so hoch, sodass selbst das Erstveröffentlichungsrecht durch die Beamten nicht durch diese selbst ausgeübt werden kann.

Das Ergebnis des in praktischer Konkordanz vorgenommenen Interessenausgleichs von § 5 UrhG findet sich darin, dass jedoch nicht jeder Belang, der dem öffentlichen Interesse zugeordnet werden könnte, zur Gemeinfreiheit von allen von der öffentlichen Hand produzierten Werken führt.[796] Denn § 5 UrhG zielt nicht darauf ab, einem beliebigen Gemeinschaftszweck zu dienen. § 5 UrhG normiert nicht die Schutzbedürftigkeit für Werke, die von einem Amtsträger in Ausübung seines Amts in einer staatlichen Stelle geschaffen werden. Allein die Tatsache, dass ein Werk seiner Natur nach als Dokument einer staatlichen Stelle aus dem Dienst für die Allgemeinheit erwachsen ist, begründet nicht seine Gemeinfreiheit.[797] Aus diesem Grund fordert § 5 Absatz 2 UrhG ein „*amtliches*

---

792 *Nordemann*, in: Fromm/Nordemann Urheberrecht, 12. Aufl. 2018 (§ 5 UrhG Rn. 2).

793 *Nordemann*, in: Fromm/Nordemann Urheberrecht, 12. Aufl. 2018 (§ 5 UrhG Rn. 2).

794 Die Begründung ähnelt in dieser Hinsicht der des § 43 UrhG. *Ahlberg*, in: BeckOK Urheberrecht, 29. Aufl. 2018 (§ 5 UrhG Rn. 24).

795 *Ahlberg/ Lauber-Rönsberg*, in: BeckOK Urheberrecht, 34. Aufl. 2022 (§ 5 UrhG Rn. 24).

796 *Katzenberger/Metzger*, in: Schricker/Loewenheim, 6. Aufl. 2020 (§ 5 UrhG Rn. 6).

797 *v. Ungern-Sternberg*, Werke privater Urheber als amtliche Werke, GRUR 1977, 766 (768); *Katzenberger/Metzger*, in: Schricker/Loewenheim, 6. Aufl. 2020 (§ 5 UrhG Rn. 6).

Interesse".[798] Die Gesetzesbegründung zum UrhG von 1965 verweist hinsichtlich der Regelung in § 5 UrhG auf die Argumente, mit denen auch schon die entsprechenden Bestimmungen des LUG von 1901 gerechtfertigt wurden.[799] Hintergrund des Ausschlusses bestimmter amtlicher Werke vom Urheberrechtsschutz ist, *„daß das öffentliche Interesse die möglichst weite Verbreitung solcher Werke erfordere und daß die kraft ihres Amtes zur Schaffung solcher Werke berufenen Verfasser entweder überhaupt kein Interesse an der Verwertung ihrer Leistungen hätten oder ihre Interessen hinter denen der Allgemeinheit zurücktreten müssten"*.[800] Die Gemeinfreiheit der Werke nach § 5 UrhG tritt ein, weil das Interesse an der Information, die den amtlichen Dokumenten zu entnehmen ist, das Interesse der Berechtigten am Urheberrechtsschutz wesentlich überwiegt. Zu berücksichtigen gilt es dabei allerdings, dass es nicht nur die Allgemeinheit ist, die ein Interesse an der ungehinderten Verbreitung dieser Werke hat, sondern ebenso amtliche Interessen bestehen, über solche Werke ohne urheberrechtliche Prüfung beziehungsweise Rücksicht verfügen zu können.[801]

Unter verfassungsrechtlichen, vor allem demokratietheoretischen und rechtsstaatlichen Gesichtspunkten ist § 5 UrhG eine notwendige Einschränkung des Urheberrechts.[802] Nach alldem besteht aber darüber hinaus keine verfassungsrechtliche Notwendigkeit, amtliche Dokumente generell gemeinfrei zu stellen.

ii. Historischer Hintergrund von § 5 UrhG

Fraglich ist, ob sich aus historischen Gesichtspunkten etwas anderes ergibt.

Die Bedeutung des § 5 UrhG ist nur auf Basis der Entstehungsgeschichte dieser Vorschrift und vor dem Hintergrund seiner Vorgänger, §§ 16 und 26 LUG von 1901, in seiner Gänze zu verstehen.[803] Diese Vorschriften erklärten den Abdruck, die Verbreitung und den öffentlichen Vortrag von „*Gesetzbüchern, Gesetzen, Verordnungen, amtlichen Erlassen und Entscheidungen sowie von anderen zum amtlichen Gebrauch hergestellten amtlichen Schriften*" für rechtlich zulässig. „*Zum amtlichen Gebrauch*" waren lediglich diejenigen Schriften hergestellt, die

---

798 *Katzenberger/Metzger*, in: Schricker/Loewenheim, 6. Aufl. 2020 (§ 5 UrhG Rn. 6).

799 Regierungsentwurf von 1962 – Bundestags-Drucksache IV/270, S. 39. *v. Ungern-Sternberg*, Werke privater Urheber als amtliche Werke, GRUR 1977, 766 (767).

800 Regierungsentwurf von 1962 – Bundestags-Drucksache IV/270, S. 39. Hierauf verweist auch: BGH, Urteil vom 30.06.1983, I ZR 129/81; GRUR 1984, 117 (119).

801 *v. Ungern-Sternberg*, Werke privater Urheber als amtliche Werke, GRUR 1977, 766 (767).

802 *Nordemann*, in: Fromm/Nordemann Urheberrecht, 12. Aufl. 2018 (§ 5 UrhG Rn. 2).

803 *Katzenberger/Metzger*, in: Schricker/Loewenheim, 6. Aufl. 2020 (§ 5 UrhG Rn. 7).

„auf Grund amtlicher Verpflichtung verfaßt und ausschließlich oder überwiegend zum amtlichen Gebrauch bestimmt“ waren.[804] Nur solche amtlichen Schriften sollten also von dieser Gesetzesbestimmung erfasst sein, an deren freier Veröffentlichung ein unmittelbares und dringendes öffentliches Interesse bestand. Die Rechtfertigung dieser Regelung wurde darin gesehen, dass das öffentliche Interesse eine möglichst weite Verbreitung der betreffenden Werke erfordert (ein *„unabweisbares amtliches Bedürfnis“*).[805]

Der mit dem UrhG eingeführte § 5 UrhG bestimmte einzelne Gegenstände gemäß Absatz 1 neu und regelte in Absatz 2 zwei wesentliche Änderungen: Erstens ist § 5 UrhG nicht auf Schriftwerke begrenzt. Zweitens bleibt der urheberrechtliche Werkschutz für alle amtlichen Werke erhalten, die für den inneramtlichen Gebrauch bestimmt sind. Die Voraussetzung *„zum amtlichen Gebrauch hergestellt“* in § 16 LUG von 1901 wurde zu *„im amtlichen Interesse zur allgemeinen Kenntnisnahme veröffentlicht“* in § 5 Absatz 2 UrhG.[806] Die Änderung verfolgte keine weitergehenden wesentlichen Änderungen hinsichtlich einer Erweiterung des Kreises der vom Urheberrechtsschutz ausgeschlossenen Werke. Im Gegenteil wurde die historische Regelung mit dem Willen des Gesetzgebers bedeutend eingeschränkt. Aus der historischen Erläuterung wird also deutlich, dass der Gesetzgeber bewusst den Urheberrechtschutz für nicht veröffentlichte Werke gerade herstellte. Für Erzeugnisse des inneramtlichen Gebrauchs, sei ein *„Bedürfnis für eine allgemeine Nachdruckfreiheit nicht anzuerkennen.“*[807] Hieraus ist nicht bloß das staatliche monetäre Interesse zu erkennen[808], sondern auch, dass der Urheberrechtsschutz und damit das Recht des Beamten-Urhebers kodifiziert wurde. Vor diesem Hintergrund besteht auch keine Gebotenheit aus historischen Erwägungen, amtliche Dokumente generell gemeinfrei zu stellen.

---

804 Regierungsentwurf von 1962 – Bundestags-Drucksache IV/270, S. 39.

805 BGH, Urteil vom 03.07.1964, Ib ZR 146/62; GRUR 1965, 45 (46).

806 Regierungsentwurf von 1962 – Bundestags-Drucksache IV/270, S. 39.

807 Regierungsentwurf von 1962 – Bundestags-Drucksache IV/270, S. 39. *Düwel* trifft dieselbe Feststellung, kommt allerdings zu der Erkenntnis, dass aus der historischen Auslegung keine Schlussfolgerung mit Blick auf die Konstellation, dass sich staatliche Stellen auf Urheberrechte berufen, möglich sei. *Düwel* begründet dies damit, dass der Gesetzgeber die Konstellation, das Urheberrecht als Mittel des Geheimnisschutz zu nutzen, nicht im Blick hatte: *Düwel*, Das Urheberrecht als Mittel staatlicher Geheimhaltung, 2020, 196 ff., 218.

808 So aber: *Düwel*, Das Urheberrecht als Mittel staatlicher Geheimhaltung, 2020, 107.

iii. Verhältnis von § 5 UrhG zum IFG

Fraglich ist, ob sich aus der Zusammenschau mit dem IFG etwas anderes ergibt.

Gemäß § 1 IFG hat jeder gegenüber den Behörden des Bundes, gegenüber sonstigen Bundesorganen und -einrichtungen (soweit sie öffentlich-rechtliche Verwaltungsaufgaben wahrnehmen) und gegenüber natürlichen Personen oder juristischen Personen des Privatrechts, soweit eine Behörde sich dieser Person zur Erfüllung ihrer öffentlich-rechtlichen Aufgaben bedient, einen Anspruch auf Zugang zu amtlichen Informationen. „*Amtliche Informationen*" meint gemäß § 2 IFG jede amtlichen Zwecken dienende Aufzeichnung, unabhängig von der Art ihrer Speicherung. „*Amtliche Informationen*" erfassen also sehr viel mehr als die „*amtlichen Werke*" im Sinne von § 5 UrhG, die im „*amtlichen Interesse zur allgemeinen Information veröffentlicht*" sein müssen.[809]

Sowohl § 5 UrhG als auch das IFG (und insbesondere sein § 1) stellen wichtige, gegebenenfalls unerlässliche Bestandteile eines demokratischen und rechtsstaatlichen Staates dar. Während § 5 UrhG die unabdingbare Möglichkeit des Bürgers eröffnet, sich über die ihn verpflichtenden und berechtigenden Normen zu informieren, gewährleisten die §§ 1 ff. IFG die Überprüfbarkeit staatlichen Handelns durch die Bürger selbst.[810] Letzteres ist als eine zivilisatorische Errungenschaft zu werten: klassisch staatstheoretisch besteht das demokratische System in einer Überprüfbarkeit der Gewalten untereinander. Das „*Volk*", von dem zwar alle Macht ausgeht, diese aber in Wahlen und Abstimmungen an besondere Organe zur Ausübung überträgt[811], ist dabei lediglich indirekt durch sein(e) Parlament(e) vertreten. Durch das IFG ist jedoch ein umfassendes Zugangsrecht zu innerbehördlichen Angelegenheiten für jedermann geschaffen. Jeder Bürger ist zur Überprüfung berechtigt.

Es ist jedoch eine wichtige Differenzierung geboten. § 5 UrhG und das IFG sind beides Gesetze, die die Möglichkeit des Zugangs zu amtlichen Dokumenten (auf unterschiedliche Weise und mit unterschiedlicher Reichweite) eröffnen. Sie schützen jedoch ganz unterschiedliche Rechtsgüter.[812] Im Kontext des Demokratieprinzips und der Informationsfreiheit muss insbesondere beachtet

809 BVerwG, Urteil vom 25.06.2015, 7 C 1/14; GRUR-RR 2016, 137 (140 Rn. 33). Und siehe hierzu bereits oben: E.II.1.a).

810 *Gurlit*, in: Das Ende des repräsentativen Staates? Demokratie am Scheideweg – The End of the Representative State? Democracy at the Crossroads, 2016 157 (160).

811 Siehe hierzu oben: A.II.3.

812 Im Ergebnis ebenso: *Düwel*, Das Urheberrecht als Mittel staatlicher Geheimhaltung, 2020, 173 f.

werden, dass der verfassungsrechtliche Begriff der Informationsfreiheit gemäß Artikel 5 Absatz 1 GG und der des IFG verschieden sind. Verfassungsrechtlich normiert die Informationsfreiheit in Artikel 5 GG die Möglichkeit, sich aus allgemein zugänglichen Quellen ungehindert zu unterrichten. Eine Demokratie kann ohne ein solches Recht nicht funktionieren, denn dies ist die Voraussetzung für einen freien und offenen Kommunikations- und Willensbildungsprozess.[813] Im Kontext von Gesetzen ist es einleuchtend, dass sich die Bürger ohne Kenntnis der sie adressierenden Normen nicht rechtstreu verhalten können. Sie müssen sich informieren können. In diesem Sinn ist § 5 UrhG Ausfluss aus dem Rechtsstaatsprinzip unter dem Aspekt der Vorhersehbarkeit staatlichen Handelns. Darüber hinaus basiert § 5 UrhG aber auch auf der grundrechtlichen Informationsfreiheit. Die Informationsfreiheit gemäß Artikel 5 Absatz 1 Satz 1 GG gewährt als klassisches Abwehrrecht ein Recht auf das Sich-Informieren und ein Schutz vor staatlichen Eingriffen in allgemein zugängliche Quellen. Werke, welche gemäß § 5 Absatz 2 UrhG *„im amtlichen Interesse zur allgemeinen Kenntnisnahme"* veröffentlicht sind, stellen allgemein zugängliche Quellen im Sinne der Informationsfreiheit nach Artikel 5 GG dar. Da staatliches Handeln in einem Rechtsstaat vorhersehbar sein muss, müssen alle Regeln für ihre Normadressaten frei zugänglich sein. Darüber hinaus besteht aber aus der Informationsfreiheit gemäß dem Grundgesetz gerade kein Anspruch darauf, dass Zutritt zu Informationsquellen geschaffen wird oder dass solche neu erschaffen werden.[814] Dies gilt sowohl für die Ebene des Grundgesetzes als auch für die der EU-GRCh.[815] Hingegen zielt die Informationsfreiheit im Sinne des IFG gerade darauf, den Zutritt zu gewähren.[816] Hintergrund des IFG ist damit nicht die in Artikel 5 Absatz 1 Satz 1 GG[817] und Artikel 11 EU-GRCh normierte

813 *Bullinger/Stanley*, Das Spannungsverhältnis zwischen Informationsfreiheit und Urheberrecht, GRUR-Prax 2015, 395 (396 f.).

814 *Bullinger/Stanley*, Das Spannungsverhältnis zwischen Informationsfreiheit und Urheberrecht, GRUR-Prax 2015, 395 (397).

815 Für Art. 5 Abs. 1 GG: *Schemmer*, in: BeckOK Grundgesetz, 50. Aufl. 2022 (Art. 5 GG Rn. 33). Für Artikel 11 EU-GRCh: *Calliess*, in: Calliess/Ruffert, 6. Aufl. 2022 (Art. 11 EU-GRCh Rn. 8); *Cornils*, in: BeckOK Informations- und Medienrecht, 35. Aufl. 2021 (Art. 10 EMRK Rn. 20).

816 Gesetzentwurf von 2004 – Bundestags-Drucksache 15/4493, S. 6.

817 *Bullinger/Stanley*, Das Spannungsverhältnis zwischen Informationsfreiheit und Urheberrecht, GRUR-Prax 2015, 395 (396).

Informationsfreiheit, sondern das in Artikel 20 Absatz 1 GG normierte Demokratieprinzip unter dem Aspekt der Kontrolle der Gewalten.[818]

Vor diesem Hintergrund wird die Bedeutung von § 5 UrhG deutlich: Der Grund für den Ausschluss bestimmter amtlicher Werke vom Urheberrechtsschutz liegt nicht in einem beliebigen Interesse der Allgemeinheit an allen von öffentlichen Institutionen geschaffenen oder veröffentlichten Werken.[819] Dies ist hingegen bei dem im § 1 IFG normierten Zugangsrecht der Fall. Der gesetzlich festgelegte Informationszugang gemäß dem IFG stellt kein „*amtliches Interesse*" dar, die Dokumente zu verbreiten.[820] Auch generell ersetzen seine Voraussetzungen nicht die von § 5 UrhG, denn dem in dem IFG normierten Recht auf Informationszugang[821] folgt nicht, dass das informationsentnehmende Dokument gemäß § 5 Absatz 2 UrhG zur allgemeinen Kenntnisnahme veröffentlicht worden ist.[822] Insbesondere darf das Werk nicht – sobald einmal Zugang nach dem IFG gewährt wurde – frei verbreitet werden. Vielmehr regelt die rechtmäßige Verbreitung solcher mittels IFG erhaltener Dokumente das DNG – das Datennutzungsgesetz.[823]

Da § 5 UrhG, wie gesehen, nur wenige amtliche Werke für gemeinfrei erklärt, ist es gut möglich, dass ein Werk mit „*amtlichen Informationen*" im Sinne des IFG urheberrechtlichen Schutz genießt. Behörden können sich aber nicht pauschal auf § 6 Satz 1 IFG berufen, wonach der Anspruch auf Informationszugang nicht besteht, soweit der Schutz geistigen Eigentums entgegensteht. Hier wird eine erneute Differenzierung zwischen Urheberrechten privater Dritter und solcher von Beamten-Urhebern erforderlich sein. Jedenfalls ein genereller Vorrang eines der Behörde zugewiesenen Urheberrechts des Beamten-Urhebers folgt aus § 6 Satz 1 IFG gerade nicht.[824] „*Die informationspflichtige Behörde muss bei der Entscheidung über die Ausübung der ihr eingeräumten urheberrechtlichen Nutzungsrechte gegenläufigen gesetzlichen Zielvorstellungen und daraus folgenden*

818 *Debus*, in: BeckOK Informations- und Medienrecht, 35. Aufl. 2022 (§ 1 IFG Rn. 22 und 33).

819 *Katzenberger/Metzger*, in: Schricker/Loewenheim, 6. Aufl. 2020 (§ 5 UrhG Rn. 6).

820 BVerwG, Urteil vom 25.06.2015, 7 C 1/14; GRUR-RR 2016, 137 (140 Rn. 33).

821 BGH, Urteil vom 20.07.2006, I ZR 185/03; ZUM 2007, 136 (138 Rn. 21).

822 BVerwG, Urteil vom 25.06.2015, 7 C 1/14; GRUR-RR 2016, 137 (140 Rn. 31, 33); *Raue*, Informationsfreiheit und Urheberrecht, Juristenzeitung 2013, 280 (288).

823 Auf die Vorgängerregelung, das Informationsweiterverwendungsgesetz, welches mit Ablauf des 22.7.2021 durch Art. 3 Satz 2 G v. 16.7.2021 (BGBl. I S. 2941) aufgehoben wurde: *Raue*, Informationsfreiheit und Urheberrecht, Juristenzeitung 2013, 280 (288).

824 BVerwG, Urteil vom 25.06.2015, 7 C 1/14; GRUR-RR 2016, 137 (140 Rn. 38).

rechtlichen Verpflichtungen Rechnung tragen.“[825] Da § 6 IFG Ausfluss aus der Eigentumsfreiheit ist, was die Gesetzesbegründung ausdrücklich betont[826], streitet diese nicht für die jeweilige staatliche Stelle, wenn diese sich auf das ihm einfachgesetzlich eingeräumte urheberrechtliche Nutzungsrecht ihres Beamten beruft. Eine staatliche Stelle muss in so einer Situation „*vielmehr angesichts ihrer Rechtsbindung gegenläufigen gesetzlichen Zielvorstellungen und daraus folgenden rechtlichen Verpflichtungen Rechnung tragen; ein genereller Vorrang eines der Behörde zugewiesenen Urheberrechts folgt aus § 6 IFG demnach nicht.*“[827] Damit steht fest: § 6 IFG steht dem Informationszugangsrecht gemäß § 1 IFG in aller Regel nicht entgegen.

Nach alldem besteht auch kein Gebot aus der Einheitlichkeit der Rechtsordnung, amtliche Dokumente generell gemeinfrei zu stellen.

iv. Zwischenergebnis

Nach alldem widerspräche es der Konzeption und dem erklärten Willen des Gesetzgebers zum UrhG grundsätzlich sämtlichen Werken, die Beamte in Ausübung ihres Dienstes schaffen, die Schutzfähigkeit zu versagen. Dokumente aus der Sphäre einer staatlichen Stelle sind schutzfähig, denn der Schutz gebührt originär dem Beamten. Der Beamte, der in Ausübung seines Dienstes Werke schafft, genießt als unmittelbaren Ausfluss von Grundrechten Urheberrechtschutz.

Aus diesem Grund ist die junge Entscheidung des US. Supreme Court aus dem April 2020 über die Urheberschutzfähigkeit von sogenannten „*annotations*“ – vom Gesetzgeber in Auftrag gegebene Anmerkungen zu Gesetzen, wie etwa Präzedenzfälle zu einer Norm – nach dem US Copyright auf die gegenwärtige Systematik des deutschen UrhGes auch nicht übertragbar.[828] Im Ergebnis entschieden die Richter, dass „*annotations*“ keinen urheberrechtlichen Schutz unter dem US Recht und damit der „*Edicts of Government Doctrine*“ genießen könnten. Das tragende Prinzip hinter dieser ist, dass niemand „*Eigentümer*“ oder „*Inhaber*“ des Gesetzes sein könne. Dies galt bislang lediglich für die Judikative

825 BVerwG, Urteil vom 25.06.2015, 7 C 1/14; GRUR-RR 2016, 137 (141 Rn. 42).

826 Gesetzentwurf von 2004 – Bundestags-Drucksache 15/4493, Seite 14.

827 BVerwG, Urteil vom 25.06.2015, 7 C 1/14; GRUR-RR 2016, 137 (141 Rn. 42).

828 *Georgia et al vs. Public Resource Org. Inc.* 18-1150 U.S. 2020 (https://www.supremecourt.gov/opinions/19pdf/18-1150_7m58.pdf; zuletzt abgerufen am 26.05.2022). Im Ergebnis so auch: *Hauck*, Urheberrechtlicher Geheimnisschutz und seine Grenzen – Anmerkung zu BGH, Urteil vom 30.4.2020 Az. I ZR 139/15 Afghanistan Papiere II, ZUM 2020, 769 (775).

(wörtlich: „*For purposes of the Copyright Act, judges cannot be the 'author[s]' of 'whatever work they perform in their capacity' as lawmakers.*"[829]). Nun ist sie auch auf die Legislative übertragen worden. Die Doktrin gelte für alle Arbeiten, die Gesetzgeber in ihrer Eigenschaft als Gesetzgeber ausführen, einschließlich der erläuternden und verfahrenstechnischen Materialien, die sie in Erfüllung ihrer gesetzgeberischen Pflichten erstellten.[830] Zusammengefasst bedeutet diese Entscheidung des US Supreme Courts, dass Mitarbeiter der Judikative und der Legislative in den USA in Ausübung ihrer Tätigkeit nicht schöpferisch tätig werden.

In den hier diskutierten Beispielsfällen stehen aber ohnehin keine Arbeiten der Judikative oder der Legislative zur Diskussion, sondern solche der Exekutive. Diese sind vom US-Copyright aber ohnehin von Vornherein nicht umfasst. Denn 17 U.S. Code § 101 bestimmt, dass Arbeiten durch die Exekutive – und dies umfasst alle Arbeiten, die ein Angestellter der Exekutive herstellt – keinen Copyright-Schutz erhalten („*work of the United States Government* [...] *prepared by an officer or employee of the United States Government as part of that person's official duties*").

Sosehr diese Entscheidung unter demokratietheoretischen Aspekten Gehör finden sollte, ist sie dennoch mit dem deutschen UrhG, welches jedem Schöpfer als Ausfluss von Grundrechten ideelle und materielle Interessen sichert, nicht zu vereinbaren. Weder die Rechtsprechung des US Supreme Courts noch die US-amerikanische gesetzliche Regelung sind auf das deutsche UrhG, welches den Grundsatz des Schutzes des Urhebers kodifiziert, übertragbar.[831] Ausweislich § 5 UrhG handelt es sich um ganz besondere Ausnahmefälle, in denen urheberrechtlicher Schutz von vornherein für amtliche Dokumente versagt wird. Dies gilt auch, obwohl Beamte nicht von den materiellen Werten ihrer Werke abhängen, da sie eine regelmäßige Besoldung erhalten. Der Gesetzgeber von 1965 entschied sich ganz bewusst für eine Änderung der Gesetzeslage. § 5 UrhG wurde nicht vor dem Hintergrund des diskutierten Dilemmas unter dem Stichwort „*Zensurheberrecht*" geschaffen. Seit 1965 genießen grundsätzlich alle innerbehördlichen Dokumente urheberrechtlichen Schutz: Dem UrhG ist die

829 *Georgia et al vs. Public Resource Org. Inc.* 18-1150 U.S. 2020, S. 2, 5, 6 (abrufbar: siehe unter Fußnote 828).

830 *Georgia et al vs. Public Resource Org. Inc.* 18-1150 U.S. 2020, S. 2, 5, 6 (abrufbar: siehe unter Fußnote 828).

831 So auch: *Hauck*, Urheberrechtlicher Geheimnisschutz und seine Grenzen – Anmerkung zu BGH, Urteil vom 30.4.2020 Az. I ZR 139/15 Afghanistan Papiere II, ZUM 2020, 769 (775).

freie Zugänglichkeit von behördeninternen Dokumenten von Grund auf fremd. Daran ändert auch der Gedanke nichts, dass in einer Demokratie die Bürger „*die konstruktiven Autoren*“ des Gesetzes und Richter und Gesetzgeber lediglich die „*Verfasser von Gesetzesvorlagen …, die delegierte Autorität ausüben*“, seien.[832]

2. Zwischenergebnis: Das UrhG und das öffentliche Interesse an amtlicher Publizität

§ 5 UrhG schützt nicht, wie gegebenenfalls durch die Überschrift zu vermuten steht, die Aktenöffentlichkeit. Dies ist hingegen Sinn und Zweck des IFG. Nur in seltenen Fällen der amtlichen Erzeugnisse ist festzustellen, dass der Urheber „*entweder überhaupt kein Interesse an der Verwertung* [habe] […] *oder* […] *Interessen hinter denen der Allgemeinheit zurücktreten müßten*“.[833] Sollten ausnahmsweise aus einer staatlichen Stelle stammende Erzeugnisse urheberrechtlich geschützt sein, gebühren dem Urheber – auch in Ausübung seines Dienstes – nach den Wertungen des UrhG seine Urheberrechte. Und das gilt auch vor dem Hintergrund, dass diese regelmäßig an den Dienstherrn übertragen, beziehungsweise diesem die Ausübung gestattet wird.[834]

Die Regelung und Hintergründe des § 5 UrhG haben ergeben, dass das UrhG gerade kein Interesse an allgemeiner Zugänglichkeit zu amtlichen Dokumente schützt. Es mag berechtigte Interessen an einem generellen Zugang geben. Auch ist eine allgemeine Kontrollmöglichkeit durch Bürger unter demokratietheoretischen Gesichtspunkten ein schützenswerter Belang. Schließlich ist auch die Kritik des Antrags der FDP-Fraktion und des offenen Briefs der Medienvertreter berechtigt, dass es sich nicht um Praktiken einer „*good governance*“ handelt, wenn sich staatliche Stellen mit den Mitteln des Urheberrechts gegen Veröffentlichungen richtet, die er aus sicherheitspolitischen Interessen verfolgt. Allerdings sind diese genannten Argumente keine Belange, die im System des Schutzbereichs des Ausschließlichkeitsrechts berücksichtigt werden. Gerade aus dem – ebenfalls eingangs genannten – Argument der Einheitlichkeit der Rechtsordnung ergibt sich, dass es nicht das Schutzrecht selbst ist, welches dazu berufen ist, der größtmöglichen staatlichen Transparenz zu dienen. Gerade zu diesem

---

832 *Georgia et al vs. Public Resource Org. Inc.* 18-1150 U.S. 2020, S. 5 (abrufbar: siehe unter Fußnote 828). Wörtlich: „*In a democracy, the Court reasoned, 'the People' are 'the constructive authors' of the law, and judges and legislators are merely 'draftsmen… exercising delegated authority.*“

833 Regierungsentwurf von 1962 – Bundestags-Drucksache IV/270, S. 39.

834 BVerwG, Urteil vom 25.06.2015, 7 C 1/14; GRUR-RR 2016, 137.

Zweck ist das IFG geschaffen worden. Neben den Wortlaut-Argumenten und der historischen Betrachtung ergibt sich aus einem systematischen Argument, dass dem Interesse an der Publizität des politischen Lebens nach dem Willen des Urheberrechtsgesetzgebers in anderer Form Rechnung getragen wird und nicht durch den generellen Ausschluss entsprechender amtlicher Werke vom Urheberrechtsschutz: nämlich durch die dem geistigen Austausch dienenden Schranken.[835] Die im Teil C. genannten in den §§ 44a ff. UrhG geregelten Freiheiten, welche dem geistigen Austausch und damit der Auseinandersetzung mit den Werken selbst dienen, sind vielmehr die bislang vorgesehenen Stellschrauben im System des UrhG im Verhältnis zum öffentlichen Informationsinteresse.

Bei genauer Betrachtung handelt es sich bei § 5 UrhG grundrechtlich betrachtet um eine konsequente Inkonsequenz. Der Staat ist nicht grundrechtsberechtigt, da er selbst Grundrechtsverpflichteter ist. Unter diesem Gesichtspunkt scheint es auf den ersten Blick konsequent amtlichen Werken den aus Grundrechten fließenden Urheberrechtsschutz – jedenfalls partiell – zu versagen. Allerdings gilt § 5 UrhG nicht für alle Werke, die von staatlichen Stellen stammen. Dies ist damit begründet, dass das Urheberrecht nicht bei der jeweiligen staatlichen Stelle als juristischer Person erwächst, sondern bei den jeweiligen Beamten, die natürliche Personen sind. Ferner ist zu beachten, dass amtliche Werke auch von Privaten stammen können. Insofern kann man die gesetzliche Anordnung als inkonsequent beurteilen. Vergleichbare Gemeinfreiheit findet sich schließlich bei keiner der in §§ 44a ff. UrhG normierten Schranken.[836] Vor dem Hintergrund, dass auch an amtlichen Werken, unabhängig davon, ob sie gemeinfrei nach § 5 UrhG sind oder nicht, die natürlichen Personen die ursprünglichen Rechteinhaber sind, muss sich § 5 UrhG an den Grundrechten messen lassen. Die gänzliche Versagung des Urheberrechtsschutzes bei bestimmten Werken nach § 5 UrhG bedarf der Rechtfertigung durch gewichtige Interessen der Allgemeinheit.

Abschließend bleibt festzuhalten, dass die Regelung des § 5 UrhG nicht vor dem Hintergrund des hier diskutierten Dilemmas geschaffen wurde. § 5 UrhG nennt ausdrückliche Voraussetzungen, nach denen Werke, die sich eine staatliche Stelle zurechnen lässt, keinen – oder nur sehr eingeschränkten persönlichkeitsrechtlichen – Schutz für sich beanspruchen können. Die Entscheidung darüber, ob ein urheberrechtlicher Schutz beansprucht werden kann, liegt nicht

---

835 *Katzenberger*, Die Frage des urheberrechtlichen Schutzes amtlicher Werke, GRUR 1972, 686 (692).

836 Zu dem Streit, ob es sich bei § 5 UrhG um eine Schranke handelt, siehe Fußnote: 735.

in der Prärogative eines Beamten oder eines zur Auslegung berufenen Richters, sondern wurde legislativ in § 5 UrhG festgelegt. § 5 UrhG ist eine Ausnahmevorschrift von der Grundregel, dass eigene geistige Schöpfungen urheberrechtlich geschützt werden und diese Rechte dem Urheber persönlich zustehen. Ein besonderes allgemeines öffentliches Interesse an aus staatlichen Stellen stammenden Werken ist dabei keine Voraussetzung, sondern ein „*amtliches Interesse zur allgemeinen Kenntnisnahme*". Vor diesem Hintergrund wird die Änderung der Gesetzeslage 1965 dahingehend, dass seitdem grundsätzlich alle Dokumente staatlicher Stellen urheberrechtlichen Schutz genießen, umso bedeutender: Dem UrhG ist die freie Zugänglichkeit von Dokumenten staatlicher Stellen von Grund auf fremd. Während § 5 UrhG das Interesse der Allgemeinheit an einem begrenzten Kreis an Werken schützt[837], ist ihm – wie oben gesehen – weder vom Wortlaut, noch von der Geschichte, aus verfassungsrechtlichem Sinn und Zweck oder aus systematischen Erwägungen der Schutz eines allgemeinen öffentlichen Interesses an Äußerungen hoheitlicher Gewalt für eine etwaige demokratische Kontrolle zu entnehmen. Die von § 5 UrhG geschaffene Gemeinfreiheit soll lediglich dem Bürger in seiner Eigenschaft als Normadressat dienen. Das IFG hingegen schließt diese Lücke des Zugangs zu amtlichen Informationen. Es ist aus diesen Gründen entgegen den Vorschlägen, § 5 UrhG zu erweitern, nach einer anderen Lösung der Beispielsfälle zu suchen.[838]

3. Anwendungsbereich des „*Werks*"

Lösende Antworten auf die durch die Beispielsfälle aufgeworfene Problematik sind in der Literatur auch mit verschiedenen Ansätzen in Bezug auf den Schutz des Werks vertreten worden:

So wurde vertreten, dass das Urheberrecht, auf das sich staatliche Stellen berufen, nicht ausreichen soll, um die Pressefreiheit und Interessen der Allgemeinheit an einem ungehinderten Informationsfluss und damit die Veröffentlichung

837 *Katzenberger/Metzger*, in: Schricker/Loewenheim, 6. Aufl. 2020 (§ 5 UrhG Rn. 57).

838 Zunächst ebenso in Bezug auf § 5 UrhG: *Düwel*, Das Urheberrecht als Mittel staatlicher Geheimhaltung, 2020, 218. Allerdings zieht dieser sodann den Schluss, § 5 UrhG zu erweitern. Insofern a.A.: *Düwel*, Das Urheberrecht als Mittel staatlicher Geheimhaltung, 2020, 237 ff. Auch *Hauck* stellt eine ausdrückliche Erweiterung von § 5 UrhG zur Diskussion: *Hauck*, Urheberrechtlicher Geheimnisschutz und seine Grenzen – Anmerkung zu BGH, Urteil vom 30.4.2020 Az. I ZR 139/15 Afghanistan Papiere II, ZUM 2020, 769 (775).

eines Dokuments einzuschränken.[839] Der Anwendungsbereich des § 2 UrhG sei daher teleologisch zu reduzieren, sodass derartige behördliche Dokumente nicht dem urheberrechtlichen Schutz unterfallen, obwohl sie nach dem Wortlaut an sich erfasst wären.[840] Es bleibt nach hier vertretener Auffassung aber kein Raum für eine teleologische Reduktion von § 2 UrhG. Mittels der Methode der teleologischen Reduktion schränkt man den Anwendungsbereich einer Norm gegenüber dem Wortlaut ein, um den spezifischen Sinn der Einzelvorschrift und deren konkreten Zweck in seiner Anwendung zu erfassen. Es würde sich bei einer teleologischen Reduktion des § 2 UrhG, die dazu führen würde, dass Staatsdiener generell bei der Erfüllung von öffentlichen Aufgaben keinen Urheberrechtschutz erhalten würden, um eine das System des UrhG durchkreuzende Anwendung, beziehungsweise Nicht-Anwendung, handeln. Unabhängig von der offensichtlich dienstlichen Zuordnung der Erstellung der Lageberichte und des Glyphosat-Gutachtens ordnet das UrhG im individualistischen Geist die Urheberschaft an den Dokumenten an. Eine rechtssichere Lösung der Beispielsfälle kann daher nicht darin bestehen, aus Wertungsgründen Beamten im Rahmen ihrer dienstlichen Tätigkeit ihre Urheberschaft und indirekt ihre Grundrechtfähigkeit in dieser Situation abzusprechen, einzig mit der intendierten Folge, dass sich ein Dienstherr auch nicht mehr darauf berufen können soll.

Weiter reichte ein anderer Vorschlag, nach dem das UrhG ausdrücklich zu ändern und Werke, die dem öffentlichen Informationsinteresse dienten, vollständig aus dem urheberrechtlichen Werkschutz auszunehmen seien.[841] Diese Herangehensweise würde eine bewusste Entscheidung des Gesetzgebers voraussetzen, an der vorliegenden Situation etwas zu ändern. Dies wird auch deutlich, wenn man sich erneut vor Augen führt, dass sich staatliche Stellen, wenn sie Urheberrecht geltend machen, hinsichtlich der Nutzungsrechte in der Regel nicht auf Artikel 14 GG berufen kann und er sich hinsichtlich des Veröffentlichungsrechts auf das gemäß Artikel 2 Absatz 1 in Verbindung mit Artikel 1 Absatz 1 GG geschützte Urheberpersönlichkeitsrecht seiner Beamten beruft. Dieser Vorschlag geht im Zweifel zulasten der Urheber dieser Dokumente, die im öffentlichen Informationsinteresse stehen. Nach den bisherigen Untersuchungen wäre

839 *Hoeren/Herring*, WikiLeaks und das Erstveröffentlichungsrecht des Urhebers – Informationsfreiheit als externe Schranke des Urheberrechts, MMR 2011, 500 (503).

840 *Hoeren/Herring*, WikiLeaks und das Erstveröffentlichungsrecht des Urhebers – Informationsfreiheit als externe Schranke des Urheberrechts, MMR 2011, 500 (503).

841 *Edwards*, Die Rechtmäßigkeit von Whistleblowing in der Öffentlichkeit nach der EMRK und nach deutschem Recht, 2017, 168.

daher nach hier vertretener Auffassung eine solche Bereichsausnahme mit den Wertungen des heutigen UrhG, welches den Urheber der Werke schützt und ausdrücklich die Dokumente staatlicher Stellen nicht ausnimmt, kein vorzugswürdiger Lösungsweg.

Es wurde schließlich eine reduzierende Auslegung des Werkbegriffs vertreten.[842] Staatliche Dokumente, bei denen es nach den juristischen Auslegungsmethoden vertretbar erscheint, den urheberrechtlichen Schutz angesichts verfassungsrechtlicher Erwägungen – wie etwa dem Umstand, dass nicht die Eigentumsfreiheit für den urheberrechtlichen Werkschutz der derivativ berechtigten staatlichen Stelle streitet[843] – nicht zu gewähren. Selbstverständlich müssen die verfassungsrechtlichen Normen bei der Auslegung des einfachen Rechts Berücksichtigung finden. Allerdings kann dies nach hier vertretener Auffassung nicht dazu führen, dass der natürlichen Person des Beamten-Urhebers, der in Ausübung seines Diensts ein Werk schafft, im Zweifel, etwa im Bereich der „*kleinen Münze*", urheberrechtlicher Schutz aberkannt wird.[844] Dies ist weder mit den Grundrechten vereinbar, auf die sich auch der Beamten-Urheber berufen kann[845], noch mit der Ausgestaltung des derzeit gültigen UrhG, welches eine deutliche und bewusste Entscheidung für den Urheberrechtschutz für Dokumente aus der Feder der im öffentlichen Dienst beschäftigten Personen darstellt. Der Urheberrechtsschutz hat sich nach hier vertretener Auffassung nach juristischer Methodik unter Berücksichtigung des Telos der Norm, der Systematik des Gesetzes und der historischen Entwicklung der Regelung am Wortlaut der Norm zu orientieren. Natürlich kann ebendiese Auslegung dazu führen, dass gerade staatliche Dokumente keinen Urheberrechtsschutz für sich beanspruchen können, etwa weil ihnen das nötige Maß an schöpferischer Leistung fehlt.[846]

Eine andere Bewertung ergibt sich nach hier vertretener Auffassung auch nicht nach einer Gesamtbetrachtung der Rechtsordnung, insbesondere mit Blick auf den Rechtsschutz von Whistleblowing.[847] Es wird vertreten, dass die vom

842 *Düwel*, Das Urheberrecht als Mittel staatlicher Geheimhaltung, 2020, 223.

843 Hierzu sogleich unten: E.III.2.

844 So aber wohl: *Düwel*, Das Urheberrecht als Mittel staatlicher Geheimhaltung, 2020, 223.

845 Hierzu sogleich unten: E.III.2.

846 Vgl. hierzu in Bezug auf die Afghanistan Papiere: *Wandtke/Hauck*, Urheberrecht versus Pressefreiheit, NJW 2017, 3422. Diese bejahen diese Voraussetzung in diesem Fall eher. Anders hingegen: *Hoeren*, Anmerkung zu BGH, 1.6.2017 – I ZR 139/15 – Afghanistan Papiere, MMR 2017, 680 (684).

847 Siehe zu dem Vorschlag: *Düwel*, Das Urheberrecht als Mittel staatlicher Geheimhaltung, 2020, 213 ff.

deutschen und europäischen Gesetzgeber gewollte Privilegierung des Whistleblowings durch den Gebrauch des Urheberrechts durch staatliche Stellen konterkariert werde. Dies liege am zu weiten urheberrechtlichen Schutzgegenstand, denn es umgehe den durch die Gesetze zur Privilegierung des Whistleblowings bewirkten Ausschluss von arbeitsrechtlichen und strafrechtlichen Regelungen sowohl nach europäischem als auch nach deutschem Recht.[848] Auch diesem Vorschlag ist jedoch nach hier vertretener Auffassung der Wortlaut des UrhG, sein Zweck, der Schutz der immateriellen und materiellen Interessen der Urheber und erneut die historische Betrachtung zum eingeschränkten Schutz amtlicher Dokumente entgegenzuhalten. Außerdem regelt die europäische Whistleblowing-Richtlinie[849] zwar ausdrücklich, dass Whistleblower wegen urheberrechtlichen Verletzungen grundsätzlich nicht haftbar sein sollen,[850] nimmt aber Dokumente ausdrücklich aus, die „*Verschlusssachen*" sind und damit staatliche geheime Dokumente.[851] Damit kann gerade für den Beispielsfall Afghanistan Papiere – die Dokumente wurden als „*VS-nur für den Dienstgebrauch*" gekennzeichnet – keine etwaige Privilegierung aus dem Recht zum Whistleblowing auf das Urheberrecht übertragen werden und taugt insofern nicht für eine allgemeingültige Lösung der Schieflage.[852]

III. Staatliche Stellen und derivativ erworbenes Urheberrecht

Kontinentaleuropäische individualistische Systeme gehen davon aus, dass sich die Persönlichkeit des Schöpfers in seinem Werk widerspiegelt. Auch abhängiges Werkschaffen ändert nichts an diesem Grundsatz. In individualistischer Tradition gemäß § 7 UrhG können nur diejenigen natürlichen Personen Urheber sein, die die Werke selbst geschaffen haben.[853] Die Bundesrepublik Deutschland, ein Bundesstaat beziehungsweise weiter gefasst und wie in dieser Arbeit definiert,

848 *Düwel*, Das Urheberrecht als Mittel staatlicher Geheimhaltung, 2020, 217.

849 Richtlinie 2019/1937 des europäischen Parlaments und des Rates vom 23. Oktober 2019 zum Schutz von Personen, die Verstöße gegen das Unionsrecht melden (Whistleblowing-Richtlinie).

850 Art. 21 Abs. 7 Whistleblowing-Richtlinie.

851 Art. 3 Abs. 3 lit. a Whistleblowing-Richtlinie.

852 Im Ergebnis so auch: *Düwel*, Das Urheberrecht als Mittel staatlicher Geheimhaltung, 2020, 227.

853 *Klass*, Das Urheberrecht in Arbeits- und Dienstverhältnissen, GRUR 2019, 1103 (1104, 1105).

staatliche Stellen können nicht Urheberrechtsinhaber sein. Dies bedeutet in den oben genannten Beispielsfällen, dass die originären Urheberrechtsinhaber die Beamten und Angestellten im öffentlichen Dienst sind.

1. Unübertragbarkeit des Urheberrechts

Zugleich gilt nach dem deutschen UrhG der Grundsatz der Unübertragbarkeit des Urheberrechts gemäß § 29 Absatz 1 UrhG. Der Unübertragbarkeitsgrundsatz ist die zwangsläufige Folge der monistischen Theorie, wonach Vermögensrechte und Urheberpersönlichkeitsrechte eine Einheit darstellen.[854] Der Urheber kann aber zu Lebzeiten sein Werk über den unübertragbaren Kern hinaus durch andere verwerten lassen. Dies geschieht durch die Einräumung von Nutzungsrechten gemäß §§ 29 Absatz 2 und 31 ff. UrhG.[855] Nach § 43 UrhG sind zwar die Regeln über die Unübertragbarkeit des Urheberrechts auch anzuwenden, wenn der Urheber das Werk in Erfüllung seiner Verpflichtungen aus einem Arbeits- oder Dienstverhältnis geschaffen hat. Dies gilt allerdings nur, soweit sich aus dem Inhalt oder dem Wesen des Arbeits- oder Dienstverhältnisses nichts anderes ergibt.[856] § 43 UrhG stellt die Anwendung des Übertragungszweckgedankens in der am weitläufigsten zum Vorteil des Verwerters gehenden Prägung dar.[857] Hierauf wird später noch vertieft eingegangen.[858] „*Inhalt*“ gemäß § 43 UrhG zielt auf die jeweilige Ausgestaltung des konkreten Arbeits- oder Dienstverhältnisses ab, während der Begriff „*Wesen*“ die diesen Beschäftigungsverhältnissen immanenten Eigenarten bezeichnet.[859] Dem Dienstherrn, etwa der Bundesrepublik Deutschland, werden Nutzungsrechte an in Ausübung des Dienstes ihrer Beamten und Angestellten erstellten Werke in der Regel eingeräumt, denn § 43 UrhG umfasst sowohl privatrechtliche Arbeitsverhältnisse als auch öffentlich-rechtliche Dienstverhältnisse und damit Arbeiter, Angestellte und Beamte.[860] Soweit nicht ausdrücklich etwas anderes vereinbart ist, werden nur die vom Arbeitgeber/Dienstherrn für die betrieblichen oder dienstlich im

---

854 *Schulze*, in: Dreier/Schulze Urheberrechtsgesetz, 7. Aufl. 2022 (§ 29 UrhG Rn. 1, 3).
855 *Schulze*, in: Dreier/Schulze Urheberrechtsgesetz, 7. Aufl. 2022 (§ 29 UrhG Rn. 1).
856 Eine Ausnahmeregelung ist in § 69b UrhG hinsichtlich der Schaffung von Computerprogrammen in Arbeits- und Dienstverhältnisses normiert: *Czychowski*, in: Fromm/Nordemann Urheberrecht, 12. Aufl. 2018 (§ 69b UrhG Rn. 1 ff.).
857 *Nordemann*, in: Fromm/Nordemann Urheberrecht, 12. Aufl. 2018 (§ 43 UrhG Rn. 1).
858 Vgl. siehe unten: E.III.2.c)i.(2).
859 *Rojahn/Frank*, in: Schricker/Loewenheim, 6. Aufl. 2020 (§ 43 UrhG Rn. 34).
860 *Rojahn/Frank*, in: Schricker/Loewenheim, 6. Aufl. 2020 (§ 43 UrhG Rn. 10).

Zweifel benötigten Zwecke übertragen.[861] Neben Beamten stehen ebenso Soldaten und Richter in einem öffentlich-rechtlichen Dienstverhältnis.[862] Aus Vereinfachungsgründen wird fortan von Beamten oder Beamtenverhältnis und dem Dienstherrn geschrieben. Die Ausführungen gelten sinngemäß für Soldaten, Richter und sonstige öffentlich-rechtliche Dienstverhältnisse.[863] In Beamtenverhältnissen besteht die Pflicht, dem Dienstherrn Nutzungsrechte an im Rahmen der Diensttätigkeit geschaffenen Werken einzuräumen.[864] Dies ergibt sich aus Normen des öffentlichen Rechts.[865] Aber auch eine stillschweigende Rechtseinräumung ist anerkannt, sofern nicht ausdrücklich etwas anderes vereinbart worden ist.[866] Im Einzelfall ergibt sich die Reichweite der sich aus § 43 UrhG ergebenden Einschränkungen aus dem Inhalt und Wesen des konkreten Dienstverhältnisses. Ein Dienstherr hat ein legitimes Interesse an der Übertragung von Nutzungsrechten nur hinsichtlich des sich aus dem konkreten Dienstverhältnis ergebenden Zwecks.[867] Allerdings ist der Umfang der Rechtseinräumung insofern auch bei Beamten beschränkt, als sie der Dienstherr zur Erfüllung seiner Aufgaben benötigt.[868] Grundsätzlich erlaubt das Beamtenverhältnis – ein Treueverhältnis – größere Beschränkungen des Beamten als bei Arbeitnehmern, was sich aus den hergebrachten Grundsätzen des Berufsbeamtentums ergibt (Artikel 33 GG).[869] Insofern kann der Beamten-Status auch in erheblicheren Beschränkungen der Urheberrechte für in einem Dienstverhältnis geschaffene Werke resultieren[870], zum Beispiel in der erweiterten Rechteeinräumung auch in Bezug auf das IFG.[871] Die erheblichste Beschränkung des Urheberrechts, die sich

---

861 *Wandtke*, in: Wandtke/Bullinger Urheberrecht, 5. Aufl. 2019 (§ 43 UrhG Rn. 49).

862 Eine Ausnahme bilden Hochschulprofessoren. Zu den Besonderheiten in diesem Zusammenhang: *Klass*, Das Urheberrecht in Arbeits- und Dienstverhältnissen, GRUR 2019, 1103 (1106).

863 *Rojahn/Frank*, in: Schricker/Loewenheim, 6. Aufl. 2020 (§ 43 UrhG Rn. 20).

864 *Rojahn/Frank*, in: Schricker/Loewenheim, 6. Aufl. 2020 (§ 43 UrhG Rn. 21).

865 *Rojahn/Frank*, in: Schricker/Loewenheim, 6. Aufl. 2020 (§ 43 UrhG Rn. 39).

866 *Wandtke/Hauck*, Urheberrecht versus Pressefreiheit, NJW 2017, 3422 (3423); *Wandtke*, in: Wandtke/Bullinger Urheberrecht, 5. Aufl. 2019 (§ 43 UrhG Rn. 15, 50).

867 BVerwG, Urteil vom 25.06.2015, 7 C 1/14; GRUR-RR 2016, 137 (141 Rn. 41).

868 BGH, Urteil vom 12.05.2010, I ZR 209/07; GRUR 2011, 59 (60 Rn. 10 ff., 19).

869 *Badura*, in: Maunz/Dürig Grundgesetz-Kommentar, 95. Aufl. 2021 (Art. 33 GG Rn. 65 ff.).

870 BVerwG, Urteil vom 25.06.2015, 7 C 1/14; GRUR-RR 2016, 137 (141 Rn. 41); *Schmieder*, Die Rechtsstellung der Urheber und künstlerischen Werkmittler im privaten und öffentlichen Dienst, GRUR 1963, 297 (300, 301); *Dreier*, in: Dreier/Schulze Urheberrechtsgesetz, 7. Aufl. 2022 (Vor. §§ 44a ff. UrhG Rn. 19a).

871 BVerwG, Urteil vom 25.06.2015, 7 C 1/14; GRUR-RR 2016, 137 (141 Rn. 41).

aus dem Wesen eines Dienstverhältnisses ergibt, ist die, dass das Arbeitsergebnis dem Dienstherrn und nicht dem Beamten zusteht und der verbeamtete Urheber grundsätzlich zur Übertragung der Nutzungsrechte und zur Gestattung der zur Ausübung dieser benötigten Urheberpersönlichkeitsrechte verpflichtet ist.[872]

Während ein privater Arbeitgeber ein wirtschaftliches Interesse an Gewinnerzielung verfolgen wird, ist bei einem öffentlich-rechtlichen Dienstherrn jedoch zu beachten, dass hier „*lediglich*" das Interesse vorhanden ist, die dem Staat und anderen öffentlichen Einrichtungen obliegenden Kompetenzen des Gesetzesvollzugs und anderer Verwaltung rechtmäßig auszuführen.[873] Das bedeutet, dass das Interesse des Dienstherrn an den Arbeitserzeugnissen seiner Bediensteten immer auch im öffentlichen Interesse ist[874] oder jedenfalls sein sollte.

§ 43 UrhG gilt jedoch von seiner systematischen Stellung und seinem Wortlaut nicht in Bezug auf das Urheberpersönlichkeitsrecht. Wegen der andauernden ideellen Bindung des Urhebers zu seinem Werk stellt sich das Urheberpersönlichkeitsrecht als erst recht nicht übertragbar dar. Es können Dritten in Anlehnung an § 43 UrhG jedoch einzelne das Urheberpersönlichkeitsrecht berührende Befugnisse, wie etwa die Veröffentlichung (§ 12 UrhG) oder die Nennung des Urhebers (§ 13 UrhG) gestattet werden.[875] Wenn der Urheber wie in den Beispielsfällen bereits aus dem Dienstverhältnis verpflichtet ist, dem Dienstherrn die Nutzungsrechte einzuräumen, dann hat er diesem grundsätzlich ebenfalls das Veröffentlichungsrecht zur Ausübung zu überlassen. Andernfalls kann im Zweifelsfall die Ausübung eines Nutzungsrechts an der fehlenden Gestattung zur Ausübung der Urheberpersönlichkeitsrechte scheitern. Dem Dienstherrn wird daher die Ausübung von einzelnen Aspekten des Urheberpersönlichkeitsrechts gestattet.[876] Entsprechend dem bereits oben angesprochenen Übertragungszweckgedanken wird aber ebenso wie bei den Nutzungsrechten auch nur die Ausübung der Urheberpersönlichkeitsrechte gestattet, die der Dienstherr zur Ausübung der Nutzungsrechte auch braucht.[877]

---

872 *Dreier*, in: Dreier/Schulze Urheberrechtsgesetz, 7. Aufl. 2022 (§ 43 UrhG Rn. 17).

873 *Rojahn/Frank*, in: Schricker/Loewenheim, 6. Aufl. 2020 (§ 43 UrhG Rn. 35).

874 *Rojahn/Frank*, in: Schricker/Loewenheim, 6. Aufl. 2020 (§ 43 UrhG Rn. 35).

875 *Schulze*, in: Dreier/Schulze Urheberrechtsgesetz, 7. Aufl. 2022 (§ 29 UrhG Rn. 19); *Dreier*, in: Dreier/Schulze Urheberrechtsgesetz, 7. Aufl. 2022 (§ 43 UrhG Rn. 34 ff.).

876 *Rojahn/Frank*, in: Schricker/Loewenheim, 6. Aufl. 2020 (§ 43 UrhG Rn. 73).

877 *Hauck/Fink*, Freiheit für das Glyphosat-Gutachten? Die Einschränkung öffentlich-rechtlicher Informationsansprüche durch das Veröffentlichungsrecht des Urhebers, GRUR-Prax 2019, 406.

Bemerkenswerterweise wurde diese „*Hürde*“ der wirksamen Übertragung und Gestattung jedenfalls im Fall des Glyphosat-Gutachtens kaum weiter diskutiert.[878] Dabei ist in Bezug auf die Gestattung der Ausübung der Urheberpersönlichkeitsrechte zu Recht angemerkt worden, dass der Vortrag der öffentlichen Stellen mit Blick auf den Übertragungszweckgedanken widersprüchlich war. Denn einerseits beriefen sich die öffentlichen Stellen auf die Verletzung des Erstveröffentlichungsrechts, andererseits gaben sie jedoch ausdrücklich kund, dass eine Veröffentlichung nie gewollt gewesen sei.[879] Wenn aber keine Veröffentlichung durch öffentliche Stellen vorgesehen war, dann könnte man argumentieren, dass entsprechend dem Übertragungszweckgedanken auch nicht die Ausübung des Erstveröffentlichungsrechts gestattet wurde. Dies hätte die Folge, dass nur die Urheber gegen die (Erst-)Veröffentlichung hätten vorgehen können. Der öffentlichen Stelle würde aus diesem Grund bereits die Aktivlegitimation fehlen.[880] Detailliert wird auf diese Thematik unter E.III.2.c)[881] eingegangen.

2. Urheberrecht von Beamten und Angestellten im öffentlichen Dienst

Da das Urheberrecht und seine Schranken Ausfluss der Grundrechte sind, wie in Teil B. und C. dieser Arbeit ausführlich erläutert, widerspricht es demzufolge der Grundidee, wenn staatliche Stellen Urheberrecht an behördlichen Dokumenten

---

878 Vgl. *Hauck* und *Fink*, die aus vorgenannten Gründen gegen eine Aktivlegitimation des Bundesamts für Risikoforschung plädieren: *Hauck/Fink*, Freiheit für das Glyphosat-Gutachten? Die Einschränkung öffentlich-rechtlicher Informationsansprüche durch das Veröffentlichungsrecht des Urhebers, GRUR-Prax 2019, 406 (406, 407). LG Köln, Urteil vom 15.12.2016, 14 O 302/15; BeckRS 2016, 133275 (Rn. 61 ff.). In dem Fall der Afghanistan-Papiere findet sich eine Auseinandersetzung in Bezug auf die Übertragung der Nutzungsrechte im Rahmen eines Dienstverhältnisses und auch in Bezug auf die Gestattung der Geltendmachung der Urheberpersönlichkeitsrechte vor dem OLG Köln: OLG Köln, Urteil vom 12.06.2015, 6 U 5/15; NJW-RR 2016, 165 (Rn. 23, 32).

879 *Hauck/Fink*, Freiheit für das Glyphosat-Gutachten? Die Einschränkung öffentlich-rechtlicher Informationsansprüche durch das Veröffentlichungsrecht des Urhebers, GRUR-Prax 2019, 406.

880 *Hauck*, Urheberrechtlicher Geheimnisschutz und seine Grenzen – Anmerkung zu BGH, Urteil vom 30.4.2020 Az. I ZR 139/15 Afghanistan Papiere II, ZUM 2020, 769 (772); *Hauck/Fink*, Freiheit für das Glyphosat-Gutachten? Die Einschränkung öffentlich-rechtlicher Informationsansprüche durch das Veröffentlichungsrecht des Urhebers, GRUR-Prax 2019, 406.

881 S. 231 ff.

geltend machen: Grundrechte sind Abwehrrechte gegen den Staat, nur ausnahmsweise kann dieser sich auf sie berufen.[882] Juristische Personen des öffentlichen Rechts sind selbst Grundrechtsadressaten und verpflichtet, diese gegenüber ihren Bürger einzuhalten und zu schützen. Juristische Personen des öffentlichen Rechts können sich nur ausnahmsweise auf Grundrechte berufen, nämlich wenn und soweit sie der Ausübung von Grundrechten selbst dienen. Dies ist für Universitäten, Rundfunkanstalten und Kirchen anerkannt.

Das Urheberrecht ist, wie in Abschnitt B. eingehend erläutert, Ausfluss von unmittelbar geltendem Verfassungsrecht. Der Schutzbereich des Urheberrechts misst sich daher am Maßstab der Verfassung. Fraglich ist, ob die Argumentation des Konfusionsarguments nicht weiter geführt werden muss, so dass der Staat konsequenterweise auch kein einfaches Recht, welches Ausfluss von Grundrechten ist, geltend machen können soll.[883] Das Konfusionsargument gilt jedenfalls unabhängig davon, ob es um ein unmittelbares Berufen auf Grundrechte geht oder aber um eine mittelbare Geltendmachung. Es kann für die Argumentation keinen Unterschied machen, ob die Diskussion unmittelbar unter Bezugnahme auf die Verfassung oder aber unter Bezug auf verfassungsrechtlich abgesichertes einfaches Recht geführt wird.

Allerdings liegt die Lösung doch nicht so deutlich vor, denn staatliche Stellen machen kein eigenes Urheberrecht geltend, da sie als juristische Person nie „*eigenes Urheberrecht*" gemäß § 7 UrhG haben werden. Ausweislich der Überlegungen im vorangegangenen Abschnitt zu § 5 UrhG ist ein Schutz von Urhebern, die in Ausübung ihrer beamtlichen Pflichten ein Werk schaffen, grundsätzlich vorgesehen.[884]

Staatliche Stellen machen Nutzungsrechte geltend, die ihnen von ihren Beamten und Angestellten übertragen wurden. Das Vorgehen gegen die Veröffentlichung, wurde (lediglich) gestattet. Vor diesem Hintergrund bedarf es einer Differenzierung zwischen den in Rede stehenden Nutzungsrechten und dem infrage stehenden Veröffentlichungsrecht. Zunächst ist aber einleitend die Grundrechts(un)fähigkeit staatlicher Stellen zu klären.

882 Siehe hierzu oben: B.II.2.

883 Es wird auch vertreten, dies jedenfalls auf der Ebene der Schranken zu berücksichtigen: *Wandtke/Hauck*, Urheberrecht versus Pressefreiheit, NJW 2017, 3422 (3425).

884 Vgl. siehe oben: E.II.

a) Grundrechts(un)fähigkeit staatlicher Stellen

Der Staat ist zunächst einmal nicht Adressat der Grundrechte, sondern Verpflichteter. Dies ergibt sich aus Artikel 1 Absatz 3 GG und für die Ebene der Europäischen Union aus Artikel 6 EU-Vertrag und Artikel 51 Absatz 1 EU-GRCh. Der Staat ist verpflichtet, Grundrechte zu achten und zu schützen, und zwar nicht in eigener Sache, sondern für seine Bürger. Während juristische Personen des öffentlichen Rechts keine Träger von Grundrechten und damit auch nicht des Eigentumsgrundrechts und des allgemeinen Persönlichkeitsrechts sind, berufen sich staatliche Stellen im Fall der Afghanistan Papiere und des Glyphosat Gutachtens auf Urheberrecht und damit auf die Eigentumsfreiheit und das allgemeine Persönlichkeitsrecht, welches eigentlich nur bei ihren Beamten und Angestellten besteht. Durch diesen Gebrauch des Urheberrechts werden Grundrechte der Nutzer beschränkt.[885]

Das Konfusionsargument und die Lehre vom personalen Substrat stellen die dogmatischen Grundpfeiler zur Verneinung einer Grundrechtsberechtigung juristischer Personen des öffentlichen Rechts dar.[886] Einem individualistischen Verständnis folgend, das von der Würde und Freiheit des Einzelnen ausgeht, zielen Grundrechte darauf ab, den Schutz der Freiheit und die Würde des Einzelnen gegen Eingriffe des Staates zu gewährleisten.[887] Die Lehre vom personalen Substrat besagt, dass gemäß Artikel 19 Absatz 3 GG eine juristische Person nur, *„wenn ihre Bildung und Betätigung Ausdruck der freien Entfaltung der natürlichen Personen sind, besonders wenn der ‚Durchgriff' auf die hinter den juristischen Personen stehenden Menschen dies als sinnvoll oder erforderlich erscheinen läßt"* grundrechtsberechtigt ist.[888] Insofern sind juristische Personen im Rahmen der Geltendmachung von Grundrechten auch als „*Prozessstandschafter*" und „*Sachwalter*" der natürlichen Personen bezeichnet worden.[889] In Bezug auf

885 Generalanwalt beim EuGH, Schlussantrag vom 25.10.2018, EUGH Aktenzeichen C-469/17; BeckRS 2018, 26149 (Rn. 53, 54).

886 *Ludwigs/Friedmann*, Die Grundrechtsberechtigung staatlich beherrschter Unternehmen und juristischer Personen des öffentlichen Rechts, NVwZ 2018, 22 (23).

887 BVerfG, Beschluss vom 02.05.1967, 1 BvR 578/63; NJW 1967, 1411 (1412); BVerfG, Beschluss vom 08.07.1982, 2 BvR 1187/80; NJW 1982, 2173; BVerfG, Urteil vom 06.12.2016, 1 BvR 2821/11, 1 BvR 321/12, 1 BvR 1456/12; NJW 2017, 217 (218 Rn. 185 ff.).

888 BVerfG, Beschluss vom 02.05.1967, 1 BvR 578/63; NJW 1967, 1411 (1412).

889 Siehe hierzu: *Ludwigs/Friedmann*, Die Grundrechtsberechtigung staatlich beherrschter Unternehmen und juristischer Personen des öffentlichen Rechts, NVwZ 2018, 22 (23). Diese kritisieren jedoch die Lehre vom personalen Substrat unter Verweis auf

staatlich beherrschte Unternehmen und juristische Personen des öffentlichen Rechts besagt das Konfusionsargument, dass der Staat nicht zugleich grundrechtsgebunden und grundrechtsberechtigt sein kann.[890] So wäre es mit der Kompetenzordnung des GG unvereinbar, wenn eine staatliche Stelle eine Verfassungsbeschwerde erheben würde, die doch *„der spezifische Rechtsbehelf des Bürgers gegen den Staat"* ist.[891] Und so folgt gemeinsam aus der Lehre vom personalen Substrat und dem Konfusionsargument[892], dass eine *„grundrechtstypische*

---

den Wortlaut von Art. 19 Abs. 3 GG. Auch historisch habe der Parlamentarische Rat die Regelung vor dem Hintergrund der Regelung der Weimarer Reichsverfassung nicht nur in Bezug auf die hinter den juristischen Personen stehenden Individuen abgefasst. Schließlich sei in systematischer Hinsicht nicht zu erklären, warum dann ausgerechnet Stiftungen, die überhaupt kein personales Substrat aufweisen könnten, Grundrechtsfähigkeit zugesprochen worden sei. A.A. in Bezug auf den Begriff des *„Sachwalter"* der Grundrechte: *Remmert*, in: Grundgesetz-Kommentar, 91. Aufl. 2020 (Art. 19 Abs. 3 GG Rn. 46); *Remmert*, in: Maunz/Dürig Grundgesetz-Kommentar, 95. Aufl. 2021 (Art. 19 Abs. 3 GG Rn. 46).

890 BVerfG, Beschluss vom 02.05.1967, 1 BvR 578/63; NJW 1967, 1411 (1412); BVerfG, Urteil vom 22.02.2011, 1 BvR 699/06; NJW 2011, 1201; BVerfG, Urteil vom 06.12.2016, 1 BvR 2821/11, 1 BvR 321/12, 1 BvR 1456/12; NJW 2017, 217 (219 Rn. 192).

891 BVerfG, Beschluss vom 02.05.1967, 1 BvR 578/63; NJW 1967, 1411 (1412).

892 Die Argumentation ist in ihrer Pauschalität Kritik ausgesetzt: *Merten*, Das konfuse Konfusionsargument, DÖV 2019, 41; *Ludwigs/Friedmann*, Die Grundrechtsberechtigung staatlich beherrschter Unternehmen und juristischer Personen des öffentlichen Rechts, NVwZ 2018, 22. Insbesondere hinsichtlich des Konfusionsarguments müsse unterschieden werden: Ein *„enges Konfusionsargument"* könne auf die konkrete Situation abstellen und verschließe einer juristischen Person die Berufung auf Grundrechte lediglich in dem Fall, sollte sie in eben jener konkreten Situation zugleich grundrechtsgebunden sein. Wenn also in derselben konkreten Situation sich ein anderer Grundrechtsberechtigter gegenüber der juristischen Person auf Grundrechte berufen könne, soll danach der juristischen Person das Berufen auf Grundrechte versagt werden. Dies entspreche auch der historischen Herleitung des Konfusionsarguments: mwN *Merten*, Das konfuse Konfusionsargument, DÖV 2019, 41 (41, 42). Nach dem engen Konfusionsargument kann eine juristische Person in unterschiedlichen Situationen grundrechtsberechtigt und grundrechtsgebunden sein (*Krausnick*, Grundfälle zu Artikel 19 III GG, JuS 2008, 965 (966, 967)). Demgegenüber versagt das generelle Konfusionsargument einer in einer Situation grundrechtsgebundenen juristischen Person per se eine Grundrechtsberechtigung. Für ein enges Konfusionsargument streitet, dass eine grundrechtstypische Gefährdungslage einer juristischen Person von Vornherein nur dann eintreten kann, wenn sie nicht zugleich grundrechtsgebunden ist. Das Grundgesetz gehe ferner gar nicht von einem strikten Gegensatz von Grundrechtsgebundenheit und Grundrechtsberechtigung aus: vgl. *Goldhammer*, Grundrechtsberechtigung und -verpflichtung gemischtwirtschaftlicher Unternehmen,

Gefährdungslage" bei einer staatlichen Stelle nicht bestehen kann: Individuelle Rechte der hinter ihnen stehenden natürlichen Personen gegenüber der öffentlichen Gewalt würden durch eine staatliche Stelle, die in Erfüllung einer „*staatlichen Aufgabe*" tätig wird, nicht berührt.[893]

Auf der Ebene der EU-GRCh ist die Grundrechtsfähigkeit juristischer Personen des öffentlichen Rechts noch nicht höchstrichterlich geklärt.[894] Im Ergebnis geht jedoch die überwiegende Ansicht davon aus, dass juristische Personen des öffentlichen Rechts Grundrechtsverpflichtete sind, wenn sie öffentliche Gewalt ausüben und ihnen damit – im Rahmen dieser Tätigkeit jedenfalls – keine Grundrechtsfähigkeit zusteht.[895] Daraus ergibt sich, dass sich staatliche Stellen in der hier diskutierten Konstellation der Beispielsfälle nach hier vertretener Ansicht ebenso wenig auf EU-Grundrechte berufen können.[896]

Ebenso verhält es sich mit der EMRK. Aus deren Artikel 34 ergibt sich nämlich, dass Individualbeschwerden lediglich von natürlichen Personen oder nichtstaatlichen Organisationen oder Personengruppen erhoben werden können. Auch wenn formal hiermit lediglich die Aktivlegitimation beschnitten ist, wird hieraus ebenso die fehlende Rechtsinhaberschaft juristischer Personen des öffentlichen Rechts nach der EMRK begründet, welche der „*Sphäre des Staates*" zuzurechnen sind.[897] Juristische Personen des öffentlichen Rechts sind dieser staatlichen Sphäre zuzuordnen, wenn diese hoheitliche Aufgaben oder Befugnisse wahrnehmen und/oder von staatlichen Stellen kontrolliert werden[898] und damit unter die in dieser Arbeit definierten „*staatlichen Stellen*" fallen.

JuS 2014, 891 (894). Art. 1 Abs. 3 GG benenne die Gesetzgebung, die vollziehende Gewalt und die Rechtsprechung, und damit die für den Staat agierenden Akteure. Nicht aber benenne Art. 1 Abs. 3 GG den Staat selbst. Art. 19 Abs. 3 GG benenne aber die juristischen Personen pauschal, ohne eine Differenzierung, ob nun nur jene des Privatrechts oder auch jene des öffentlichen Rechts gemeint sind. Wortlaut und Systematik des Grundgesetzes sollen aus diesen Gründen nicht von Vornherein für das pauschale Konfusionsargument sprechen.

893 BVerfG, Beschluss vom 07.06.1977, 1 BvR 108, 424/73, 226/74; NJW 1977, 1960 (1962).

894 *Jarass*, in: Jarass, 4. Aufl. 2021 (Art. 51 EU-GRCh Rn. 54 ff.).

895 *Jarass*, in: Jarass, 4. Aufl. 2021 (Art. 51 EU-GRCh Rn. 54 ff.).

896 Ebenso: Generalanwalt beim EuGH, Schlussantrag vom 25.10.2018, EUGH Aktenzeichen C-469/17; BeckRS 2018, 26149 (Rn. 56 ff.); *Düwel*, Das Urheberrecht als Mittel staatlicher Geheimhaltung, 2020, 128.

897 *Meyer-Ladewig/Nettesheim*, in: Europäische Menschenrechtskonvention, 4. Aufl. 2017 (Art. 1 EMRK Rn. 25).

898 *Meyer-Ladewig/Nettesheim*, in: Europäische Menschenrechtskonvention, 4. Aufl. 2017 (Art. 1 EMRK Rn. 25).

Festzuhalten bleibt, dass sich staatliche Stellen in den hier diskutierten Beispielsfällen weder auf den Grundrechtsschutz nach dem GG, noch auf den der EU-GRCh oder auf den der EMRK berufen können.

b) Nutzungsrechte

Das Urheberrecht ist in den Beispielsfällen bei den Beamten und Angestellten des öffentlichen Dienstes erwachsen und insofern als Ausdruck der hinter den staatlichen Stellen stehenden Personen (des *„personalen Substrats“*) der jeweiligen staatlichen Stellen zu sehen. Staatliche Stellen berufen sich in den Beispielsfällen auch nicht auf originär *„eigene“* Rechte. Eigene Urheberrechte kann ein Dienstherr als eine juristische Person wegen § 7 UrhG nicht haben. Formal passen die genannten staatsrechtlichen Prämissen daher in Bezug auf die Nutzungsrechte nicht auf die Beispielsfälle.

i. Derivativ erworbene Nutzungsrechte – staatliche Stellen sind nicht grundrechtsberechtigt

Soweit staatliche Stellen jedoch Nutzungsrechte infolge einer Übertragung von einem Beamten geltend machen, berufen sie sich auf eigene (abgeleitete) Rechte. Damit berufen sie sich auf ihre eigene derivativ erworbene vermögenswerte Position.[899] Die Gerichte schlossen in den oben genannten Beispielsfällen daraus, dass sich die klagenden staatlichen Stellen damit indirekt auch auf Artikel 14 GG berufen.[900] Wie aber gerade erläutert, sind juristische Personen des öffentlichen

---

899 *Wandtke/Grunert*, in: Wandtke/Bullinger Urheberrecht, 5. Aufl. 2019 (§ 31 UrhG Rn. 2). Die §§ 31 ff. UrhG sind dogmatisch als eine konstitutive Einräumung der Nutzungsrechte konzipiert. *Wandtke/Grunert*, in: Wandtke/Bullinger Urheberrecht, 5. Aufl. 2019 (Vor. §§ 31 UrhG ff. Rn. 21).

900 In Bezug auf die Afghanistan-Papiere: OLG Köln, Urteil vom 12.06.2015, 6 U 5/15; NJW-RR 2016, 165 (168 Rn. 38). Beispielhaft: *„Grundrechte der Bekl. gegenüber denjenigen, auf die sich die Kl. berufen kann“*; EuGH, Urteil vom 29.07.2019, C-469/17; GRUR 2019, 934 (938 Rn. 53, 57 und 939 Rn. 72). Beispielhaft: *„In diesem Zusammenhang ist zum einen festzustellen, dass der Schutz des Rechts des geistigen Eigentums zwar in Art. 17 II EU-GrCh verankert ist. Gleichwohl ergibt sich weder aus dieser Bestimmung noch aus der Rechtsprechung des EuGH, dass dieses Recht schrankenlos und sein Schutz daher bedingungslos zu gewährleisten wäre.“* Für das Glyphosat Gutachten: LG Köln, Urteil vom 15.12.2016, 14 O 302/15; BeckRS 2016, 133275 (Rn. 105). *„Neben der Auslegung und Anwendung der urheberrechtlichen Vorschriften bedarf es keiner gesonderten Grundrechtsabwägung der von der Verfügungsbeklagten geltend gemachten Grundrechte der Meinungs- und Rundfunkfreiheit gegen die gleichfalls in Art. 14 GG grundrechtlich geschützten urheberrechtlichen Nutzungsrechte des Verfügungsklägers.“*;

Rechts grundsätzlich keine Träger von Grundrechten und damit auch nicht Träger des Eigentumsgrundrechts.

Wenn sich staatliche Stellen auf derivativ erworbene Nutzungsrechte berufen, so sind diese Rechtspositionen nach hier vertretener Auffassung nicht grundrechtlich geschützt. Dies begründet sich wie folgt: Geschichtlich und in ihrer heutigen Bedeutung kommt der Eigentumsgarantie als „*elementares Grundrecht, das im engen inneren Zusammenhang mit der persönlichen Freiheit steht* [...], *im Gesamtgefüge der Grundrechte die Aufgabe zu, dem Träger des Grundrechts einen Freiheitsraum im vermögensrechtlichen Bereich zu sichern und ihm dadurch eine eigenverantwortliche Gestaltung seines Lebens zu ermöglichen.*“[901] Das Eigentum in den Händen von Privatpersonen wird geschützt. Das Eigentum Privater wird durch Artikel 14 GG zu einem herausgehobenen Wert unserer Gesellschaftsordnung bestimmt. Diesen Wert kann das Privateigentum in der Hand einer staatlichen Stelle gar nicht erfüllen; nämlich die Basis persönlicher Initiative und eigener Verantwortlichkeit darstellen.[902] Staatliche Stellen handeln nicht, um ursprüngliche Freiheiten auszuüben, sondern aufgrund gesetzlicher Aufgaben- und Kompetenzzuweisungen.[903]

Das geltende Recht billigt staatlichen Stellen zwar die Möglichkeit zu, (privatrechtliches) Eigentum innezuhaben. Das heißt aber nicht, dass dieses Eigentum grundrechtsgeschützt ist.[904] Die vom BVerfG akzeptierten Ausnahmefälle zugunsten juristischer Personen des öffentlichen Rechts als Grundrechtsinhaber sind in Bezug auf Artikel 14 GG regelmäßig nicht einschlägig.[905] Dies verdeutlicht auch eine Subsumtion unter die Lehre vom personalen Substrat, wonach ein „*Durchgriff*“ der Grundrechte auf die hinter den juristischen Personen des öffentlichen Rechts – also der staatlichen Stelle – stehenden Menschen als sinnvoll oder erforderlich erscheint.[906] Die Interessen staatlicher Stellen sind in den

OLG Köln, Urteil vom 06.12.2017, 6 U 8/17; BeckRS 2017, 151600 (Rn. 47). „*Dass über die Schrankenregelungen des Art. 5 Abs. 3 der Richtlinie hinaus bzw. daneben eine weitere Grundrechtsabwägung stattzufinden hätte, ergibt sich aus der zitierten Entscheidung des EuGH gerade nicht.*“

901 BVerfG, Urteil vom 01.03.1979, 1 BvR 532, 533/77, 419/78, 1 BvL 21/78; NJW 1979, 699 (702).

902 BVerfG, Beschluss vom 08.07.1982, 2 BvR 1187/80; NJW 1982, 2173 (2175).

903 BVerfG, Beschluss vom 08.07.1982, 2 BvR 1187/80; NJW 1982, 2173 (2174).

904 BVerfG, Beschluss vom 08.07.1982, 2 BvR 1187/80; NJW 1982, 2173 (2175).

905 *Papier/Shirvani*, in: Grundgesetz-Kommentar, 91. Aufl. 2020 (Art. 14 GG Rn. 334).

906 BVerfG, Beschluss vom 02.05.1967, 1 BvR 578/63; NJW 1967, 1411 (1412). Siehe im Übrigen Fußnote: 878 auf S. 201.

hier diskutierten Beispielsfällen sicherheitspolitischer Natur. Bei sicherheitspolitischen Interessen handelt es sich nicht um persönliche Interessen der Beamten. Und selbst wenn dies der Fall wäre (etwa weil sich der urheberrechtlich schaffende Beamte so stark mit seiner Diensttätigkeit identifiziert, dass er persönlich ebenso die Interessen seines Dienstherrn vertritt), sind sicherheitspolitische Interessen keine grundrechtlich geschützte Rechtsposition – erst recht nicht durch die Eigentumsfreiheit oder das Persönlichkeitsrecht – sondern genuin staatliche Interessen.

Zusammenfassend bedeutet dies, dass eine juristische Person des öffentlichen Rechts zwar Inhaberin von vermögenswerten Rechten, also auch urheberrechtlichen Nutzungsrechten, sein kann. Diese sind aber nicht vom Grundrecht der Eigentumsfreiheit geschützt. Dies muss umso mehr gelten, als sich die staatlichen Stellen nicht auf das Urheberrecht zur Ausübung einer Freiheit beriefen, sondern auf staatliche Geheimhaltungsinteressen und damit auf Aufgaben im Rahmen ihrer gesetzlichen Kompetenzzuweisung.

Fraglich ist nun, was aber die Konsequenz von Vermögensrechten einer staatlichen Stelle ohne für sie streitende Grundrechte ist.[907] Solange *„nur“* das Nutzungsrecht der staatlichen Stelle besteht und diese die Urheberrechte entsprechend ihrer dienstlichen Abläufe nutzt und niemand Externes Zugang beansprucht, stellen sich keine Probleme. Ein Ungleichgewicht taucht aber auf, wenn für einen gesetzgeberischen Interessenausgleich im Rahmen der Schrankenregelungen her gedacht verschiedene Interessen in Ausgleich zu bringen sind. Im Kern geht es dabei um die Frage, wie mit der vermögenswerten Rechtsposition der Nutzungsrechte, ohne dass das Grundrecht der Eigentumsfreiheit für diese streitet, im Rahmen eines Interessenausgleichs umgegangen werden kann. Es ergibt sich in der Anwendung ein schiefes Bild, wenn – mit der Rechtsprechung des EuGH – durch die InfoSoc-Richtlinie ein *„angemessener Ausgleich zwischen den Interessen der Inhaber von Urheber- und verwandten Schutzrechten am Schutz ihres durch Art. 17 II EU-GrCh garantierten Rechts am geistigen Eigentum auf der einen Seite und dem Schutz der Interessen und Grundrechte*

907 Der zitierte Fall vor dem BVerfG hilft hier nicht weiter. Dort hatte die Verneinung der Grundrechtsberechtigung für die klagende Gemeinde zum Ergebnis, dass sie mit ihren Einwendungen gegen eine Baugenehmigung präkludiert war, da die gesetzliche Präklusionsvorschrift sie nicht in ihrem Eigentumsgrundrecht verletzen konnte: BVerfG, Beschluss vom 08.07.1982, 2 BvR 1187/80; NJW 1982, 2173. Das Bundesverwaltungsgericht hat diese Frage offen gelassen: BVerwG, Urteil vom 25.06.2015, 7 C 1/14; GRUR-RR 2016, 137 (141 Rn. 42).

der Nutzer von Schutzgegenständen, insbesondere ihrer durch Art. 11 EU-GrCh garantierten Freiheit der Meinungsäußerung und Informationsfreiheit, sowie dem Allgemeininteresse auf der anderen Seite"[908] gesichert werden soll. Der im Wege praktischer Konkordanz gefundene legislative Interessenausgleich im Rahmen der Schrankenregelungen ist in der Anwendung im Ungleichgewicht, wenn auf der Rechteinhaberseite vermögensrechtlich Eigentum steht, dieses aber nicht grundrechtlich geschützt ist, und auf der Nutzerseite Grundrechte (zum Beispiel die Pressefreiheit) für die Schrankenregelungen streiten. Das Nutzerrecht ist auf Seiten der staatlichen Stelle nicht grundrechtlich geschützt.

Es lässt sich festhalten, dass an die vorliegende Situation bei Konzeption des UrhG offenbar nicht gedacht worden ist. Außerhalb der einfachgesetzlich normierten Schrankenregelungen verbietet sich eine Berücksichtigung dieser ungewöhnlichen Situation mittels einer erweiterten Auslegung angesichts der bereits erläuterten Rechtsprechung des EuGH.[909]

ii. Lösungsansatz: verfassungskonforme Auslegung der Rechtsposition staatlicher Stellen

Die dem Urheber durch das UrhG gewährten Verwertungsrechte, welche gegebenenfalls – wie in den vorliegenden Fällen – dem Dienstherrn im Rahmen des Dienstverhältnisses als Nutzungsrechte übertragen werden, tragen dem Grundrecht des Urhebers der Eigentumsfreiheit Rechnung (Abschnitt B.). Demgegenüber können sich Nutzer, bei denen eine Form der Nutzung als Berichterstattung oder als Zitat infrage kommt, auf ihre Kommunikationsgrundrechte berufen. Anders liegt es in den hier besprochenen Fällen: staatliche Stellen könne über die Ausübung der ihnen einfachgesetzlich eingeräumten urheberrechtlichen Nutzungsrechts „*nicht in grundrechtlicher Freiheit entscheiden*".[910] Aus der gesetzgeberischen Wertentscheidung der Schranken und den dort einfachgesetzlich normierten Interessen aus den Kommunikationsgrundrechten folgt vielmehr, dass staatliche Stellen, sofern sie sich auf Urheberrecht ihrer Bediensteten berufen, angesichts ihrer Rechtsbindung zugleich gegenläufigen gesetzlichen Zielvorstellungen und daraus folgenden rechtlichen Verpflichtungen Rechnung tragen müssen. Fraglich erscheint vor diesem Hintergrund sowie der bereits unter C. aufgeworfene Frage, ob die Kommunikationsgrundrechte durch den gesetzlich voll anerkannten Schutz des Urheberrechts zu stark überlagert werden, ob die

908 EuGH, Urteil vom 29.07.2019, C-469/17; GRUR 2019, 934 (938 Rn. 57).
909 Vgl. hierzu oben: B.III.3.
910 BVerwG, Urteil vom 25.06.2015, 7 C 1/14; GRUR-RR 2016, 137 (141 Rn. 42).

Schranken das Aufdecken von Missständen durch Veröffentlichung staatlicher Dokumente freistellen müssen.

(1) Vorbemerkungen

Dem Urheberrecht ist zu entnehmen, dass es sekundär auch der geistigen Auseinandersetzung zu dienen bestimmt ist (C.IV.[911]). Festzuhalten bleibt aber, dass Nutzer – insbesondere Presseverlage, investigativ tätige Journalisten und Rundfunkanstalten – nach den Schrankenregelungen des UrhG und der InfoSoc-Richtlinie, derzeit Missstände offenbarende Dokumente in aller Regel nicht verbreiten können, ohne sich dabei der Gefahr des urheberrechtswidrigen Verhaltens auszusetzen. Dies haben die verschiedenen Beispielsfälle aufgezeigt.

Fraglich erscheint, ob im Rahmen des UrhG, beziehungsweise dessen verfassungskonformer Auslegung, das Aufdecken von Missständen durch Veröffentlichung staatlicher Dokumente freigestellt sein kann. Denn in der Gesellschaft vorherrschende Missstände gehören zu denjenigen Informationen, über die ein öffentliches Informationsinteresse besteht.[912] Dass bei Berichterstattung über einen Verdacht selbstverständlich Regeln eingehalten werden müssen und nicht voreilig berichtet werden darf, ist durch die allgemein anerkannten Grundsätze über zulässige Verdachtsberichterstattung sichergestellt.[913]

(2) Vermutungsregel

Fraglich erscheint, ob eine Vermutungsregel im Rahmen des UrhG das Aufdecken von Missständen durch Veröffentlichung staatlicher Dokumente freistellen kann. Man könnte in einer Situation, in der sich eine staatliche Stelle einerseits auf ein Nutzungsrecht beruft, während sich ein Nutzer andererseits etwa auf § 50 UrhG stützt, in der Anwendung und Auslegung folgende Wertung zwingend zu berücksichtigen haben: Zum einen werden keine urheberrechtsspezifischen Ziele und insbesondere keine vermögenswerten Rechte, sondern sicherheitspolitische Interessen verfolgt. Darüber hinaus streiten Kommunikationsgrundrechte für den Nutzer. Die staatliche Stelle ist in einer solchen Situation überhaupt nicht mit einem privaten Rechteinhaber vergleichbar, denn ein privater Rechteinhaber ist grundrechtsberechtigt und hat außerdem keine sicherheitspolitischen Interessen. Technisch würde es sich um eine Vermutungsregel

---

911 S. 125 ff.

912 Vgl. siehe oben: A.II.5.

913 Beispielhaft zuletzt: BGH, Urteil vom 18.06.2019, VI ZR 80/18; NJW 2020, 45 (52).

handeln, wonach im Zweifel die kommunikationsgrundrechtlich geschützten Nutzerinteressen überwiegen würden.[914]

Allerdings ist zu erkennen, dass es aus dogmatischen Gründen einer gesonderten Kodifizierung einer solchen besonderen Auslegungs- oder Vermutungsregel nicht bedarf, denn der Umstand, dass staatliche Stellen keine Grundrechtsberechtigten sind, ergibt sich aus der Verfassung. Bei genauer Betrachtung des Drei-Stufen-Tests ist zu erkennen, dass es eine solche Auslegungsregel im einfachen Recht sogar auch schon gibt. Diese ergibt sich aus einem Umkehrschluss aus dem Drei-Stufen-Test. Dieser besagt, dass „[…] *Ausnahmen und Beschränkungen […] nur in bestimmten Sonderfällen angewandt werden [dürfen], in denen die normale Verwertung des Werks oder des sonstigen Schutzgegenstands nicht beeinträchtigt wird und die berechtigten Interessen des Rechtsinhabers nicht ungebührlich verletzt werden.*“[915] Die „*normale*“ Verwertung des Werks kann nur die Verwertung im Sinne urheberrechtlicher materieller Interessen meinen. Doch materielle Interessen sind, wenn sich staatliche Stellen auf das derivativ erworbene Urheberrecht ihrer Bediensteten beruft, ohnehin nicht betroffen, denn die Bediensteten erstellen die fraglichen Dokumente in Erfüllung ihrer Dienstpflichten und werden nicht über eine wirtschaftliche Verwertung der Berichte, sondern über ihre Dienstbezüge entlohnt. Die „*berechtigten Interessen des Rechtsinhabers*“ können ebenso nur solche sein, die in den das Urheberrecht betreffenden Richtlinien geregelt sind. „*Berechtigte Interessen des Rechtsinhabers*“, hier also des grundrechtsverpflichteten Staates, können aber gegenüber einem grundrechtsberechtigten Nutzer im Zweifel ohnehin nicht „*ungebührlich verletzt werden*“, da das Recht des Staates sich nicht auf Grundrechte stützen kann. Hinzukommt, dass es nach hier vertretener Auffassung durchaus einen Unterschied macht, ob der Interessenausgleich zwischen derivativ berechtigten Werkverwertern und Werknutzern stattfindet oder aber zwischen Urhebern und Werknutzern. Der Werkverwerter kann sich nicht auf rechtsphilosophische Begründungen abstützen,

---

914 In eine ähnliche Richtung argumentiert *Düwel*, der anregt, dass die Eigentumsgarantie im Rahmen der Abwägung nicht für die staatlichen Stellen, die sich auf das Urheberrecht berufen, streitet: *Düwel*, Das Urheberrecht als Mittel staatlicher Geheimhaltung, 2020, 107.

915 Art. 5 Abs. 5 InfoSoc-RL heißt wörtlich: „*Die in den Absätzen 1, 2, 3 und 4 genannten Ausnahmen und Beschränkungen dürfen nur in bestimmten Sonderfällen angewandt werden, in denen die normale Verwertung des Werks oder des sonstigen Schutzgegenstands nicht beeinträchtigt wird und die berechtigten Interessen des Rechtsinhabers nicht ungebührlich verletzt werden.*“ Vgl. zum Drei-Stufen-Test die Ausführungen oben: B. III.4.d)i.

welche die Schutzbedürfnisse des Kreativen im Blick haben. Und hierfür ist irrelevant, ob das Urheberrecht als Ausfluss von einem Naturrecht, aus der Persönlichkeit des Urhebers oder mit einer anderen Begründung gerechtfertigt wird.[916] Daraus folgt im Umkehrschluss für den Drei-Stufen-Test, dass die *„bestimmten Sonderfälle[n]“*, in denen die *„Ausnahmen und Beschränkungen“* angewandt werden dürfen, im Fall der sich auf das Urheberrecht berufenden staatlichen Stelle, im Regelfall nicht einschlägig wäre. Formal besteht also diese Regel schon heute.

Allerdings darf auch eine solche Auslegung nicht dazu führen, dass der Wortlaut der Schrankenregelungen nicht mehr beachtet würde. Die Tatbestandsmerkmale der einzelnen Schranken müssen selbstverständlich vorliegen, um eine Nutzung eines urheberrechtlich geschützten Werkes freizustellen. Insofern ist eine solche Vermutungsregel zwar in Einzelfällen eine denkbare Lösung für die untersuchte Problemlage. Generell löst es das Problem aber nicht.

Hinzukommt, dass auch hinter sicherheitspolitischen Interessen Güter mit Verfassungsrang stehen können, etwa die Funktionsfähigkeit des Staates.[917] Auch dieser Aspekt müsste bei der vorgenannten Erwägung jedenfalls zu einem bestimmten Maß berücksichtigt werden, auch wenn diese Interessen nicht im UrhG normiert sind. Dies ergibt sich aus dem Gebot verfassungskonformer Auslegung. Abgesehen davon ist aus Gründen der Rechtssicherheit nach einer vorhersehbareren und sichereren Lösung für den Nutzer zu suchen, als einer in jedem Einzelfall vorzunehmenden Feststellung.

(3) Verfassungskonforme Auslegung am Beispiel des § 50 UrhG

Fraglich erscheint, ob konkret im Rahmen der Auslegung der Schrankenregelungen im UrhG das Aufdecken von Missständen durch Veröffentlichung staatlicher Dokumente freigestellt sein kann. Mit Blick auf die jüngste Rechtsprechung[918] und unter der Berücksichtigung des oben gefundenen Ergebnisses, nach dem es nach hier vertretener Auffassung keinen zwingenden Schluss auf einen Grundsatz der engen Schrankenauslegung gibt,[919] soll im Folgenden untersucht werden, ob im Rahmen der Auslegung und Anwendung der

916 *Hilty*, Urheberrecht in der Informationsgesellschaft: „Wer will was von wem woraus?“ – Ein Auftakt zum „zweiten Korb“, ZUM 2003, 983 (984).

917 Zu einzelnen Aspekten verfassungsrechtlich abgesicherter Gründe für den Geheimnisschutz: *Düwel*, Das Urheberrecht als Mittel staatlicher Geheimhaltung, 2020, 109 ff.

918 EuGH, Urteil vom 29.07.2019, C-469/17; GRUR 2019, 934; BGH, Urteil vom 30.04.2020, I ZR 139/15; GRUR-RS 2020, 12514.

919 Vgl. siehe oben: B.III.4.d)v.

Schrankenregelungen zu berücksichtigen sein kann, dass es sich in diesen Fällen – entgegen der Annahme des Gesetzgebers des UrhG – nicht um eine Situation zwischen gleichberechtigten Grundrechtsträgern handelt.[920] Nur wenn sich zwei gleichberechtigte Grundrechtsinhaber gegenüberstehen, sind im Rahmen einer Interessenabwägung im einfachen Recht miteinander konkurrierende Grundrechte verfassungskonform abzuwägen und durch praktische Konkordanz in Ausgleich zu bringen.[921] Für diese Auslegung könnte man auch die Rechtsprechung des BVerwG in Bezug auf das IFG heranziehen. Diese besagt, dass sich staatliche Stellen bei einem Informationszugangsersuchen nach IFG nicht pauschal auf § 6 IFG berufen könne, welcher ein Ausschluss des Informationszugangs wegen Schutzes geistigen Eigentums gewährt. Das BVerwG hatte erkannt, dass die Eigentumsfreiheit, welche hinter § 6 IFG stehe, nicht für eine staatliche Stelle streite, wenn diese sich auf das ihm einfachgesetzlich eingeräumte urheberrechtliche Nutzungsrecht beruft. Eine staatliche Stelle müsse in so einer Situation „*vielmehr angesichts ihrer Rechtsbindung gegenläufigen gesetzlichen Zielvorstellungen und daraus folgenden rechtlichen Verpflichtungen Rechnung tragen; ein genereller Vorrang eines der Behörde zugewiesenen Urheberrechts folgt aus § 6 IFG demnach nicht.*“[922] Die Gerichte berücksichtigten in den Beispielsfällen aber nicht die Besonderheit, dass sich staatliche Stellen nicht auf Grundrechte berufen können.[923]

Es ist vor diesem Hintergrund eine am konkreten Tatbestandsmerkmal vorzunehmende verfassungskonforme Auslegung angezeigt. Da das UrhG und damit der Urheber von der demokratischen Staatsform und den mit ihr einhergehenden Freiheiten profitiert, fragt sich, ob daraus nicht zu schlussfolgern ist, dass die

---

920 BVerfG, Urteil vom 31.05.2016, 1 BvR 1585/13; GRUR 2016, 690 (691 Rn. 71).

921 So ist beispielsweise bei der Auslegung der Schrankenregelung betreffend das Zitatrecht die Informationsfreiheit zwingend zu berücksichtigen. Vgl. *Kröger*, Enge Auslegung von Schrankenbestimmungen – wie lange noch? Zugang zu Informationen in digitalen Netzwerken, MMR 2002, 18 (19).

922 BVerwG, Urteil vom 25.06.2015, 7 C 1/14; GRUR-RR 2016, 137 (141 Rn. 42).

923 LG Köln, Urteil vom 15.12.2016, 14 O 302/15; BeckRS 2016, 133275 (Rn. 105, 115); OLG Köln, Urteil vom 06.12.2017, 6 U 8/17; BeckRS 2017, 151600 (Rn. 54); LG Köln, Beschluss vom 19.03.2019, 14 O 86/19; MMR 2019, 546 (Rn. 10, 11 durch Bezugnahme auf LG Köln 14 O 302/15); LG Köln, Urteil vom 02.10.2014, 14 O 333/13; GRUR-RR 2015, 55 (58); OLG Köln, Urteil vom 12.06.2015, 6 U 5/15; NJW-RR 2016, 165 (168 Rn. 38); EuGH, Urteil vom 29.07.2019, C-469/17; GRUR 2019, 934 (939 Rn. 72); BGH, Urteil vom 30.04.2020, I ZR 139/15; GRUR-RS 2020, 12514 (Rn. 54).

Veröffentlichung und Verbreitung von Missständen aufdeckenden staatlichen Dokumenten eine im Rahmen der Schranken freie Handlung darstellen muss.

Eine angesichts der Beispielsfälle vorgeschlagene verfassungskonforme Auslegung der Schrankenregelung nach der gegebenenfalls die oben beschriebenen Nutzerhandlungen freigestellt sind, verstößt nicht bereits vorab gegen einen „*Grundsatz der engen Schrankenauslegung*". Nach hier vertretener Auffassung, handelt es sich bei der Frage der Auslegung von Urheberrecht und seinen Schrankenbestimmungen um eine Verhältnismäßigkeitsprüfung, die am Wortlaut anzusetzen ist und dabei sowohl die gesetzliche Zweckbestimmung als auch die hinter ihr stehenden Grundrechte zu beachten hat.[924] Auch der Drei-Stufen-Test steht einer verfassungskonformen Auslegung der Schranken nicht entgegen. Nach hier vertretener Auffassung normiert der Drei-Stufen-Test in der InfoSoc-Richtlinie ausdrücklich eine Ausformung des allgemeinen Abwägungs- und Verhältnismäßigkeitsgrundsatzes und spricht ebenfalls nicht gegen eine gegebenenfalls erweiternde verfassungskonforme Auslegung.[925]

Für eine verfassungskonforme Auslegung mit dem Ziel, dass die Veröffentlichung und Verbreitung von Missständen aufdeckenden staatlichen Dokumenten eine im Rahmen der Schranken freie Handlung sein sollte, kommen die Zitatfreiheit (§ 51 UrhG beziehungsweise Artikel 5 Absatz 3 lit. d der InfoSoc-Richtlinie) und die Tagesberichterstattungsschranke (§ 50 UrhG beziehungsweise Artikel 5 Absatz 3 lit. c Fall 2 der InfoSoc-Richtlinie) in Betracht. Da die Tagesberichterstattungsschranke spezieller auf die Informationsvermittlung ausgerichtet ist und in ihr die besondere Aufgabe der Presse, im Zweifel auch schnell Berichterstattung zu leisten, zum Ausdruck kommt, bietet sich diese für eine verfassungskonforme Auslegung an.

Mit Blick auf § 50 UrhG hat sich die Rechtslage durch die jüngste BGH Rechtsprechung im Fall der Afghanistan Papiere zwar dahingehend verändert, dass danach die Verbreitung der Afghanistan Papiere nach unionsrechts- (was im Ergebnis grundrechts-)konformer Auslegung im Ergebnis doch rechtmäßig war.[926] Allerdings ist zu beachten, dass der BGH ausdrücklich betonte, dass es sich hierbei um eine Anwendung des § 50 UrhG nach den Umständen des „*Streitfall[s]*"[927] handelte und hiervon nicht zwangsläufig Rechtsicherheit für Investigativ-Journalisten hergestellt ist.

---

924 Vgl. siehe oben: B.III.4.

925 Vgl. siehe oben: B.III.4.d)i.

926 BGH, Urteil vom 30.04.2020, I ZR 139/15; GRUR-RS 2020, 12514.

927 BGH, Urteil vom 30.04.2020, I ZR 139/15; GRUR-RS 2020, 12514 (Rn. 51).

Eine verfassungskonforme Auslegung wählt unter mehreren Deutungsmöglichkeiten diejenige, die mit verfassungsrechtlichen Regelungen am ehesten übereinstimmt. Dabei sind der Wortlaut der ausgelegten Norm sowie der vom Gesetzgeber bedachte Zweck, der mit der Norm erfüllt werden soll, als Grenze der verfassungskonformen Auslegung zu beachten.[928]

Die deutsche und die EU-rechtliche Regelung entsprechen sich vom Wortlaut her. § 50 UrhG bestimmt, dass Berichterstattung über Werke, die im Verlauf von Tagesereignissen wahrnehmbar werden, in einem durch den Zweck gebotenen Umfang, zulässig ist. Die zugrunde liegende Regel aus der InfoSoc-Richtlinie (Artikel 5 Absatz 3 lit. c Fall 2) bestimmt, dass die Nutzung von Werken in Verbindung mit der Berichterstattung über Tagesereignisse zulässig ist, soweit es der Informationszweck rechtfertigt.[929]

(a) Berichterstattung

Der Instanzenzug urteilte, dass in den Beispielsfällen keine Berichterstattung vorgelegen habe. Das bloße Onlinestellen zu Zwecken des Belegs ohne zwingende Verbindung mit einem Bericht sei keine Berichterstattung.[930] In Sachen Afghanistan Papiere hat der BGH letztinstanzlich seine Meinung geändert und in dem Einleitungstext, weiterführenden Links und einer Einladung zur interaktiven Partizipation, sowie einer systematisiert präsentierenden Form eine Berichterstattung gesehen.[931] Es ist zu überprüfen, inwiefern eine verfassungsrechtliche Vorgabe besteht, wie in Zukunft das Merkmal der *„Berichterstattung"* grundsätzlich – und nicht nur im jeweiligen *„Streitfall"* – ausgelegt werden sollte.

Berichterstattung wird bislang als wirklichkeitsgetreue, sachliche Schilderung einer tatsächlichen Begebenheit verstanden. Eigene Ansichten etwa in Form eines Kommentars fallen nicht darunter.[932]

Ein Bericht ist dem Wortlaut nach eine *„sachliche Wiedergabe eines Geschehens oder Sachverhalts; Mitteilung, Darstellung"*.[933] Eine Wiedergabe kann in

---

928 *Weber*, in: Creifelds Rechtswörterbuch, 27. Edition 2021 (Suchwort: Verfassungskonforme Auslegung-Auslegung).

929 Außerdem muss die Quelle und der Name des Urhebers genannt werden. Dies ist im UrhG in § 63 UrhG kodifiziert.

930 LG Köln, Urteil vom 15.12.2016, 14 O 302/15; BeckRS 2016, 133275 (Rn. 112); LG Köln, Urteil vom 02.10.2014, 14 O 333/13; GRUR-RR 2015, 55 (58); OLG Köln, Urteil vom 12.06.2015, 6 U 5/15; NJW-RR 2016, 165 (168 Rn. 36 und 38); BGH, Vorlagebeschluss vom 01.06.2017, I ZR 139/15; NJW 2017, 3450 (3451 Rn. 19 f.).

931 BGH, Urteil vom 30.04.2020, I ZR 139/15; GRUR-RS 2020, 12514 (Rn. 38).

932 Vgl. siehe oben: C.III.3.

933 https://www.duden.de/rechtschreibung/Bericht (zuletzt abgerufen am 26.05.2022).

einer Schilderung des Geschehens in eigenen Worten, aber eben auch in der Ablichtung der originalen Quelle erfolgen. Eine Wiedergabe erfordert keine Einordnung. Ebenso verhält es sich mit den Synonymen „*Mitteilung*“ und „*Darstellung*“. Dies ist gerade der Unterschied zum Kommentar, der ja auch schon nach der allgemein anerkannten Definition nicht unter die „*Berichterstattung*“ zu fassen ist.[934] Daher kann unter den Wortlaut der „*Berichterstattung*“ gleichfalls eine bloße Weitergabe an in Dokumenten enthaltenen Informationen verstanden werden.[935]

Die meisten Dokumente und insbesondere solche, die großes öffentliches Interesse erregen, sprechen bereits „*für sich*“.[936] In solchen Fällen ist der Zweck oftmals gerade in der Veröffentlichung zu sehen, das heißt in der bloßen Weitergabe von Originaldokumenten, damit sich die Leser ihre Meinung selbst bilden können. Vor dem Hintergrund des Zwecks der Vorschrift, welche den Kommunikationsgrundrechten dienen und die geistige Auseinandersetzung fördern soll[937], ist daher ebenfalls auch das bloße Veröffentlichen eines Dokuments ohne weitere Einordnung unter den Begriff der „*Berichterstattung*“ zu fassen.[938]

Schließlich entspricht dies auch der Rechtsprechung des EuGH. Denn dieser definiert „*Berichterstattung*“ als die Bereitstellung von Informationen zu einem Tagesereignis.[939]

Wenn man berücksichtigt, dass in einer Demokratie, nach deutschem und europarechtlichem Verfassungsmaßstabs, ein freier und offener Meinungs- und Kommunikationsprozess konstitutiv ist, der das öffentliche Informationsinteresse erst bedienen kann, darf die Auslegung des Merkmals der Berichterstattung nicht an einer denkbaren Interpretation verhaften bleiben. Es ist vor dem verfassungsrechtlichen Hintergrund der Norm nicht zu erkennen, warum die Regelung das Informationsinteresse der Allgemeinheit nur hinsichtlich einer „*sachliche*[n] *Schilderung*“ einräumt. Das Informationsinteresse der Allgemeinheit besteht

---

934 Vgl. siehe oben: C.III.3.

935 *Edwards*, Die Rechtmäßigkeit von Whistleblowing in der Öffentlichkeit nach der EMRK und nach deutschem Recht, 2017, 161; *Düwel*, Das Urheberrecht als Mittel staatlicher Geheimhaltung, 2020, 130.

936 *Wandtke/Hauck*, Urheberrecht versus Pressefreiheit, NJW 2017, 3422 (3424). Wohl a.A. *Engels*, in: BeckOK Urheberrecht, 34. Aufl. 2022 (§ 50 UrhG Rn. 3). Dieser meint, dass wenn das Werk zum konkreten Bezugsgegenstand der Berichterstattung werden sollte, allenfalls § 51 Satz 2 Nr. 2 UrhG einschlägig sei.

937 Vgl. siehe oben: C.III.3.

938 *Düwel*, Das Urheberrecht als Mittel staatlicher Geheimhaltung, 2020, 132.

939 EuGH, Urteil vom 29.07.2019, C-516/17; GRUR 2019, 940 (944, 945 Rn. 66).

doch gerade im Zeitalter von sog. „*Fake News*" nicht nur an einem einordnenden Bericht in Bezug auf den Missstand, sondern im Zweifel ebenso an der den Missstand belegenden Quelle. Im Fall der Glyphosat Gutachten waren gerade aus diesem Grund im Nachgang zur Sendung die Zusammenfassung sowie das Inhaltsverzeichnis des Bewertungsberichts auf der Homepage bereitgehalten worden.

Ferner ist nach dem Wortlaut „*Berichterstattung*" nicht zu erkennen, weshalb ein von einem Dritten stammender Bericht nicht unter eine „*Berichterstattung*" zu fassen sein sollte.[940] Gerade der Investigativ-Journalismus ist auf Berichte Dritter angewiesen.[941] Hintergrund von § 50 UrhG ist die Unterstützung des gesellschaftlichen Kommunikationsvorgangs als Ausfluss der Kommunikationsgrundrechte.[942] Auch die Weitergabe an Informationen ist unter der Pressefreiheit geschützt.[943] Vor diesem Hintergrund ist nicht zu erklären, warum der Ersteller des „*Berichts*" oder der Quelle und der sich auf die Schranke berufende Nutzer identisch sein müssen.

Im Rahmen der Auslegung der Tatbestandsmerkmale sind sämtliche Umstände des Einzelfalls einzubeziehen. Die Auslegung muss sich im Ergebnis auf eine Betrachtung dieser Bestimmungen stützen, welche unter Achtung ihres Wortlauts und unter Wahrung ihrer praktischen Wirksamkeit mit den durch das Grundgesetz und die EU-GRCh gewährleisteten Grundrechten voll und ganz im Einklang zu stehen hat.[944] Zurückkommend auf die der Aufdeckung von Missständen dienende Transparenzfunktion hat der Bürger mitunter auch ein Interesse daran, Informationen „*ungefiltert*" oder jedenfalls die Möglichkeit der Kenntnisnahme der Originalquelle zu erhalten.

Vor diesem Hintergrund ist die „*Berichterstattung*" verfassungskonform als

wirklichkeitsgetreue, wahrnehmbare Offenlegung oder sachliche Schilderung einer tatsächlichen Begebenheit

940 *Wandtke/Hauck*, Urheberrecht versus Pressefreiheit, NJW 2017, 3422 (3424); *Düwel*, Das Urheberrecht als Mittel staatlicher Geheimhaltung, 2020, 130. Ebenso könnte eine verfassungskonforme Auslegung der Schranke eine längere Veröffentlichung gebieten, vgl. hierzu *Hoeren/Düwel*, Anmerkung zu EuGH, 29.7.2019 – C-469/17 – Afghanistan-Papiere, MMR 2019, 660 (667).

941 *Wandtke/Hauck*, Urheberrecht versus Pressefreiheit, NJW 2017, 3422 (3424).

942 Vgl. siehe oben: C.III.3.

943 Vgl. siehe oben: D.I.

944 Vgl. siehe oben: B.III.4.d)iv.

zu definieren. Unter diese Definition fällt nicht nur der Bericht, sondern auch ein Gutachten oder das Dokument eines (unbekannten) Dritten, weil es vom Merkmal der „*Offenlegung*" erfasst ist. Außerdem fasst die Definition die selbst verfasste Zusammenfassung, nämlich die „*sachliche Schilderung*" über die „*tatsächliche Begebenheit*". So wie es nach ständiger Rechtsprechung in der ureigenen Entscheidungsprärogative der Presse liegt, welche Themen zum Gegenstand der Berichterstattung gemacht werden, muss der gewählte Stil und die gewählte Form gleichfalls in den Kernbereich journalistischer Eigenverantwortung fallen. Wenn dies, wie etwa im Fall der Afghanistan Papiere, durch zur Verfügung und zur Diskussion stellen geschieht, dann ist dies gleichfalls vom Merkmal der Berichterstattung umfasst wie eine ausführliche Zusammenfassung und Gegenüberstellung der Afghanistan Papiere. Ebenso verhält es sich beim Onlinestellen der Zusammenfassung sowie des Inhaltsverzeichnisses des Glyphosat Gutachtens auf einer Homepage. Auch hier handelt es sich um eine wirklichkeitsgetreue, wahrnehmbare Offenlegung einer tatsächlichen Gegebenheit.

Im Ergebnis entspricht dies auch der jüngsten Rechtsprechung in Sachen Afghanistan Papiere[945], die sich an der Definition einer Berichterstattung nach dem EuGH orientiert. Danach ist unter einer Berichterstattung „*eine Handlung zu verstehen* […], *mit der Informationen über ein Tagesereignis bereitgestellt werden. Zwar stellt die bloße Ankündigung eines Tagesereignisses keine Berichterstattung über das Ereignis dar, doch erfordert der Begriff „Berichterstattung" in seiner gewöhnlichen Bedeutung nicht, dass der Nutzer ein solches Ereignis eingehend analysiert.*"[946] Denn eine nach hier vertretener Auffassung erforderliche Offenlegung oder sachliche Schilderung lässt sich wiederum unter den nach dem EuGH geforderten Begriff der Bereitstellung fassen. Dennoch sind die beiden Begriffe Offenlegung und sachliche Schilderung nach hier vertretener Auffassung beide erforderlich, da sie spezieller und insofern deutlicher sind. Außerdem ist auch nach dem EuGH keine eingehende Analyse erforderlich. Eine Auslegung der Voraussetzung „*Berichterstattung*" nach vorgenanntem Vorschlag, hätte auch eine Freistellung der Werknutzung im Fall der Glyphosat Gutachten mit sich geführt. Denn hier war es gerade darum gegangen, im Nachgang zur Sendung die Zusammenfassung sowie das Inhaltsverzeichnis der Glyphosat Gutachten auf der Homepage bereit zu halten.

Ein überaus wichtiges Merkmal der Definition ist die bereits in der vorherrschenden Definition enthaltene Wirklichkeitstreue. Es besteht kein öffentliches

945 BGH, Urteil vom 30.04.2020, I ZR 139/15; GRUR-RS 2020, 12514 (Rn. 33 ff.).
946 EuGH, Urteil vom 29.07.2019, C-516/17; GRUR 2019, 940 (945 Rn. 66).

Informationsinteresse an falscher Berichterstattung. Journalistische Methoden der Informationsrecherche sollten sich im Idealfall wissenschaftlichen Methoden der Informationsgewinnung annähern. Erst gegengeprüfte und abgewogene Information kann Qualität ausmachen und damit im Dienst des verfassungsrechtlich anerkannten öffentlichen Informationsinteresses sein.[947] Der Wirklichkeitstreue kann vor diesem Hintergrund gerade auch die Offenlegung eines einen Missstand oder den Verdacht eines Missstands offenlegenden Dokuments unterstreichen, was ein weiteres Argument für die Verwendung des Merkmals der „*Offenlegung*“ ist.

(b) Tagesereignis

Im Instanzenzug war die Mehrzahl der Gerichte der Überzeugung gewesen, dass das Tatbestandsmerkmal des „*Tagesereignisses*“ nicht vorlag. Auch wenn das OLG Köln eine andere Ansicht vertrat[948], so ist das Erfordernis des „*Tagesereignisses*“ jedenfalls ein Stolperstein für die fragliche Nutzung in den Beispielsfällen. Hier hat der BGH zuletzt richtig erkannt, dass ein Tagesereignis auch durchaus ein jahrelang andauernder Zustand sein kann.[949] Der BGH urteilte, dass es sich trotz des im Fall der Afghanistan Papiere jahrelang andauernden Zustands noch um ein aktuelles Ereignis handele, da es um den zum Zeitpunkt der Veröffentlichung noch stattfindenden erfolgenden Einsatz der deutschen Soldaten in Afghanistan ging.[950] Wie bereits oben dargelegt, handelt es sich hier um eine Entscheidung im „*Streitfall*“. Es ist zu überprüfen, ob eine verfassungskonforme Auslegung des Merkmals „*Tagesereignis*“ eine grundsätzlich andere Definition gebietet.

Das Tagesereignis umfasst nach herkömmlicher Definition zwei Komponenten: ein öffentliches Interesse und die Aktualität. Das öffentliche Interesse wird unter Berücksichtigung der hinter § 50 UrhG stehenden Pressefreiheit ausgelegt. Demgegenüber ist das Erfordernis der Aktualität im Licht des ebenso verfassungsrechtlich geschützten Urheberrechts auszulegen. Es kommt für die Bestimmung, ob eine Berichterstattung aktuell ist, maßgeblich darauf an, ob sie das Publikum noch als Gegenwartsberichterstattung wahrnimmt. Dafür ist maßgeblich, inwiefern das Publikum ein Interesse an zeitnaher Berichterstattung hat.[951]

947 *Schmale/Tinnefeld*, Öffentlichkeit, Geheimhaltung und Privatheit – Sichtweisen im Raum der europäischen Geschichte und in Cyberia, MMR 2011, 786 (787). Vgl. auch siehe oben: A.II.4.

948 OLG Köln, Urteil vom 06.12.2017, 6 U 8/17; BeckRS 2017, 151600 (Rn. 50).

949 BGH, Urteil vom 30.04.2020, I ZR 139/15; GRUR-RS 2020, 12514 (Rn. 39-41).

950 BGH, Urteil vom 30.04.2020, I ZR 139/15; GRUR-RS 2020, 12514 (Rn. 41).

951 Vgl. siehe oben: C.III.3.

Vor dem Hintergrund des verfassungsrechtlich durch die Kommunikationsgrundrechte abgesicherten öffentlichen Informationsinteresses könnte man eine Differenzierung vorschlagen. Die Komponente der Aktualität könnte mit Blick auf die in einer Gesellschaft bestehenden Missstände auszulegen sein. Insofern könnte ein das öffentliche Informationsinteresse in gesellschaftlicher, politischer oder wirtschaftlicher Hinsicht betreffender Belang Aktualität jedenfalls indizieren, also begründen. Man könnte dann argumentieren, dass ein das öffentliche Informationsinteresse berührender Missstand in einer Demokratie thematisiert und auch belegt werden können muss, damit ein „*Tagesereignis*" vorliegt. Die Argumentation wäre, dass ein gesellschaftlicher, politischer oder wirtschaftlicher Belang immer das öffentliche Informationsinteresse betreffe, der dann erst durch die Berichterstattung aktuell würde.[952] Diese Auslegung könnte auch mit dem Wortlaut von § 50 UrhG, sowie der zugrundeliegenden Bestimmung in der InfoSoc-Richtlinie vereinbar sein, denn hier taucht das Wort „*aktuell*" gar nicht auf. Lediglich das „*Tagesereignis*" gilt es zu definieren. Auch der Wortlaut in Artikel 5 Absatz 3 lit. c nennt nur das „*Tagesereignis*". Die Definition des EuGH nennt ebenfalls ausdrücklich keine „*Aktualität*". Danach ist ein Tagesereignis als „*ein Ereignis anzusehen, an dem zu dem Zeitpunkt, zu dem darüber berichtet wird, ein Informationsinteresse der Öffentlichkeit besteht.*"[953]

Im Ergebnis ist eine solche Auslegung des Begriffs jedoch nach hier vertretener Auffassung abzulehnen. Es muss beachtet werden, dass Rechtsprechung und Literatur das Merkmal des „*Tagesereignis*" sowohl mit Blick auf die urheberrechtlichen Interessen als auch mit Blick auf die Nutzerinteressen definiert haben, um diese in einen schonenden Ausgleich zu bringen.[954] Selbst wenn in den hier diskutierten Beispielsfällen kein Grundrecht auf Seiten der Rechteinhaber streitet, steht der Wortlaut der Norm gegen diese Auslegung. Das Erfordernis der „*Aktualität*" findet seinen Ursprung zwar nicht ausdrücklich in diesem wieder. Allerdings impliziert der Begriff des *Tages* im „*Tagesereignis*" die Aktualität.

Hinzukommt ein systematisches Argument im Hinblick auf die Regelung in § 48 UrhG zu öffentlichen Reden und die dort verwendete Terminologie von der „*Tagesgebundenheit*". Diese soll ein Geschehen umfassen, welches zum Zeitpunkt der Rede im öffentlichen Interesse steht, wobei nicht nötig ist, dass das

952 A.A.: *Nordemann-Schiffel*, in: Fromm/Nordemann Urheberrecht, 12. Aufl. 2018 (§ 50 UrhG Rn. 4); *Lüft*, in: Wandtke/Bullinger Urheberrecht, 5. Aufl. 2019 (§ 50 UrhG Rn. 4); *Dreier*, in: Dreier/Schulze Urheberrechtsgesetz, 7. Aufl. 2022 (§ 50 UrhG Rn. 4).

953 EuGH, Urteil vom 29.07.2019, C-516/17; GRUR 2019, 940 (945 Rn. 67).

954 Vgl. siehe oben: C.III.3.

Geschehen durch ein bestimmtes Ereignis (erst) in das öffentliche Interesse gerückt ist.[955] Der Gesetzgeber hat in § 48 und § 50 UrhG zwei unterschiedliche Worte verwendet um Ähnliches, aber gerade nicht Gleiches zu beschreiben.

Der BGH hat in seiner Entscheidung zu den Afghanistan Papieren vertreten, dass das die Berichterstattung betreffende Ereignis, das heißt der Afghanistan Einsatz der deutschen Bundeswehr, aktuell gewesen sei, da der Einsatz zum Zeitpunkt der Veröffentlichung im Jahr 2012 noch andauerte.[956] Von dieser Entscheidung kann daher nicht darauf geschlossen werden, wie mit Dokumenten umzugehen ist, die über vergangene Missstände Aufschluss geben. Diese Entscheidung ist für die generellere Frage, wie das „*Tagesereignis*" in Bezug auf die Aufdeckung eines Missstandes auszulegen ist, nicht verallgemeinerungsfähig. Insofern hätte auch im Fall der Glyphosat Gutachten ein „*Tagesereignis*" vorgelegen, denn zum Zeitpunkt der Veröffentlichung stand die Entscheidung über eine Verlängerung der Zulassung des Herbizids noch aus.

Vor diesem Hintergrund könnte einem anderen Vorschlag zu folgen sein, der – soweit es sich nicht um ein „*aktuelles Geschehen*", über welches die Dokumente Aufschluss geben, handelt – auf den Vorgang der Entdeckung eines Missstandes abstellt und diesen selber als „*Tagesereignis*" versteht.[957] Hierbei handelt es sich dann entweder um einen Informanten, der auf das Presseunternehmen oder den Investigativ-Journalisten „*aktuell*" zutritt oder aber um den Tag der Entdeckung durch einen recherchierenden Journalisten selbst. Dieser Ansicht könnte auch daher zu folgen sein, da sie vom Wortlaut der Tagesberichterstattungsschranke, sowohl im UrhG als auch in der InfoSoc-Richtlinie, getragen wird.

Nichts desto trotz ist zu konstatieren, dass eine generelle urheberrechtliche Freistellung der Aufdeckung von Missständen in Bezug auf das Tatbestandsmerkmal „*Tagesereignis*" selbst im Rahmen einer verfassungskonformen Auslegung nicht möglich ist. In vielen nicht aktuellen Fällen, in denen Dokumente zur Aufdeckung von Missständen veröffentlicht werden, müsste man das Herantreten des Informanten an die Person, die die Dokumente veröffentlichen soll, als Tagesereignis bewerten, um überhaupt § 50 UrhG als einschlägig betrachten zu können.[958] In diesen Fällen, müsste das Werk im Verlauf dieses Tagesereignisses, also durch das Herantreten oder die Entdeckung, wahrnehmbar geworden sein.

---

955 Vgl. siehe oben: C.III.1.

956 BGH, Urteil vom 30.04.2020, I ZR 139/15; GRUR-RS 2020, 12514 (Rn. 41).

957 *Düwel*, Das Urheberrecht als Mittel staatlicher Geheimhaltung, 2020, 41.

958 Vgl. siehe oben: E.III.2.b)ii.(3)(b), S. 197 ff.; *Düwel*, Das Urheberrecht als Mittel staatlicher Geheimhaltung, 2020, 133.

Die Berichterstattung müsste also in der Wiedergabe der Entdeckung liegen und nicht in der Wiedergabe der in der Entdeckung liegenden Dokumente.[959] Dies ist aber in der Regel nicht Gegenstand einer einen Missstand aufdeckenden Berichterstattung.

Ungeachtet der vorherigen Ausführungen bleibt eine Veröffentlichung – zumal im Online-Bereich – ohnehin nicht dauerhaft rechtmäßig. Eine zeitlich unbegrenzte Nutzung stellt die Berichterstattungsschranke, welche an das „*Tagesereignis*" gebunden ist, nicht frei, da dieses vom Wortlaut her an eine gewisse Aktualität – an den *Tag* – gebunden ist. Dem sich vor diesem Hintergrund ergebenden Einwand der Praktikabilität ist jedoch entgegenzusetzen, dass immerhin im Licht einer verfassungskonformen Auslegung des Tatbestandsmerkmals „*Tagesereignis*", die Nutzung staatlicher Dokumente, die Missstände offenbaren, nach dieser Lesart freigestellt sein *kann*.[960]

(c) Im Verlauf des Tagesereignisses wahrnehmbares Werk

Über das Merkmal des „*Tagesereignisses*" hinaus, findet sich aber noch eine weitere Hürde im Tatbestand des § 50 UrhG. Schließlich muss das Werk, dessen Nutzung nach § 50 UrhG freigestellt ist, im Verlauf des Tagesereignisses wahrnehmbar geworden sein. Das Tagesereignis und das abgebildete Werk sind nach dem Wortlaut der Norm nach dem deutschen UrhG verschieden.[961]

Der BGH hat die Veröffentlichung der Afghanistan Papiere in seiner Entscheidung aus dem Frühjahr 2020 zuletzt unter diese Voraussetzung mit der Argumentation subsumiert, die Funke Medien NRW habe die Behauptung aufgestellt, es handele sich bei dem Bundeswehreinsatz um keine Friedensmission, sondern um einen Krieg, „*der kaum noch zu gewinnen sei und zweifelhaften Zielen diene*". Diese Behauptung sei das Tagesereignis (s.o.). Als Beleg für das Tagesereignis hätten sie die Afghanistan Papiere, das Werk, wahrnehmbar gemacht.[962] Die Afghanistan Papiere seien danach im Zusammenhang mit der Behauptung, dem Tagesereignis, als Grundlage für weitere Diskussionen über die Behauptung genutzt worden.

Diese Auslegung ist für Fälle brauchbar, in denen der thematisierte Missstand tatsächlich noch ein Zeitgeschehen darstellt und kann auf die Glyphosat Gutachten übertragen werden. Denn nach der Argumentation in Sachen Afghanistan

---

959 *Düwel*, Das Urheberrecht als Mittel staatlicher Geheimhaltung, 2020, 134.

960 *Düwel*, Das Urheberrecht als Mittel staatlicher Geheimhaltung, 2020, 42.

961 Vgl. siehe oben: C.III.3.

962 BGH, Urteil vom 30.04.2020, I ZR 139/15; GRUR-RS 2020, 12514 (Rn. 44).

Papiere hätte man das Erfordernis der Unterschiedlichkeit zwischen Werk und Tagesereignis auch hier darin sehen können, dass das Tagesereignis die Behauptung war, zwischen dem Einsatz von Glyphosat und einem erhöhten Krebsrisiko gebe es einen Zusammenhang. Die geforderte Aktualität hätte sich daraus ergeben, dass im selben Jahr über eine Verlängerung der Zulassung des Herbizids diskutiert wurde. Als Beleg für diese Behauptung hätte das Werk, die Glyphosat Gutachten, genutzt werden können.

Anders sieht es aber aus, wenn sich aus Dokumenten Missstände offenbaren, die einen rechtswidrigen Zustand belegen, der Jahre her ist. Die Subsumtion, die Behauptung des faktischen Kriegseinsatzes sei das Tagesereignis und das veröffentlichte Werk davon zu unterscheiden, lässt keinen Aufschluss auf zukünftige Fälle zu, die ähnlich wie die Beispielsfälle gelagert sind, aber keinen Aktualitätsbezug aufweisen.[963] Vor diesem Hintergrund ist zu erkennen, dass die nach dem deutschen Wortlaut erforderliche Unterschiedlichkeit zwischen Werk und Tagesereignis eine weitere – über das Aktualitätserfordernis hinausgehende – erhebliche Unsicherheit für die Zukunft auf Seiten der Nutzer mit sich bringt. Nach dem Wortlaut kann sich ein Werk sein Tagesereignis nicht selbst schaffen.[964]

Folgt man hingegen der Definition eines Tagesereignisses, nach der das Herantreten eines Informanten das Tagesereignis darstellt, so führt dies dazu, dass (Investigativ-) Journalisten die Voraussetzungen gegebenenfalls auch noch unabhängig von einer aktuellen Thematik erfüllen können, soweit sie in ihrer journalistischen Analyse penibel auf das Tagesereignis „*Herantretender Informant*" oder „*Entdeckung*" abstellen. Allerdings geht es bei der Aufdeckung von Missständen durch Veröffentlichung von Dokumenten in aller Regel gerade um die Zugänglichmachung der Dokumente selbst, die den Missstand belegen. Die Dokumente sind aber nicht das Tagesereignis. Somit wäre eine vertiefte Auseinandersetzung mit dem Inhalt der Dokumente nicht von einer Freistellung nach § 50 UrhG erfasst.[965]

Es ist daher zu fragen, ob zur Herstellung von Verfassungskonformität auf die Differenzierung von Werk und Tagesereignis zu verzichten ist. Der Wortlaut von

---

963 Vgl. hierzu bereits unter „*Tagesereignis*" oben: E.III.2.b)ii.(3)(b).

964 Ebenso kritisch zu dieser Rechtsprechung: *Hauck*, Urheberrechtlicher Geheimnisschutz und seine Grenzen – Anmerkung zu BGH, Urteil vom 30.4.2020 Az. I ZR 139/15 Afghanistan Papiere II, ZUM 2020, 769 (773, 774).

965 *Düwel*, Das Urheberrecht als Mittel staatlicher Geheimhaltung, 2020, 133. A.A. *Jotzo*, Urheberrechtliche Grenzen der Onlineberichterstattung, AfP 2019, 481 (488 Rn. 40).

§ 50 UrhG ist zwar insofern deutlich. Der Gesetzgeber hat zwischen Werk und Tagesereignis unterschieden. Weniger klar ist dabei jedoch die Formulierung in Artikel 5 Absatz 3 lit. c InfoSoc-Richtlinie, wonach lediglich auf „*die Nutzung von Werken*" abgestellt wird, die „*in Verbindung mit der Berichterstattung über Tagesereignisse*" stehen. Auch die englische Fassung kennt eine derart deutliche Differenzierung vergleichbar dem deutschen UrhG nicht.[966] Ebenso sieht es in der französischen Fassung aus.[967] Da § 50 UrhG mit Artikel 10*bis* der RBÜ in Einklang steht, kann auch dieser zur Auslegung herangezogen werden.[968] Dieser ist wiederum deutlicher und schreibt ausdrücklich, dass Werke „*im Verlauf des Ereignisses sichtbar oder hörbar werden*". Für eine Unterschiedlichkeit zwischen Werk und Tagesereignis sprechen daher der Wortlaut sowohl des UrhG als auch der Wortlaut der RBÜ, während der Wortlaut der InfoSoc-Richtlinie in seinen verschiedenen Sprachfassungen weniger eindeutig ist.

Man muss angesichts dieses Befundes eine Auslegung ablehnen, die über die Unterschiedlichkeit zwischen Werk und Tagesereignis hinweghilft.[969] Die Grenze der juristischen Auslegung ist stets der Wortlaut. Vor diesem Hintergrund muss man die Frage, ob man das Tatbestandsmerkmal „*im Laufe des Tagesereignis wahrnehmbares Werk*" verfassungskonform dahingehend auslegen kann, dass eine Unterschiedlichkeit von wahrnehmbaren Werk und Tagesereignis nicht

966 Der Wortlaut lautet: „*reproduction by the press, communication to the public or making available of published articles on current economic, political or religious topics or of broadcastworks or other subject-matter of the same character, in cases where such use is not expressly reserved, and as long as the source, including the author's name, is indicated, or use of works or other subject-matter in connection with the reporting of current events, to the extent justified by the informatory purpose and as long as the source, including the author's name, is indicated, unless this turns out to be impossible*" (Hervorhebung nur hier).

967 Der Wortlaut lautet: „*lorsqu'il s'agit de la reproduction par la presse, de la communication au public ou de la mise à disposition d'articles publiés sur des thèmes d'actualité à caractère économique, politique ou religieux ou d'œuvres radiodiffusées ou d'autres objets protégés présentant le même caractère, dans les cas où cette utilisation n'est pas expressément réservée et pour autant que la source, y compris le nom de l'auteur, soit indiquée, ou lorsqu'il s'agit de l'utilisation d'œuvres ou d'autres objets protégés afin de rendre compte d'événements d'actualité, dans la mesure justifiée par le but d'information pour suivi et sous réserve d'indiquer, à moins que cela ne s'avère impossible, la source, y compris le nom de l'auteur*" (Hervorhebung nur hier).

968 *Nordemann-Schiffel*, in: Fromm/Nordemann Urheberrecht, 12. Aufl. 2018 (§ 50 UrhG Rn. 1).

969 Ebenso: *Düwel*, Das Urheberrecht als Mittel staatlicher Geheimhaltung, 2020, 133.

nötig und damit die hier untersuchten Fälle der Aufdeckung von Missständen unabhängig von einem *aktuellen* Ereignisses erfassen kann, verneinen. Das Werk kann ausweislich des Wortlauts nicht das Tagesereignis sein und sich dieses somit selbst schaffen.

Neben dem im vorangegangenen Abschnitt diskutierten Tatbestandsmerkmal „*Tagesereignis*“ in § 50 UrhG[970] führt damit auch die vom Wortlaut der Norm gebotene Unterscheidung zwischen dem wahrnehmbaren Werk und dem Tagesereignis dazu, dass nach hier vertretener Auffassung eine verfassungskonformen Auslegung der Merkmale der Tagesberichterstattungsschranke, welche zu einer generellen Freistellung urheberrechtlich relevanter Handlung durch das Aufdecken von Missständen führen könnte, nicht möglich ist.

(d) Vorherige Zustimmung nicht mehr erforderlich

Der BGH hatte bislang die Schranken als „*Ausnahmen*“ vom Ausschließlichkeitsrecht hervorgehoben und damit begründet, dass über den Wortlaut des § 50 UrhG hinaus in jedem konkreten Einzelfall eine Prüfung darüber einzuholen war, ob die Einholung einer Zustimmung des Urhebers möglich und zumutbar sei. Dieses Erfordernis ist nach Ansicht des EuGH nicht mit dem Wortlaut und nicht mit dem Sinn und Zweck der zugrundeliegenden Vorschrift der InfoSoc-Richtlinie zu vereinbaren. Vor diesem Hintergrund kennt die Berichterstattungsschranke kein Zustimmungserfordernis (mehr).[971] Diese Rechtsprechung entspricht auch der hier vertretenen Auffassung, wonach es nicht zwingend einen Grundsatz der engen Schrankenauslegung gibt.[972] Eine weitergehende verfassungskonforme Auslegung dieses ungeschriebenen, früher geforderten Merkmals ist daher nicht erforderlich.

(e) Umfang der freigestellten Nutzung

Der freigestellte Umfang der Nutzung bemisst sich gemäß § 50 UrhG nach dem Informationsbedürfnis der Allgemeinheit, welches wiederum im Licht des Zwecks der Berichterstattungsschranke, die geistige Auseinandersetzung zur Unterstützung des freien und offenen Kommunikations- und Meinungsbildungsprozesses zu fördern, festzustellen ist.[973] Insofern kann eine vertiefende Analyse und Darstellung ganzer Problemkreise sehr wohl von der

---

970 Vgl. siehe oben: E.III.2.b)ii.(3)(b).

971 Vgl. siehe oben: C.III.3.

972 Vgl. siehe oben: B.III.4.d)iii.

973 *Engels*, in: BeckOK Urheberrecht, 34. Aufl. 2022 (§ 50 UrhG Rn. 12).

Tagesberichterstattungsschranke gedeckt sein. Dies entspricht im Ergebnis auch ständiger Rechtsprechung des BGH, denn dieser nimmt an, dass der Umfang der zulässigen Nutzung in jedem Einzelfall gesondert ermittelt werden muss.[974] Selbst der Regierungsentwurf von 1962 erkennt, dass nach § 50 UrhG auch ganze Werke wahrnehmbar gemacht werden können.[975]

Dies entspricht der Regelung auf EU-rechtlicher Ebene gemäß Artikel 5 Absatz 3 lit. c Fall 2 InfoSoc-Richtlinie. Der Umfang der Freistellung nach dieser Regelung ist danach vom verfolgten „*Informationszweck*" abhängig.[976] Man könnte das Wort „*Informationszweck*" in dieser Norm enger als das Wort „*Zweck*" in der deutschen Regelung halten. Richtig ist aber, dass das Wort „*Informationszweck*" die Bedeutung dieser Regelung vielmehr unterstreicht: Es geht um den Zweck der Information der Allgemeinheit und damit um ein zu stillendes Informationsinteresse. Solange und soweit dieser Zweck befriedigt wird, ist eine Wiedergabe freigestellt.

Gerade am Beispiel der Afghanistan Papiere wird deutlich, dass das Informationsinteresse nicht nur eine Auswahl, sondern alle verfügbaren Berichte umfasst. Erst durch die Zusammenschau aller Berichte wurde deutlich, dass es sich entgegen öffentlicher Äußerungen der Bundesregierung faktisch um einen Kriegseinsatz in Afghanistan handelt. Bei Kenntnisnahme von einigen wenigen Berichten hätte diese Information nicht so deutlich zur Kenntnis gelangen können, wie bei den tatsächlich online gestellten Berichten aus den Jahren 2001 bis 2012. Insbesondere aber hätte diese Behauptung nur durch Wiedergabe aller vorhandenen Berichte in dem Ausmaß belegt werden können.[977] Auch im Fall der Glyphosat Gutachten könnte angesichts des betroffenen Informationsinteresses auch für eine Freistellung aller in den Glyphosat Gutachten enthaltenen Dokumenten argumentiert werden.

Das Merkmal, dass die Berichterstattung im Rahmen des § 50 UrhG in einem durch ihren Zweck gebotenen Umfang erfolgen muss, stellt im Ergebnis eine Verhältnismäßigkeitsprüfung dar. Die Handlung muss also mit Blick auf den Zweck der Schutzschranke, der Achtung der Grundfreiheiten des Rechts auf

---

974 BGH, Urteil vom 01.07.1982, I ZR 118/80; GRUR 1983, 25 (29); BGH, Urteil vom 11.07.2002, I ZR 285/99; GRUR 2002, 1050 (1051, 1052); *Nordemann-Schiffel*, in: Fromm/Nordemann Urheberrecht, 12. Aufl. 2018 (§ 50 UrhG Rn. 3).

975 Regierungsentwurf von 1962 – Bundestagsdrucksache IV/270, S. 66.

976 EuGH, Urteil vom 29.07.2019, C-516/17; GRUR 2019, 940 (945 Rn. 70).

977 Ebenfalls die Notwendigkeit der Freistellung ganzer Werker nach § 50 UrhG befürwortend: *Düwel*, Das Urheberrecht als Mittel staatlicher Geheimhaltung, 2020, 47.

Meinungsfreiheit und auf Pressefreiheit, den Anforderungen der Geeignetheit, Erforderlichkeit und Angemessenheit entsprechen.[978]

In diesem Zusammenhang ist die durch eine Zurverfügungstellung erreichte Belegfunktion besonders hervorzuheben. Der Beleg hat in Zeiten der sog. „*Fake-News*" an Bedeutung gewonnen. Der Zweck der Berichterstattung muss nicht nur den Verdacht eines Missstands zur Kenntnis bringen, sondern diesen Missstand auch belegen können. Dieser Umstand ist im Rahmen der Verhältnismäßigkeitsprüfung unbedingt zu beachten. In diesem Zusammenhang ist erneut auf die ständige presserechtliche Rechtsprechung zu verweisen, die besagt, dass es in der ureigenen Entscheidungsprärogative der Presse liegt, welche Themen zum Gegenstand der Berichterstattung gemacht werden. Nach hier vertretener Auffassung muss daraus folgen, dass es gleichfalls in den Kernbereich journalistischer Eigenverantwortung fällt, welcher Formen und welchen Stils sie sich bedient. Dazu gehört auch, dass ein Presseorgan die Entscheidung darüber trifft, in welchem Umfang es seine Quelle preisgibt. Selbstverständlich muss beachtet werden, dass eine solche Auslegung eine Gefahr des Missbrauchs des Ausschließlichkeitsrechts des Urhebers mit sich bringt. Allerdings ist, wie bereits betont, das Missbrauchsrisiko auf beiden Seiten nicht zu unterschätzen. Vor dem Hintergrund der verfassungsrechtlichen Stellung des öffentlichen Interesses kann jedoch im Zweifel nicht gegen dieses zu entscheiden sein. Hinzukommt, dass gerade dieses Tatbestandsmerkmal die Möglichkeit bietet, die im Einzelfall bestehenden Interessen zu werten. Wenn, wie im Fall der Glyphosat Gutachten und der Afghanistan Papiere, überhaupt keine urheberrechtsspezifischen Interessen verfolgt werden, spricht dies im Zweifel für einen weiteren zuzulassenden Umfang, als wenn tatsächlich ideelle und materielle Interessen des Urhebers verteidigt werden sollen. Dass im Falle des Vorliegens von Geheimhaltungsinteressen aus sicherheitspolitischen Gründen eigentlich nicht das UrhG zu Rate zu ziehen ist, ergibt sich schließlich aus den von diesem Gesetz geschützten Interessen: Das UrhG schützt primär die Interessen des Urhebers und sekundär unter anderem die geistige Auseinandersetzung und damit den offenen und pluralen Meinungs- und Willensbildungsprozess. Zum Schutz sicherheitspolitischer Interessen ist das Gesetz überhaupt nicht berufen. Sollten solche Interessen berührt sein, gibt es andere Gesetze, die diese Interessen schützen, wie etwa die strafrechtlichen Bestimmungen gegen Landesverrat und die Gefährdung der äußeren Sicherheit gemäß § 93 ff. StGB.[979]

978 BGH, Urteil vom 30.04.2020, I ZR 139/15; GRUR-RS 2020, 12514 (Rn. 46).

979 So nun auch: BGH, Urteil vom 30.04.2020, I ZR 139/15; GRUR-RS 2020, 12514 (Rn. 50 ff., insb. 54).

Schließlich muss im Rahmen dieses Prüfungspunktes auch entscheidend sein, ob sich die am Rechtsstreit beteiligten Personen gleichsam auf Grundrechte berufen können, die hinter den einfachgesetzlichen Regelungen stehen. Ist dies nicht der Fall, muss dies bestimmend in die Verhältnismäßigkeitsprüfung mit einbezogen werden. Angewendet auf die Beispielsfälle bedeutet dies, dass die Interessenabwägung in den Beispielsfällen Glyphosat Gutachten und Afghanistan Papiere – soweit die vorgenannten Voraussetzungen vorgelegen hätten – zugunsten der Nutzer ausfallen müssen.

Dies entspricht im Ergebnis auch der Rechtsprechung, wonach sich die Auslegung am Ausgleich zwischen gleichberechtigten Grundrechtsträgern zu orientieren hat.[980] Dies gilt auch trotz des Versäumnisses der Instanzen, darauf hinzuweisen, dass sich gar nicht zwei gleichberechtigte Grundrechtsinhaber gegenüber standen. Im Fall der Afghanistan Papiere argumentierte der BGH zwar mit den Grundrechten der jeweiligen Urheber, die die staatlichen Stellen *„repräsentierten"*.[981] Allerdings reicht nach hier vertretener Auffassung diese Auffassung nicht weit genug. Denn erstens *„repräsentierten"* die staatlichen Stellen im Verfahren der Afghanistan Papiere in Bezug auf die relevanten Nutzungsrechte ausweislich des Tatbestandes keine Urheber. Sie machten derivativ erworbene eigene Nutzungsrechte geltend. Und zweitens kann für staatliche Stellen keine Eigentumsfreiheit streiten.[982] Daher wird den Urteilsgründen, nach denen die *„durch Art. 14 I GG geschützten ausschließlichen Verwertungsrechte zur Vervielfältigung und zur öffentlichen Zugänglichmachung der UdP allenfalls unwesentlich betroffen sind, weil die UdP naturgemäß nicht wirtschaftlich verwertbar sind"*[983] insofern widersprochen, als die geltend gemachten ausschließlichen Nutzungsrechte nach hier vertretener Auffassung überhaupt nicht den Schutz durch Artikel 14 GG genossen. Dass das Interesse an einer materiellen Verwertung obendrein allenfalls unwesentlich betroffen war, da die Werke nicht wirtschaftlich verwertbar waren, spricht nach hier vertretener Auffassung darüber hinaus für ein Überwiegen der Nutzerrechte.

iii. Zwischenergebnis

Eine verfassungskonforme Auslegung von § 50 UrhG kann unter bestimmten Voraussetzungen dazu führen, dass eine Nutzung urheberrechtlich geschützter

980 BVerfG, Urteil vom 31.05.2016, 1 BvR 1585/13; GRUR 2016, 690 (691 Rn. 71).

981 BGH, Urteil vom 30.04.2020, I ZR 139/15; GRUR-RS 2020, 12514 (Rn. 51).

982 Vgl. siehe oben: E.III.2.a).

983 BGH, Urteil vom 30.04.2020, I ZR 139/15; GRUR-RS 2020, 12514 (Rn. 54).

staatlicher Dokumente im Rahmen einer *„Berichterstattung über Tagesereignisse“* freigestellt ist. Dies zeigt nicht zuletzt die vom BGH in Sachen Afghanistan Papiere getroffene Entscheidung aus dem Frühjahr 2020. Nichtsdestotrotz bleiben allerdings die Hürden, dass aufgrund des klaren Wortlauts der Norm eine gewisse Aktualität für das Tagesereignis gegeben sein muss und dass das im Verlauf des Tagesereignisses *„wahrnehmbare Werk“* und das *„Tagesereignis“* verschieden sein müssen. Über den Wortlaut der Unterschiedlichkeit zwischen Werk und Tagesereignis kommt auch eine verfassungskonforme Auslegung nicht hinweg. Für die Konstellation der hier diskutierten Fälle, der Aufdeckung von Missständen mittels Publikation staatlicher Dokumente kommt es somit entscheidend auf die Aktualität des diskutierten Ereignisses an, welches aber nicht das veröffentlichte Werk selbst sein darf. Zeitlich zurück liegende Missstände werden nicht erfasst. In Anbetracht der betroffenen Grundrechte auf Seiten der Nutzer handelt es sich um kein zufriedenstellendes Ergebnis.

Es fragt sich, ob eine Lösung in einer weitergehenden Interessenabwägung unter Berücksichtigung der tangierten Grundrechte zu sehen ist. Außerhalb der einfachgesetzlich normierten Schrankenregelungen verbietet sich jedoch eine Abwägung der verschiedenen grundrechtlichen Positionen. Denn diese würde praktisch auf eine weitere *„ungeschriebenen Schranke“* hinauslaufen. Dies hat nicht nur der BGH für das deutsche UrhG, sondern auch der EuGH für die in der InfoSoc-Richtlinie normierten Schrankenregelungen entschieden.[984]

Dem steht auch nicht die Ashby Donald Entscheidung des Europäischen Gerichtshofs für Menschenrechte entgegen.[985] Der Europäische Gerichtshof für Menschenrechte stellte darin fest, dass das urheberrechtliche Verbotsrecht das Recht der freien Meinungsäußerung gemäß Artikel 10 Absatz 1 der EMRK zwar verletzen kann. Dass aber im Fall der Kollision von urheberrechtlichem Ausschließlichkeitsrecht und den Kommunikationsfreiheiten eine Einzelfallabwägung der widerstreitenden Interessen zu erfolgen habe.[986] Diese Rechtsprechung des Europäischen Gerichtshofs für Menschenrechte lässt sich aber mit einem Verbot einer *„ungeschriebenen Schranke“*, in der Grundrechte zu berücksichtigen wären, vereinen. Denn Grundrechte sind bereits im Rahmen der Auslegung der

984 Vgl. oben B.III.3 S. 62 f. und B.III.4.d)iv., S. 85 und BGH, Urteil vom 20.03.2003, I ZR 117/00; NJW 2003, 3633; EuGH, Urteil vom 29.07.2019, C-469/17; GRUR 2019, 934; EuGH, Urteil vom 29.07.2019, C-516/17; GRUR 2019, 940; EuGH, Urteil vom 29.07.2019, C-476/17; GRUR 2019, 929.

985 Vgl. siehe oben: D.II.1.

986 EGMR, Urteil vom 10.01.2013, 36769/08; GRUR 2013, 859 (861 Rn. 38).

normierten Schranken gebührend zu berücksichtigen.[987] Dies entspricht den Vorgaben des BGH und des EuGH, wonach bei der Auslegung im Rahmen der Anwendung der Schranken durch staatliche Stellen und Gerichte ein angemessener Ausgleich zwischen den verschiedenen geschützten Grundrechten vorgenommen werden muss.[988]

Sollte es in der Praxis zu der Situation kommen, dass ein Gericht zu der Überzeugung gelangt, die im Lichte von Grundrechten vorgenommene Auslegung der urheberrechtlichen Schranken reichte nicht, um dem mit dem Urheberrecht kollidierenden Grundrecht zu verfassungsmäßiger Wirksamkeit zu verhelfen, so ist es kompetenziell nicht in seiner Macht eine allgemeine Güter- und Interessenabwägung vorzunehmen. Das Gericht hätte den Fall sowohl auf nationaler als auch auf europäischer Ebene vorzulegen:

Sollte selbst eine verfassungskonforme Auslegung nach Überzeugung eines Gerichts etwa wegen des Wortlauts einer Schranke nicht ausreichen, um etwa betroffenen Kommunikationsgrundrechten zur Wirksamkeit zu verhelfen – zum Beispiel weil in der Nutzung ein Aktualitätsbezug fehlt –, so ist das BVerfG gemäß Artikel 100 GG anzurufen.[989] Es besteht hier ein entscheidender Unterschied zwischen der deutschen Rechtsordnung und der Rechtsordnung auf Ebene der Europäischen Union. Sollte in derselben Situation nach Überzeugung des Gerichts nämlich auch nicht das Schutzniveau der EU-GRCh durch das deutsche UrhG gewahrt sein, so kann es von der Unanwendbarkeit ausgehen, ohne dass der EuGH angerufen werden müsste.[990] Wenn es allerdings um die Auslegung und Gültigkeit von Unionsrecht geht, wie etwa der InfoSoc-Richtlinie, hat der EuGH die alleinige Entscheidungskompetenz nach Artikel 276 AEUV. Sollten daher urheberrechtliche Schranken, die auf Regelungen der InfoSoc-Richtlinie aufbauen, aus verfassungsrechtlichen Gründen durch einen Richter unangewendet bleiben, so läge daher neben dem Verstoß gegen Artikel 100 GG auch ein Verstoß gegen Artikel 276 AEUV vor.[991] Wenn also ein Gericht der

---

987 So auch: *Düwel*, Das Urheberrecht als Mittel staatlicher Geheimhaltung, 2020, 155. A.A: *Hoeren*, Anmerkung zum Urteil EGMR, 10.1.2013 – 36769/08 Ashby Donald. / . Frankreich, ZUM 2013, 797.

988 Vgl. siehe oben: B.III. und BGH, Urteil vom 20.03.2003, I ZR 117/00; NJW 2003, 3633 (3634, 3635); EuGH, Urteil vom 29.07.2019, C-516/17; GRUR 2019, 940 (943 Rn. 49); EuGH, Urteil vom 29.07.2019, C-469/17; GRUR 2019, 934 (939 Rn. 64).

989 BGH, Urteil vom 20.03.2003, I ZR 117/00; NJW 2003, 3633 (3635).

990 *Jarass*, Die Bedeutung der Unionsgrundrechte unter Privaten, ZEuP 2017, 310 (318); EuGH, Urteil vom 19.01.2010, EUGH Aktenzeichen C-555/07; BeckRS 2010 90051, (Rn. 54).

991 *Düwel*, Das Urheberrecht als Mittel staatlicher Geheimhaltung, 2020, 163.

Überzeugung sein sollte, dass selbst eine verfassungskonforme Auslegung der auf der InfoSoc-Richtlinie beruhenden Schranken den Grundrechten nach Grundgesetz und nach der EU-GRCh nicht zu Wirksamkeit verhelfen könnte, hätte es den Fall vorzulegen und nicht durch eine Grundrechte-Abwägung selbst zu entscheiden.

Zusammenfassend ist festzuhalten, dass eine verfassungskonforme Auslegung von § 50 UrhG in Bezug auf die Nutzungsrechte nicht per se zu einer Freistellung urheberrechtlich relevanter Handlung durch das Aufdecken von Missständen führt. Als grundsätzliche Lösung für die Beispielsfälle kommt daher § 50 UrhG nach hier vertretener Auffassung nicht in Betracht.

c) Urheberpersönlichkeitsrecht – insbesondere Erstveröffentlichungsrecht

Da der vorangegangene Abschnitt lediglich die Nutzungsrechte betraf, ist nun trotz des Ergebnisses aus dem vorangegangenen Abschnitt E.III.2.b) das in den Beispielsfällen betroffene Urheberpersönlichkeitsrecht zu untersuchen.

Sollte eine Freistellung einer urheberrechtlich relevanten Handlung in Form der Aufdeckung von Missständen gemäß § 50 UrhG gegeben sein – was, wie gesehen, nicht grundsätzlich der Fall ist – bedeutete dies bislang nicht gleichsam die Freistellung des Veröffentlichungsrechts gemäß § 12 UrhG. Das Erstveröffentlichungsrecht gemäß Absatz 1 hindert zwar niemanden daran, *Informationen* aus (staatlichen) Dokumenten *wiederzugeben*, gleichwohl stand es bislang stets der rechtmäßigen Veröffentlichung urheberrechtlich geschützter Werke entgegen.[992] Die jüngste Rechtsprechung des BGH in Sachen Afghanistan Papiere erlaubt zwar die Nutzung eines urheberrechtlich geschützten Werks im Rahmen von § 50 UrhG und stellt zugleich den Eingriff in das Erstveröffentlichungsrecht gemäß 12 UrhG frei.[993] Der BGH erklärte dies damit, dass diese Schrankenregelung, anders als zum Beispiel die Zitatschranke, vom Wortlaut nicht auf veröffentlichte Werke beschränkt sei. Die Zitatschranke enthalte eine ausdrückliche Freistellung lediglich hinsichtlich eines *„veröffentlichten Werkes"*. Als *„Beleg"* für diese Ansicht verwies der BGH jedoch allein auf seine Rechtsprechung zur Schranke in Bezug auf Privatkopien.[994]

992 *Jotzo*, Urheberrechtliche Grenzen der Onlineberichterstattung, AfP 2019, 481 (486 Rn. 26).

993 BGH, Urteil vom 30.04.2020, I ZR 139/15; GRUR-RS 2020, 12514 (Rn. 63).

994 BGH, Urteil vom 30.04.2020, I ZR 139/15; GRUR-RS 2020, 12514 (Rn. 63); BGH, Urteil vom 19.03.2014, I ZR 35/13; GRUR 2014, 974.

In Bezug auf die Tagesberichterstattungsschranke wurde bislang argumentiert, dass diese nur *„die Vervielfältigung, Verbreitung und öffentliche Wiedergabe von Werken“* ausdrücklich freistellt. Bislang war es daher in Rechtsprechung[995] und Literatur[996] einhellige Meinung, dass eine Erstveröffentlichung mit der Tagesberichterstattungsschranke gerade nicht freigestellt würde und die Tagesberichterstattungsschranke lediglich die Verwertungsrechte der Urheber berührte.[997]

Abgesehen vom Verweis auf die Zitat- beziehungsweise Privatkopieschranke gab der BGH keine weitere Erläuterung. Es soll nun zunächst im Folgenden untersucht werden, inwiefern eine vermeintliche Verletzung des Erstveröffentlichungsrechts überhaupt materiellrechtlich durch staatliche Stellen geltend gemacht werden kann (i.). Erst danach soll erörtert werden, welche Bedeutung die Entscheidung des BGH in Sachen Afghanistan Papiere für die weitere Untersuchung hat (ii.).

i. Staatliche Stellen machen Erstveröffentlichungsrecht geltend

Die Urheberpersönlichkeitsrechte, allen voran das Erstveröffentlichungsrecht[998], sind Ausfluss des Urheberpersönlichkeitsrechts, welches verfassungsrechtlich in den Artikeln 2 Absatz 1 und Artikel 1 Absatz 1 GG verankert ist. Das Veröffentlichungsrecht hat eine hervorgehobene Bedeutung als Grundnorm des Urheberrechtsschutzes. Denn mit der Veröffentlichung kommt das Werk in den kulturellen Kommunikationskreislauf, erfährt aber auch Beschränkungen (§ 44a UrhG).

Staatliche Stellen berufen sich, wenn sie eine Verletzung des Erstveröffentlichungsrechts geltend machen, nicht auf eigene Rechte wie bei den Nutzungsrechten, sondern auf Urheberrechte ihrer Beamten und damit auch indirekt auf deren Grundrechte. Gemäß § 43 UrhG wird staatlichen Stellen die Ausübung dieser lediglich gestattet.[999] In dieser Konstellation fragt sich zunächst, inwiefern Grundrechte bei Individuen in Wahrnehmung staatlicher Aufgaben, insbesondere Amtsträgern, überhaupt erwachsen können (1). Diese Frage hat sich bei

995 KG, Urteil vom 21.04.1995, 5 U 1007/95; NJW 1995, 3392 (3394).

996 *Dustmann*, in: Fromm/Nordemann Urheberrecht, 12. Aufl. 2018 (Vor. §§ 44a bis § 63a UrhG Rn. 8); *Lüft*, in: Wandtke/Bullinger Urheberrecht, 5. Aufl. 2019 (§ 50 UrhG Rn. 1); *Vogel*, in: Schricker/Loewenheim, 6. Aufl. 2020 (§ 50 UrhG Rn. 36).

997 Vgl. siehe oben: C.III.3.

998 Nach hier vertretener Auffassung ist der Öffentlichkeitsbegriff im UrhG einheitlich auszulegen. MwN siehe S. 161.

999 Zu der Ausnahme: Fußnote 300.

den Nutzungsrechten nicht gestellt, denn da berufen sich staatliche Stellen auf ihr derivativ erworbenes eigenes Recht. Sodann fragt sich, ob eine Gestattung gemäß § 43 UrhG in Verbindung mit dem Übertragungszweckgedanken überhaupt erfolgt, wenn von vornherein keine Veröffentlichung durch die staatliche Stelle angestrebt ist (2). Schließlich fragt sich, ob § 43 UrhG in diesen Fällen verfassungsrechtlich enger ausgelegt werden muss (3).

(1) Grundrechtsfähigkeit von Beamten in Erfüllung öffentlicher Aufgaben

Staat und Staatsdiener ganz generell gleichzusetzen und damit Amtsträgern Grundrechtssubjektivität abzusprechen – wie es früher vertreten wurde – wird heute nicht mehr gefordert.[1000] Amtsträger sind eigenständige Rechtssubjekte und können sich auf Grundrechte berufen, denn eine Grundrechtsausübung findet nicht nur in Ausübung dienstlicher Tätigkeiten, sondern auch bei Gelegenheit der Amtsausübung statt.[1001]

In den hier untersuchten Fällen liegt der Sachverhalt aber anders. Die Beamten des öffentlichen Dienstes erstellten die militärischen Lageberichte, beziehungsweise die Glyphosat Gutachten, in Erfüllung ihrer dienstlichen und damit einer *„öffentlichen Aufgabe“*.[1002] Fraglich erscheint zunächst, ob Beamte Grundrechtssubjekte nicht nur bei Gelegenheit, sondern in Ausübung ihrer dienstlichen Tätigkeit sein können.[1003]

In seinem grundlegenden Urteil zur Grundrechtsfähigkeit von Personen in sogenannten *„besonderen Gewaltverhältnissen“* urteilte das BVerfG, dass eine *„Einschränkung [...] dann in Betracht [kommt], wenn sie zur Erreichung eines von der Wertordnung des GG gedeckten gemeinschaftsbezogenen Zweckes unerläßlich*

1000 *Brosius-Gersdorf/Gersdorf*, Kopftuchverbot für Rechtsreferendarin: Unanwendbarkeit des Neutralitätsgebots, NVwZ 2020, 428. Grundlegend hierfür war die Entscheidung: BVerfG, Beschluss vom 14.03.1972, 2 BvR 41/71; NJW 1972, 811.

1001 BVerfG, Beschluss vom 14.01.2020, 2 BvR 1333/17; NVwZ 2020, 461 (462 Rn. 79). Daher muss sich der Staat die private Grundrechtsausübung seiner Amtsträger grundsätzlich nicht als eigene zurechnen lassen: BVerfG, Beschluss vom 14.01.2020, 2 BvR 1333/17; NVwZ 2020, 461 (464 Rn. 90).

1002 BVerfG, Beschluss vom 31.10.1984, 1 BvR 35/82 u. a.; NJW 1985, 1385.

1003 In denen vom BVerfG entschiedenen Fällen ging es um die Grundrechtssubjektivität von Amtsträgern bei Gelegenheit: BVerfG, Urteil vom 24.09.2003, 2 BvR 1436/02; NJW 2003, 3111; BVerfG, Beschluss vom 27.01.2015, 1 BvR 471/10, 1 BvR 1181/10; NVwZ 2015, 884 (885 Rn. 84); BVerfG, Beschluss vom 18.10.2016, 1 BvR 354/11; NVwZ 2017, 549 (551 Rn. 57 f.).

ist und in den dafür verfassungsrechtlich vorgesehenen Formen geschieht.“[1004] Wie in Abschnitt B.II.2.b)[1005] in dieser Arbeit erarbeitet, schützt das (Urheber-) Persönlichkeitsrecht als besonderes Persönlichkeitsrecht die Beziehung zwischen einem Urheber und seinem Werk. Der Urheber als Person und nicht der Schutz des Werkes um seiner selbst willen wird vom Urheberpersönlichkeitsrecht geschützt (siehe auch § 11 Satz 1 UrhG). Die im Werk zum Ausdruck kommende individuelle Form soll danach Wesen, Wahrnehmung und Gefühle seines Schöpfers hervorbringen. In jedem Werk hinterlasse der Urheber Spuren seiner Persönlichkeit.

Es ist allerdings fraglich, ob ein in Ausübung einer dienstlichen Tätigkeit bei einem Beamten erwachsenes Urheberpersönlichkeitsrecht den verfassungsrechtlich abgesicherten Zweck erfüllen kann. Denn ein in einer staatlichen Stelle erstelltes Dokument soll in aller Regel keine individuelle Form aufweisen und „*Wesen, Wahrnehmung und Gefühle*“ seines Schöpfers hervorbringen. Behördliche Dokumente dienen der sachlichen Information und Kommunikation. Die Beamten und Angestellten der staatlichen Stellen in den Beispielsfällen handelten in Wahrnehmung „*öffentlicher Aufgaben*“ im Sinne der o.g. bundesverfassungsgerichtlichen Rechtsprechung, also in Wahrnehmung der den staatlichen Stellen zugewiesenen Kompetenzen.[1006] Den Begriff der „*öffentlichen Aufgabe*“ beziehungsweise die „*Wahrnehmung gesetzlich zugewiesener und geregelter öffentlicher Aufgabe[n]*“[1007] macht das BVerfG von der gesetzlichen Kompetenz abhängig. „[D]*ie Erfüllung öffentlicher Aufgaben durch juristische Personen des öffentlichen Rechts vollzieht sich in aller Regel nicht in Wahrnehmung unabgeleiteter, ursprünglicher Freiheiten, sondern auf Grund von Kompetenzen, die vom positiven Recht zugeordnet und inhaltlich bemessen und begrenzt sind. Die Regelung*

1004 BVerfG, Beschluss vom 14.03.1972, 2 BvR 41/71; NJW 1972, 811 (812).

1005 S. 59 ff.

1006 Denn es handelt sich um Behörden, die Aufgaben der öffentlichen Verwaltungen wahrnehmen (vgl. § 1 Abs. 4 VwVfG (Verwaltungsverfahrensgesetz in der Fassung der Bekanntmachung vom 23. Januar 2003 (BGBl. I S. 102), das zuletzt durch Artikel 24 Absatz 3 des Gesetzes vom 25. Juni 2021 (BGBl. I S. 2154) geändert worden ist). Dies geschieht aufgrund von Gesetz oder auf Basis von Verordnungen (Art. 20 Abs. 3 GG): *Grzeszick*, in: Maunz/Dürig Grundgesetz-Kommentar, 95. Aufl. 2021 (Art. 20 GG Rn. 59 ff.). Im Fall der Afghanistan Papiere gilt § 6 Parlamentsbeteiligungsgesetz (vom 18. März 2005 (BGBl. I S. 775), wonach wöchentlich eine Unterrichtung des Parlaments erstellt wird. Vgl. hierzu den Tatbestand des Urteils des OLG Köln: OLG Köln, Urteil vom 12.06.2015, 6 U 5/15; NJW-RR 2016, 165.

1007 BVerfG, Beschluss vom 31.10.1984, 1 BvR 35/82 u. a.; NJW 1985, 1385 (1385).

dieser Beziehungen und die Entscheidung daraus resultierender Konflikte sind nicht Gegenstand der Grundrechte, weil der unmittelbare Bezug zum Menschen fehlt".[1008] Im Kern geht es bei „*öffentlichen Aufgaben*" um die Zurechenbarkeit von Handlungen zum Staat.[1009] Das BVerfG sprach beispielsweise Innungen die Grundrechtsfähigkeit ab, wenn und soweit sie in Ausübung öffentlicher Aufgaben tätig waren.

Es fragt sich, ob die Schaffung urheberrechtlicher Werke in Ausübung dienstlicher Tätigkeiten nicht ebenso zu bewerten ist. Die Beamten üben ihre Tätigkeit ebenso wie die Innungen in dem vom BVerfG entschiedenen Fall in Ausübung behördlicher Kompetenzen aus. Die so entstehenden urheberrechtlichen Werke entstehen nach den für das jeweilige Beamtenverhältnis geltenden Vorschriften des öffentlichen Dienstrechts im Rahmen des vom Beamten wahrzunehmenden Aufgabenbereichs. Denn der Aufgabenbereich eines Beamten ergibt sich „*aus dem übertragenen Amt, der zugewiesenen Funktion, dem behördeninternen Geschäftsverteilungsplan und den Anweisungen des hierzu befugten Vorgesetzten*".[1010]

Allerdings unterscheidet das UrhG ausweislich § 5 UrhG nicht danach, in welcher (dienstrechtlichen) Situation ein urheberrechtliches Werk geschaffen wird.[1011] Der generelle Werkschutz für amtliche Werke wird durch § 5 UrhG ja gerade bestätigt. Nicht nur die innere Intention, auch äußere Umstände sind für die Schaffung eines Werkes, welches urheberrechtlichen Schutz genießt, irrelevant. Es ist einzig und allein entscheidend, dass eine eigene geistige Schöpfung geschaffen wurde. Das UrhG unterscheidet für den urheberrechtlichen Werkschutz tatbestandlich nicht zwischen urheberrechtlichen Werken, die in Ausübung eines Arbeits- oder Dienstverhältnisses geschaffen werden, und solchen, die in der Freizeit produziert werden. Aus § 43 UrhG ist ersichtlich, dass sich auch nicht um eine Situation handelt, die der Gesetzgeber nicht gesehen hat. Hier regelt das Gesetz ja den Fall, dass der Dienstherr gegebenenfalls Nutzungsrecht übertragen bekommt, da das Urheberrecht originär beim Urheber erwächst. Aus diesen Gründen ist eine verfassungsrechtliche Auslegung nicht möglich, nach der an einem von einem Beamten in Ausübung seines Dienstes erstellten Dokuments entgegen der Regelungen im UrhG kein Urheberpersönlichkeitsrecht

---

1008 BVerfG, Beschluss vom 31.10.1984, 1 BvR 35/82 u. a.; NJW 1985, 1385 (1385).

1009 *Remmert*, in: Maunz/Dürig Grundgesetz-Kommentar, 95. Aufl. 2021 (Art. 19 Abs. 3 GG Rn. 55).

1010 *Rojahn/Frank*, in: Schricker/Loewenheim, 6. Aufl. 2020 (§ 43 UrhG Rn. 27).

1011 Vgl. siehe oben: E.II.

erwachsen würde. Mit dem Grundsatz des Vorbehalts des Gesetzes bedürfte es hierfür eines formellen Gesetzes.

Wertungsgesichtspunkte können im Ergebnis keine differenzierendere Sichtweise rechtfertigen. Bei dienstlicher Tätigkeit im Rahmen „*staatlicher Aufgaben*“ kann zwar keine „*grundrechtstypische Gefährdungslage*“ gegeben sein. Der Wortlaut des UrhG und das Grundgesetz sprechen aber gegen eine Aberkennung von Grundrechten beziehungsweise einfachem Recht, welches unmittelbar Ausfluss von Grundrechten ist, wenn und soweit Beamte öffentliche Aufgaben wahrnehmen.[1012]

Solange das UrhG, das die Eigentumsfreiheit und das Urheberpersönlichkeitsrecht konkretisiert, keine Anhaltspunkte für eine Differenzierung vornimmt – wie die Vorgängerregelung im LUG[1013] –, wäre jede wertungsmäßig vorgenommene Beschränkung nicht nur eine Überdehnung über den Wortlaut des Gesetzes hinaus, sondern auch ein Verstoß gegen den erklärten gesetzgeberischen Willen. Ganz abgesehen davon müsste sich eine solche Auslegung am Grundgesetz messen lassen. Denn obwohl Beamte als sogenannte Staatsdiener, und damit qua Amt zugewiesene Allgemeininteressen wahrnehmen, stehen dahinter die Individuen, welche selbstverständlich „*in Wahrnehmung unabgeleiteter, ursprünglicher Freiheiten, das eigene Leben, die Existenz, nach eigenen Entwürfen zu gestalten und über sich selbst zu bestimmen*“[1014] Grundrechtsträger sind. Um dieser Situation zu begegnen, bedürfte es einer gesetzlichen, gegebenenfalls sogar einer verfassungsrechtlichen Änderung.[1015]

(2) Auslegung des § 43 UrhG im Licht der Übertragungszwecklehre

Die Gestattung der Ausübung von Urheberpersönlichkeitsrechten läuft mit § 43 UrhG im Einklang. Man geht davon aus, dass im Falle der Übertragung der Nutzungsrechte im Rahmen eines Dienstverhältnisses gemäß § 43 UrhG die Geltendmachung der dazugehörigen Urheberpersönlichkeitsrechte gestattet wird.[1016] Das Recht zu bestimmen, ob, wann und in welcher Form das Werk der

---

1012 Die Frage stellt sich konsequenterweise nicht nur in Bezug auf das Urheberpersönlichkeitsrecht, sondern ebenso in Bezug auf die Verwertungsrechte des Urhebers. Hier muss die Antwort aus denselben Gründen aber dieselbe sein.

1013 Vgl. siehe oben: E.II.1.c)ii.

1014 BVerfG, Beschluss vom 08.07.1982, 2 BvR 1187/80; NJW 1982, 2173 (2174).

1015 Man dürfte diese Situation wohl kaum pauschal auf die „*hergebrachten Grundsätze des Berufsbeamtentums*“ schieben gemäß Artikel 33 GG.

1016 *Wandtke*, in: Wandtke/Bullinger Urheberrecht, 5. Aufl. 2019 (§ 43 UrhG Rn. 87).

Öffentlichkeit zugänglich gemacht wird (§ 12 UrhG), ist Teil der Urheberpersönlichkeitsrechte. Der Gedanke dahinter ist, dass gerade das Veröffentlichungsrecht sehr eng mit den Nutzungsrechten zusammenhängt, denn die eingeräumten Nutzungsrechte können in der Regel nur dann in Anspruch genommen werden, wenn auch die Veröffentlichung des Werkes gestattet ist.[1017] Daher wird angenommen, dass der zur Übertragung der Nutzungsrechte an den Dienstherrn verpflichtete Urheber diesem ebenso das Veröffentlichungsrecht zur Ausübung gestatten muss, damit jener die eingeräumten Nutzungsrechte dem dienstrechtlichen Zweck entsprechend überhaupt verwerten kann.[1018] Es wird zwar vertreten, dass diese Gestattung nicht dazu führen darf, dass dem Urheber der Kern der urheberpersönlichkeitsrechtlichen Befugnisse vorenthalten wird.[1019] Was dies aber konkret heißen soll, bleibt – soweit ersichtlich – ungewiss. In der Praxis führt die Annahme, dass dem Dienstherrn jedenfalls die Ausübung des Veröffentlichungsrechts gestattet werden muss, zu dem Ergebnis, dass der eigentliche Urheber von dem ihm zustehenden Recht aus § 12 UrhG in aller Regel keinen Gebrauch macht.

Interessanterweise könnte man in den Fällen, in denen die staatliche Stelle überhaupt keine Veröffentlichung anstrebt, wie bereits oben angesprochen, bereits mit dem Übertragungszweckgedanken gemäß § 31 Absatz 5 UrhG argumentieren, dass den öffentlichen Stellen die Ausübung des Erstveröffentlichungsrechts von vornherein, entgegen der eben beschriebenen Annahme, nach § 43 UrhG nicht gestattet wurde.[1020]

Gemäß § 31 Absatz 5 UrhG bestimmt sich nach dem zugrunde gelegten Vertragszweck, auf welche Nutzungsarten sich die Rechteeinräumung erstreckt,

---

1017 *Rojahn/Frank*, in: Schricker/Loewenheim, 6. Aufl. 2020 (§ 43 UrhG Rn. 73). Zur engen Verbundenheit zwischen Nutzungsrechten und aus dem Urheberpersönlichkeitsrecht folgendem Veröffentlichungsrecht: BGH NJW 1955, 260 – † Rechtsnatur und Rechtsfolgen der Übertragung des Veröffentlichungsrechtes eines Werkes

1018 *Dreier*, in: Dreier/Schulze Urheberrechtsgesetz, 7. Aufl. 2022 (§ 43 UrhG Rn. 35); *Wandtke*, in: Wandtke/Bullinger Urheberrecht, 5. Aufl. 2019 (§ 43 UrhG Rn. 87); *Rojahn/Frank*, in: Schricker/Loewenheim, 6. Aufl. 2020 (§ 43 UrhG Rn. 73).

1019 *Rojahn/Frank*, in: Schricker/Loewenheim, 6. Aufl. 2020 (§ 43 UrhG Rn. 73).

1020 *Hauck*, Urheberrechtlicher Geheimnisschutz und seine Grenzen – Anmerkung zu BGH, Urteil vom 30.4.2020 Az. I ZR 139/15 Afghanistan Papiere II, ZUM 2020, 769 (771, 772); *Wandtke*, in: Wandtke/Bullinger Urheberrecht, 5. Aufl. 2019 (§ 43 UrhG Rn. 87); *Hauck/Fink*, Freiheit für das Glyphosat-Gutachten? Die Einschränkung öffentlich-rechtlicher Informationsansprüche durch das Veröffentlichungsrecht des Urhebers, GRUR-Prax 2019, 406.

sofern dies vertraglich nicht ausdrücklich geregelt ist. Die Norm ist auch auf die Gestattung zur Ausübung urheberpersönlichkeitsrechtlicher Befugnisse anzuwenden.[1021] Nach dem Übertragungszweckgedanken räumt der Urheber Rechte *„nur in dem Umfang ein, den der Vertragszweck unbedingt erfordert. In dieser Auslegungsregel kommt zum Ausdruck, daß die urheberrechtlichen Befugnisse die Tendenz haben, soweit wie möglich beim Urheber zu verbleiben, damit dieser in angemessener Weise an den Erträgnissen seines Werkes beteiligt wird*“.[1022] In den diskutierten Beispielsfällen ist der Vertrags- beziehungsweise Dienstzweck darin zu sehen, dass die staatlichen Stellen die Arbeitsergebnisse der Beamten im Verlauf des Behördenbetriebs nutzen können.[1023] Es müssen alle behördlichen Aufgaben umfasst sein, denn ansonsten wäre die Regelung des § 43 UrhG ausgehöhlt. Erneut ist darauf hinzuweisen, dass § 43 UrhG die Anwendung des Übertragungszweckgedankens in der am weitläufigsten zum Vorteil des Verwerters gehenden Prägung darstellt.[1024] Zwar sind einem nutzungsberechtigten Dienstherrn in der Zusammenschau vom Übertragungszweckgedanken und von § 43 UrhG im Zweifel nur in dem Umfang Rechte eingeräumt, wie es der Dienstzweck „*unbedingt erfordert*“; sie also unerlässlich sind. Allerdings ist in Bezug auf Dienstverhältnisse zu beachten, dass das berechtigte Interesse des Dienstherrn eine rechtlich gesicherte Verwertung der Werke umfasst, die die Beamten in Erfüllung ihrer Dienstpflichten geschaffen haben. Deshalb ist davon auszugehen, dass ein Beamter, der in Erfüllung seiner Dienstpflichten ein Werk geschaffen hat, seinem Dienstherrn stillschweigend sämtliche Nutzungsrechte einräumt, die dieser zur Erfüllung seiner Aufgaben benötigt.[1025] Zur behördlichen Aufgabenerfüllung gehört auch die Gewährung eines Zugangsanspruchs nach dem IFG; *„insoweit hat sich die Zwecksetzung durch den Erlass dieses Gesetzes erweitert*“[1026]. Wie bereits oben thematisiert, stellt nach hier vertretener Auffassung die (potentielle) Zugangsgewährung nach dem IFG eine (Erst-) Veröffentlichung im Sinne des UrhG dar.[1027] Deswegen muss in der Regel auch

---

1021 *Nordemann*, in: Fromm/Nordemann Urheberrecht, 12. Aufl. 2018 (§ 31 UrhG Rn. 123); *Ohly*, in: Schricker/Loewenheim, 6. Aufl. 2020 (§ 32 UrhG Rn. 60).

1022 BGH, Urteil vom 22.01.1998, I ZR 189/95; GRUR 1998, 680 (682).

1023 *Peukert*, in: Schricker/Loewenheim, 6. Aufl. 2020 (§ 23 UrhG Rn. 15).

1024 Vgl. siehe oben: E.III.1.

1025 BVerwG, Urteil vom 25.06.2015, 7 C 1/14; GRUR-RR 2016, 137 (140 Rn. 36 ff.). Sog. Lehre vom Betriebszweck als Ausprägung. Hierzu auch: *Rojahn/Frank*, in: Schricker/Loewenheim, 6. Aufl. 2020 (§ 43 UrhG Rn. 51).

1026 BVerwG, Urteil vom 25.06.2015, 7 C 1/14; GRUR-RR 2016, 137 (141 Rn. 41).

1027 Vgl. siehe oben: E.I.2.

die Ausübung des Erstveröffentlichungsrechts an den Dienstherrn gestattet werden.[1028] Andernfalls könnte der Dienstherr dem Zugangsanspruch aus dem IFG nicht nachkommen, weil der jeweilige Beamten-Urheber stets die Verletzung seines Erstveröffentlichungsrechts geltend machen und damit Unterlassung des Informationsbegehrens gemäß IFG durch die staatliche Stelle geltend machen könnte. Klarstellend sei hier angemerkt, dass diese Annahme, der werkschaffende Beamten-Urheber übertrage nicht nur Nutzungsrechte sondern gestatte dem Dienstherrn wegen des Anspruchs auf Informationszugang nach dem IFG auch die Ausübung seines Erstveröffentlichungsrechts, nur für Beamte in Ausübung ihrer Dienstpflicht gelten. Eine andere Situation stellt sich in Bezug auf Urheberrechte Dritter, beispielsweise Autoren in Auftrag gegebener Gutachten.[1029] Andernfalls wäre die Regelung des § 6 IFG obsolet.

Nun könnte man argumentieren, dass im Fall, in dem nie die Absicht zur Veröffentlichung durch die staatliche Stelle bestand – etwa bei Verschlusssachen –, auch keine Gestattung zur Ausübung zur Geltendmachung des Erstveröffentlichungsrechts erteilt wurde.[1030] Denn der Zweck der Übertragung muss dem Urheber erkennbar sein.[1031] Nur die Rechte, die der Dienstherr im Rahmen seiner behördlichen Aufgaben braucht, werden ihm übertragen.[1032] Die Annahme, staatliche Stellen hätten im Fall der Afghanistan Papiere nie in der „*geleakten*" Form, sondern nur in der bearbeiteten Fassung als „*Unterrichtungen der Öffentlichkeit*" veröffentlichen wollen und daher sei ihnen die Ausübung des Erstveröffentlichungsrechts nicht gestattet worden, berücksichtigt nach hier vertretener Auffassung allerdings zum einen nicht, dass der Zugangsanspruch nach dem IFG unabhängig von einer Veröffentlichungsabsicht durch die staatliche Stelle besteht. Allein zur Gewährung des Anspruchs nach dem IFG benötigt die jeweilige Stelle die Gestattung zur Ausübung des Erstveröffentlichungsrechts.[1033] Zum anderen umfassen die „*behördlichen Aufgaben*" die Verwertung

---

1028 BVerwG, Urteil vom 25.06.2015, 7 C 1/14; GRUR-RR 2016, 137 (140 Rn. 38).

1029 VG Braunschweig, Urteil vom 17.10.2007, 5 A 188/06; ZUM 2008, 254 (256).

1030 *Hauck*, Urheberrechtlicher Geheimnisschutz und seine Grenzen – Anmerkung zu BGH, Urteil vom 30.4.2020 Az. I ZR 139/15 Afghanistan Papiere II, ZUM 2020, 769 (772).

1031 *Schack*, Urheber- und Urhebervertragsrecht, 9. Auflage 2019, Rn. 1118; *Wandtke*, Urheberrecht, 7. Auflage 2019, 196 f. Rn. 155. Sinn und Zweck des Vertrages sind auch relevant: *Wandtke*, Urheberrecht, 7. Auflage 2019, 196 Rn. 154.

1032 VG Berlin, Urteil vom 14.09.2012, 2 K 185/11; ZUM-RD 2013, 34 (37).

1033 Nur beispielhaft: BVerwG, Urteil vom 25.06.2015, 7 C 1/14; GRUR-RR 2016, 137 (140, 141 Rn. 38, 41). Im Übrigen zu der hier vertretenen Auffassung s.o.: E.I.2.

des Werks im „*Regelbetrieb*" und zwar im Zweifel für die Dauer des Bestehens des Urheberrechts. Ein Dienstherr kann zum Zeitpunkt der Übertragung nicht antizipieren, was für Situationen und Aufgaben auf ihn zukommen und muss unbeschränkt mit den durch seine Beamten in Erfüllung ihrer Dienstpflicht erstellten Erzeugnissen arbeiten können. Dies ergibt sich aus dem Sinn und Zweck von § 43 UrhG. Insbesondere kann sich die Art der Verwendung – etwa die Einordnung als Verschlusssache und/oder das Berufen auf § 3 IFG – auch ändern. Im Übrigen lässt sich auch durchaus argumentieren, dass selbst als Verschlusssachen eingeordnete Dokumente als veröffentlicht im Sinne des UrhG einzuordnen sind.[1034] Gerade aber die mögliche Änderung der Art der Verwendung gilt es vor dem Hintergrund des thematisierten technischen Wandels zu beachten. Hintergrund des § 43 UrhG ist gerade, dass der Urheber im Dienstverhältnis weniger schutzbedürftig erscheint[1035], während dem Dienstherrn der Nutzen der im Rahmen der Dienstausübung gefertigten Werke zustehen soll. Aus gerade diesem Grund ordnet § 43 UrhG an, dass soweit benötigt und damit grundsätzlich, Rechte an dem Werk dem Dienstherrn zustehen.[1036] Dieser Argumentation steht auch nicht entgegen, dass ein Werk, bei dem der Informationszugangsanspruch nach den im IFG geregelten Versagungsgründen zurecht verwehrt wird, nicht im Sinne des UrhG veröffentlicht werden kann (wie im Fall der Afghanistan Papiere). Die Frage, ob der Informationszugang gewährt oder versagt wird, ist eine des in der jeweiligen staatlichen Stelle zu entscheidenden Einzelfalls[1037], der nicht daran hängen darf, ob der staatlichen Stelle die Ausübung des Erstveröffentlichungsrechts durch den jeweiligen Beamten-Urheber gestattet wurde oder nicht.

Indes greift die Argumentation des BGH auch nach hier vertretener Auffassung zu kurz, wonach die Ausübung des Erstveröffentlichungsrechts wegen des Berührens staatspolitischer Geheimhaltungsinteressen vom Urheber gestattet werde, da Geheimhaltungsinteressen vom Urheberpersönlichkeitsrecht umfasst seien.[1038] Denn staatspolitische Geheimhaltungsinteressen sind vom Urheberpersönlichkeitsrecht gerade nicht geschützt.[1039] Allerdings entsteht das

---

1034 *Wandtke/Hauck*, Urheberrecht versus Pressefreiheit, NJW 2017, 3422 (3423).

1035 *Nordemann*, in: Fromm/Nordemann Urheberrecht, 12. Aufl. 2018 (§ 43 UrhG Rn. 3).

1036 *Rojahn/Frank*, in: Schricker/Loewenheim, 6. Aufl. 2020 (§ 43 UrhG Rn. 39).

1037 *Düwel*, Das Urheberrecht als Mittel staatlicher Geheimhaltung, 2020, 252.

1038 BGH, Urteil vom 30.04.2020, I ZR 139/15; GRUR-RS 2020, 12514 (Rn. 54). So auch: *Hauck*, Urheberrechtlicher Geheimnisschutz und seine Grenzen – Anmerkung zu BGH, Urteil vom 30.4.2020 Az. I ZR 139/15 Afghanistan Papiere II, ZUM 2020, 769 (772).

1039 Vgl. siehe oben: B.II.4.

Erstveröffentlichungsrecht gemäß § 12 UrhG unabhängig davon, welches Ziel mit einer (Nicht-) Veröffentlichung verfolgt wird. Gleiches gilt für die Frage, ob und welche Rechte nach § 43 UrhG übertragen beziehungsweise gestattet werden. Weder der Wortlaut von § 12 noch der von § 43 UrhG macht eine Unterscheidung hinsichtlich der Motivation desjenigen, der das Recht ausübt.

Fraglich könnte schließlich erscheinen, ob es sich um eine *„Nicht-Ausübung"* des Erstveröffentlichungsrechts handelt, die von § 12 UrhG nicht geschützt ist, wenn sich staatliche Stellen, wie im Fall der Afghanistan Papiere, auf das Erstveröffentlichungsrecht berufen, obwohl sie nie gedachten diese zu veröffentlichen. Dies könnte doch noch gegen eine Gestattung des Erst-Veröffentlichungsrechts sprechen. § 12 UrhG umfasst aber gerade kein Recht auf Veröffentlichung durch den Urheber, sondern lediglich ein Abwehrrecht gegen eine nicht gewünscht Veröffentlichung.[1040] Wenn die Nichtveröffentlichung gerade dienstliche Zwecke umfasst, dann muss die Gestattung der Ausübung ebendieses Rechts auch an den Dienstherrn übertragen worden sein. Nach hier vertretener Auffassung umfasst das Bestreben der staatlichen Stellen in den Beispielsfällen gerade dienstliche Zwecke. Denn sofern eine staatliche Stelle zu der Überzeugung gelangt, ein Dokument solle der Öffentlichkeit nicht zugänglich gemacht werden – etwa aus staatspolitischen Geheimhaltungsinteressen – dann handelt es sich um eine Tätigkeit behördlicher Aufgaben und damit eine Form dienstlicher Verwertung (beziehungsweise Entscheidung zur Nicht-Verwertung). Der Wortlaut von § 12 UrhG macht keine Unterscheidung dazu, aus welcher Motivation veröffentlicht oder eben nicht veröffentlicht werden soll. Das Berufen auf § 12 UrhG – auch um eine Veröffentlichung zu verhindern – stellt gerade eine Ausübung dar.

Nach alldem wird im Folgenden angenommen, dass dem Dienstherrn in der Regel die Ausübung der Urheberpersönlichkeitsrechte, allen voran das Erstveröffentlichungsrecht, gestattet wird und er im Rahmen dessen auch das Ermessen hat, sich gegen eine Veröffentlichung zu entscheiden.

(3) Verfassungskonforme Auslegung von § 43 UrhG

Wir finden folgende Konstellation vor: Durch die geschichtliche Entwicklung ist das UrhG so ausgestaltet, dass das Urheberrecht nie beim Dienstherrn erwächst. Zugleich würden aber die Personen, die Urheberrechtsinhaber sind,

---

1040 *Schulze*, in: Dreier/Schulze Urheberrechtsgesetz, 7. Aufl. 2022 (§ 12 UrhG Rn. 18); KG, Urteil vom 22.05.1981, 5 U 2295/81; GRUR 1981, 742 (743); *Peukert*, in: Schricker/Loewenheim, 6. Aufl. 2020 (§ 12 UrhG Rn. 18).

in den vorgenannten Konstellationen das Urheberrecht aus eigenem Interesse nicht geltend machen. Denn es sind gerade nicht die Interessen der Beamten, die verfolgt werden, sondern staatliche Geheimhaltungsinteressen. Das führt zu der Konstellation, dass sich der Dienstherr im Rahmen der gestatteten Ausübung des Veröffentlichungsrechts auf ein auf Grundrechten beruhendes Recht beruft, obwohl er gar nicht grundrechtsfähig ist.[1041] Wäre das Urheberpersönlichkeitsrecht übertragbar, würde sich eine Situation wie in Bezug auf die Nutzungsrechte ergeben, in der der Dienstherr zwar Nutzungsrechte derivativ erwirbt und entsprechend geltend machen kann, für diese aber nicht die Eigentumsfreiheit streitet. Wenn sich staatliche Stellen aber auf das Urheberpersönlichkeitsrecht berufen, dann machen sie nicht ihre, sondern die Urheberpersönlichkeitsrechte ihrer Beamten geltend und diese sind von Grundrechten getragen. Fraglich ist, ob § 43 UrhG aus den vorgenannten Gründen in verfassungskonformer Auslegung in Konstellationen wie den Beispielsfällen unanwendbar sein sollte.

Die Gestattung der Geltendmachung von Urheberpersönlichkeitsrechten an im Rahmen der dienstlichen Tätigkeit erwachsenen Urheberrechten könnte als unwirksam bewertet werden.[1042] Die Unwirksamkeit dieser Gestattung könnte sich aus dem Gedanken ergeben, dass sich der Staat, wäre das Urheberrecht bei ihm erwachsen, selbst nicht auf das hinter dem einfachen Recht stehende Verfassungsrecht berufen könnte.[1043] Es ist fraglich, ob hier die hergebrachten Grundsätze darüber, dass dem Dienstherrn die Ausübung von Urheberpersönlichkeitsrechten im benötigten Umfang gestattet wird, überhaupt anwendbar sein können, wenn der Dienstherr durch Gebrauch des Veröffentlichungsrechts seiner Beamten in Konflikt mit Grundrechten Dritter gerät.

1041 Selbst nach dem *„engen"* Konfusionsargument wäre dem Dienstherrn die Grundrechtsberechtigung versagt. Denn hier werden unter indirekter Berufung auf Grundrechte die Kommunikationsgrundrechte der Nutzer eingeschränkt. Vgl. hierzu oben Fußnote 892.

1042 Dieser Gedanke klingt auch an bei: *Hoeren/Düwel*, Anmerkung zu EuGH, 29.7.2019 – C-469/17 – Afghanistan-Papiere, MMR 2019, 660 (667).

1043 Es geht hier nicht um die umstrittene Frage, ob außerhalb des Anwendungsbereichs des § 43 UrhG eine teilweise – jedenfalls hinsichtlich § 31 Abs. 4 UrhG vollständige – Abdingbarkeit des zwingenden Rechts bejaht oder verneint wird. Dafür, dass außerhalb des § 43 UrhG zwingendes Recht im Rahmen des Dienstverhältnisses abbedungen werden kann: *Rojahn/Frank*, in: Schricker/Loewenheim, 6. Aufl. 2020 (§ 43 UrhG Rn. 36). Ablehnung einer Abdingbarkeit hinsichtlich § 31 Absatz 4 UrhG: *Dreier*, in: Dreier/Schulze Urheberrechtsgesetz, 7. Aufl. 2022 (§ 43 UrhG Rn. 17).

Die Urteile zu den Afghanistan Papieren und zu den Glyphosat Gutachten weisen keine solche Gedanken auf.[1044] „*Wesen*" im Sinne des § 43 UrhG bezeichnet die dem Beschäftigungsverhältnissen immanenten Eigenarten.[1045] Eine Eigenart eines Dienstherrn, einer juristischen Person des öffentlichen Rechts, ist es, dass diese grundrechtsverpflichtet und nicht grundrechtsberechtigt ist. Daher ist es widersprüchlich, wenn dieser Dienstherr sich auf Urheberrechte – hier ein Veröffentlichungsrecht – beruft, um ein Grundrecht eines Nutzers einzuschränken. Provokant lässt sich gemeinsam mit dem Generalanwalt im Fall der Afghanistan Papiere fragen, vor wem der Staat denn durch die in das einfache Recht ausstrahlenden Grundrechte geschützt werden sollte. Im Falle des Glyphosat Gutachtens und der Afghanistan Papiere muss die Antwort lauten, dass das Urheberrecht als Ausfluss von Grundrechten scheinbar dazu benutzt werden soll, den Staat vor den Bürgern zu schützen. Dies widerspricht aber dem Grundgedanken der Grundrechte in ihrer Ausgestaltung seit der Erklärung der Menschen- und Bürgerrechte von 1789 und ebenso auch dem Grundgesetz und den europäischen Verträgen.[1046]

Insofern liegen Argumente auf der Hand, wonach eine Gestattung der Ausübung von Urheberpersönlichkeitsrechten mit dem Wesen des Dienstverhältnisses nicht vereinbar ist. Allerdings ist auch deutlich, dass die dem Dienstherrn eingeräumten Nutzungsrechte gemäß Inhalt und Wesen des Dienstverhältnisses nicht ausgeübt werden könnten, wenn die Veröffentlichung des Werks nicht gestattet ist. § 43 UrhG ließ sich bislang gar nicht ohne eine Gestattung des Veröffentlichungsrechts denken. Die Gesetzesbegründung thematisiert sogar genau diesen Fall, denn die Vorgängervorschriften (§ 3 LUG, § 5 KUG) sahen Konstellationen, in dem eine juristische Person des öffentlichen Rechts als Herausgeber ein Werk veröffentlichte, diese juristischen Personen des öffentlichen Rechts als Urheberrechtsinhaber an, wenn dessen Verfasser nicht genannt wurde.[1047] Es war im Rahmen des Gesetzgebungsverfahrens gefordert worden, diese Sonderbestimmung beizubehalten und allgemein auf Werke auszudehnen, die von Beamten in Erfüllung ihrer Dienstpflichten geschaffen werden.[1048] Die

---

1044 OLG Köln, Urteil vom 12.06.2015, 6 U 5/15; NJW-RR 2016, 165 (167 Rn. 32); BGH, Vorlagebeschluss vom 01.06.2017, I ZR 139/15; NJW 2017, 3450 (3451 Rn. 15, 3452 Rn. 30, 3454 45 f.).

1045 *Rojahn/Frank*, in: Schricker/Loewenheim, 6. Aufl. 2020 (§ 43 UrhG Rn. 34).

1046 Für alles Vorstehende: Generalanwalt beim EuGH, Schlussantrag vom 25.10.2018, EUGH Aktenzeichen C-469/17; BeckRS 2018, 26149 (Rn. 53).

1047 Regierungsentwurf von 1962 – Bundestags-Drucksache IV/270, S. 61.

1048 Regierungsentwurf von 1962 – Bundestags-Drucksache IV/270, S. 61.

Gesetzesbegründung weist ausdrücklich darauf hin, dass eine solche Regelung *„jedoch mit § 7 des Entwurfs unvereinbar"* wäre. *„Sie erscheinen auch nicht erforderlich, da sich bisher – soweit ersichtlich – aus der Notwendigkeit des Rechtserwerbs durch den Arbeitgeber oder Dienstherrn in den genannten Fällen keine Schwierigkeiten ergeben haben."*[1049]

Durch diesen zum Ausdruck gebrachten Willen des Gesetzgebers, einem Dienstherrn mit § 43 UrhG das Instrument in die Hand zu geben, mit den im Dienst erstellten Erzeugnissen entsprechend zu verfahren, ist eine im Lichte der Grundrechte angepasste Auslegung des § 43 UrhG ausgeschlossen. Denn ausdrücklich schreibt die Gesetzesbegründung von der Ausübung der persönlichkeitsrechtlichen Befugnisse durch den Dienstherrn, wenn es darin heißt: „[…] *die erforderlichen Einschränkungen* [können] *aus der Eigenart des Arbeits- oder Dienstverhältnisses abgeleitet werden. So muß beispielsweise ein Beamter auf Grund seiner dienstrechtlichen Verpflichtungen dulden, daß sein Werk durch weisungsberechtigte Vorgesetzte geändert oder daß es ohne Angabe seines Namens veröffentlicht wird."*[1050]

(4) Zwischenergebnis

Bis heute sah der Gesetzgeber keinen Handlungsbedarf an der Vorschrift des § 43 UrhG etwas zu ändern.[1051] Handlungsbedarf jedoch hätte bereits angesichts der Erkenntnis bestanden, dass die Gestattung der Ausübung von Urheberpersönlichkeitsrechten im Rahmen von Dienstverhältnissen dem Inhalt und dem Wesen eben jener Dienstverhältnisse nach bislang herrschender Meinung entsprechen soll. § 43 UrhG ist vom Wortlaut und der Systematik her aber nur auf Nutzungsrechte anwendbar. Angesichts der nun auftretenden Konstellation der Beispielsfälle – staatliche Stellen machen Urheberrecht an staatlichen Dokumenten geltend, um Berichterstattung zu unterbinden – drängt sich die Dringlichkeit einer gesetzgeberischen Antwort noch schärfer auf. Dennoch schweigt § 43 UrhG dazu. Eine Anpassung ist bislang soweit ersichtlich nicht einmal in der Diskussion.

Im Ergebnis ist daher eine einschränkende Auslegung von § 43 UrhG abzulehnen. Da das Urheberpersönlichkeitsrecht beim grundrechtsfähigen Staatsdiener

---

1049 Regierungsentwurf von 1962 – Bundestags-Drucksache IV/270, S. 62.

1050 Regierungsentwurf von 1962 – Bundestags-Drucksache IV/270, S. 62.

1051 Mit dem Hinweis, dass § 43 UrhG vom Wortlaut her nur auf *„die Vorschriften dieses Unterabschnitts"* anzuwenden ist: *Nordemann*, in: Fromm/Nordemann Urheberrecht, 12. Aufl. 2018 (§ 43 UrhG Rn. 52).

erwächst, kann nicht die Lösung des Dilemmas darin bestehen, dass dem Staatsdiener das Urheberpersönlichkeitsrecht – quasi durch die Hintertür – mittels einer bestimmten Auslegung von § 43 UrhG, der ohnehin vollständig zu dem Thema schweigt, wieder genommen wird.

Eine Verletzung des Erstveröffentlichungsrechts kann *de lege lata* durch staatliche Stellen geltend gemacht werden. Aus den obigen Ausführungen ergibt sich, dass es wegen der bewussten Entscheidung des Gesetzgebers, das Urheberpersönlichkeitsrecht in Dienstverhältnissen nicht einzuschränken, nach hier vertretener Auffassung nicht vertretbar ist, aus verfassungsrechtlichen Erwägungen § 43 UrhG dahingehend einzuschränken, dass sich staatliche Stellen nicht länger auf eine wirksame Übertragung berufen könnten. Zusammenfassend ist daher festzuhalten, dass eine Verletzung des Erstveröffentlichungsrechts nicht nur materiellrechtlich durch staatliche Stellen geltend gemacht werden kann, sondern dass auch verfassungsrechtliche Wertungen nicht zu einer einschränkenden Auslegung der Rechtslage führen können. Sofern politisch gewünscht, müsste das Konstrukt gemäß § 43 UrhG ausdrücklich geändert werden.

ii. Verfassungs- und UrhG-konfome Auslegung von § 12 UrhG

Der BGH setzte eine Gestattung zur Ausübung der Urheberpersönlichkeitsrechte im Fall der Afghanistan Papiere ohne weitere Prüfung voraus.[1052] Hintergrund der Entscheidung des BGH in Sachen Afghanistan Papiere in Bezug auf das Erstveröffentlichungsrecht dürfte gewesen sein, dass das Veröffentlichungsrecht nahezu immer untrennbar mit den Verwertungsrechten verbunden ist.[1053]

Fraglich ist, ob das Veröffentlichungsrecht gemäß § 12 UrhG angesichts tangierter Kommunikationsgrundrechte der Nutzer eingeschränkt werden müsste.

(1) Entscheidung des Bundesgerichthofs in Sachen Afghanistan Papiere II

Dem BGH folgend kann eine Freistellung nach § 50 UrhG in verwertungsrechtlicher Hinsicht ebenfalls den Eingriff in das Erstveröffentlichungsrecht rechtfertigen.[1054] Dies ist insofern konsequent, da man ansonsten mit einer verfassungskonformen Auslegung des § 50 UrhG nicht weit käme: Zwar wäre die Nutzung freigestellt, aber die Veröffentlichung wäre immer noch

---

1052 BGH, Urteil vom 30.04.2020, I ZR 139/15; GRUR-RS 2020, 12514 (Rn. 54).

1053 *Wandtke/Hauck*, Urheberrecht versus Pressefreiheit, NJW 2017, 3422 (3423).

1054 So wie: BGH, Urteil vom 30.04.2020, I ZR 139/15; GRUR-RS 2020, 12514 (Rn. 63). A.A: *Hoeren/Düwel*, Anmerkung zu EuGH, 29.7.2019 – C-469/17 – Afghanistan-Papiere, MMR 2019, 660.

urheberrechtswidrig und die Berichterstattung könnte untersagt werden. Problematisch an dem Urteil des BGH ist allerdings, dass eine solche Auslegung dem Wortlaut des Gesetzes nicht zu entnehmen ist.[1055] Nach § 12 UrhG steht es allein dem Urheber zu, ob, wie und wann er sein Werk veröffentlicht.[1056] Die Begründung des BGH, wonach die Freistellung nach § 50 UrhG dazu führt, dass auch „*die Verletzung des Erstveröffentlichungsrechts gerechtfertigt*“ sein soll, da „*die Schrankenregelung der Berichterstattung über Tagesereignisse anders als etwa die Schrankenregelung des Zitatrechts nicht auf veröffentlichte Werke beschränkt ist*“[1057], ist verhältnismäßig dünn. Denn ausweislich des Wortlauts von § 50 UrhG, stellt diese Regelung lediglich „*die Vervielfältigung, Verbreitung und öffentliche Wiedergabe*“ von Werken frei. Ebenso verhält es sich mit der zugrunde liegenden Regelung in der InfoSoc-Richtlinie.

(2) Interessenabwägung

Es gibt Stimmen, die angesichts des weiten Anwendungsbereichs des Ausschließlichkeitsrechts und davon tangierter Kommunikationsgrundrechte eine Interessenabwägung fordern – im Rahmen des § 12 UrhG oder als ungeschriebene Interessenabwägung[1058] –, um das Erstveröffentlichungsrecht einzuschränken.[1059] Gerade bei von den Kommunikationsgrundrechten getragenen Nutzerinteressen sollen diese schwerer wiegen können als die urheberpersönlichkeitsrechtlichen Interessen an der Erstveröffentlichung.[1060] Argumentiert

---

1055 *Hauck*, Urheberrechtlicher Geheimnisschutz und seine Grenzen – Anmerkung zu BGH, Urteil vom 30.4.2020 Az. I ZR 139/15 Afghanistan Papiere II, ZUM 2020, 769 (772, 773).

1056 Dem UrhG ist ein einheitlicher Öffentlichkeitsbegriff immanent. Vgl. oben S. 161 insb. Fußnoten: 681 bis 683.

1057 BGH, Urteil vom 30.04.2020, I ZR 139/15; GRUR-RS 2020, 12514 (63).

1058 Vgl. zu dieser Einteilung: *Düwel*, Das Urheberrecht als Mittel staatlicher Geheimhaltung, 2020, 254 ff.

1059 *Bullinger*, in: Wandtke/Bullinger Urheberrecht, 5. Aufl. 2019 (§ 12 UrhG Rn. 16); *Bullinger/Stanley*, Das Spannungsverhältnis zwischen Informationsfreiheit und Urheberrecht, GRUR-Prax 2015, 395 (397); OLG Hamburg, Urteil vom 29.07.1999, 3 U 34–99; NJW 1999, 3343 (3344); *Schulze*, in: Dreier/Schulze Urheberrechtsgesetz, 7. Aufl. 2022 (§ 12 UrhG Rn. 16); *Hauck/Fink*, Freiheit für das Glyphosat-Gutachten? Die Einschränkung öffentlich-rechtlicher Informationsansprüche durch das Veröffentlichungsrecht des Urhebers, GRUR-Prax 2019, 406 (408); *Götting*, in: BeckOK Urheberrecht, 34. Aufl. 2022 (§ 12 UrhG Rn. 24 ff.).

1060 OLG Hamburg, Urteil vom 29.07.1999, 3 U 34–99; NJW 1999, 3343 (3344).

wird damit, dass das Urheberpersönlichkeitsrecht ein besonderes Persönlichkeitsrecht darstelle[1061], bei dem immer eine Interessenabwägung vorgenommen werden müsse, um die Rechtswidrigkeit eines Eingriffs festzustellen.[1062] Im Urheberrecht sei hingegen, soweit der Tatbestand der Verletzung erfüllt ist, die Rechtswidrigkeit indiziert. Die Frage der Urheberpersönlichkeitsrechtsverletzung dürfe aber nicht allein an der Beurteilung der Urheberrechtsschutzfähigkeit hängen. Denn dann würden strengere Maßstäbe bei der Frage nach der Verletzung des Urheberpersönlichkeitsrechts als bei der Frage der Verletzung des allgemeinen Persönlichkeitsrechts angelegt und dies sei nicht sachgerecht.[1063]

Dieser Argumentation ist zugute zu halten, dass in der Tat das UrhG einen Geheimnisschutz unveröffentlichter Werke unabhängig von einem öffentlichen Interesse ermöglicht, während sich das allgemeine Persönlichkeitsrecht stets an dem öffentlichen Interesse messen lassen muss.

Allerdings spricht gegen eine Interessenabwägung – ob im Rahmen des § 12 UrhG oder als eine ungeschriebene Voraussetzung – der eindeutige Wortlaut. Eine derartige Einschränkung des Urheberpersönlichkeitsrechts ist gesetzgeberisch gerade nicht vorgesehen. Selbst wenn man dem entgegen hält, dass dieses Argument nur greifen könne, wenn urheberpersönlichkeitsrechtliche Belange auch tatsächlich tangiert sind – was etwa im Fall der Glyphosat Gutachten nicht der Fall sein dürfte, da das Veröffentlichungsrecht weder für die Urheber noch die staatliche Stelle Bedeutung kommerzieller oder persönlichkeitsrechtlicher Art haben[1064] – findet sich am Wortlaut des Gesetzes kein Anhaltspunkt. So sehr nach hier vertretener Ansicht die Nähe des Urheberpersönlichkeitsrechts als besonderes Persönlichkeitsrecht und die Frage nach tangierten Interessen Berücksichtigung finden sollte, müsste für eine entsprechende Berücksichtigung der Wortlaut der Norm angepasst werden.[1065]

1061 Beide Rechte haben allerdings unterschiedliche Schutzgüter. Hieraus ergibt sich auch ihre Unterschiedlichkeit: Der Bezug des allgemeinen Persönlichkeitsrechts ist auf die Existenz des Menschen gerichtet, während das Urheberpersönlichkeitsrecht den Urheber in seiner Beziehung zu einem bestimmten Werk schützt. MwN *Bullinger*, in: Wandtke/Bullinger Urheberrecht, 5. Aufl. 2019 (Vor. §§ 12 ff. UrhG Rn. 16). Siehe im Übrigen bereits oben: B.II.2.b).

1062 *Düwel*, Das Urheberrecht als Mittel staatlicher Geheimhaltung, 2020, 254 f.

1063 *Götting*, in: BeckOK Urheberrecht, 34. Aufl. 2022 (§ 12 UrhG Rn. 24c).

1064 *Hauck/Fink*, Freiheit für das Glyphosat-Gutachten? Die Einschränkung öffentlichrechtlicher Informationsansprüche durch das Veröffentlichungsrecht des Urhebers, GRUR-Prax 2019, 406 (408).

1065 *Düwel*, Das Urheberrecht als Mittel staatlicher Geheimhaltung, 2020, 257.

(3) Verfassungskonforme Reduktion

Im Ergebnis spricht diese Erwägung auch gegen eine verfassungskonforme Reduktion des § 12 UrhG. Man könnte durchaus überlegen, die höchstrichterliche Rechtsprechung zu den Nutzungsrechten, wonach die widerstreitenden Interessen angesichts tangierter Grundrechte im Rahmen der Auslegung der Schrankenregelungen zu berücksichtigen sind[1066], auch auf § 12 UrhG zu übertragen. Insbesondere könnte kein EU-Recht entgegenstehen, da das Urheberpersönlichkeitsrecht europarechtlich nicht geregelt ist.[1067] Allerdings fragt sich, an welchem Wort eine verfassungskonforme einschränkende Auslegung erfolgen sollte. Der Begriff der *„Öffentlichkeit"* bietet sich dafür gerade nicht an, denn dieser wird nach hier vertretener Auffassung im UrhG einheitlich ausgelegt.[1068] Erneut ist es der Wortlaut der Norm, der gegen eine Berücksichtigung tangierter Kommunikationsgrundrechte im Rahmen des Erstveröffentlichungsrechts streitet.

(4) Analoge Anwendung des § 50 UrhG

Auch der Vorschlag, dass eine analoge Anwendung des § 50 UrhG auf Verstöße gegen § 12 UrhG Anwendung finden könnte,[1069] ist im Ergebnis abzulehnen. Auch hier sprechen mangels Regelung des Urheberpersönlichkeitsrechts auf EU-Ebene keine europarechtlichen Bedenken dagegen. Jedoch wird man keine planwidrige Regelungslücke annehmen können, was für eine Analogie aber Voraussetzung ist.[1070] Schon das Vorliegen einer Regelungslücke wird man angesichts der bewussten Entscheidung des Gesetzgebers, einen enumerativen Schrankenkatalog zu beschließen, der lediglich punktuell urheberpersönlichkeitsrechtliche Interessen berührt, verneinen müssen. Selbst wenn die hier diskutierte Konstellation, dass sich staatliche Stellen zu Zwecken der Geheimhaltung auf das Urheberrecht ihrer Beamten berufen, erst nachträglich entstanden ist, spricht der eindeutige Wortlaut gegen eine Regelungslücke.[1071] Die

1066 Vgl. siehe oben: B.III.4.d)iv.

1067 Vgl. siehe oben: B.II.2.b).

1068 Vgl. siehe oben S. 161, Fußnote: 681 bis 683.

1069 Vgl. hierzu *Düwel*, Das Urheberrecht als Mittel staatlicher Geheimhaltung, 2020, 134 ff.

1070 *Danwerth*, Analogie und teleologische Reduktion – zum Verhältnis zweier scheinbar ungleicher Schwestern, ZfPW 2017, 230 (232, 233).

1071 Ebenso im Ergebnis: *Düwel*, Das Urheberrecht als Mittel staatlicher Geheimhaltung, 2020, 136 f.

gegebenenfalls im Licht der Kommunikationsgrundrechte gebotene Anpassung muss auf legislativer Ebene vollzogen werden und nicht auf der Ebene derjenigen, die zur Auslegung des Gesetzes berufen sind.

(5) Gesetzgebungsvorschlag

Aufgrund des verfassungsrechtlichen Bedürfnisses einer anhand des öffentlichen Informationsinteresses ausgerichteten Auslegung der Tagesberichterstattungsschranke, sollte daher der Wortlaut von § 50 UrhG angepasst werden. In Anlehnung an das Urteil des BGH[1072], sollte in einem neuen Satz 2 darauf hingewiesen werden, dass das Erfüllen der Voraussetzungen der Schutzschranke der Berichterstattung über Tagesereignisse gemäß Satz 1 auch den Eingriff in das Erstveröffentlichungsrecht rechtfertigt. § 50 UrhG lautete dann wie folgt:

> *„Zur Berichterstattung über Tagesereignisse durch Funk oder durch ähnliche technische Mittel, in Zeitungen, Zeitschriften und in anderen Druckschriften oder sonstigen Datenträgern, die im Wesentlichen Tagesinteressen Rechnung tragen, sowie im Film, ist die Vervielfältigung, Verbreitung und öffentliche Wiedergabe von Werken, die im Verlauf dieser Ereignisse wahrnehmbar werden, in einem durch den Zweck gebotenen Umfang zulässig.* ***Die Erfüllung der Voraussetzungen nach Satz 1 stellt auch eine Handlung nach § 12 UrhG frei.****“*

Eine solche Ergänzung würde den tangierten Kommunikationsgrundrechten gerecht, die im Rahmen des § 50 UrhG ohnehin Berücksichtigung finden müssen. Nach hier vertretener Auffassung führt eine Freistellung gemäß der Tagesberichterstattungsschranke den Nutzer nicht weiter, etwa wenn es sich um eine Verschlusssache handelt, die nicht nach dem UrhG als veröffentlicht gilt. Dann ist nach hier vertretener Auffassung nichtsdestotrotz das Erstveröffentlichungsrecht des Urhebers verletzt und die staatliche Stelle kann eben dies wegen § 43 UrhG auch gerichtlich geltend machen. Im Ergebnis würde dieser Vorschlag der Rechtsprechung des BGH entsprechen, aber den für zukünftige Entscheidungen nach hier vertretener Auffassung nötigen Anhaltspunkt im Wortlaut des Gesetzes bieten. Auch wenn die §§ 44a ff. UrhG vornehmlich Schranken hinsichtlich der Verwertungsrechte der Urheber darstellen, regelt der sechste Abschnitt des Gesetzes gleichfalls Schranken hinsichtlich des Urheberpersönlichkeitsrechts. So gilt in urheberpersönlichkeitsrechtlicher Hinsicht beispielsweise für die Schranken grundsätzlich das Änderungsverbot gemäß § 62 UrhG. Nach § 62 Absatz 4 UrhG sind solche Änderungen bei Nutzungen

1072 BGH, Urteil vom 30.04.2020, I ZR 139/15; GRUR-RS 2020, 12514 (Rn. 63).

nach den §§ 45a bis 45c (für Menschen mit Behinderungen, für Menschen mit einer Seh- oder Lesebehinderung sowie für befugte Stellen für Menschen mit Seh- oder Lesebehinderung) zulässig, die für die Herstellung eines barrierefreien Formats erforderlich sind. Nach § 62 Absatz 5 UrhG sind bei Sammlungen für den religiösen Gebrauch (§ 46 UrhG), bei Nutzungen für Unterricht und Lehre (§ 60a UrhG) und bei Unterrichts- und Lehrmedien (§ 60b UrhG) auch solche Änderungen von Sprachwerken zulässig, die für den religiösen Gebrauch und für die Veranschaulichung des Unterrichts und der Lehre erforderlich sind. Bei diesen Schrankenregelungen wird deutlich, dass hier die Nutzerinteressen von grundrechtlich geschützten Belangen, wie der Gleichbehandlung und der Religionsfreiheit, getragen sind. Um der engen Verbindung der durch die Tagesberichterstattungsschranke berücksichtigten kommunikationsgrundrechtlichen Nutzerinteressen mit dem Erstveröffentlichungsrecht gerecht zu werden, ist eine Anpassung des § 50 UrhG nach obigem Vorschlag daher interessengerecht. Auch Unionsrecht würde nicht gegen diese Ergänzung sprechen, denn das Urheberpersönlichkeitsrecht ist nicht harmonisiert.[1073] Die Verortung in § 50 UrhG ist schließlich treffend, da diese Norm vornehmlich der Vermittlung von Information dient. Durch die deutliche Verortung in § 50 UrhG ist unmissverständlich der Bezug allein auf die Tagesberichterstattung hergestellt. Einer weitergehenden Auslegung dahingehend, dass auch andere Schranken derart urheberpersönlichkeitsrechtliche Belange freistellten, dürfte damit Einhalt geboten sein.

d) Zwischenergebnis hinsichtlich Nutzungs- und Urheberpersönlichkeitsrecht

Hinsichtlich der dem Staat übertragenen Nutzungsrechte, ist dem Ungleichgewicht der sich gegenüberstehenden Parteien durch eine verfassungskonforme Auslegung im Rahmen der Schrankenregelungen zu begegnen. Allerdings gilt es zu beachten, dass selbst eine verfassungskonforme Auslegung nach § 50 UrhG nach hier vertretener Auffassung nicht dazu führt, dass über das Aktualitätserfordernis des Tagesereignisses und die Verschiedenheit zwischen Werk und Tagesereignis hinweggegangen werden kann. Es sind daher nur beschränkt Fälle denkbar, in denen die Schrankenregelungen Nutzungen entsprechend der für sie streitenden Kommunikationsgrundrechte adäquat freistellen können.

Hinzu kommt, dass dies nicht ohne Weiteres auf das Erstveröffentlichungsrecht übertragen werden kann. Soweit jedoch eine verfassungskonforme

1073 Vgl. siehe oben: B.II.2.b)ii.

Auslegung von § 50 UrhG eine urheberrechtlich relevante Nutzung freistellt, sollte das Erstveröffentlichungsrecht kein Hindernis mehr darstellen. Dies gilt umso mehr in Fällen, in denen der Staat Urheberrecht geltend macht und für ihn ohnehin keine Grundrechte streiten. Allerdings bietet der Wortlaut von § 43 UrhG und § 12 UrhG bislang keinen Anhaltspunkt, um dieser Interessenkollision gerecht zu werden. Um Rechtssicherheit zu gewährleisten, ist dies durch eine ausdrückliche Regelung in § 50 Satz 2 UrhG klarzustellen.

IV. Widerrechtlichkeit

In der deutschen Literatur[1074] und Rechtsprechung[1075] wurde im Rahmen der Prüfung einer urheberrechtlichen Verletzungshandlung nach § 97 UrhG eine dem Tatbestand nachgeschaltete Interessenabwägung am Merkmal der „*Widerrechtlichkeit*" vorgeschlagen, um dem Konflikt zwischen gesetzlich voll anerkanntem Urheberrechtschutz im UrhG einerseits und betroffenen Kommunikationsgrundrechten andererseits zu begegnen. Nach hier vertretener Auffassung sind zwar die Schrankenregelungen keine Rechtfertigungsgründe für einen Eingriff in das Ausschließlichkeitsrecht, sondern erfassen erst gemeinsam mit dem Urheberrecht überhaupt erst den Tatbestand.[1076] Dennoch sollen hier der Vollständigkeit halben die vorgeschlagenen Rechtfertigungsgründe in einen „*Eingriff in den Tatbestand des Urheberrechts*" vorgestellt werden. Es werden der übergesetzliche Notstand und eine grundrechtliche Interessenabwägung, sowie eine Übertragung von § 193 StGB, der Wahrnehmung berechtigter Interessen diskutiert.[1077]

1074 *Meckel*, in: Dreyer/Kotthoff/Meckel/Hentsch, Urheberrecht, 4. Auflage 2018 (§ 97 UrhG Rn. 39); *v. Wolff*, in: Wandtke/Bullinger Urheberrecht, 2. Aufl. (§ 97 UrhG Rn. 30); *Flechsig/Heinrich*, in: Handbuch des Urheberrechts, 3. Aufl. 2021 (§ 95 Rn. 38 ff.).

1075 OLG Hamburg, Urteil vom 29.07.1999, 3 U 34–99; NJW 1999, 3343 (3344); KG, Urteil vom 21.04.1995, 5 U 1007/95; NJW 1995, 3392 (3394); LG Berlin, Urteil vom 12.12.1960, 17 O 100/59; GRUR 1962, 207 (210).

1076 Vgl. siehe oben: B.III.4.b).

1077 *Peukert/Rehbinder/Hubmann*, Urheberrecht und verwandte Schutzrechte, 18. Aufl. 2018, 182 Rn. 529 ff.

1. Notstand

Das diskutierte Institut des Notstands ist in § 34 StGB und in § 16 OWiG[1078] kodifiziert worden. Im Bereich des Strafrechts wird zwar im Angesicht von Katastrophenszenarien – etwa einem staatlich angeordnete Abschusses eines von Terroristen für einen Anschlag entführten Passagierflugzeuges – nach wie vor über einen „*übergesetzlichen*" Notstand diskutiert.[1079] Allerdings kommt eine Übertragung auf das Privatrecht bereits wegen der Spezialregeln aus den §§ 228 und 904 BGB nicht in Betracht.[1080] Diese Tatbestände wiederum sind, ebenso wie die aus dem Strafrecht, an enge Voraussetzungen gebunden, die in den hier diskutierten Beispielsfällen, das heißt beim Freistellen des Aufdeckens von Missständen durch Veröffentlichung staatlicher Dokumente, nicht einschlägig sind.[1081] Ob § 229 BGB in den hier diskutierten Fällen überhaupt einschlägig sein kann, da die Norm voraussetzt, dass „*obrigkeitliche Hilfe nicht rechtzeitig zu erlangen ist*" und insofern ein gewisser Interessenkonflikt bei der Auseinandersetzung mit dem Staat gegeben sein dürfte, muss hier nicht weiter diskutiert werden. Vielmehr wird der Tatbestand nicht, ebenso wenig wie der des § 904 BGB, einschlägig sein, da eine „*Gefahr*" im Sinne dieser Vorschriften nicht vorliegen dürfte.[1082] Ganz abgesehen davon ist von einer Anwendung dieser Vorschriften im UrhG im Fall der Kollision zwischen Interessen des Urhebers mit Kommunikationsgrundrechten des Nutzers abzusehen, da zwischen diesen verfassungsrechtlichen Rechtsgütern bereits eine Abwägung auf Gesetzgebungsebene in

---

1078 Gesetz über Ordnungswidrigkeiten in der Fassung der Bekanntmachung vom 19. Februar 1987 (BGBl. I S. 602), das zuletzt durch Artikel 31 des Gesetzes vom 5. Oktober 2021 (BGBl. I S. 4607) geändert worden ist.

1079 Siehe hierzu: *Müssig*, in: Münchener Kommentar zum StGB, 4. Aufl. 2020 (§ 35 StGB Rn. 89 ff.).

1080 BGH, Urteil vom 20.03.2003, I ZR 117/00; NJW 2003, 3633 (3635); *Düwel*, Das Urheberrecht als Mittel staatlicher Geheimhaltung, 2020, 166; *Wild*, in: Schricker/Loewenheim, 4. Aufl. 2010 (§ 97 UrhG Rn. 34).

1081 BGH, Urteil vom 20.03.2003, I ZR 117/00; NJW 2003, 3633 (3635). In diese Richtung ebenso in der Vorauflage: *Wild*, in: Schricker/Loewenheim, 4. Aufl. 2010 (§ 97 UrhG Rn. 34).

1082 *Dennhardt*, in: BeckOK BGB, 61. Aufl. 2022 (§ 229 BGB Rn. 6); *Lakkis*, in: Beck Grosskommentar, 2022 (§ 904 BGB Rn. 16 ff.). In Bezug auf das Urheberrecht in der Vorauflage: *Wild*, in: Schricker/Loewenheim, 4. Aufl. 2010 (§ 97 UrhG Rn. 34 f.).

den Schrankenbestimmungen zu finden ist und die Abwägung im Rahmen der Anwendung auch an diesen Tatbestandsmerkmalen stattzufinden hat.[1083]

2. Nachgeschaltete Abwägung

In der Literatur wird darüber hinaus eine Interessenabwägung anhand einzelner betroffener Grundrechte am Merkmal der Widerrechtlichkeit vertreten.[1084] Die Rechtsprechung ist teilweise auch in diese Richtung gegangen.[1085] Allerdings würde eine solche dem Tatbestand nachgeschaltete Interessenabwägung die vom BGH und EuGH ergangenen Entscheidungen unterlaufen, wonach die Schrankenregelungen eine abschließende Regelung über betroffene Grundrechte darstellen.[1086] Die aus dem Urheberrecht fließenden Befugnisse und ihre Beschränkungen werden abschließend im UrhG beziehungsweise der InfoSoc-Richtlinie geregelt und eine nachgelagerte Güter- und Interessenabwägung, die sich etwa direkt auf die Grundrechte bezieht, scheidet aus.

3. § 193

§ 193 StGB regelt, dass eine strafrechtlich relevante Ehrverletzung im Fall der „*Wahrnehmung berechtigter Interessen*" gerechtfertigt sein kann und ist damit eine Ausprägung der Meinungsfreiheit.[1087] Kommunikation, die gemäß §§ 185 ff. StGB verboten ist, wird bei Vorliegen der Voraussetzungen nach § 193 StGB gerechtfertigt. Kommunikation unter Verwendung urheberrechtlich geschützter Werke kann, soweit keine Schranke einschlägig ist, ebenfalls rechtswidrig sein. Es könnte ebenso ein Bedürfnis nach einem „*Rechtfertigungsgrund*"

1083 Ebenso kritisch zum übergesetzlichen Notstand: *Meckel*, in: Dreyer/Kotthoff/Meckel/Hentsch, Urheberrecht, 4. Auflage 2018 (§ 97 UrhG Rn. 39). Im Übrigen siehe oben: B.III.3.

1084 *Mann*, Urheberrecht vs. Presserecht – Wenn die „kleine Münze" zum scharfen Schwert wird, AfP 2015, 295 (300); *Nieland*, Urheberrecht vs. Pressefreiheit – Zur Lösung von Interessenkonflikten nach der „Ashby Donald"-Entscheidung des EGMR, K&R 2013, 285 (288); *Kraetzig*, Reformistischer Aufbruch in Richtung „urheberrechtliche Interessenabwägung", GRUR 2020, 955 (957, 958); *Wild*, in: Schricker/Loewenheim, 4. Aufl. 2010 (§ 97 UrhG Rn. 32 ff., 35).

1085 OLG Hamburg, Urteil vom 29.07.1999, 3 U 34–99; NJW 1999, 3343 (3344); KG, Urteil vom 27.11.2007, 5 U 63/07; NJW-RR 2008, 857 (859).

1086 Vgl. siehe oben: B.III.3.

1087 BVerfG, Beschluss vom 11.05.1976, 1 BvR 671/70; NJW 1976, 1677 (1678).

wie dem des § 193 StGB im UrhG bestehen.[1088] Allerdings ist zu erkennen, dass § 193 StGB im Kern ein besonderer Fall der Güter- und Interessenabwägung darstellt.[1089] Selbst wenn man betont, dass es sich um einen Rechtfertigungsgrund handelt[1090] und damit argumentieren möchte, dass daher § 193 StGB auch im UrhG Anwendung finden müsste, ist zu erkennen, dass das Vorliegen von dessen Voraussetzungen von einer Abwägung der tangierten (grundrechtlich) geschützten Interessen geprägt ist. Denn wann Interessen als „*berechtigt*" im Sinn der Norm angesehen werden, ist eine Frage des Maßes im Einzelfall. Aus denselben Gründen wie für die soeben unter E.IV.2.[1091] diskutierte nachgeschaltete Interessenabwägung im Rahmen der „*Widerrechtlichkeit*" ist daher ebenso wenig eine Übertragung des § 193 StGB in das UrhG nach hier vertretener Auffassung möglich.[1092]

4. Zwischenergebnis

Nach hier vertretener Auffassung ist die Ebene der Widerrechtlichkeit angesichts des im UrhG dezidiert geregelten Tatbestandes nicht richtig, um die Beispielsfälle interessengerecht und gesetzeskonform zu lösen.[1093]

IV. Zwischenergebnis

Das Kapitel E. hat gezeigt, dass der gesetzliche *Status quo* zurzeit keine rechtssichere Möglichkeit für Nutzer und insbesondere Journalisten bietet, gegebenenfalls urheberrechtlich geschützte staatliche Dokumente, die von Beamten in

---

1088 So auch: *Edwards*, Die Rechtmäßigkeit von Whistleblowing in der Öffentlichkeit nach der EMRK und nach deutschem Recht, 2017, 96; *Düwel*, Das Urheberrecht als Mittel staatlicher Geheimhaltung, 2020, 276.

1089 BVerfG, Beschluss vom 05.03.1992, 1 BvR 1770/91; NJW 1992, 2815 (2816). A.A.: *Zaczyk*, in: Strafgesetzbuch, 5. Aufl. 2017 (§ 193 StGB Rn. 2).

1090 *Peukert/Rehbinder/Hubmann*, Urheberrecht und verwandte Schutzrechte, 18. Aufl. 2018, 182 f. Rn. 531.

1091 S. 253.

1092 A.A. „*ganz ausnahmsweise*" im Fall der „*Widerrechtlichkeit eines Einzelfalls* […] *wenn überragende Interessen der Allgemeinheit die Erstveröffentlichung eines Werkes verlangen* […]": *Peukert/Rehbinder/Hubmann*, Urheberrecht und verwandte Schutzrechte, 18. Aufl. 2018, 182 f. Rn. 531 ff.

1093 Ebenso: *Düwel*, Das Urheberrecht als Mittel staatlicher Geheimhaltung, 2020, 269 ff., 279. A.A. *Kraetzig*, Reformistischer Aufbruch in Richtung „urheberrechtliche Interessenabwägung", GRUR 2020, 955 (957, 958).

Ausübung ihres Dienstes erstellt wurden, ohne vorherige Absprache und Freigabe durch den Dienstherrn zu veröffentlichen. Ein subjektives Element, welches im Rahmen der Rechtsdurchsetzung voraussetzen würde, dass sich der Rechteinhaber entsprechend dem Zweck des UrhG verhält, widerspricht der gesetzlichen Systematik von Ausschließlichkeitsrechten. Auch in diesen Fällen ist das Urheberrecht einschlägig. § 242 BGB mag im Einzelfall der Rechtsdurchsetzung entgegen gehalten werden können. Allein der Umstand, dass es sich um staatliche Stellen handelt, die sich auf das Urheberrecht berufen und diese mit von Grundrechten getragenen Nutzerinteressen kollidieren, begründet aber nicht den Einwand des Rechtsmissbrauchs. Ebenso wenig begründet dies die Verfolgung eigennütziger Zwecke, denn dies ist grundsätzlich im Privatrecht erlaubt. Ferner sind staatliche Dokumente tatsächlich schutzfähige Werke des Urheberrechts. Es handelt sich um eine bewusste Entscheidung des Gesetzgebers, im Grundsatz keinen Unterschied zwischen Privatpersonen, Arbeitnehmern und Beamten zu machen. Das Urheberrecht erwächst bei ihnen persönlich und individuell. Nutzungsrechte werden nur gegebenenfalls im Rahmen des Arbeits- oder Dienstverhältnisses übertragen und die Geltendmachung von Urheberpersönlichkeitsrechten gestattet. Eine Aberkennung der Schutzfähigkeit von Werken, die im Rahmen einer Diensttätigkeit erstellt wurden, widerspräche dem Aufbau des UrhG und der Intention des Gesetzgebers. Schließlich handelt es sich bei der Frage, ob es einen Unterschied macht, wenn sich staatliche Stellen auf das Urheberrecht berufen und nicht private natürliche oder juristische Personen, um eine Entscheidung im Einzelfall. Es sollte zwar wertungsmäßige Berücksichtigung finden, dass Urheberrecht originär nie bei der staatlichen Stelle erwächst, diese allenfalls hinsichtlich der Nutzungsrechte derivativ berechtigt ist und ihr hinsichtlich der Urheberpersönlichkeitsrechte gestattet wurde, diese auszuüben, mit der Konsequenz, dass die Rechtfertigung für das Entstehen des Urheberrechts beim Urheber nicht eins zu uns auf diese übertragbar ist. Allerdings bietet der gesetzliche *Status quo* keine rechtssichere Möglichkeit für Nutzer, urheberrechtlich geschützte staatliche Dokumente zu veröffentlichen. Dies gilt für die Schranke des § 50 UrhG und die durch das Vorliegen dieser Voraussetzungen freigestellten Nutzungshandlungen. Insbesondere ist hier entscheidend, ob das Tagesereignis, über welches berichtet wurde, noch aktuell ist. Ein in der Vergangenheit liegender Missstand dürfte kaum mehr als „*Tagesereignis*“ im Sinne des § 50 UrhGes zu bewerten sein. Umso mehr gilt dies aber für den Eingriff in das Erstveröffentlichungsrecht, welches nach dem BGH im „*Einzelfall*“ ebenfalls durch § 50 UrhG freigestellt sein soll. Dies mag im Ergebnis konsequent sein, findet aber keinen Halt im Wortlaut der Norm. Schließlich ist eine Berücksichtigung der Kommunikationsgrundrechte jenseits des Schrankenkatalogs im Rahmen der *„urheberrechtlichen Widerrechtlichkeit“* angesichts der deutlichen Rechtsprechung sowohl auf europäischer als auch auf deutscher Ebene abzulehnen.

Die Darstellung in Abschnitt B. hat gezeigt, dass das Urheberrecht unmittelbar Ausfluss von Grundrechten ist und dadurch einen unberührbaren Kern aufweist. Zugleich hat die demokratische Zivilgesellschaft ein berechtigtes Informationsinteresse, über Missstände aufgeklärt zu werden. Dies wird auch im UrhG berücksichtigt (Abschnitt C.). Die Gewährleistung des freien und offenen Meinungs- und Willensbildungsprozesses, der erst die Ausübung der politischen Meinungsfreiheit ermöglicht, ist für *„eine freiheitlich-demokratische Staatsordnung [...] schlechthin konstituierend [...], denn es ermöglicht erst die ständige geistige Auseinandersetzung, den Kampf der Meinungen, der ihr Lebenselement ist.“*[1094] Der mit einer demokratischen Staatsform zwingend einhergehende herrschaftsfreie öffentliche Diskurs muss durch den Staat nicht nur durch gewisse Grundrechte – die die Freiheit der Kommunikation und die Gleichheit der Bürger gewährleisten – ermöglicht, sondern darf auch durch das Mittel des Urheberrechts nicht wieder unterbunden werden. Es handelt sich sonst nach hier vertretener Auffassung um widersprüchliches Verhalten. Es ist nicht ersichtlich, vor wem staatliche Stellen ihre Unabhängigkeit verteidigen sollen. Vor dem historischen Hintergrund des von Abhängigkeiten geprägten Privilegienwesens und des als zivilisatorischen Fortschritts aus der Aufklärung hervorgebrachten Idee des in der Person des Schöpfers erwachsenen geistigen Eigentums, mutet es grotesk an, dass staatliche Stellen aus urheberrechtsfremden Gründen die fraglichen Dokumente unter Verschluss halten möchten. Kern des Problems der Beispielsfälle ist daher die staatliche Stelle, die sich auf das Urheberrecht beruft und dies *de lege lata* auch darf und nicht die auf ein Rechtsverhältnis zwischen Privaten zugeschnittenen Voraussetzungen des Urheberrechts als solches.

1094 BVerfG, Urteil vom 15.01.1958, 1 BvR 400/57; NJW 1958, 257 (258).

F. Demokratieprinzip und Urheberrecht

Man könnte sich daher einer rechtsicheren Lösung nähern, indem man auf den Grund der beobachteten Schieflage schaut. Die Untersuchung unter E. hat ergeben, dass die staatlichen Stellen Inhaber derivativ erworbener Nutzungsrechte sind, sie sich auf diese berufen dürfen und ihnen die Ausübung urheberpersönlichkeitsrechtlicher Befugnisse gestattet ist. Durch dieses Verhalten unterbinden staatliche Stellen die Befriedigung des öffentlichen Informationsinteresses. Vor dem Hintergrund, dass Sinn und Zweck des UrhG die Wahrung der materiellen und ideellen Interessen des Urhebers ist, scheint zumindest fraglich, ob es zulässig ist, dass sich staatliche Stellen überhaupt darauf berufen.

In Anbetracht der Beispielsfälle und dem unter E. gefundenen Ergebnis, ist Handlungsbedarf angezeigt. Es ist völlig legitim, dass staatliche Stellen Urheberrecht geltend machen. Es darf aber nicht aus einem Grund geschehen, der nicht nur dem Urheberrecht fremd ist, sondern darüber hinaus dem durch die Kommunikationsgrundrechte geschützten öffentlichen Informationsinteresse einer demokratischen Gesellschaft zuwider läuft. Dies gilt umso mehr vor dem Hintergrund, dass der Gesetzgeber diese Situation bei Schaffung des UrhG nicht antizipiert hat. Es scheint daher eine Lösung über die Aktivlegitimation staatlicher Stellen zur Geltendmachung von urheberrechtlichen Ansprüchen im Bereich des Denkbaren.

I. Voraussetzungen der Aktivlegitimation nach § 97 Absatz 1 UrhG

Aktivlegitimiert ist, wer berechtigt ist, über ein behauptetes (streitiges) Recht einen Prozess als Partei im eigenen Namen zu führen.[1095] Aktivlegitimiert nach § 97 UrhG ist danach derjenige, dessen Verwertungsrechte oder dessen Urheberpersönlichkeitsrechte verletzt worden sind.[1096]

Sind, wie in den allermeisten Fällen, ausschließliche Nutzungsrechte auf die staatlichen Stellen übertragen, wovon in der Folge ausgegangen wird, ist der Dienstherr diesbezüglich aktivlegitimiert.[1097] Da das Urheberpersönlichkeitsrecht nicht

---

1095 BGH, Urteil vom 21.04.2016, I ZR 43/14; GRUR 2016, 1048 (1049 Rn. 19).

1096 *v. Wolff*, in: Wandtke/Bullinger Urheberrecht, 5. Aufl. 2019 (§ 97 UrhG Rn. 6).

1097 *v. Wolff*, in: Wandtke/Bullinger Urheberrecht, 5. Aufl. 2019 (§ 97 UrhG Rn. 9); *Nordemann*, in: Fromm/Nordemann Urheberrecht, 12. Aufl. 2018 (§ 43 UrhG Rn. 44).

übertragbar ist und dessen Ausübung dem Dienstherrn in den hier diskutierten Beispielsfällen lediglich gestattet wird, kommt keine Aktivlegitimation der staatlichen Stelle unmittelbar aus dem Urheberpersönlichkeitsrecht in Betracht. Die staatlichen Stellen können dieses aber im Wege der Prozessstandschaft geltend machen.[1098] Voraussetzungen der gewillkürten Prozessstandschaft sind, dass der Inhaber des Urheberpersönlichkeitsrechts zugestimmt hat und dass derjenige, der rechtlich gegen die Verletzung vorgehen möchte, ein eigenes berechtigtes Interesse hat.[1099]

1. Zustimmung

Die für eine gewillkürte Prozessstandschaft nötige Zustimmung des Urhebers wird im Regelfall konkludent im Rahmen des Dienstverhältnisses erteilt, wenn dieses dem Inhalt oder dem Wesen nach die umfassende Wahrnehmung der Rechte des Urhebers vorsieht.[1100] Beamte räumen regelmäßig im Rahmen ihres Dienstverhältnisses umfassend Verwertungsrechte ein und gestatten die Ausübung der damit korrespondierenden Urheberpersönlichkeitsrechte, insbesondere des Erstveröffentlichungsrechts.[1101] Bei höchstpersönlichem Charakter des infrage stehenden Rechts ist eine Zustimmung zur gewillkürten Prozessstandschaft ausgeschlossen, wenn die Möglichkeit, die Geltendmachung einem Dritten im eigenen Namen zu überlassen, dazu in Widerspruch läge.[1102] Zwar ist das Urheberpersönlichkeitsrecht als höchstpersönlich zu qualifizieren, allerdings darf dieser Ausschluss in Bezug auf das Erstveröffentlichungsrecht und seiner engen Verbindung zur Verwertung nicht eng gehandhabt werden. Andernfalls wäre die Übertragung der Nutzungsrechte nach § 43 UrhG auf den Dienstherrn in vielen Fällen rundweg unpraktikabel.[1103] Insofern kann für die Zustimmung

---

1098 *Leistner*, in: Schricker/Loewenheim, 6. Aufl. 2020 (§ 97 UrhG Rn. 50); *v. Wolff*, in: Wandtke/Bullinger Urheberrecht, 5. Aufl. 2019 (§ 97 UrhG Rn. 12); *Specht-Riemenschneider*, in: Dreier/Schulze Urheberrechtsgesetz, 7. Aufl. 2022 (§ 97 UrhG Rn. 21).

1099 *Specht-Riemenschneider*, in: Dreier/Schulze Urheberrechtsgesetz, 7. Aufl. 2022 (§ 97 UrhG Rn. 21).

1100 *Leistner*, in: Urheberrecht, 6. Aufl. 2020 (§ 97 UrhG Rn. 50); BGH, Urteil vom 08.06.1989, I ZR 135/87; GRUR 1995, 668 (670).

1101 Vgl. siehe oben: E.III.2.

1102 BGH, Urteil vom 08.06.1989, I ZR 135/87; GRUR 1995, 668 (670); *Nordemann*, in: Fromm/Nordemann Urheberrecht, 12. Aufl. 2018 (§ 97 UrhG Rn. 141).

1103 *Nordemann*, in: Fromm/Nordemann Urheberrecht, 12. Aufl. 2018 (§ 97 UrhG Rn. 141); *Leistner*, in: Schricker/Loewenheim, 6. Aufl. 2020 (§ 97 UrhG Rn. 50).

im Rahmen des § 97 UrhG nichts anderes gelten als das zu § 43 UrhG in Bezug auf das Urheberpersönlichkeitsrecht Gesagte.[1104] Soweit eine hinreichende Beziehung zwischen der Rechteeinräumung durch das Dienstverhältnis und dem Urheberpersönlichkeitsrecht gegeben ist, kann auch einer Zustimmung im hier diskutierten Sinn nicht der höchstpersönliche Charakter des Erstveröffentlichungsrechts entgegengehalten werden.[1105]

2. Eigenes berechtigtes Interesse

Ein eigenes berechtigtes Interesse wird angenommen, wenn der Ausgang des Prozesses einen Einfluss auf die Rechtsstellung des Prozessführungsbefugten hat, wobei das Interesse auch lediglich wirtschaftlicher Natur sein kann.[1106] Ein eigenes berechtigtes Interesse des Nutzungsberechtigten liegt jedenfalls vor, wenn es sich um Verletzungen des Urheberpersönlichkeitsrechts handelt, die sich auf das eingeräumte Recht beziehen. In der Literatur wird teilweise davon ausgegangen, dass ein eigenes berechtigtes Interesse des Nutzungsberechtigten gegeben sei, wenn ein Bezug zwischen Urheberpersönlichkeitsrecht und eingeräumtem Nutzungsrecht besteht.[1107] Dies wird damit begründet, dass die übertragenen Verwertungsrechte in den meisten Fällen nicht ausübbar wären, wenn das Werk nicht veröffentlicht ist, da die meisten Schranken[1108] ein „*veröffentlichtes*" Werk voraussetzen.[1109] Der Ansicht, wonach dies noch kein berechtigtes Interesse begründen könne, da in diesen Fällen regelmäßig nicht nur das Veröffentlichungsrecht isoliert, sondern auch ein Nutzungsrecht, etwa das Recht zur Vervielfältigung, verletzt sei und es insofern dem Rechteinhaber möglich sei, gegen die unrechtmäßige Nutzung des Werkes auf der Ebene des verletzten Nutzungsrechts vorzugehen, ist nicht zuzustimmen.[1110] Da die Erstveröffentlichung eine so bedeutende Rechtsfolge nach sich zieht und das bloße Zugänglichmachen gerade keine Veröffentlichung mit Zustimmung des

---

1104 Vgl. siehe oben: E.III.2.c)i.(2).

1105 So im Ergebnis auch: *Düwel*, Das Urheberrecht als Mittel staatlicher Geheimhaltung, 2020, 264.

1106 BGH, Urteil vom 21.04.2016, I ZR 43/14; GRUR 2016, 1048 (1050 Rn. 21); BGH, Urteil vom 16.05.2013, I ZR 28/12; GRUR 2014, 65 (69 Rn. 26).

1107 *Schulze*, in: Dreier/Schulze Urheberrechtsgesetz, 7. Aufl. 2022 (Vor. § 12 UrhG Rn. 13); *Leistner*, in: Schricker/Loewenheim, 6. Aufl. 2020 (§ 97 UrhG Rn. 50).

1108 Wie gesehen, gehört § 50 UrhG nach dem BGH nicht dazu: BGH, Urteil vom 30.04.2020, I ZR 139/15; GRUR-RS 2020, 12514.

1109 *Peukert*, in: Schricker/Loewenheim, 6. Aufl. 2020 (§ 12 UrhG Rn. 1).

1110 So aber: *Düwel*, Das Urheberrecht als Mittel staatlicher Geheimhaltung, 2020, 265.

Urhebers darstellt, muss aus Gründen des wirksamen Rechtsschutzes des Rechteinhabers die Möglichkeit des isolierten Geltendmachens einer denkbaren Verletzung des Erstveröffentlichungsrechts möglich sein. Dies ist die Konsequenz daraus, dass das Urheberpersönlichkeitsrecht gerade nicht im Rahmen der §§ 31 ff. Urheberrechtsgesetz übertragen werden kann und damit eine gesetzgeberische Trennung erfolgt ist. Urheberpersönlichkeitsrechte sind aus diesem Grund gerade auch isoliert verfolgbar.[1111]

Nichtsdestotrotz ist ein pauschales Bejahen des berechtigten Interesses in den Beispielsfällen nicht angezeigt. Ein berechtigtes Interesse der staatlichen Stellen (auch) das Urheberpersönlichkeitsrecht seiner Beamten geltend zu machen, muss in jedem Einzelfall festgestellt werden.[1112] An dieser Stelle muss nun erneut der Blick auf den Sinn und Zweck des Urheberrechts und den Umstand, dass sich staatliche Stellen nicht auf zugrunde liegende Grundrechte berufen können, gelenkt werden.[1113] In Bezug auf das IFG hat das Bundesverwaltungsgericht entschieden, dass eine staatliche Stelle „[…] *über die Ausübung der ihr einfachgesetzlich eingeräumten urheberrechtlichen Nutzungsrechte nicht in grundrechtlicher Freiheit entscheide*[n]. *Sie muss vielmehr angesichts ihrer Rechtsbindung gegenläufigen gesetzlichen Zielvorstellungen und daraus folgenden rechtlichen Verpflichtungen Rechnung tragen* […]“.[1114] Hieraus lässt sich argumentieren, dass „*berechtigte Interessen*“ staatlicher Stellen zur Wahrnehmung urheberpersönlichkeitsrechtlichter Belange lediglich in den Fällen zu bejahen sein können, wenn vom Urheberrecht geschützte Zwecke verfolgt werden, nicht aber staatspolitische Geheimhaltungsinteressen.[1115]

3. Zwischenergebnis

Hinsichtlich der Nutzungsrechte sind staatliche Stellen als derivativ Berechtigte nach geltendem Recht stets aktivlegitimiert. Anders sieht es in Bezug auf urheberpersönlichkeitsrechtliche Belange aus. Hier können staatliche Stellen regelmäßig lediglich im Rahmen gewillkürter Prozessstandschaft aktivlegitimiert sein. Eine Zustimmung der Urheber wird in der Regel im Rahmen von Dienstverhältnissen erteilt worden sein. Das berechtigte Interesse zur Wahrnehmung urheberpersönlichkeitsrechtlicher Belange muss im Einzelfall jedoch festgestellt werden. In dem Fall, in dem – wie in den Beispielsfällen – lediglich staatspolitische Geheimhaltungsinteressen verfolgt

---

1111 *Leistner*, in: Schricker/Loewenheim, 6. Aufl. 2020 (§ 97 UrhG Rn. 41).

1112 OLG Frankfurt a.M., Urteil vom 25.04.1995, 11 U 2/95; BeckRS 2014 21568; BGH, Urteil vom 08.06.1989, I ZR 135/87; GRUR 1995, 668 (670).

1113 In Anlehnung an: *Düwel*, Das Urheberrecht als Mittel staatlicher Geheimhaltung, 2020, 267 f.

1114 BVerwG, Urteil vom 25.06.2015, 7 C 1/14; GRUR-RR 2016, 137 (141 Rn. 42).

1115 Diese sind nach dem UrhG nicht geschützt, vgl. siehe oben: B.II.4.

werden, kann das für die Aktivlegitimation erforderliche berechtigte Interesse verneint werden.[1116] Damit gibt es auf prozessualer Ebene jedenfalls in Bezug auf das Geltendmachen des Erstveröffentlichungsrechts durch staatliche Stellen einen Ansatz, das Berufen auf das Urheberrecht zu unterbinden.

II. Besonderheit der Rechtsposition der staatlichen Stellen

Fraglich ist, ob sich aber generell – damit sowohl für Verwertungsrechte als auch für Urheberpersönlichkeitsrechte – Konsequenzen für die Aktivlegitimation des Staates gemäß § 97 UrhG aus der Besonderheit ergeben, dass in den Beispielsfällen nicht zwei Privatpersonen miteinander im Rechtsstreit stehen.[1117] Diese Frage stellt sich, da es nach in dieser Arbeit gefundenen Ergebnissen auf den Einzelfall ankommt, ob sich staatliche Stellen materiellrechtlich beziehungsweise prozessual auf das Urheberrecht zum Zwecken des Geheimnisschutzes berufen können oder nicht. Befriedigender wäre die Situation, wenn aus der Rechtsposition des Staates von vornherein das Berufen auf das Urheberrecht zum Zweck des Geheimnisschutzes gegenüber einem privaten Nutzer unmöglich wäre.

1. Demokratietheoretische Erwägungen und das UrhG

Wie bereits in der Einleitung unter A.4.[1118] erläutert, geht mit einer demokratischen Staatsform die Grundvorstellung einher, dass ein gewisses Mindestmaß an politischer Willensbildung gewährleistet ist. Die Entscheidungsfindung zur Ausübung der Staatsgewalt vermag nur dann den wirklichen Willen des Staatsvolks abzubilden, wenn politische Entscheidungen aufgrund eines „*freien und offenen Prozesses der Meinungs- und Willensbildung*" getroffen werden können.[1119] Ein freier und offener Meinungs- und Willensbildungsprozess kann indes nur gewährleistet werden, wenn die Möglichkeit besteht, dass sich die Allgemeinheit informiert. Nur ein informierter Bürger kann die ihm im Kollektiv grundgesetzlich zugetragene „*Staatsgewalt*"

1116 *Düwel*, Das Urheberrecht als Mittel staatlicher Geheimhaltung, 2020, 267.

1117 Insofern geht dieser Vorschlag weiter als der von: *Hauck*, Urheberrechtlicher Geheimnisschutz und seine Grenzen – Anmerkung zu BGH, Urteil vom 30.4.2020 Az. I ZR 139/15 Afghanistan Papiere II, ZUM 2020, 769 (776).

1118 S. 26 ff.

1119 BVerfG, Urteil vom 02.03.1977, 2 BvE 1/76; NJW 1977, 751; BVerfG, Urteil vom 12.10.1993, 2 BvR 2134/92 und 2 BvR 2159/92; NJW 1993, 3047 (3050); BVerfG, Beschluss vom 31.03.1998, 2 BvR 1877-1997 u. 2 BvR 50–98; NJW 1998, 1934 (1936). „*Demokratie setzt eine ständige freie Auseinandersetzung zwischen sich begegnenden sozialen Kräften, Interessen und Ideen voraus, in der sich auch politische Ziele klären und wandeln und aus der heraus eine öffentliche Meinung den politischen Willen vorformt.*"

ausüben (Artikel 20 Absatz 2 Satz 1 GG). Die Befriedigung eines öffentlichen Informationsinteresses ist daher verfassungsrechtlich vorausgesetzt und wird in Form der Kommunikationsgrundrechte, als der Demokratie *„dienende Freiheiten“* durch den Staat gewährleistet. Mit der Entscheidung für eine demokratische Grundordnung ist auch eine Entscheidung über ein gewisses Maß an Transparenz gefallen.

Der Gesetzestext lässt keinen Zweifel darüber, dass das UrhG ein Gesetz zum Schutze der Urheber ist (insbesondere §§ 1 und 11 UrhG). Allerdings führt die Überlegung, dass sich staatliche Stellen in den Beispielsfällen offensichtlich auf Urheberrecht aus urheberrechtsfremden Gründen beruft, zu der Frage, die bereits eingangs gestellt wurde: Ist das UrhG demokratiehindernd? Zwar haben die in Kapitel C. gemachten Überlegungen aufgezeigt, dass das UrhG jedenfalls sekundär auch der geistigen Auseinandersetzung und damit auch dem offenen und pluralen Kommunikations- und Willensbildungsprozess dient. Es lohnt sich aber gegebenenfalls weitere Erwägungen mit in die Überlegung einzubeziehen. Gegebenenfalls kann man diese für die Argumentation einer im Lichte der Verfassung (und damit auch des Demokratieprinzips am Maßstab von Artikel 20 Absatz 1 GG und Artikel 10 Absatz 1 EUV) gebotenen Auslegung des UrhG nutzen. Angesichts des Demokratieprinzips ist es nicht wünschenswert, die Verbreitung von Dokumenten zu stoppen, die das Informationsinteresse der Öffentlichkeit betreffen.

Ein aus den USA stammender Ansatz sieht die Rechtfertigung des Urheberrechts demokratietheoretisch beantwortet. Der urheberrechtliche Diskussionsgegenstand dreht sich dabei um das Copyright-System und das Verhältnis zum First Amendment der US-Verfassung[1120], welches den Schutz der freien Rede sichert. Die Überlegungen zu den sogenannten *„First Amendment Values“*[1121] stehen in einem ähnlichen Zusammenhang wie solche, die in Deutschland im Konflikt zwischen dem Urheberrecht und den Kommunikationsgrundrechten thematisiert werden.[1122] Traditionell wurde das Urheberrecht als Ausschließlichkeitsrecht, als

1120 Dieses lautet wörtlich: *„Congress shall make no law respecting an establishment of religion, or prohibiting the free exercise thereof; or abridging the freedom of speech, or of the press; or the right of the people peaceably to assemble, and to petition the Government for a redress of grievances.“*

1121 *Netanel*, Asserting Copyright´s Democratic Principles in the Global Arena, Vanderbilt Law Review 1998, 217 (226 (Fn. 27)); *Tushnet*, Copy This Essay: How Fair Use Doctrine Harms Free Speech and How Copying Serves It, The Yale Law Journal 2004, 535 (insb. 537 f., 587 f.). Einen guten Überblick über die zur Diskussion stehenden Argumente anhand im Jahr 2001 anhängiger Gerichtsentscheidungen gibt *Peukert*, USA: Ende der Expansion des Copyright?, GRUR Int 2002, 1012 (1016, 1017).

1122 *Löffler*, Das Grundrecht auf Informationsfreiheit als Schranke des Urheberrechts, NJW 1980, 201; *Geiger*, Der urheberrechtliche Interessenausgleich in der

Einschränkung der freien Rede gesehen. Eine demokratiebasierte Rechtfertigung des Urheberrechts vertritt demgegenüber, dass das Urheberrecht, beziehungsweise das Copyright, fördernd für die freie Rede sei.[1123] Da eine geistige Auseinandersetzung einem freien und offenen Meinungs- und Willensbildungsprozess immanent ist, der wiederum konstitutiver Bestandteil einer Demokratie ist, wäre ein sich auf Urheberrecht berufendes Verhalten, welches den Prozess geistiger Auseinandersetzung zu unterbinden versucht, nach einem demokratietheoretisch begründeten Urheberrechtsansatz nicht möglich. Denn in diesen Fällen würde von Vornherein kein Urheberrecht erwachsen.

Trotz aller Unterschiede zwischen deutschem UrhG und US-amerikanischem Copyright, wie etwa dem Unterschied zwischen „*intellectual property*" und geistigem Eigentum oder aber fehlendem Urheberpersönlichkeitsrecht nach US-amerikanischem Recht, soll dieser Ansatz zunächst vorgestellt und sodann überlegt werden, inwiefern sich einzelne Überlegungen auf das UrhG gegebenenfalls übertragen lassen, um dem vorliegenden Problem zu begegnen.

a) Netanel: Urheberrecht als demokratiefördernde[1124] staatliche Maßnahme

Neil Weinstock Netanel arbeitete zur Rechtfertigung des Urheberrechts Ende der 1990er Jahre einen Ansatz

---

Informationsgesellschaft – Zur Rechtsnatur der Beschränkungen des Urheberrechts, GRUR Int 2004, 815 (816 Fn. 16); *Marl*, Der Begriff der Öffentlichkeit im Urheberrecht, 2017, 101. Einen Überblick zu dem gesamten Zusammenhang mit konkreten Beispielen aus der Praxis gibt: *Cohen Jehoram*, Urheberrecht und Freiheit der Meinungsäußerung, Rechtsmissbrauch und Standardschikane, GRUR Int 2004, 96.

1123 *Netanel*, Copyright and a Democratic Civil Society, Yale Law Journal 1996, 283 (347); *Netanel*, Asserting Copyright´s Democratic Principles in the Global Arena, Vanderbilt Law Review 1998, 217 (329). Teilweise spricht *Netanel* auch von einer Voraussetzung, nicht bloß Förderung. Gleichwohl räumt auch *Netanel* ein, dass das Copyright als solches nicht die einzige Voraussetzung zur Gewährleistung der freien Rede sein könne: *Netanel*, Copyright and a Democratic Civil Society, Yale Law Journal 1996, 283 (288, 289).

1124 In seinem ersten diesbezüglichen Aufsatz, 1996, identifizierte *Netanel* das Urheberrecht als staatliche Maßnahme zur Stärkung des unabhängigen und pluralistischen Charakters der Zivilgesellschaft. *Netanel*, Copyright and a Democratic Civil Society, Yale Law Journal 1996, 283. In seinem 1998 erschienen Aufsatz entwickelte *Netanel* diesen fort und identifizierte drei verschiedenen Stufen aus denen das Urheberrecht zur Demokratie beitragen könne. Die erste Stufe bestehe aus dem Übergang von einer autoritären zu einer demokratischen Regierung (demokratiefördernde Funktion).

heraus[1125], demzufolge das Urheberrecht ein effektives Fördermittel des freiheitlich demokratischen Staates zur Förderung der demokratischen Entwicklung einer Gesellschaft, namentlich des öffentlichen Diskurses, sei und den er das „*democratic paradigm*“ nannte. Das Urheberrecht würde die in einer Demokratie nötigen Kommunikationsströme fördern, die zu einem offenen Willensbildungsprozess führten.[1126] „*Copyright, in short, plays a significant yet highly*

Die zweite Stufe sei die der demokratischen Konsolidierung (demokratiekonsolidierende Funktion). Hier ginge es um die Frage, ob das Urheberrecht zur Stabilisierung der entstehenden demokratischen Kultur und Institutionen beitrage. Die dritte Stufe könne als Demokratieförderung bezeichnet werden (demokratiefördernde Funktion). Die Frage, die es in diesem Fall zu beurteilen gelte, sei, ob das Urheberrecht im Rahmen fortgeschrittener repräsentativer Demokratien dazu beitrage, Möglichkeiten für eine größere Vielfalt an Ausdrucksmöglichkeiten, ein höheres Maß an politischer Partizipation der Bürger und Bürgerinnen, Scharfsinn und eine lebendige, in hohem Maße partizipatorische Zivilgesellschaft zu schaffen. *Netanel*, Asserting Copyright´s Democratic Principles in the Global Arena, Vanderbilt Law Review 1998, 217 (248). Diese Arbeit beschränkt sich auf den Ansatz *Netanel*s, das Urheberrecht habe demokratiefördernde Funktion.

1125 *Netanel*, Copyright and a Democratic Civil Society, Yale Law Journal 1996, 283 (341); *Netanel*, Asserting Copyright´s Democratic Principles in the Global Arena, Vanderbilt Law Review 1998, 217; *Netanel*, Market Hierarchy on Copyright in Our System of Free Expression, Vanderbilt Law Review 2000, 1879.

1126 *Netanel*, Copyright and a Democratic Civil Society, Yale Law Journal 1996, 283 (288). Er beruft sich dabei auf die US Verfassung. Bereits die Gründungsväter der Vereinigten Staaten von Amerika seien überzeugt gewesen, dass die Unterstützung des Urheberrechts für die Verbreitung von Wissen ebenso wesentlich sei wie für die Erhaltung einer freien Verfassung. Außerdem weist er darauf hin, dass auch moderne Urheberrechtssprechung die These aufstelle, dass die öffentliche Bildung und der öffentliche Diskurs, das Fundament eines demokratischen Gemeinwesens, einen robusten Markt für Originalwerke erforderten („*robust market for original works of authorship*“). MwN *Netanel*, Copyright and a Democratic Civil Society, Yale Law Journal 1996, 283 (289). Vgl. etwa *Harper & Row v. Nation Enterprises*, 471 U.S. 539 1985: „*…it should not be forgotten that the Framers intended copyright itself to be the engine of free expression.*“ (Abrufbar unter: https://supreme.justia.com/cases/federal/us/471/539/ zuletzt abgerufen am 26.05.2022). Bereits vor *Netanel* hatten schon andere einen Ansatz, wonach das Urheberschutzrecht und eine demokratische Staatsform zusammenhängen könnten, untersucht (etwa: *Coombe*, Objects of Property and Subjects of Politics: Intellectual Property Laws and Democratic Dialogue, Texas Law Review 1991, 1853; *Coombe*, Author/izing the Celebrity: Publicity Rights, Postmodern Politics, and Unauthorized Genders, Cardozo Arts & Entertainment 1992, 365; *Coombe*, Publicity Rights and Political Aspiration: Mass Culture, Gender Identity, and Democracy, New England Law Review 1992, 1221; *Benkler*, Free as

complex role in shaping our system of free expression. "[1127] *Netanel* präsentierte diesen Ansatz als konzeptionelles Gegenmodell sowohl zu der von ihm kritisierten „*neoklassizistischen Wirtschaft*", die eine Erweiterung der Ausschließlichkeitsrechte forderte[1128], als auch zu dem von ihm bezeichneten „*Minimalismus*" der Kritiker von Ausschließlichkeitsrechten an geistigen Gütern[1129]. Im Gegensatz dazu betone sein „*democratic paradigm*", dass das Urheberrecht eine sorgfältige Ausgewogenheit von Eigentümerrecht und Nutzerzugang („*owner right and user access*") darstelle, die dem vorrangigen Interesse der Öffentlichkeit an

the Air to Common Use: First Amendment Constraints on Enclosure of the Public Domain, 1999, 354. Besonders deutlich: *Elkin-Koren*, Cyberlaw and Social Change: a Democratic Approach to Copyright Law in Cyberspace, Cardozo Arts & Entertainment 1996, 216. Einen Überblick zu dem Diskussionsstand gibt *Marl*, Der Begriff der Öffentlichkeit im Urheberrecht, 2017, 102, 103.) Allerdings ist *Netanels* Verdienst in der Systematisierung dieses Ansatzes, lediglich angefangen durch den 1996 erschienen Beitrag, zu sehen. Siehe hierzu: *Netanel*, Copyright and a Democratic Civil Society, Yale Law Journal 1996, 283 (Fn. 277); *Netanel*, Asserting Copyright´s Democratic Principles in the Global Arena, Vanderbilt Law Review 1998, 217 (230 ff. und weitere Nachweise 220 Fn. 10). *Netanels* Werk wurde in der US-amerikanischen Literatur breit rezensiert. Beispielhaft: *Weinreb*, Copyright for Functional Expression, Harvard Law Review 1998, 1149 (1216, Fn. 290, 291). In der deutschen Literatur wurde *Netanels* Ansatz, soweit ersichtlich, als erstes von *Stallberg* diskutiert: *Stallberg*, Urheberrecht und moralische Rechtfertigung, 2006, 271 ff. Ebenso beschäftigten sich mit der demokratietheoretischen Rechtfertigung des Urheberrechts: *Hansen*, Warum Urheberrecht?, 2009, 256 ff.; *Marl*, Der Begriff der Öffentlichkeit im Urheberrecht, 2017, 97 ff.; *Nazari-Khanachayi*, Rechtfertigungsnarrative des Urheberrechts im Praxistest, 2016, 59 ff. Eine überblicksartige Diskussion *Netanels* Ansatzes finden sich zudem bei *Bischoffshausen*, Die ökonomische Rechtfertigung der urheberrechtlichen Schutzfrist, 2013, 177 ff.; *Heinemann*, Die Verteilungspraxis der Verwertungsgesellschaften, 2017, 69 ff.; *Grages*, Verwaiste Werke, 2013, 85 f.

1127 *Netanel*, Copyright's Paradox, 2008, 37.

1128 Anhänger dieser Gruppierung macht *Netanel* insbesondere auf Seiten von Führungskräften von US-Unternehmen und Regierungsbeamten aus, die eine Ausweitung des Urheberrechtsschutzes zur Unterstützung der kommerziellen Entwicklung nationaler und internationaler Informationsinfrastrukturen befürworteten. *Netanel*, Copyright and a Democratic Civil Society, Yale Law Journal 1996, 283 (286); *Netanel*, Asserting Copyright´s Democratic Principles in the Global Arena, Vanderbilt Law Review 1998, 217 (219 f.).

1129 Anhänger dieser Gruppierung widersetzten sich einer weiteren Ausweitung des Urheberrechts und hätten verschiedene Ansätze angeboten, die das bestehende Schutzniveau des Urheberrechtsschutzes stark reduzieren würden. Vgl. *Netanel*, Copyright and a Democratic Civil Society, Yale Law Journal 1996, 283 (287).

eigenständiger Autorenschaft und demokratischem Diskurs dienen solle.[1130] Eine demokratisch verfasste Gesellschaft[1131] würde auf effizientem Wege durch ein begrenztes, ausschließliches Recht an einem Werk erreicht.[1132] Urheberrechtschutz, so *Netanel*, müsse ausreichend stark sein, um sowohl zur Werkproduktion als auch zu dessen Veröffentlichung zu motivieren, aber zugleich den Nutzern so viel Freiheit wie möglich geben, um transformative und pädagogische Nutzung bestehender Werke zu fördern.[1133]

i. Urheberrechtlicher Schutzgegenstand

Schutzgegenstand des Urheberrechts sei es, so *Netanel*, die Schaffung und öffentliche Kommunikation von originalen Ausdrucksformen („*original expression*")[1134] zu fördern. Unter Bezugnahme auf 17 U.S.C. § 102(a) (1994) schütze das Urheberrecht originale Werke, die in einem beliebigen greifbaren Ausdrucksmedium fixiert und von dem aus sie wahrgenommen, reproduziert oder anderweitig kommuniziert werden könnten.[1135] Mit eben diesem Schutzgegenstand eröffne das Urheberrecht die kommunikative Grundlage der in einer demokratischen Zivilgesellschaft nötigen pluralistischen und herrschaftsfreien Kommunikation („*The stuff of copyright-fixed original expression and its public communication-lies at the heart of a democratic civil society.*").[1136] *Netanel* macht

---

1130 *Netanel*, Copyright and a Democratic Civil Society, Yale Law Journal 1996, 283 (385).

1131 Das Demokratiekonzept *Netanels* fußt auf einer robusten, partizipativen und pluralistischen Gesellschaft und weiter: „*A democratic order depends upon a domain in which citizens develop the independent spirit, self-direction, social responsibility, discursive skill, political awareness, and mutual recognition. A state whose citizenry has not internalized these skills and values will rule through fiat and obedience, without any sense, so vital to our understanding of democracy that its laws and social norms originate in the commitments of a self-governing polity.*" *Netanel*, Copyright and a Democratic Civil Society, Yale Law Journal 1996, 283 (343).

1132 *Netanel*, Asserting Copyright´s Democratic Principles in the Global Arena, Vanderbilt Law Review 1998, 217 (220); *Netanel*, Market Hierarchy on Copyright in Our System of Free Expression, Vanderbilt Law Review 2000, 1879 (1899).

1133 *Netanel*, Copyright and a Democratic Civil Society, Yale Law Journal 1996, 283 (288).

1134 *Netanel*, Copyright and a Democratic Civil Society, Yale Law Journal 1996, 283 (347 f.).

1135 *Netanel*, Copyright and a Democratic Civil Society, Yale Law Journal 1996, 283 (347 (Fn. 298)). „*The requirement of originality means little more than that,, it cannot be a copy. Expression that exhibits a modicum of creativity and more than a trial, anation from existing public domain works from which expression is borrossed will qualify.*"

1136 *Netanel*, Copyright and a Democratic Civil Society, Yale Law Journal 1996, 283 (348).

den Schutz eines urheberrechtlichen Werks nicht von der Auseinandersetzung mit politischer oder sozialer Bedeutung oder der Verständlichkeit (Ideen, die in einer rational nachvollziehbaren Weise präsentiert würden) abhängig.[1137] Auch Werke von reiner Ästhetik oder Unterhaltung würden helfen, eine partizipatorische Kultur zu unterstützen.[1138] Bürgerinnen und Bürger, die sich an diesen Aktivitäten beteiligten, würden ein Maß an Ausdrucksweise und Unabhängigkeit des Denkens gewinnen, welches sich auch auf Angelegenheiten von eindeutigerer öffentlicher Bedeutung übertragen könne.[1139]

ii. Drei Funktionen

Netanels These, wonach das Urheberrecht die Zivilgesellschaft und damit die Demokratie fördere, beruht auf drei von ihm ausgemachten Funktionen, die allesamt Anreize zur Schaffung von urheberrechtlichen Werken (beziehungsweise „*original expression*") setzen sollen:

(1) Produktionsfunktion

Die Produktionsfunktion bestehe darin, dass das Urheberrecht die Produktion und Verbreitung kreativen Ausdrucks in einem breiten Spektrum politischer, sozialer und ästhetischer Fragen fördere.[1140] Damit sei das Urheberrecht ein Grundstein eines offenen Meinungsaustauschs.[1141] Hier beruft sich *Netanel* auf das klassische Anreizmodell, wonach potenzielle Urheber durch ein Ausschließlichkeitsrecht an einer geistigen Schöpfung zur schöpferischen Betätigung motiviert würden.[1142] Kommunikative Aktivität, die aus kreativen/originalen Ausdrucksformen bestehe, sei auf dreierlei Weise konstitutiv für einen offenen Meinungsaustausch: Die Verbreitung urheberrechtlicher Werke geschehe in der Regel nicht persönlich, sondern – insbesondere im Zeitalter des Internets – durch digitale Kommunikationswege. Die so verkörperte Kommunikation sei

1137 *Netanel*, Copyright and a Democratic Civil Society, Yale Law Journal 1996, 283 (350).

1138 Unter Verweis auf 17 U.S.C. § 102(a) (1994) definiert er „ *Copyright protects 'original works of authorship' that are 'fixed in any tangible medium of expression… from which they can be perceived, reproduced, or otherwise communicated.*" *Netanel*, Copyright and a Democratic Civil Society, Yale Law Journal 1996, 283 (347).

1139 *Netanel*, Copyright and a Democratic Civil Society, Yale Law Journal 1996, 283 (350).

1140 *Netanel*, Copyright and a Democratic Civil Society, Yale Law Journal 1996, 283 (347).

1141 *Netanel*, Copyright and a Democratic Civil Society, Yale Law Journal 1996, 283 (347).

1142 *Bischoffshausen*, Die ökonomische Rechtfertigung der urheberrechtlichen Schutzfrist, 2013, 180. Vgl. auch siehe oben: B.I.2.

das „*Lebensblut*“ demokratischer Zivilgesellschaften („*The millions of fixed works of authorship that are regularly broadcast, distributed, and transmitted every day across such communicative systems are the lifeblood of civic association.*“[1143]), denn sie würde ein breites Spektrum von politischen, sozialen, kulturellen und ästhetischen Themen abdecken, dadurch die Bevölkerung bilden und zum kritischen Denken animieren.[1144]

(2) Strukturfunktion

Neben der von *Netanel* benannten Produktionsfunktion, habe das Urheberrecht auch eine strukturelle Funktion. Beim Urheberrecht würde es sich erstens durch die Gewährung eines Ausschließlichkeitsrechts um ein Feld der Förderung geistiger Güter handeln, das unabhängig von staatlichem und elitärem Mäzenatentum ist und es setze zweitens der privaten Kontrolle des kreativen Ausdrucks Grenzen.[1145] Die öffentliche Kommunikation könne eine demokratische Zivilgesellschaft nur dann unterstützen, wenn diese durch autonome Ausdrucksformen geprägt sei. Ein freier, offener Meinungs- und Willensbildungsprozess könne unter einem Regime, in dem die Regierungsverwalter eine breite Kontrolle über den Inhalt und die Verbreitung konkreter Ausdrucksformen ausübten, nicht bestehen.[1146] Ebenso würde es sich aber in einer Gesellschaft verhalten, in der private Eliten eine solche Kontrolle ausüben.[1147]. Daher diene das Urheberrecht ebenso durch seine strukturelle Funktion dazu, den demokratischen, da staatsfreien Charakter des öffentlichen Diskurses zu fördern. Durch die Zuweisung eines Eigentumsrechts fördere[1148] das Urheberrecht die Entwicklung eines

---

1143 *Netanel*, Copyright and a Democratic Civil Society, Yale Law Journal 1996, 283 (347).

1144 *Netanel*, Copyright and a Democratic Civil Society, Yale Law Journal 1996, 283 (349).

1145 *Netanel*, Copyright and a Democratic Civil Society, Yale Law Journal 1996, 283 (352).

1146 Er unterstützt diese These mit einer historischen Herleitung, insbesondere damit, dass zu Zeiten des Privilegienwesens gerade kein pluralistischer Austausch stattfand: *Netanel*, Copyright and a Democratic Civil Society, Yale Law Journal 1996, 283 (353–359).

1147 Er verweist unter diesem Gesichtspunkt auch auf die Notwendigkeit von durchsetzbarem Urheberrecht zu einem Zeitpunkt, in dem das Internet aufkommt. Hier verortet er bereits 1996 die Gefahr, dass private Unternehmen nach ihrem eigenen Profit entscheiden, welche Werke verbreitet werden. *Netanel*, Copyright and a Democratic Civil Society, Yale Law Journal 1996, 283 (361 f.).

1148 *Netanel* sagt gleichwohl nicht, dass das Urheberrecht an sich eine ausreichende Bedingung für expressiven Pluralismus und Vielfalt darstelle. Tatsächlich könne der demokratische Charakter des öffentlichen Diskurses durchaus von einem gewissen Maß an staatlicher Subventionierung und Regulierung abhängen, um Informationen

unabhängigen Sektors für die Schaffung und Verbreitung origineller Ausdrucksformen[1149]; eines Sektors, der sich aus Schöpfern und Verlegern zusammensetze, die finanziellen Ausgleich für ihre Aktivitäten dadurch erhielten, dass sie ein zahlendes Publikum erreichten, statt von der Größe des Staates oder der Elite abhängig zu sein.[1150] Letzteres würde aber in einem Rechtsraum ohne Urheberrecht geschehen, wie er mit einem Streifzug durch die Geschichte – insbesondere unter Verweis auf die Privilegien – zu belegen sucht.[1151]

Aus der Strukturfunktion folge außerdem noch, wie das Ausschließlichkeitsrecht und seine Beschränkungen zueinander stünden. Nicht weniger wichtig sei, dass das Urheberrecht durch die Beschränkung des Umfangs die Kontrolle des Eigentümers über seinen originalen Ausdruck einschränke, welcher letztlich auch eine Meinungsäußerung sei(n könne). So könne versucht werden, Möglichkeiten für den kritischen Austausch und die vielfältige Neuformulierung bestehender Werke zu erhalten.[1152] *Netanel* fordert auf Basis dieser These, im Namen des *„democratic paradigm"* die Einschränkung der Kontrolle des Urheberrechtsinhabers über transformative Nutzungen. So würde nachfolgenden Autoren mehr Spielraum bleiben, um Medienbilder, Töne und Texte auf eine Weise zu adaptieren, die die Annahmen des Mainstreams infrage stellen.[1153] An dieser Stelle wird deutlich, dass nach *Netanel* die Rechtfertigungen für das Ausschließlichkeitsrecht und auch für dessen Beschränkungen, auf demselben Grund beruhen.

---

zu verbreiten und Personen und Ansichten eine Stimme zu geben, die sonst in einem unregulierten Medienmarkt nicht genügend Aufmerksamkeit erhalten würden. Aber selbst in dem Maße, in dem andere Formen der staatlichen Beteiligung notwendig und wünschenswert sein mögen, bliebe das Urheberrecht ein wesentlicher Bestandteil des Systems der freien Meinungsäußerung. *Netanel*, Copyright and a Democratic Civil Society, Yale Law Journal 1996, 283 (359); *Netanel*, Asserting Copyright´s Democratic Principles in the Global Arena, Vanderbilt Law Review 1998, 217 (267).

1149 *Netanel*, Asserting Copyright´s Democratic Principles in the Global Arena, Vanderbilt Law Review 1998, 217 (272).

1150 *Netanel*, Asserting Copyright´s Democratic Principles in the Global Arena, Vanderbilt Law Review 1998, 217 (347).

1151 *Netanel*, Copyright and a Democratic Civil Society, Yale Law Journal 1996, 283 (353 ff.).

1152 *Netanel*, Copyright and a Democratic Civil Society, Yale Law Journal 1996, 283 (347).

1153 *Netanel*, Copyright and a Democratic Civil Society, Yale Law Journal 1996, 283 (362).

(3) Ausdrucksfunktion

In einem späteren Aufsatz entwickelte *Netanel* zusätzlich zu den oben bereits erörterten Funktionen eine Ausdrucksfunktion des Urheberrechts.[1154] In symbolischer Form würde das Urheberrecht der demokratischen Zivilgesellschaft Rechnung tragen, indem es den Wert individueller Ausdrucksformen preise. Da das Urheberrecht für ein aufgeklärtes Menschenbild stehe, habe es eine symbolische Kraft. Individuelle Kreativität von mündigen Menschen werde zum Symbol und damit zum Vorbild. Als Kehrseite würde unkritischer Gehorsam gegenüber politischen oder kulturellen Anführern als negativ vermittelt. Damit unterstütze das Urheberrecht symbolisch die persönliche Freiheit – als krasses Gegenmodell eines jeden autoritären Regimes.[1155]

b) Einordnung des Ansatzes Netanels

Zu beachten ist der Zeitpunkt zu dem *Netanel* seinen Ansatz entwickelte. Ende der 1990er Jahre befand man sich in einer Zeit, in der die (westliche) Weltgemeinschaft Demokratie als zunehmend universelles Ziel angenommen zu haben glaubte und Kritiker solcher Systeme als isolierte Andersdenkende bezeichnet wurden.[1156] Angesichts des Zerfalls der kommunistischen Regime Osteuropas und der ehemaligen Sowjetunion war die offene, mehrparteiliche, parlamentarische Demokratie schnell zu einem universellen moralischen Standard geworden.[1157] Seither hat sich die realpolitische Weltlage stark verändert. Es ist nicht

---

1154 *Netanel*, Asserting Copyright´s Democratic Principles in the Global Arena, Vanderbilt Law Review 1998, 217 (228 f., 272). Stallberg hatte diese Funktion „Symbolfunktion“ zu einem Zeitpunkt genannt, zu dem *Netanel* selbst dieser Funktion noch keinen Namen gegeben hatte: *Stallberg*, Urheberrecht und moralische Rechtfertigung, 2006, 279, 282. *Netanel* hat dieser Funktion erst 2008 einen Namen gegeben: *„expressive function“ Netanel*, Copyright's Paradox, 2008, 81. Daher wird diese Arbeit im Folgenden von einer Ausdrucksfunktion, als dritter Funktion, ausgehen.

1155 *Netanel*, Asserting Copyright´s Democratic Principles in the Global Arena, Vanderbilt Law Review 1998, 217 (229).

1156 *Netanel*, Asserting Copyright´s Democratic Principles in the Global Arena, Vanderbilt Law Review 1998, 217 (243).

1157 *Netanel*, Asserting Copyright´s Democratic Principles in the Global Arena, Vanderbilt Law Review 1998, 217 (243 Fn. 90). Unter Berufung auf *Francioni*, An International Bill of Rights: Why It Matters, How Can It be Used, Texas International Law Journal 1997, 471 (472). Dieser schreibt hier allerdings lediglich von einem gemeinsamen Boden (*„common denominator“*) in Bezug auf Grundrechte, der völkerrechtlich anerkannt sei.

von einem „*logischen*" Weg auszugehen, der Fortschritt und Demokratisierung gleichsetzt. Es gibt keinen Trend der Demokratisierung.[1158] Allerdings ist festzuhalten, dass sich auch totalitär oder autokratisch regierte Staaten als „*demokratisch*" bezeichnen. Dies spricht, wenn auch nicht normativ, für einen gewissen Beliebtheitswert der Demokratie.[1159]

Netanels Ansatz sieht sich, neben den jeder Anreiztheorie entgegenzuhaltenden fehlenden empirischen Daten[1160], auf verschiedenen Ebenen Kritik ausgesetzt.

i. Produktionsfunktion

Selbst wenn man unterstellte, Urheberrecht würde einen effektiven Anreiz zur Produktion geistiger Güter setzen, kann daraus nicht gefolgt werden, dass sich damit auch die Verbreitung dieser geistigen Werke erhöhe. Ebendies setzt *Netanel* aber voraus.[1161] Bezeichnenderweise nennt er selbst die Grundannahme des Copyright-Ansatzes eine unbewiesene Intuition („*unproven intuition*"), der davon ausgeht, dass Autoren der Öffentlichkeit ihre Werke erst zur Verfügung stellten, würden sie andere an der Anfertigung von Kopien hindern.[1162] Gerade in der Betonung der Bedeutsamkeit des Urheberrechts wegen der aus dem Werkschaffen folgenden Kommunikation wirkt diese Annahme absurd: Kommunikation ist ein Grundbedürfnis des Menschen. Es erscheint konstruiert, wenn man unterstellt, es bedürfe eines Anreizes für jedwede Kommunikation.[1163] Der

---

1158 Im Bertelsmann Transformations-Index der Bertelsmann-Stiftung 2022: https://blog.bti-project.de/2022/02/23/bti-2022-alarmsignal-fuer-die-demokratie/ (zuletzt abgerufen am 26.05.2022).

1159 *Stallberg*, Urheberrecht und moralische Rechtfertigung, 2006, 276.

1160 *Leistner/Hansen*, Die Begründung des Urheberrechts im digitalen Zeitalter: Versuch einer Zusammenführung von individualistischen und utilitaristischen Rechtfertigungsbemühungen, GRUR 2008, 479 (483). Dies betrifft insbesondere die Grundprämisse der gesellschaftlichen Bedürftigkeit nach kulturellen Gütern, aber sie betrifft auch die Frage, ob eine Verknappung kultureller Güter tatsächlich die Effizienz, also die Produktion solcher Güter, steigert. Die Bemessung, ob das Ziel erreicht wird, kulturelle Güter für Urheber und Investoren lukrativ und einem größtmöglichen Teil der Gesellschaft zugänglich zu machen, kann weder diese Theorie geben, noch ist bislang eine entsprechende Bemessungsmethode bekannt. Jeweils hierzu: *Hansen*, Warum Urheberrecht?, 2009, 114; *Stallberg*, Urheberrecht und moralische Rechtfertigung, 2006, 298.

1161 *Netanel*, Copyright and a Democratic Civil Society, Yale Law Journal 1996, 283 (348).

1162 *Netanel*, Copyright and a Democratic Civil Society, Yale Law Journal 1996, 283 (308).

1163 *Stallberg*, Urheberrecht und moralische Rechtfertigung, 2006, 286.

These, dass eine Zivilgesellschaft in einer freiheitlich demokratisch verfassten Staatsordnung einen unabhängigen Geist benötige, soll hier keinesfalls widersprochen werden. Allerdings ist der Ansatz, wonach die Kommunikation einer solchen Gesellschaft im Regelfall als urheberrechtliches Werk zu qualifizieren sei, nicht nur partiell – wie von *Netanel* selbst – sondern generell zu hinterfragen. Bei Betrachtung der Kommunikation durch führende Politiker via Twitter heutzutage – die maximale Länge eines Tweets ist seit November 2017 auf 280 Unicode-Zeichen (vorher 140) angehoben worden – ist zwar die Möglichkeit, dass ein solcher Tweet urheberrechtlich geschützt sein kann, gegeben[1164], allerdings dürfte dies nicht die Regel darstellen.

Darüber hinaus ist nicht definiert und gegebenenfalls auch nicht definierbar, welche Kommunikationsprozesse eine Demokratie braucht und inwiefern (ausgerechnet) das Urheberrecht ebendiesen Kommunikationsprozess fördert.[1165] Und so bleibt auch der zweite Schritt *Netanels* vage. Wenn dann – unterstellt – eine hohe Anzahl geistiger Werke in der Welt sei, präzisiert *Netanel* nicht, wie geistige Werke in einem demokratischen Prozess interagieren. Ebenso wenig sagt *Netanel* – von der anderen Seite gedacht – welche Kommunikation in einer Demokratie denn konkret benötigt wird. Und schließlich bleibt *Netanel* die Antwort auf die Frage schuldig, wie Urheberrecht die benötigte Kommunikation hemmt oder fördert.[1166] So steht zu vermuten, dass *Netanel* auf gesellschaftlichen Wirkungszusammenhängen aufbaut, deren Komplexität bislang vom Menschen noch nicht begriffen wurde.[1167] Problematisch ist die Verknüpfung des Anreizmodells mit dem Wunsch nach geistigen Schöpfungen aus demokratietheoretischen Gründen allerdings noch aus einem anderen Grund. Denn sie unterstellt, dass nur durch den (materiellen) Anreiz die Produktion von geistigen Gütern vorangetrieben würde. Es unterstellt ja gerade, dass nur dann der Schaffensprozess in Gang gesetzt wird, wenn Aussicht auf Monetarisierung besteht. Dies kann aus demokratischen Gesichtspunkten – also dem Streben nach einem

---

1164 EuGH, Urteil vom 16.07.2009, C-5/08; GRUR 2009, 1041.

1165 *Weinreb*, Copyright for Functional Expression, Harvard Law Review 1998, 1149 (1233 Fn. 340); *Yoo*, Copyright and Democracy: A Cautionary Note, Vanderbilt Law Review 2000, 1933 (1935). Dieses Problem sieht allerdings auch *Netanel* selbst: *Netanel*, Copyright and a Democratic Civil Society, Yale Law Journal 1996, 283 (289). „*But the absence of a more rigorous, systematic understanding of how copyright supports democratic institutions has left this democratic theme vulnerable to both sides of the current debate over copyright's future.*"

1166 *Stallberg*, Urheberrecht und moralische Rechtfertigung, 2006, 296.

1167 *Stallberg*, Urheberrecht und moralische Rechtfertigung, 2006, 291.

offenen und pluralistischen Meinungsbildungsprozess – kein gewünschter Zustand sein.[1168] Ein Potpourri aus verschiedensten und neuartigen Werkarten würde außerdem, wenn man an das Anreizparadigma glaubt, gerade nicht gefördert. Denn es würden dann ja nur die Werke geschaffen, für die eine Nachfrage besteht.[1169]

Trotz dieser Grundsatzkritik ist zu bemerken, dass es *Netanels* Ansatz schafft, die Besonderheit geistiger Güter in seinem Modell hervorzuheben. Eigene, geistige Schöpfungen sind nicht ohne weiteres gleichzusetzen mit körperlichen Sachen. Ihnen kommt mitunter in der Kommunikation und damit auch in einem freien und offenen Meinungs- und Willensbildungsprozess eine besondere Bedeutung zu.[1170]

ii. Strukturfunktion

Zu der von *Netanel* identifizierten strukturellen Funktion ist zwar ebenso einzuwenden, dass sie letztlich auf der nicht belegten Effizienz-Theorie beruht. Allerdings ist der strukturellen Funktion auch etwas abzugewinnen, was sich generell auf demokratische Strukturen des EU-Rechts und des Grundgesetzes übertragen ließe. Es handelt sich um keine bloße Behauptung, dass Urheberrecht unabhängig von Geschmack, Geld oder Beziehungen ein Werk schützt – soweit es die Mindestvoraussetzungen erfüllt. Auch wenn zu bedenken ist, dass die meisten Werke, von denen Urheber sich eine Verwertung erhoffen, primär unterhaltender Natur sein dürften, muss *Netanel* zugute gehalten werden, dass er diesen Einwand antizipierte: auch kommerzielle Kommunikation sei Informationsvermittlung.[1171] Im Übrigen schließe dies die Nachrichtenvermittlung nicht aus. Im Gegenteil, das unabhängige Urheberrecht eröffnet gegebenenfalls erst, frei von politischer Kontrolle und Einflussnahme die Möglichkeit einen Beitrag zur öffentlichen Kommunikation zu leisten und dafür Ausschließlichkeitsrechtsinhaber zu werden.[1172]

Schließlich stellt auch die Funktion, der privaten Kontrolle des Ausschließlichkeitsrechts Grenzen derart zu setzen, dass eine Auseinandersetzung mit dem

---

1168 *Stallberg*, Urheberrecht und moralische Rechtfertigung, 2006, 291.

1169 *Stallberg*, Urheberrecht und moralische Rechtfertigung, 2006, 291.

1170 *Stallberg*, Urheberrecht und moralische Rechtfertigung, 2006, 295.

1171 Hierzu: *Netanel*, Copyright and a Democratic Civil Society, Yale Law Journal 1996, 283 (360 f.).

1172 *Netanel*, Asserting Copyright´s Democratic Principles in the Global Arena, Vanderbilt Law Review 1998, 217 (250 ff.).

Werk nicht verboten werden kann, einen Ansatz dar, der insbesondere in der aktuellen Diskussion zu der Frage, inwieweit Urheberrecht tatsächlich unliebsame Berichterstattung zum Schweigen bringen können soll, fruchtbar gemacht werden könnte.[1173]

iii. Ausdrucksfunktion

Die Überzeugungskraft, die sich durch gelebtes Urheberrecht auf das Individuum übertrage und sowohl Individuen bekräftige als auch individuelle Beiträge propagiere, ist eine Vermutung, die (erneut) nicht – etwa mit einer Studie – belegt wird und wohl auch kaum belegbar ist. Die komplexen Wirkungszusammenhänge zwischen Urheberrecht und Gesellschaft werden damit weniger ergründet als unterstellt.[1174] Es bleibt durchaus fraglich, ob es diese Ausdrucksfunktion überhaupt gibt, oder ob hier nicht die normativen Möglichkeiten des Rechts überspannt werden.[1175] Aus diesen Gründen, wird im Folgenden auch nicht weiter auf die Ausdrucksfunktion eingegangen.

c) Dogmatische Übertragbarkeit der Ideen Netanels

Bevor inhaltliche Überlegungen angestellt werden können, inwiefern sich *Netanels* Ideen auf das deutsche UrhG übertragen lassen, stellt sich die dogmatische Frage, ob sich überhaupt Ideen eines kollektivistischen, demokratietheoretischen Verständnisses vom Urheberrecht auf das deutsche individualistisch geprägte UrhG übertragen lassen.

Obwohl die deutsche Urheberrechtsdogmatik primär auf individualistische Rechtfertigungsgründe abstellt, stellt dies keinen Grund dar, einen anreizbasierten Ansatz von vornherein außer Betracht zu lassen. Dies gilt umso mehr, wenn es um die Suche nach einem angemessenen Interessenausgleich auf Seiten der Urheber und auf Seiten der Nutzer geht.[1176] Dies folgt sowohl aus dem

---

1173 Hier ist vor allem an die bereits oben unter B.III.4.d)iv. besprochenen Verfahren zu denken: EuGH, Urteil vom 29.07.2019, C-469/17; GRUR 2019, 934; EuGH, Urteil vom 29.07.2019, C-516/17; GRUR 2019, 940.

1174 *„Der Wunsch nach dem Bestehen einer solchen Interaktion von Recht und Wirklichkeit scheint hier der Vater dieses reichlich konstruierten Gedankenganges zu sein.“* *Hansen*, Warum Urheberrecht?, 2009, 272.

1175 *Hansen*, Warum Urheberrecht?, 2009, 264; *Marl*, Der Begriff der Öffentlichkeit im Urheberrecht, 2017, 129; *Balganesh*, Debunking Blackstonian Copyright, Yale Law Journal 2009, 1126 (1150).

1176 In diese Richtung bereits: *Schricker*, Urheberrecht zwischen Industrie- und Kulturpolitik, GRUR 1992, 242 (243).

Persönlichkeitsschutz als auch aus dem Eigentum, wonach die Schöpfung überhaupt dem Urheber persönlich und wirtschaftlich zuzuordnen, aber zugleich die konkrete Kontur nicht vorgegeben ist.[1177] In welchem Ausmaß also die Zuordnung zum Urheber im Verhältnis zur Allgemeinheit stattzufinden hat, ist verfassungsrechtlich nicht vorgegeben.

Ferner ist bei der Frage, inwiefern kollektivistische Ansätze auch für das UrhG fruchtbar gemacht werden können, zu beachten, dass das Recht der europäischen Union in weiten Teilen des gegenwärtigen UrhG Einzug gefunden hat und dieses Recht nicht nur an Länder gerichtet ist beziehungsweise war,[1178] die seit jeher ihr Urheberrecht primär auf einen kollektivistischen Ansatz stützen. Speziell verbietet sich im Übrigen das EU-Recht zum Urheberrecht aus rein nationaler – für Deutschland hieße das individualistischer – Sicht zu beurteilen, weil europäisches Recht genuin ökonomisch motiviert ist.[1179] Daraus folgt dann aber zugleich, dass es eine Unvereinbarkeit beider Ansätze nicht geben kann.

Schließlich sind Elemente eines Anreizansatzes auch im deutschen UrhG identifiziert worden.[1180] Bereits 1992 resümierte *Gerhard Schricker* auf seinem Vortrag der GRUR-Jahrestagung zu dieser Thematik, dass das Urheberrecht gerade auch dazu berufen sei, dem Allgemeininteresse zu dienen. Diese These stellte er mit der Überlegung auf, dass das Urheberrecht *„ein wesentliches Instrument zur Förderung der kulturellen und kulturwirtschaftlichen Entwicklung“* darstelle. Dabei handele es sich um einen *„überindividuellen Schutzzweck“*, der ruhig aus dem angelsächsischen Rechtsdenken übernommen und dem deutschen traditionellen Individualschutz hinzuzufügen sei. Es handele sich beim *„Allgemeininteresse“* sowohl um eine Schranke, aber zugleich auch um einen Schutzgrund des Urheberrechts.[1181] Die verschiedenen Interessen der Industrie- und der Kulturpolitik müssen im Gesetz ihre Berücksichtigung finden.[1182] Wenn industrie- und

---

1177 *Peukert*, in: Interessenausgleich im Urheberrecht, 2004 11 (21).

1178 Das Präteritum bezieht sich seit dem 30. Januar 2020 auf Großbritannien, welches infolge des Brexits keine Adressatin von EU-Recht mehr ist (bzw. dessen BürgerInnen).

1179 *Peukert*, in: Interessenausgleich im Urheberrecht, 2004 11 (21). Einen guten Überblick zu den Anfängen des Richtlinienrechts im Bereich des Urheberrechts und zur Motivation des Gesetzgebers (Stichwort: Anreizwirkung) gibt auch *Senftleben*, in: Interessenausgleich im Urheberrecht, 1. Aufl. 2004 159 (159, 160).

1180 Vgl. siehe oben: C.II.

1181 *Schricker*, Urheberrecht zwischen Industrie- und Kulturpolitik, GRUR 1992, 242 (246).

1182 *Hilty*, Urheberrecht in der Informationsgesellschaft: „Wer will was von wem woraus?“ – Ein Auftakt zum „zweiten Korb“, ZUM 2003, 983 (1004).

kulturpolitische Interessen zu berücksichtigen sind, dann sind es demokratiestärkende Interessen erst recht. In Bezug auf die vorliegende Arbeit ließe sich eine demokratietheoretische Rechtfertigung sowohl an der grundgesetzlichen Entscheidung für eine demokratische Staatsform (Artikel 20 Absatz 1 GG) als auch an den Europäischen Verträgen (Artikel 10 Absatz 1 EUV) messen.

d) Übertragbarer Inhalt

i. Ausschließlichkeitsrecht

Netanels Arbeit bietet einen analytischen Rahmen, der die verschiedenen Kompromisse, die mit der Entscheidung der Gewährung eines immateriellen Ausschließlichkeitsrechts einhergehen, offen angeht.[1183] Dabei sind weniger die Produktionsfunktion und die Ausdrucksfunktion als vielmehr die Strukturfunktion in den Fokus zu nehmen. Die Eigenschaften des Urheberrechts, die *Netanel* hier benannt hat, sind zweifelsohne notwendige Merkmale eines offenen und pluralistischen Meinungsbildungsprozesses: nämlich die Gewährung des Rechts ohne staatliche Einflussnahme – in Abkehr vom Privileg – und die Begrenzung des Rechts zum Zwecke der Information, des Austauschs und/oder der Weiterentwicklung. Interessanterweise sind dies aber zwei Merkmale, die das nicht demokratietheoretisch begründete UrhG ebenso kennt. Während sich jedoch in *Netanels* Modell schutzbegründende und schutzbegrenzende Funktionen aus demselben Argument speisen, nämlich der Förderung der Quantität und Qualität des öffentlichen Meinungsbildungsprozesses, handelt es sich im UrhG um praktische Konkordanz im einfachen Recht.

Das Urheberrecht erwächst nach dem UrhG auch unabhängig von einer politischen religiösen oder wirtschaftlichen Überzeugung. Es bedarf auch keines Verleihungsaktes, sondern entsteht *ipso iure*. Soweit eine Schöpfung als urheberrechtliches Werk qualifiziert wird, steht der daraus erwachsende Schutz allen Schöpfungen in derselben Weise zu. Jedem soll die Möglichkeit gewährt werden, Publikum zu erreichen, ob man sich auf der herrschenden politischen Linie befindet oder nicht. Der sogenannte „*Beginn*" der Geschichte des Urheberrechts, die Privilegien – ob Vorgänger des heutigen Urheberrechts oder nicht[1184] – und

---

1183 *Yoo*, Copyright and Democracy: A Cautionary Note, Vanderbilt Law Review 2000, 1933 (1962).

1184 Vgl. siehe oben: B.II.3.

die damit einhergehende Zensur, sollen nichts mehr mit einem ideologisch neutralen UrhG zu tun haben.[1185]

Die herrschaftsfreie Entstehung des Rechts eröffnet die Möglichkeit einer pluralistischen Werkvielfalt. Hintergrund dessen sind die Eigentumsfreiheit, das allgemeine Persönlichkeitsrecht sowie die Kommunikationsgrundrechte: die Meinungs-, Presse-, Rundfunk- und Informationsfreiheit, und die Freiheit von Wissenschaft und Kunst. Es ist zu erkennen, dass gerade die Kommunikationsgrundrechte und auch die Kunst- und die Wissenschaftsfreiheit jene Grundrechte sind, auf die sich ebenfalls die Nutzer im Rahmen der Schrankenregelungen berufen.[1186]

Vor dem Hintergrund, dass das Urheberrecht ein Mittel darstellt, dem Urheber seine Unabhängigkeit von einer staatlichen, kirchlichen oder anderen (etwa wirtschaftlichen) Macht zu sichern, wurde auch die These aufgestellt, das Urheberrecht sei *„eines der ältesten Mittel zur Sicherung der Freiheit von Meinungsäußerung und Information“*.[1187] Da sich der Schöpfer eines urheberrechtlich geschützten Werkes in vielen Fällen auch auf die Meinungs- teilweise sogar auf die Kunstfreiheit wird berufen können, wird es zu Recht für gefährlich erachtet, das Urheberrecht – zumal in einer solchen Pauschalität – als Schranke der Kommunikationsfreiheiten zu betrachten.[1188] Das Urheberrecht dient, wie gesehen, ganz unterschiedlichen primären und sekundären Zwecken – der Einschränkung der freien Rede, dient es aber nicht.[1189] Das Zeitalter der mit den Privilegien einhergehenden Zensur ist ebenfalls, wie gesehen, lange vorbei. Im Gegenteil soll durch das UrhG gerade der Austausch, die geistige Auseinandersetzung sekundär

---

1185 *Schricker*, Urheberrecht zwischen Industrie- und Kulturpolitik, GRUR 1992, 242 (243).

1186 *Fechner*, Geistiges Eigentum und Verfassung, 1999, 342.

1187 Originalzitat aus dem im Übrigen übersetzten Aufsatz: *„Copyright guarantees the author a share in the marketing of his works, and as such is a means of securing the independence of authors from patronage, and possibly influence by individuals or the state. In this sense, copyright is one of the oldest means of securing freedom of expression and information.“* *Cohen Jehoram*, Urheberrecht und Freiheit der Meinungsäußerung, Rechtsmissbrauch und Standardschikane, GRUR Int 2004, 96 (Fn. 6). Ähnlich äußerte sich Jehoram auch schon früher in *Cohen Jehoram*, The Freedom of Expression in Copyright and Media Law, GRUR Int 1983, 385 (385 und 388 f.). *„In the end copyright is only a means of securing independence of authors and therefore a prerequisite of the freedom of expression.“*

1188 *Fechner*, Geistiges Eigentum und Verfassung, 1999, 344.

1189 *Fechner*, Geistiges Eigentum und Verfassung, 1999, 344.

gefördert werden. Die Meinungs- und die Pressefreiheit wirken sich auch für das Urheberrecht aus, denn sowohl die Ausgestaltung als auch die Anwendung des Urheberrechts haben sich an der verfassungsrechtlichen Wertentscheidung zu orientieren, wonach jedem die Freiheit gewährt ist, im Rahmen der verfassungsrechtlichen Grenzen eigene Ansichten darzustellen.[1190]

Vor dem Hintergrund dieser Überlegungen ist in Bezug auf oben erneut zu erkennen[1191], dass auch die Gewährung eines ausschließlichen immateriellen Rechts wie dem Urheberrecht nach UrhG, der geistigen Auseinandersetzung und damit dem Kommunikations- und Willensbildungsprozess dienen kann. Denn durch den *ipso iure* entstehenden Schutz eines urheberrechtlichen Werks ist auch gewährleistet, dass die in diesem Werk verkörperten Sichtweisen dem Urheber zuerkannt werden, sobald dieser sich für eine Veröffentlichung entscheidet. Ein sich Rühmen fremden Gedankenguts wird so vom Gesetzeszweck unterbunden, aber die Auseinandersetzung mit demselben ermöglicht.

ii. Schranken

Aus der Strukturfunktion *Netanels* folgt, dass die Rechtfertigung für das Urheberrecht sowie seine Beschränkung auf demselben Grund beruhen. Das Ausschließlichkeitsrecht des Urhebers wird zum Zwecke der Förderung des Kommunikationsprozesses, das heißt zum Zweck der Information und des Austauschs gewährt. Soweit es diesen hindert, würde es nicht gewährt.

In dieser Absolutheit ist dieser Ansatz nach dem deutschen UrhG nicht übertragbar. Denn dieses dient primär nicht einem gesamtgesellschaftlichen Zweck, sondern dem Schutz des Urhebers.[1192]

Es konnte aber normativ festgestellt werden, dass auch das Ausschließlichkeitsrecht des Urhebers so ausgestaltet ist, dass der Urheber möglichst zum geistigen Austausch mit seinem Werk beiträgt (C.II.[1193]). Daraus folgt, dass der Gesetzgeber zum UrhG durchaus gesehen hat, dass die Gefahr einer Behinderung geistiger Auseinandersetzung durch Gewährung des Urheberrechts entstehen könnte, und ist dieser Gefahr im Wege eines gesetzgeberisch vorgenommenen Interessenausgleichs in den Schrankenregelungen begegnet.

Das in einer demokratisch verfassten Gesellschaft bestehende Informationsbedürfnis kann nur befriedigt werden, wenn sich die Allgemeinheit „*von der*

1190 *Fechner*, Geistiges Eigentum und Verfassung, 1999, 345.

1191 Vgl. siehe oben: C.II.

1192 Vgl. siehe oben: C.IV.

1193 S. 114 ff.

Richtigkeit der ihm übermittelten Information selbst anhand von Belegen, Briefen, Dokumenten und sonstigen Unterlagen überzeugen" kann.[1194] Es wurde bereits darauf hingewiesen, dass das Urheberrecht auf dieses berechtigte Verlangen ebenso eine Antwort bereithalten muss, wie es dies für die berechtigten Interessen der Urheber tut.[1195] Das UrhG ist jedenfalls nicht dazu konzipiert, die freie Rede einzuschränken.

iii. Zwischenergebnis

Dem UrhG kann normativ kein demokratietheoretischer Zweck entnommen werden. Dennoch ist auch das UrhG Teil der demokratischen Verfassungsordnung und als solcher muss gerade das UrhG Antworten auf die aus einem Ausschließlichkeitsrecht an einem Immaterialgut erwachsene Gefahr der Einschränkung der freien Rede finden.

2. Bedeutung der Demokratie für das UrhG

Das UrhG in der jetzigen Form könnte von einer demokratischen Staatsform abhängig sein, da es auf den freien und offenen Kommunikations- und Willensbildungsprozess angewiesen ist.

Wenn das UrhG so angewendet wird, wie es sich der Gesetzgeber vorgestellt hat, nämlich zwischen Privatrechtssubjekten, dann bestehen eine Vielzahl an Beschränkungen des Urheberrechts, um die Schaffung von neuen Werken zu erleichtern und zu begünstigen.[1196] Es wird vertreten, dass urheberrechtliche Beschränkungen „*in dieser Phase den Urhebern selbst am meisten zu Nutze kommen*"[1197]. Dies wird umso deutlicher, wenn man die Entwicklung eines Werkes als einen Prozess begreift, der in der Schaffung eines neuen Werkes mündet. Unmittelbar wenn das Werk veröffentlicht wird, entsteht zugleich die Zitatfreiheit und die Freistellung des Gebrauchs zu Zwecken der Parodie und der Kritik.[1198] Auch

---

1194 *Löffler*, Das Grundrecht auf Informationsfreiheit als Schranke des Urheberrechts, NJW 1980, 201.

1195 Vgl. siehe oben: B.IV.

1196 *Senftleben*, Grundprobleme des urheberrechtlichen Dreistufentests, GRUR Int 2004, 200 (211).

1197 *Geiger*, Die Schranken des Urheberrechts als Instrumente der Innovationsförderung – Freie Gedanken zur Ausschließlichkeit im Urheberrecht, GRUR Int 2008, 459 (463 insb. auch Fn. 39).

1198 Es kommt nicht auf die Werkschaffung an, was man bei *Senftleben* so verstehen könnte: *Senftleben*, in: Interessenausgleich im Urheberrecht, 1. Aufl. 2004 159 (167).

ein Wissenschaftler ist bei seiner Auseinandersetzung darauf angewiesen, dass er den exakten Wortlaut eines unter Umständen urheberrechtlich geschützten Werkes zitieren kann. Ebenso verhält es sich im inhaltlichen Meinungsstreit. Es handelt sich um eine immense Arbeitserleichterung, wenn solche Übernahmen im Wege der Zitatfreiheit frei sind und keine Lizenz erworben werden muss. Die Freiheit, ein anderes Werk zu parodieren oder zu kritisieren, kann als *„werkermöglichend"* beschrieben werden.[1199] Freilich würden eine Reihe von Urhebern nur zu gern die Parodie oder Kritik an ihren Werken verbieten. Hätten aber die Urheber die Kontrolle darüber, über die genannten Nutzungsformen zu entscheiden, wäre erstens der Sinn und Zweck der Einräumung dieser Freiheiten nicht mehr erreicht – nämlich die geistige Auseinandersetzung – und zweitens dürfte dies zu einem Verschwinden der Kunstform der Parodie führen. Sowohl die Parodie als auch die Kritik sind nicht nur dazu bestimmt, den Prozess der Werkschöpfung zu fördern. Diese fördern die geistige Auseinandersetzung in der Gesellschaft im besonderen Maße, denn sie bauen auf bereits Bestehendem in kenntlicher Weise auf und fordern so den Adressaten, sich mit verschiedenen Ansichten auseinanderzusetzen.[1200] So gesehen sind sie konstitutiver Teil des freien und offenen Meinungs- und Willensbildungsprozesses und damit konstitutiver Teil der Demokratie.

Außerdem muss auch der Urheber selbst ein Interesse an einer ganzen Reihe von Schrankenbestimmungen haben. Diese wirken unmittelbar werkschöpfend (Zitatfreiheit und die Freiheit zugunsten der Parodie und Kritik eines Werkes) und -ermöglichend. Die zugunsten von Bibliotheken und Archiven normierten Schranken ermöglichen den unerlässlichen Rückgriff auf vorbestehende Werke. Die zugunsten des Unterrichtsgebrauchs normierten Schranken fördern die Entdeckung und Entwicklung kreativen Potenzials und sind damit indirekte Förderer der Werkschöpfung.[1201] In anderen Worten: *„Zur optimalen Förderung"* geistiger Auseinandersetzung leisten die Schranken *„einen zentralen Beitrag"*.[1202]

Die Informationsfreiheit aus Artikel 5 Absatz 1 GG ist für den Urheber zwar nicht in Bezug auf die Äußerung und Verbreitung seines Werkes von Relevanz, wohl aber bei der Frage nach Materialbeschaffung.[1203] Normen, die Ausfluss der Informationsfreiheit darstellen (§§ 48, 49 und 5 UrhG), sind für den freiheitlich

---

1199 *Senftleben*, in: Interessenausgleich im Urheberrecht, 1. Aufl. 2004 159 (167).
1200 *Senftleben*, in: Interessenausgleich im Urheberrecht, 1. Aufl. 2004 159 (167).
1201 *Senftleben*, in: Interessenausgleich im Urheberrecht, 1. Aufl. 2004 159 (169).
1202 *Senftleben*, in: Interessenausgleich im Urheberrecht, 1. Aufl. 2004 159 (169).
1203 *Fechner*, Geistiges Eigentum und Verfassung, 1999, 348.

demokratischen Verfassungsstaat konstitutiv und damit im Interesse von Jedermann, der in dieser Ordnung leben möchte. Jeder Schöpfer, der auf allgemein zugängliche Quellen angewiesen ist, etwa der Journalist oder der Sachbuchautor, beruft sich in seiner Tätigkeit auf die Informationsfreiheit.[1204] Hierdurch ist die freie Werkschöpfung des Urhebers gesichert.[1205] Die Wissenschaftsfreiheit aus Artikel 5 Absatz 3 GG ist allerdings bei der Informationsermittlung für den Wissenschaftler als *lex specialis* einschlägig.[1206] So, wie sich aber ein Urheber auf die Informationsfreiheit für sein eigenes Schaffen berufen kann, wird sein Recht am Werk wieder begrenzt, wenn es eine allgemein zugängliche Quelle darstellt. Das urheberrechtliche Werk unterliegt dann nennenswerten ureigenen Interessen der Urheber.

Das UrhG in der jetzigen Form wäre ohne eine demokratische Staatsform nach alldem sicherlich nicht denkbar. Das UrhG sollte aus diesem Grund so ausgestaltet werden, dass es dem Staat nicht länger die Möglichkeit eröffnet, die Aufdeckung von Missständen zu verhindern. Hier besteht über die in materiellrechtlicher Hinsicht bereits diskutierte verfassungskonforme Auslegung von und einer wörtlichen Anpassung des § 50 UrhG sowie die auf prozessualer Ebene diskussionswürdige Frage, ob staatliche Stellen ein berechtigtes Interesse zur Rechtsdurchsetzung des Urheberpersönlichkeitsrechts geltend machen können hinaus Handlungsbedarf. Es herrscht insgesamt Rechtsunsicherheit auf Seiten der Nutzer.

Im Grundsatz könnte eine Klärung bereits mit der gesetzgeberischen Ist-Situation gelingen. Gerade im Urteil des BGH in Sachen Afghanistan Papiere II[1207] zeigt sich, dass das UrhG in verfassungskonformer Auslegung auch Antworten kennt, die nicht nur dem Ausschließlichkeitsrecht den Vortritt gewähren. Allerdings hat das UrhG keine ausdrückliche Antwort auf ein gegebenenfalls besonderes öffentliches Informationsinteresse. Da das UrhG als individualistisch

---

1204 Zur Frage, ob die urheberrechtlichen Regelungen dem Informationsinteresse der Allgemeinheit in verfassungsgemäßer Weise Rechnung tragen *Löffler*, Das Grundrecht auf Informationsfreiheit als Schranke des Urheberrechts, NJW 1980, 201. Bejahend: *Fechner*, Geistiges Eigentum und Verfassung, 1999, 350.

1205 *Geiger*, Die Schranken des Urheberrechts als Instrumente der Innovationsförderung – Freie Gedanken zur Ausschließlichkeit im Urheberrecht, GRUR Int 2008, 459 (463). *Geiger* plädiert unter Berufung auf Kunstformen wie das Sampling dafür, darüber nachzudenken, „*eine breitere Schranke für kreative Nutzungen einzuführen und in diesem Bereich das Verbotsrecht in einen Vergütungsanspruch umzuwandeln.*“

1206 *Fechner*, Geistiges Eigentum und Verfassung, 1999, 348.

1207 BGH, Urteil vom 30.04.2020, I ZR 139/15; GRUR-RS 2020, 12514.

konzipiertes Gesetz von Grund auf unterschiedlich zu einem kollektivistischen Modell aufgebaut ist, kann es nach dem UrhG keine Regel geben, wonach das Ausschließlichkeitsrecht nur soweit reichen könne, wie es dem zugrundeliegenden Zweck – etwa der Demokratieförderung – dient, womit etwa das Veröffentlichen und Verbreiten von Missständen aufdeckenden Dokumenten frei wäre oder jedenfalls staatliche Stellen hiergegen nicht vorgehen dürften. Dem vorgestellten Ansatz *Netanels* folgend, bestünde vermutlich noch nicht einmal das Urheberrecht an diesen fraglichen Dokumenten. Aus den vorgenannten Überlegungen ergibt sich, dass, wegen der Besonderheit, dass in den Beispielsfällen nicht zwei Privatpersonen miteinander im Rechtsstreit stehen, nach einer Konsequenz für die Aktivlegitimation des Staates gemäß § 97 UrhG zu suchen ist.

III. Lösungsvorschlag: Anpassung des § 97 UrhG

Für den Fall der Geltendmachung urheberrechtlicher Ansprüche durch staatliche Stellen in Bezug auf staatliche Dokumenten sollte eine Gesetzesänderung vorgenommen werden. Dies ergibt sich aus dem Umstand, dass das UrhG keine staatspolitischen Geheimhaltungsinteressen schützt, und daraus, dass das Grundgesetz und die EU-Verträge die Demokratie als Staatsform vorgeben und diese von einem freien und offenen Meinungs- und Willensbildungsprozess abhängt. Hinzukommt, dass der Gesetzgeber bei Schaffung des UrhG die Konstellation der Beispielsfälle scheinbar nicht vor Augen hatte. Dass sich staatliche Stellen hier auf Urheberrecht berufen können, scheint ein Zufall zu sein.

Die Gesetzesänderung hat nicht beim materiellrechtlichen Werkschutz sondern der prozessualen Geltendmachung von Urheberrecht anzusetzen. Denn die Entstehung urheberrechtlichen Schutzes beim Urheber ist unmittelbar Ausfluss aus den Grundrechten. Träger dieser Grundrechte ist der sich auf das Urheberrecht seiner Beamten berufene Staat aber nie.

In Bezug auf die Nutzungsrechte gilt Folgendes: Gemäß § 97 Absatz 1 UrhG ist aktivlegitimiert, wer Inhaber der Urheber- beziehungsweise Nutzungsrechte ist. Wie oben gesehen gilt für die Geltendmachung der auf dem Urheberpersönlichkeitsrecht beruhenden Rechtspositionen im Wege der gewillkürten Prozessstandschaft, dass das hierfür erforderliche eigene berechtigtes Interesse angenommen wird, wenn der Ausgang des Prozesses einen Einfluss auf die Rechtsstellung des Prozessführungsbefugten hat. Ein eigenes berechtigtes Interesse der staatlichen Stellen wird angenommen, wenn diese Verletzungen des

Urheberpersönlichkeitsrechts geltend machen, die sich auf derivativ eingeräumte Nutzungsrechte beziehen.[1208]

Es macht also nach der jetzigen Gesetzeslage keinen Unterschied, ob der Urheber als ein originär Berechtigter oder ein derivativ Berechtigter, wie in den Beispielsfällen staatliche Stellen, aus dem Urheberrecht vorgeht.[1209] Jedenfalls in den hier diskutierten Beispielsfällen macht es aber nach hier vertretener Auffassung durchaus einen Unterschied, ob es der Urheber ist, der gegen etwaige Nutzer vorgeht oder aber, ob es ein derivativ Berechtigter ist, der sich zwar gegebenenfalls auf erworbene Nutzungsrechte berufen kann, diese aber nicht grundrechtlich abgesichert sind. Umso mehr gilt dies für das Urheberpersönlichkeitsrecht, dessen Inhaber der derivativ Berechtigte nie sein wird; dessen Ausübung dem derivativ Berechtigten allenfalls gestattet sein wird.[1210] Es macht jedenfalls vor dem Hintergrund des individualistisch geprägten UrhG einen Unterschied, ob urheberrechtlicher Schutz vom originär Berechtigten geltend gemacht wird oder von einem derivativ Berechtigten. Nur der originär Berechtigte kann sich auf die philosophische Begründung stützen, die dem UrhG zugrundeliegt. Zudem ist an dieser Stelle erneut der Blick auf den Sinn und Zweck des Urheberrechts und den Umstand zu richten, dass sich staatliche Stellen nicht auf zugrunde liegende Grundrechte berufen können.[1211]

Hinzutritt eine aus dem Demokratieprinzip stammende Überlegung: Ein freier und offener Meinungs- und Willensbildungsprozess kann nur gewährleistet werden, wenn die Möglichkeit besteht, dass sich die Allgemeinheit informiert. Nur ein informierter Bürger kann die ihm im Kollektiv grundgesetzlich zugetragene „*Staatsgewalt*“ ausüben (Artikel 20 Absatz 2 Satz 1 GG). Dafür dass der Bürger diese ihm zugewiesene verfassungsrechtlich vorgesehene Aufgabe auch ausüben kann trägt der Staat auch eine Schutzpflicht. Die Befriedigung eines öffentlichen Informationsinteresses ist verfassungsrechtlich vorausgesetzt. Wenn der Staat sich auf das Urheberrecht beruft, um staatspolitische Geheimhaltungsinteressen zu wahren und um damit weitere Diskussion und den offenen und freien

1208 Vgl. siehe oben; F.I.

1209 *Leistner*, in: Schricker/Loewenheim, 6. Aufl. 2020 (§ 97 UrhG Rn. 43).

1210 Vor diesem Hintergrund geht ein Vorschlag in die Richtung die Aktivlegitimation staatlicher Stellen für den Bereich des Urheberpersönlichkeitsrechts auszuschließen: *Hauck*, Urheberrechtlicher Geheimnisschutz und seine Grenzen – Anmerkung zu BGH, Urteil vom 30.4.2020 Az. I ZR 139/15 Afghanistan Papiere II, ZUM 2020, 769 (776).

1211 In Anlehnung an: *Düwel*, Das Urheberrecht als Mittel staatlicher Geheimhaltung, 2020, 267 f.

Kommunikations- und Willensbildungsprozess zu unterbinden, dann bedarf das Gesetz der Korrektur. Diese Argumentation verkennt nicht, dass die Intention einer staatlichen Stelle, die sich auf das Urheberrecht beruft, auch durchaus im Dienst des freiheitlich demokratischen Rechtsstaats sein kann: Erinnert sei an dieser Stelle erneut an den Freistaat Bayern, der von 1945 bis zum Ende der urheberrechtlichen Schutzfrist 2015 die Urheber- und Verlagsrechte an nationalsozialistischen Propagandaschriften, insbesondere an *Hitlers „Mein Kampf"*, nutzte, um damit die Verbreitung nationalsozialistischen Gedankenguts im In- und Ausland zu verhindern.[1212] Die subjektive Intention kann aber aus rechtlicher Sicht nach hier vertretener Auffassung keinen Unterschied machen.[1213] Erschwerend kommt hinzu, dass das Urheberrecht im Grundsatz die Form und nicht den Inhalt schützt. Ideen sind frei und müssen es für die in einem demokratischen Verfassungsstaat notwendige geistige Auseinandersetzung auch bleiben. Gerade im vor dem OLG München zu *Hitlers „Mein Kampf"* verhandelten Fall ging es dem Antragsteller bezeichnenderweise auch gerade darum, *„mit einem Mythos auf*[zu]*räumen"*.[1214] Wörtlich heißt es im Tatbestand des Urteils, in dem aus der infrage stehenden Publikation zitiert wird: *„Mein Kampf‹ ist ein ermüdendes und dumpfes Buch, das einen geheimnisvollen Ruf und unberechtigte Bedeutsamkeit erlangen konnte, weil es versteckt, verboten und verbannt wurde. In diesem Heft finden Sie Auszüge aus ›Mein Kampf‹ mit detaillierten Erläuterungen und Analysen. Lesen Sie es. Machen Sie sich ihr eigenes Bild. Damit wir endlich den Mythos von ›Mein Kampf‹ begraben können.*"[1215] Mit der Entscheidung für eine demokratische Staatsform geht nicht nur zwingend ein herrschaftsfreier öffentlicher Diskurs einher, welcher insbesondere durch die Freiheit der Kommunikation und die Gleichheit der Bürger gewährleistet wird.[1216] Mit der Entscheidung geht darüber hinaus auch das Vertrauen in den einzelnen Bürger einher, den herrschaftsfreien, öffentlichen Diskurs auszuüben. Die Regeln für den herrschaftsfreien, öffentlichen Diskurs gelten in einem Rechtsstaat ebenfalls für Inhalte, die sich selbst gegen die freiheitlich demokratische Grundordnung richten: Gerade hierbei handelt es sich um die zivilisatorische Errungenschaft

---

1212 OLG München, Urteil vom 14.06.2012, 29 U 1204/12; ZUM-RD 2012, 479; Oberster Gerichtshof (Schweden), Urteil vom 21.12.1998, B 4367-97; GRUR Int 1999, 625; Pretura di Bologna, Entscheidung vom 20.04.1971, GRUR Int 1972, 57. Vgl. bereits oben: D.III.

1213 Vgl. oben: kein subjektives Element E.I.3.a).

1214 OLG München, Urteil vom 14.06.2012, 29 U 1204/12; ZUM-RD 2012, 479.

1215 OLG München, Urteil vom 14.06.2012, 29 U 1204/12; ZUM-RD 2012, 479.

1216 Vgl. bereits oben A.II.3 und A.II.4.

des demokratischen und wehrhaften Verfassungsstaats. Daher kann es keinen Unterschied machen, ob sich staatliche Stellen auf das Urheberrecht berufen, um die Verbreitung antidemokratischer Schriften und damit verfassungsfeindlichen Materials zu unterbinden, oder ob sie dies tun, um unliebsame Berichterstattung zum Schweigen zu bringen. Ein solches Vorgehen widerspricht immer dem Sinn und Zweck des Urheberrechts, welches auch zur Förderung geistiger Auseinandersetzung bestimmt ist[1217] und nicht der Geheimhaltung[1218] dient. Der Gesetzgeber hat die Entscheidung getroffen, die Verbreitung verfassungsfeindlichen Gedankenguts durch das Strafrecht zu verhindern.[1219] Der wehrhafte freiheitlich demokratische Verfassungsstaat muss auch den Umgang mit Inhalten aushalten, die sich gegen seine Ordnung richten. Das Urheberrecht darf nicht dazu genutzt werden, an die Stelle des fragmentarisch geregelten Strafrechts zu treten. Das ist nicht seine Aufgabe. Sollte seitens der Legislative der Wunsch bestehen, staatlichen Stellen eine weitere Handhabung für diese Fälle an die Hand zu geben, so muss sie ein neues Gesetz erlassen. Das UrhG bestimmt *de lege lata*, dass der Urheberrechtsschutz staatspolitische Geheimhaltungsinteressen überlagert.

Mit Blick auf das Urheberrecht ist vor diesem Hintergrund und unter Bezugnahme auf das oben unter F.I.3 gefundene Ergebnis[1220] § 97 Absatz 1 UrhG zu modifizieren. Oben wurde bereits festgehalten, dass nach geltendem Recht staatliche Stellen hinsichtlich der Nutzungsrechte als derivativ Berechtigte stets aktivlegitimiert sind und in Bezug auf urheberpersönlichkeitsrechtliche Belange das für eine gewillkürter Prozessstandschaft erforderliche berechtigte Interesse zwar im Einzelfall festgestellt werden muss dies bislang in der Praxis jedoch stets bejaht wurde. Insgesamt sollte § 97 UrhG wie folgt geändert werden:

> *„Wer das Urheberrecht oder ein anderes nach diesem Gesetz geschütztes Recht widerrechtlich verletzt, kann von dem Verletzten auf Beseitigung der Beeinträchtigung, bei Wiederholungsgefahr auf Unterlassung in Anspruch genommen werden.* ***Dies gilt nicht, wenn der Anspruchsinhaber nach Satz 1 eine staatliche Stelle ist und das Urheberrecht oder ein anderes nach diesem Gesetz geschütztes Recht für staatspolitische Geheimhaltungsinteressen genutzt wird.*** *Der Anspruch auf Unterlassung besteht auch dann, wenn eine Zuwiderhandlung erstmalig droht.“*

1217 Vgl. siehe oben: C.IV.

1218 Vgl. siehe oben: B.II.4.

1219 A.A.: OLG München, Urteil vom 14.06.2012, 29 U 1204/12; ZUM-RD 2012, 479 (485); *Lerach*, Urheberrechtlicher Geheimnisschutz, GRUR-Prax 2020, 299 (301).

1220 Vgl. siehe oben: F.I.3.

Dieser Gesetzgebungsvorschlag unterbindet die Aktivlegitimation des Staates zur Wahrnehmung von Urheberrechten, wenn diese aus Gründen staatspolitischer Geheimhaltungsinteressen genutzt werden. Hinsichtlich der Nutzungsrechte, hinsichtlich derer staatliche Stellen als derivativ Berechtigte bislang stets aktivlegitimiert sind, müsste die Intention geprüft werden, warum sich auf das Urheberrecht im konkreten Fall berufen werden soll. Gleichwohl ist dieser Gesetzgebungsvorschlag als Ausnahmeregel konzipiert und macht dadurch staatliche Stellen nicht per se die Aktivlegitimation streitig. Diese Voraussetzung würde die Prüfung nach der Intention gerade ins Prozessrecht verlagern und damit nicht im Widerspruch zu der Systematik der Rechte des *geistigen Eigentums*, die ein subjektives Element nicht kennen, stehen.[1221] Auch in Bezug auf urheberpersönlichkeitsrechtliche Belange würde man über den neuen Satz 2 nicht hinweg kommen. Die in prozessrechtlicher Hinsicht notwendige gewillkürte Prozessstandschaft erfordert ein *berechtigtes Interesse*, um das Urheberpersönlichkeitsrecht prozessrechtlich durchzusetzen. Ein solches müsste man bei einer derart deutlichen legislativen Entscheidung in Satz 2 jedenfalls bei der Verfolgung staatspolitischer Geheimhaltungsinteressen auf Seiten von staatlichen Stellen verneinen müssen.

Diese legislative Änderung würde mit EU-Recht nicht in Konflikt geraten, da es sich hier gerade nicht um eine außerhalb der Schrankenregelungen nachgeschaltete allgemeine Grundrechtsabwägung bei der Frage des Werkschutzes handelt. Vielmehr würde eine solche Regel dem im Grundgesetz und in den EU-Verträgen kodifizierten Demokratieprinzip sowie dem durch die Kommunikationsgrundrechte geschützten öffentlichen Informationsinteresse Rechnung tragen und einen Gebrauch des Urheberrechts auf eine Weise, die mit dem Schutzzweck des Urheberrechts nichts zu tun hat, versagen. Sollte trotz § 43 UrhG doch der Fall eintreten, in dem der einzelne Beamte sich in seinem Urheberrecht – insbesondere Urheberpersönlichkeitsrecht – verletzt sieht, ist zu beachten, dass ein *„Rest persönlichkeitsrechtlicher Kontrolle"* stets beim Urheber verbleibt und nicht auf den Dienstherrn übergeht.[1222] Sollte sich der Beamte in diesem Teil verletzt sehen, bleibt ihm persönlich stets der Rechtsweg offen. Weder wird der natürlichen Person, dem Beamten, durch eine solche Gesetzesänderung sein grundrechtlich verbürgtes Urheberrecht noch die Möglichkeit der prozessualen Durchsetzung genommen.[1223]

1221 Vgl. siehe oben: E.I.3.a).

1222 *Peukert*, in: Handbuch des Urheberrechts, 3. Aufl. 2021 (§ 16 Rn. 13).

1223 Aus diesem Grund geht der Vorschlag noch weiter als der, wonach die Aktivlegitimation im Fall der Ausübung von Urheberpersönlichkeitsrechten allein den Urhebern

G. Ausblick

Im ersten Teil der Arbeit wurde erarbeitet, dass das UrhG auch gesamtgesellschaftlichen Zwecken, konkret der geistigen Auseinandersetzung, dient. Aus dem zweiten Teil ergab sich, dass sich staatliche Stellen auf von ihren Beamten derivativ erworbenes eigenes Urheberrecht berufen und dabei die geistigen Auseinandersetzungen mit dem Werk konterkarieren. Das UrhG ermöglicht *de lege lata*, dass sich staatliche Stellen des Urheberrechts bedienen können, um eine Geheimhaltung sicherzustellen. Zugleich verstößt dies aber gegen die verfassungsrechtliche Vorgabe eines offenen Meinungs- und Willensbildungsprozesses.

Will der Gesetzgeber die Möglichkeit eröffnen, dass geleakte Dokumente aus der Sphäre staatlicher Stellen von staatlicher Seite wieder „*kassiert*" werden können, so ist das UrhG das falsche Gesetz zur Durchsetzung solcher Interessen. Allerdings findet sich zurzeit im UrhG keine Lösung, die den Nutzern Rechtssicherheit verspricht. Dies mag man in Bezug auf Privatrechtsubjekte, die sich auf Kosten des Informationsflusses und damit des offenen und freien Kommunikations- und Willensbildungsprozess auf Urheberrecht berufen, unter Berücksichtigung der philosophischen Begründung des Urheberrechts und seiner historischen Entwicklung, sowie die für das Privatrechtssubjekt streitenden Grundrechte hinnehmen. Es handelt sich jedoch nach hier vertretener Auffassung, um keine haltbare Situation, wenn staatliche Stellen aus Gründen der Geheimhaltung Kommunikation über staatliche Dokumente unterbinden. Der Gesetzgeber sollte tätig werden. Dabei muss er sowohl den verfassungsrechtlich geschützten offenen und pluralen Meinungs- und Willensbildungsprozess, und damit auch die Förderung der geistigen Auseinandersetzung beachten, als auch das Vertrauen der Bürger in den Staat und das mit der Entscheidung für eine Demokratie einhergehende Mindestmaß an Transparenz. Daraus folgt, dass sich staatliche Stellen nicht aus Gründen, die nicht vom Urheberrecht geschützt werden, auf das Urheberrecht berufen können sollte. Dies gilt umso mehr, als die dem Urheberrecht zugrundeliegenden Grundrechte nicht für den Staat streiten. Eine Anpassung der Aktivlegitimation staatlicher Stellen ist aus diesen Gründen

---

persönlich zustehen sollte; es sei denn, eine urheberrechtsspezifische Verletzung ist tatsächlich gegeben. So der Vorschlag von: *Hauck*, Urheberrechtlicher Geheimnisschutz und seine Grenzen – Anmerkung zu BGH, Urteil vom 30.4.2020 Az. I ZR 139/15 Afghanistan Papiere II, ZUM 2020, 769 (776).

das richtige Mittel, um der unter einem demokratischen Blickwinkel unhaltbaren Situation und dem damit einhergehenden Vorwurf des *„Zensurheberrechts"* gerecht zu werden. Dies gilt umso mehr vor dem Hintergrund der historischen Entwicklung und den dem Urheberrecht zugrundeliegenden Gedanken der Aufklärung: Es handelt sich um ein Ausschließlichkeitsrecht, welches dem Urheber in materieller und geistiger Hinsicht Unabhängigkeit von einer staatlichen (oder wirtschaftlichen) Macht gewährt. Es ist von herausragender Bedeutung, dass diese dem Urheberrecht zugrundeliegenden Werte und Grundgedanken nicht dem Zufall überlassen werden. Diese Werte müssen sich aber nicht nur im materiellen Recht wiederfinden, sondern ebenso bei der Frage, wer eigentlich befugt ist, Urheberrecht geltend zu machen.

Zurückkommend auf die eingangs aufgeworfene Thematik der Ansiedlung des Urheberrechts im Demokratiekontext ist einerseits zu erkennen, dass das Urheberrecht dazu bestimmt ist, dem Urheber zu dienen und seine verwertungs- und urheberpersönlichkeitsrechtlichen Interessen zu wahren. Um dies zu garantieren, wird dem Urheber ein Ausschließlichkeitsrecht gewährt und in Kauf genommen, dass dadurch zunächst eine geistige Auseinandersetzung hierüber beschränkt wird. Das Urheberrecht zielt aber andererseits nicht auf die Wahrung von staatlichen Geheimhaltungsinteressen. Das Berufen auf das UrhG zur Unterdrückung des Informationsflusses spricht gegen das Grundverständnis eines demokratischen Staates. Der gesetzlich voll anerkannte Schutz des Individualinteresses des Urhebers darf die auch im öffentlichen Interesse stehenden *„dienenden"* Kommunikationsgrundrechte nicht zu stark überlagern. Mit der Entscheidung für eine demokratische Staatsform geht zwingend ein herrschaftsfreier öffentlicher Diskurs einher, den der Staat zu garantieren hat. Wenn staatliche Stellen dies zu verhindern suchen, so muss wiederum ein solches Vorgehen unterbunden werden.

Literaturverzeichnis

Ahlberg Hartwig/Götting, Horst-Peter/Lauber-Rönsberg, Anne, BeckOK Urheberrecht, 34. Auflage, München, 2022

Ann, Christoph, Die idealistische Wurzel des Schutzes geistiger Leistungen, GRUR Int 2004, 597–603

Arnold, Claudius, Ist § 5 UrhG verfassungskonform? ZUM 1999, 283–290

Balganesh, Shyamkrishna, Debunking Blackstonian Copyright, Yale Law Journal 2009, Volume 118, 1126–1181

Bappert, Walter, Wege zum Urheberrecht, Frankfurt am Main, 1962

Bayreuther, Frank, Beschränkungen des Urheberrechts nach der neuen EU-Urheberrechtsrichtlinie, ZUM 2001, 828–839

Beater, Axel, Informationsinteressen der Allgemeinheit und öffentlicher Meinungsbildungsprozess, ZUM 2005, 602–612

von Becker, Bernhard, Parodiefreiheit und Güterabwägung. Das „Gies-Adler"-Urteil des BGH, GRUR 2004, 104–109

Becker, Lawrence C., Deserving to Own Intellectual Property, Chicago-Kent Law Review 1993, Volume 68, 609–629

Benkler, Yochai, Free as the Air to Common Use: First Amendment Constraints on Enclosure of the Public Domain, 1999, Volume 74, 354–446

Bergmann, Alfred, Die Zulassung der privaten Vervielfältigung durch § 53 UrhG – unvermeidbares Übel oder angemessener Interessenausgleich? 23–36, in: *Ahrens, Hans-Jürgen/ Bornkamm, Joachim/ Kunz-Hallstein, Hans P.,* Festschrift für Eike Ullmann, 2006

Bischoffshausen, Albrecht, Die ökonomische Rechtfertigung der urheberrechtlichen Schutzfrist, Baden-Baden, 2013

Bisges, Marcel, Ökonomische Analyse des Urheberrechts, ZUM 2014, 930–938

Bornkamm, Joachim, Ungeschriebene Schranken des Urheberrechts? Anmerkungen zum Rechtsstreit Botho Strauß/Theater Heute, 641–654, in: *Erdmann, Willi/ Gloy, Wolfgang/ Herber, Rolf,* Festschrift für Henning Piper, München, 1996

Brosius-Gersdorf, Frauke/Gersdorf, Hubertus, Kopftuchverbot für Rechtsreferendarin: Unanwendbarkeit des Neutralitätsgebots, NVwZ 2020, 428–432

Bullinger, Winfried/Stanley, Anna, Das Spannungsverhältnis zwischen Informationsfreiheit und Urheberrecht, GRUR-Prax 2015, 395–397

Callewaert, Johan, Die EMRK und die EU-Grundrechtecharta, EuGRZ 2003, 198–206

Calliess, Christian/ Ruffert, Matthias, EUV/AEUV. Das Verfassungsrecht der Europäischen Union mit Europäischer Grundrechtecharta, 6. Auflage, München, 2022

Cohen Jehoram, Herman, Urheberrecht und Freiheit der Meinungsäußerung, Rechtsmissbrauch und Standardschikane, GRUR Int 2004, 96–101

Cohen Jehoram, Herman, The Freedom of Expression in Copyright and Media Law, GRUR Int 1983, 385–389

Coombe, Rosemary J., Objects of Property and Subjects of Politics: Intellectual Property Laws and Democratic Dialogue, Texas Law Review 1991, Volume 69, 1853–1880

Coombe, Rosemary J., Author/izing the Celebrity: Publicity Rights, Postmodern Politics, and Unauthorized Genders, Cardozo Arts & Entertainment 1992, Volume 10, 365–395

Coombe, Rosemary J., Publicity Rights and Political Aspiration: Mass Culture, Gender Identity, and Democracy, New England Law Review 1992, Volume 26, 1221–1280

Danwerth, Christopher, Analogie und teleologische Reduktion – zum Verhältnis zweier scheinbar ungleicher Schwestern, ZfPW 2017, 230–249

Decker, Andreas/ Bader, Johann/ Kothe, Peter, BeckOK Migrations- und Integrationsrecht, 11. Auflage, München, 2022

Di Fabio, Udo, Urheberrecht und Kunstfreiheit unter digitalen Verwertungsbedingungen, München, 2018

Dietz, Adolf, Das Droit Moral des Urhebers im neuen französischen und deutschen Urheberrecht, München, 1968

Dietz, Adolf, Verfassungsklauseln und Quasi-Verfassungsklauseln zur Rechtfertigung des Urheberrechts – gestern, heute und morgen, GRUR Int 2006, 1–9

Dölemeyer, Barbara/Klippel, Diethelm, Der Beitrag der deutschen Rechtswissenschaft zur Theorie des gewerblichen Rechtsschutzes und Urheberrechts, in: Festschrift zum hundertjährigen Bestehen der Deutschen Vereinigung für Gewerblichen Rechtsschutz und Urheberrecht und ihrer Zeitschrift Band I, Weinheim, New York, 1991, 185

Dreier, Horst, Dreier Grundgesetz-Kommentar, 3. Auflage 2013

Dreyer, Gunda u.a., Dreyer/Kotthoff/Meckel/Hentsch Urheberrecht Kommentar, 4. Auflage, München, 2018

Dreier, Thomas, EuGH, Privatkopie und kein Ende? Anmerkung zu EuGH, Urteil vom 27. Juni 2013 – C-457/11 bis C-460/11, ZUM 2013, 769–775

Dreier, Thomas, Überlegungen zur Revision des Schrankenkatalogs der Richtlinie 2001/29/EG, GRUR Int. 2015, 648–657

Dreier, Thomas/ Schulze, Gernot, Dreier/Schulze Urheberrechtsgesetz, 7. Auflage, München, 2022

Dreier, Der Schrankenkatalog: Adäquate Zugangsregeln für die Wissensgesellschaft? Vortrag auf dem III. ZUM-Symposion »EU-Urheberrechtsreform – Ergebnisse und Analysen« des Instituts für Urheber- und Medienrecht am 1.2.2019 in München, ZUM 2019, 384–393

Dreier, Thomas/Leistner, Matthias, Urheberrecht im Internet: die Forschungsherausforderungen, GRUR-Beilage 2014, 13–28

Düwel, Timm, Das Urheberrecht als Mittel staatlicher Geheimhaltung, Baden-Baden, 2020

Edwards, Die Rechtmäßigkeit von Whistleblowing in der Öffentlichkeit nach der EMRK und nach deutschem Recht, Frankfurt am Main, 2017

Elkin-Koren, Niva/ Salzberger, Eli M., The Law and Economics of Intellectual Property in the Digital Age: The Limits of Analysis, Abingdon Oxon (UK), New York, 2013

Elkin-Koren, Niva, Cyberlaw and Social Change: a Democratic Approach to Copyright Law in Cyberspace, Cardozo Arts & Entertainment 1996, Volume 14, 216–297

Elster, Alexander, Der Schutz des Geisteswerkes als Ausgleich zwischen Urheber und Allgemeinheit, UFITA 1931, 215–257

Epping, Volker/ Hillgruber, Christian, BeckOK Grundgesetz, 50. Auflage, München, 2022

Fechner, Frank, Geistiges Eigentum und Verfassung, Tübingen, 1999

Fezer, Karl-Heinz/ Büscher, Wolfgang/ Obergfell, Eva Inés, Lauterkeitsrecht: UWG, 3. Auflage, München, 2016

Fischer, Detlev, Die urheberrechtliche Schutzfähigkeit gerichtlicher Leitsätze, NJW 1993, 1228–1233

Flechsig, Norbert/ Heinrich, Bernd, § 95 Strafvorschriften, in: *Loewenheim, Ulrich*, Handbuch des Urheberrechts, 3. Auflage, München, 2021

Francioni, Francesco, An International Bill of Rights: Why It Matters, How Can It be Used, Texas International Law Journal 1997, Volume 32, 471–482

Fromm, Friedrich Karl/ Nordemann Wilhelm, Fromm/Nordemann Urheberrecht, 12. Auflage, Stuttgart, 2018

Geiger, Christophe, Die Schranken des Urheberrechts als Instrumente der Innovationsförderung – Freie Gedanken zur Ausschließlichkeit im Urheberrecht, GRUR Int 2008, 459–468

Geiger, Christophe, Paris District Court (Tribunal de grande instance), April 30, 2004, IIC – International Review of Intellectual Property and Competition Law 2005, 148158

Geiger, Christophe, Der urheberrechtliche Interessenausgleich in der Informationsgesellschaft – Zur Rechtsnatur der Beschränkungen des Urheberrechts, GRUR Int 2004, 815–821

Geiger, Christophe, Die Schranken des Urheberrechts im Lichte der Grundrechte – zur Rechtsnatur der Beschränkung des Urheberrechts, 143–157, in: *Hilty, Reto M./Peukert, Alexander*, Interessenausgleich im Urheberrecht, Baden-Baden, 2004

Gersdorf, Hubertus/ Paal, Boris P., BeckOK Informations- und Medienrecht, 35. Auflage, München, 2021

von Gierke, Otto, Die soziale Aufgabe des Privatrechts, Berlin, Heidelberg, 1889

von Gierke, Otto, Deutsches Privatrecht Band I: Allgemeiner Teil und Personenrecht, Leipzig u.a., 1895

Gieseke, Ludwig, Vom Privileg zum Urheberrecht: die Entwicklung des Urheberrechts in Deutschland bis 1845, Baden-Baden, 1995

Glossner, Silke/ Leupold, Andreas, Münchener Anwaltshandbuch IT-Recht, 3. Auflage, München, 2013

Goldhammer, Michael, Berichterstattung im Lichte des europäischen Grundrechtsverbunds – Anmerkung zu BGH, Urteil vom 30.4.2020, Aktenzeichen I ZR 228/15, ZUM 2020, 787–790

Goldhammer, Michael, Realitäten europäischer Kommunikationsgrundrechte und der lange Arm des Urhebers – Anmerkung zu EuGH Spiegel Online/Beck, ZUM 2019, 727–731

Goldhammer, Michael, Geistiges Eigentum im Verfassungsstaat und darüber hinaus: öffentlich-rechtliche Skizzen aktueller Herausforderungen, 1–30, in: *Goldhammer, Michael/Grünberger, Michael/ Klippel, Diethelm*, Geistiges Eigentum im Verfassungsstaat: Geschichte und Theorie, Tübingen, 2016

Goldhammer, Michael, Grundrechtsberechtigung und -verpflichtung gemischtwirtschaftlicher Unternehmen, JuS 2014, 891–895

Götting, Horst-Peter, § 3 Verhältnis des Urheberrechts zu anderen Rechtsgebieten, § 30 Übersicht über die Schranken des Urheberrechts, in: *Loewenheim, Ulrich*, Handbuch des Urheberrechts, 2. Auflage, München, 2010

Grages, Jan-Michael, Verwaiste Werke, Tübingen, 2013

Grünberger, Michael, Zugangsregeln bei Verlinkungen auf rechtswidrig zugänglich gemachte Werke, ZUM 2016, 905–919

Grünberger, Michael, Bedarf es einer Harmonisierung der Verwertungsrechte und Schranken, ZUM 2015, 273–290

Grüneberg, München, 80. Aufl, 2021

Grzeszick, Bernd, Geistiges Eigentum und Art. 14 GG, ZUM 2007, 344–354

Gsell, Beata u.a. beck-online GROSSKOMMENTAR, München, Stand: 01.03.2022

Guibault, Lucie M.C.R., Copyright Limitations and Contracts: an Analysis of the Contractual Overridability of Limitations on Copyright, Hague, Boston, 2002

Gurlit, Elke, Informationsbeschaffung der Medien: Gegenüberstellung von presserechtlichen und allgemeinen Informationsansprüchen, AfP 2020, 9–20

Gurlit, Elke, Das Spannungsfeld von Transparenz und Geheimhaltung im demokratischen Staat, 157–170, in: *Botha, Henk/ Schaks, Nils/ Steiger, Dominik*, Das Ende des repräsentativen Staates? Demokratie am Scheideweg – The End of the Representative State? Democracy at the Crossroads, Baden-Baden, 2016

Hansen, Gerd, Warum Urheberrecht? Die Rechtfertigung des Urheberrechts unter besonderer Berücksichtigung des Nutzerschutzes, Baden-Baden, 2009

Hansen, Gerd/ Schmidt-Bischoffshausen, Albrecht, Ökonomische Funktionen von Verwertungsgesellschaften – Kollektive Wahrnehmung im Lichte von Transaktionskosten- und Informationsökonomik, GRUR Int 2007, 461–481

Haß, Gerhard, Zur Bedeutung der §§ 45 ff. UrhG für das Urheberstrafrecht, 127–138, in: *Herbst, Georg*, Festschrift für Rainer Klaka, 1987, München

Hau, Wolfgang/ Poseck, Roman, BeckOK BGB, 61. Auflage, München, 2022

Hauck, Ronny, Urheberrechtlicher Geheimnisschutz und seine Grenzen – Anmerkung zu BGH, Urteil vom 30.4.2020 Az. I ZR 139/15 Afghanistan Papiere II, ZUM 2020, 769–776

Hauck, Ronny/Fink, Katharina Theresia, Freiheit für das Glyphosat-Gutachten? Die Einschränkung öffentlich-rechtlicher Informationsansprüche durch das Veröffentlichungsrecht des Urhebers, GRUR-Prax 2019, 406–408

Hauck, Ronny, Kopieren oder Zitieren – Zur urheberrechtlichen Zulässigkeit des Samplings, GRUR-Prax 2019, 385

Hauck, Ronny, Urheberrechtsschutz für Wertermittlungsgutachten? Zur Zulässigkeit der Online-Veröffentlichung von Gutachten in Zwangsversteigerungsverfahren, ZUM 2011, 542–549

Hegel, Georg Wilhelm, Grundlinien der Philosophie des Rechts, Studienausgabe, Hamburg, 2017

Heinemann, Tobias, Die Verteilungspraxis der Verwertungsgesellschaften, Tübingen, 2017

Herdegen, Matthias, § 211 Grundrechte der Europäischen Union, in: *Isensee, Josef/ Kirchhof, Paul,* Handbuch des Staatsrechts, Band X, 3. Auflage, Heidelberg, 2012

Hilty, Reto, Urheberrecht in der Informationsgesellschaft: »Wer will was von wem woraus?« – Ein Auftakt zum »zweiten Korb«, ZUM 2003, 983–1006

Hirsch-Ballin, Ernst D., Zur Zwangslizenz im Urheberrecht, UFITA 1955, 274–299

Hoeren, Thomas/Düwel, Timm, Anmerkung zu EuGH, 29.7.2019 – C-469/17 – Afghanistan-Papiere, MMR 2019, 660–668

Hoeren, Thomas BGH, 1.6.2017 – I ZR 139/15 – Afghanistan Papiere, MMR 2017, 680–684

Hoeren, Thomas, Anmerkung zum Urteil EGMR, 10.1.2013 – 36769/08 Ashby Donald/ Frankreich, ZUM 2013, 797

Hoeren, Thomas/Herring, Eva Maria, WikiLeaks und das Erstveröffentlichungsrecht des Urhebers – Informationsfreiheit als externe Schranke des Urheberrechts? MMR 2011, 500–504

Hoeren, Thomas/Herring, Eva-Maria, Urheberrechtsverletzung durch WikiLeaks? Meinungs-, Informations- und Pressefreiheit vs. Urheberinteressen, MMR 2011, 143–148

Hoeren, Thomas, Urheberrecht und Verbraucherschutz. Überlegungen zum Gesetz über Urheberrecht in der Informationsgesellschaft, Gutachten im Auftrag von der Verbraucherzentrale Bundesverband e.V. in Berlin 2003

Hoeren, Thomas, Urheberrecht 2000 – Thesen für eine Reform des Urheberrechts, MMR 2000, 3–7

Hoffmann, Willy, Gedanken zur Systematik eines deutschen Urheberrechtsgesetzes, GRUR 1931, 706–713

Hofmann, Franz, § 46 Schranken des Urheberrechts, in: *Götting, Horst-Peter/ Meyer, Justus/ Vormbrock, Ulf,* Gewerblicher Rechtsschutz und Wettbewerbsrecht Praxishandbuch, 2. Auflage, Baden-Baden, 2020

Hofmann, Franz, Funktionswidriger Einsatz subjektiver Rechte, GRUR 2020, 915–923

Hofmann, Franz, Die Systematisierung des Interessenausgleichs im Urheberrecht am Beispiel des Rechts der öffentlichen Wiedergabe – Anmerkung zu EuGH, Urteil vom 7.8.2018 – C-161/17, ZUM 2018, 641–649

Hofmann, Franz, Kontrolle oder nachlaufender Rechtsschutz – wohin bewegt sich das Urheberrecht? GRUR 2018, 21–29

Hofmann, Phillip, Urheberrecht ist kein Instrument staatlicher Geheimhaltung, GRUR-Prax 2020, 264

Hohagen, Gisbert, Überlegungen zur Rechtsnatur der Kopierfreiheit, 353–368, in: *Bodewig, Theo* u.a., Perspektiven des geistigen Eigentums und Wettbewerbsrechts: Festschrift für Gerhard Schricker zum 70. Geburtstag, München, 2005

Hubmann, Heinrich, Das Recht des schöpferischen Geistes, Berlin, 1954

Jarass, Die Bedeutung der Unionsgrundrechte unter Privaten, ZEuP 2017, 310

Jarass, Hans D., Jarass Charta der Grundrechte der Europäischen Union: GRCh, 4. Auflage, München, 2021

von Jhering, Rudolph, Der Zweck im Recht I, Reprografischer Nachdruck der 4. Auflage, Leipzig, 1904

Erb, Volker/Schäfer, Jürgen, Münchner Kommentar zum StGB I, 4. Auflage, München, 2020

Jotzo, Florian, Urheberrechtliche Grenzen der Onlineberichterstattung, AfP 2019, 481–489

Katzenberger, Paul, Die Frage des urheberrechtlichen Schutzes amtlicher Werke, GRUR 1972, 686–695

Kelsen, Hans, Vom Wesen und Wert der Demokratie, Ditzingen, 2018

Kelsen, Hans, Was ist Gerechtigkeit? Stuttgart, 2016

Kindhäuser, Urs/ Neuman, Ulfrid/ Paeffggen, Hans-Ullrich, Strafgesetzbuch, 5. Auflage, Baden Baden, 2017

Kirchhof, Paul, Der Gesetzgebungsauftrag zum Schutz des geistigen Eigentums gegenüber modernen Vervielfältigungstechniken, Heidelberg, 1988

Klass, Nadine, Werkgenuss und Werknutzung in der digitalen Welt: Bedarf es einer Harmonisierung des Urheberpersönlichkeitsrechts, ZUM 2015, 290–308

Klass, Nadine, Das Urheberrecht in Arbeits- und Dienstverhältnissen, GRUR 2019, 1103–1114

Kloepfer, Michael, § 42 Öffentliche Meinung, Massenmedien, in: *Isensee, Josef/ Kirchhof, Paul*, Handbuch des Staatsrechts III, 3. Auflage, Heidelberg, 2005

Kohler, Das Autorrecht, Jena, 1880

Kohler, Josef, Urheberrecht an Schriftwerken und Verlagsrecht, Stuttgart, 1906

Kraetzig, Viktoria, Das Urheberrecht als Knebel vom 09.03.2020, https://www.faz.net/einspruch/exklusiv/wie-das-urheberrecht-als-zensurheberrecht-miss braucht-wird-16667102.html

Kraetzig, Viktoria, Reformistischer Aufbruch in Richtung „urheberrechtliche Interessenabwägung"?, GRUR 2020, 955–958

Krausnick, Daniel, Grundfälle zu Artikel 19 III GG, JuS 2008, 965–969

Kröger, Detlef, Enge Auslegung von Schrankenbestimmungen – wie lange noch? Zugang zu Informationen in digitalen Netzwerken, MMR 2002, 18–21

Kühling, Jürgen, § 28 Medienfreiheit (Rundfunk-, Presse- und Filmfreiheit), in: *Heselhaus, Sebastian M./ Nowak, Carsten,* Handbuch der Europäischen Grundrechte, 2. Auflage, München, 2020

Kukk, Alexander, Verfassungsgeschichtliche Aspekte zum Grundrecht der allgemeinen Handlungsfreiheit (Art. 2 Abs. 1 GG), Stuttgart, 2000

Larenz, Karl/Canaris, Claus-Wilhelm, Methodenlehre der Rechtswissenschaft, 3. Auflage, Berlin, Heidelberg, 1995

Lehmann, Michael, Eigentum, geistiges Eigentum, gewerbliche Schutzrechte – Property Rights als Wettbewerbsbeschränkungen zur Förderung des Wettbewerbs, GRUR Int 1983, 356–362

Leisner, Walter, § 173 Eigentum, in: Isensee, Josef/ Kirchhof, Paul, Handbuch des Staatsrechts Band VIII, 3. Auflage, Heidelberg, 2010

Leistner, Matthias, „Ende gut, alles gut" … oder „Vorhang zu und alle Fragen offen"? GRUR 2019, 1008–1015

Leistner, Matthias, Einheitlicher europäischer Werkbegriff auch im Bereich der angewandten Kunst, GRUR 2019, 1114–1120

Leistner, Matthias, Das Urteil des EuGH in Sachen »Funke Medien NRW/ Deutschland« – gute Nachrichten über ein urheberrechtliches Tagesereignis – Anmerkung zu EuGH, Urteil vom 29.7.2019 – C-469/17, ZUM 2019, 720–726

Leistner, Matthias/Hansen, Gerd, Die Begründung des Urheberrechts im digitalen Zeitalter: Versuch einer Zusammenführung von individualistischen und utilitaristischen Rechtfertigungsbemühungen, GRUR 2008, 479–490

Lerach, Mark, Urheberrechtlicher Geheimnisschutz, GRUR-Prax 2020, 299–301

Leval, Pierre N., Toward a Fair Use Standard, Harvard Law Review 1990, Volume 103, 1105–1136

Locke, John, Two Treatises of Government, London, 1824.

Loewenheim, Ulrich/Leistner, Matthias/ Ohly, Ansgar, Schricker/Loewenheim, 6. Auflage, München, 2020

Loewenheim, Ulrich/ Schricker, Gerhard, Schricker/Loewenheim, 4. Auflage, München, 2010

Löffler, Martin, Das Grundrecht auf Informationsfreiheit als Schranke des Urheberrechts, NJW 1980, 201–205

Ludwigs, Markus/Friedmann, Carolin, Die Grundrechtsberechtigung staatlich beherrschter Unternehmen und juristischer Personen des öffentlichen Rechts, NVwZ 2018, 22–28

Mafi-Gudarzi, Desinformation: Herausforderung für die wehrhafte Demokratie, ZRP 2019, 65–68

Mann, Roger, Urheberrecht vs. Presserecht – Wenn die „kleine Münze" zum scharfen Schwert wird, AfP 2015, 295–301

von Mangoldt, Hermann/Klein, Friedrich/Starck, Christian, Grundgesetz, Band I, 7. Auflage, München, 2018

Marl, Johannes, Der Begriff der Öffentlichkeit im Urheberrecht, Tübingen, 2017

Maunz, Theodor/ Dürig, Günter, Grundgesetz-Kommentar Band I, II, III, IV, VI, 95. Auflage, München, 2021

Merten, Detlef, Das konfuse Konfusionsargument, DÖV 2019, 41–47

Metzger, Axel, Rechtsgeschäfte über das Urheberpersönlichkeitsrecht nach dem neuen UrhebervertragsrechtUnter besonderer Berücksichtigung der französischen Rechtslage, GRUR Int 2003, 9–23

Meyer, Jürgen/ Hölscheidt, Sven, Charta der Grundrechte der Europäischen Union, 5. Auflage, Baden-Baden, 2019

Meyer-Ladewig, Jens/ Nettesheim, Martin/ von Raumer, Stefan, Europäische Menschenrechtskonvention, 4. Auflage, Baden-Baden, 2017

Nazari-Khanachayi, Arian, Rechtfertigungsnarrative des Urheberrechts im Praxistest: Empirie zur Rolle des Urheberrechts, Tübingen, 2016

Netanel, Neil Weinstock, Copyright's Paradox, Oxford, New York, 2008

Netanel, Neil Weinstock, Market Hierarchy on Copyright in Our System of Free Expression, Vanderbilt Law Review 2000, Volume 53, 1879–1930

Netanel, Neil Weinstock, Asserting Copyright´s Democratic Principles in the Global Arena, Vanderbilt Law Review 1998, Volume 51, 217–329

Netanel, Neil Weinstock, Copyright and a Democratic Civil Society, Yale Law Journal 1996, Volume 106, 283–387

Nieland, Holger, Urheberrecht vs. Pressefreiheit – Zur Lösung von Interessenkonflikten nach der „Ashby Donald"– Entscheidung des EGMR, K&R 2013, 285–288

Obergfell, Eva Inés, Josef Kohler – Werk und Wirkung auf dem Gebiet des Immaterialgüterrechts, ZEuP 2019, 499–517

Obergfell, Eva Inés/Hauck, Ronny, Klagen von Behörden. Urheberrecht ist keine Waffe gegen die Pressefreiheit, FAZ.NET v. 13.12.2019, https://www.faz.net/aktuell/feuilleton/debatten/urheberrecht-darf-nicht-missbraucht-werden-um-pressefreiheit-einzuschraenken-16532655.html

Obergfell, Eva Inés, Das originäre Verlegerrecht, GRUR 2019, 992–1003

Oberndörfer, Pascal, Die philosophische Grundlage des Urheberrechts, Baden-Baden, 2005

Ohly, Ansgar, Urheberrecht als Wirtschaftsrecht, 140–160, in: *Depenheuer, Otto/ Peifer, Karl-Nikolaus,* Geistiges Eigentum: Schutzrecht oder Ausbeutungstitel? Zustand und Entwicklungen im Zeitalter von Digitalisierung und Globalisierung, Berlin, 2008

Ohly, Ansgar, Geistiges Eigentum und Gemeinfreiheit: Forschungsperspektiven, 1–17, in: *Klippel, Diethelm/ Ohly, Ansgar,* Geistiges Eigentum und Gemeinfreiheit, Tübingen, 2007

Ohly, Ansgar, Geistiges Eigentum? Juristen Zeitung 2003, 545–554

Ossenbühl, Fritz, Verfassungsrechtliche Fragen der Beteiligung der Sendeunternehmen an den Vergütungen für private Ton- und Bildüberspielungen, GRUR 1984, 841–854

Pahud, Eric, Die Sozialbindung des Urheberrechts, Bern, 2000

Paulus, Andreas, § 247 Schutz des geistigen Eigentums, in: *Isensee, Josef/ Kirchhof, Paul*, Handbuch des Staatsrechts Band XI, 3. Auflage, Heidelberg, 2013

Peifer, Karl-Nikolaus, Die urhebervertragsrechtlichen Normen in der DSM-Richtlinie, ZUM 2019, 648–658

Peukert, Alexander, § 16 Die einzelnen Urheberpersönlichkeitsrechte, in: *Loewenheim, Ulrich*, Handbuch des Urheberrechts, 3. Auflage, München 2021

Peukert, Alexander/Rehbinder, Manfred/Hubmann, Heinrich, Urheberrecht und verwandte Schutzrechte, 18. Auflage, München, 2018

Peukert, Alexander, Der Schutzbereich des Urheberrechts und das Werk als öffentliches Gut, 11-46, in: *Hilty, Reto M./Peukert, Alexander*, Interessenausgleich im Urheberrecht, Baden-Baden, 2004

Peukert, Alexander, USA: Ende der Expansion des Copyright?, GRUR Int 2002, 1012–1021

Radbruch, Gustav, Aphorismen zur Rechtsweisheit, in: *Kaufmann, Arthur* (Hrsg.), Göttingen, 1963

Ramsauer, Ulrich, Das Urheberrecht und Geschäftsgeheimnisse im UIG und IFG, Anwaltsblatt (AnwBl) 2013, 410–419

Ranieri, Filippo, Verbot des Rechtsmissbrauchs und Europäisches Gemeinschaftsprivatrecht, ZEuP 2001, 165–177

Rath, Christian, BGH wohl gegen „Zensurheberrecht" vom 09.01.2020, https://taz.de/Urteil-zu-Afghanistan-Leaks/!5651382&s=Afghanistan+Leaks/

Raue, Benjamin, Informationsfreiheit und Urheberrecht, Juristenzeitung 2013, 280–288

Raue, Peter, Zum Dogma von der restriktiven Auslegung der Schrankenbestimmungen des Urheberrechtsgesetzes, 327–342, in: *Loewenheim, Ulrich*, Urheberrecht im Informationszeitalter: Festschrift für Wilhelm Nordemann zum 70. Geburtstag, München, 2004

Rehbinder, Manfred, Kein Urheberrecht ohne Gesetzesrecht, 99–111, in: *Dittrich, Robert,* Woher kommt das Urheberrecht und wohin geht es? Wurzeln, geschichtlicher Ursprung, geistesgeschichtlicher Hintergrund und Zukunft des Urheberrechts, Wien, 1988

Rigamonti, Cyrill P., Geistiges Eigentum als Begriff und Theorie des Urheberrechts, Baden-Baden, 2001

Rigamonti, Cyrill P., Eigengebrauch oder Hehlerei? Zum Herunterladen von Musik- und Filmdateien aus dem Internet, GRUR Int 2004, 278–289

Roeber, George, Die Stellung der Filmberichterstattung im Urheberrecht, UFITA 1936, 336–352

Sachs, Michael, Sachs Grundgesetz Kommentar, 9. Auflage, München, 2021

Säcker, Franz Jürgen u.a., Münchener Kommentar zum BGB II, 9. Auflage, München, 2022

Schack, Haimo, Urheber- und Urhebervertragsrecht, 9. Auflage, Tübingen, 2019

Schack, Haimo, Zur Rechtfertigung des Urheberrechts als Ausschließlichkeitsrecht, 123–140, in: *Depenheuer, Otto/ Peifer, Karl-Nikolaus,* Geistiges Eigentum: Schutzrecht oder Ausbeutungstitel? Zustand und Entwicklungen im Zeitalter von Digitalisierung und Globalisierung, Berlin, 2008

Schack, Haimo, Urheberrechtliche Schranken, übergesetzlicher Notstand und verfassungskonforme Auslegung, 511–522, in: *Bodewig, Theo u.a*, Perspektiven des geistigen Eigentums und Wettbewerbsrechts: Festschrift für Gerhard Schricker zum 70. Geburtstag, München, 2005

Schäfer, Hans-Bernd/Ott, Claus, Lehrbuch der ökonomischen Analyse des Zivilrechts, 5. Auflage, Berlin, 2012

Schlingloff, Jochen, Das Urheberpersönlichkeitsrecht im Spannungsfeld von Kunstfreiheit und politischer Betätigungsfreiheit, GRUR 2017, 572–580

Schmale, Wolfgang/ Tinnefeld Marie-Theres, Öffentlichkeit, Geheimhaltung und Privatheit – Sichtweisen im Raum der europäischen Geschichte und in Cyberia, MMR 2011, 786–791

Schmieder, Hans-Heinrich, Die Rechtsstellung der Urheber und künstlerischen Werkmittler im privaten und öffentlichen Dienst, GRUR 1963, 297–303

Schoch, Friedrich, Informationsfreiheitsgesetz Kommentar, 2. Auflage, München, 2016

Schricker, Gerhard, Urheberrecht zwischen Industrie- und Kulturpolitik, GRUR 1992, 242–247

Schulte, Hans, Die Erfindung als Eigentum, GRUR 1985, 772–778

Schumann, Heribert, Fair Use im amerikanischen Urheberrecht, GRUR Int 1969, 125–134

Semsrott, Arne, Zensurheberrecht: Formelle Fehler bei einstweiliger Verfügung zum Glyphosat-Gutachten vom 06.06.2019, https://fragdenstaat.de/blog/2019/06/06/zensurheberrecht-landgericht-koln-formelle-fehler/

Senftleben, Martin, Grundprobleme des urheberrechtlichen Dreistufentests, GRUR Int 2004, 200–211

Senftleben, Martin, Die Bedeutung der Schranken des Urheberrechts in der Informationsgesellschaft und ihre Begrenzung durch den Dreistufentest, 159–186, in: *Hilty, Reto M./ Peukert, Alexander*, Interessenausgleich im Urheberrecht, 1. Auflage, Baden-Baden, 2004

Stallberg, Christian Gero, Urheberrecht und moralische Rechtfertigung, Berlin, 2006

Stern, Klaus/ Sachs, Michael, Stern/Sachs Europäische Grundrechte-Charta: GRCh Kommentar, 1. Auflage, München, 2016

Stieper, Malte, Der Trans Europa Express ist aus Luxemburg zurück – auf dem Weg zu einer Vollharmonisierung der urheberrechtlichen Schranken – Zugleich Anmerkung zu EuGH Urteilen vom 29.7.2019 – C-469/17, C-476/17, C-516/17, ZUM 2019, 713–720

Stieper, Malte, Reformistischer Aufbruch nach Luxemburg, GRUR 2017, 1209–1212

Stieper, Malte, Rechtfertigung, Rechtsnatur und Disponibilität der Schranken des Urheberrechts, Tübingen, 2009

Stierle, Martin, Der quasi-automatische Unterlassungsanspruch im deutschen Patentrecht, GRUR 2019, 873–885

Stierle, Martin, Das nicht-praktizierte Patent, Tübingen, 2018

Stürner, Rolf, Jauerning Bürgerliches Gesetzbuch Kommentar, 18. Auflage, München, 2021

Tushnet, Rebecca, Copy This Essay: How Fair Use Doctrine Harms Free Speech and How Copying Serves It, The Yale Law Journal 2004, Volume 114, 535–590

Ubertazzi, Luigi Carlo, Das EU-Reglement über die Urheberpersönlichkeitsrechte, GRUR Int. 2018, 110–127

Uchtenhagen, Ulrich, Die Urheberrechts-Systeme der Welt und ihre Verwurzelung in den geistigen Grundlagen des Urheberrechts, 29–42, in: *Dittrich, Robert*, Woher kommt das Urheberrecht und wohin geht es? Wurzeln, geschichtlicher Ursprung, geistesgeschichtlicher Hintergrund und Zukunft des Urheberrechts, 1988

Ulmer, Eugen, Urheber- und Verlagsrecht, 3. Auflage, Berlin, Heidelberg, 1980

Ulmer-Eilfort, Constanze/Obergfell, Eva Inés, Verlagsrecht Kommentar, 2. Auflage, München, 2021

von Ungern-Sternberg, Joachim, Werke privater Urheber als amtliche Werke, GRUR 1977, 766–773

Voßkuhle, Andreas, Rechtsstaat und Demokratie, NJW 2018, 3154–3159

Wadle, Elmar, Privilegien für Autoren oder für Verleger? Zeitschrift der Savigny-Stiftung für Rechtsgeschichte 2007, 144–166

Wandtke, Artur-Axel, Urheberrecht, 7. Auflage, Berlin, 2019

Wandtke, Artur Axel/ Bullinger, Winfried, Wandtke/Bullinger Urheberrecht, 5. Auflage, München, 2019

Wandtke, Artur Axel/ Bullinger, Winfried, Wandtke/Bullinger Urheberrecht, 2. Auflage, München, 2006

Wandtke, Artur-Axel, Grundsätze der Richtlinie über das Urheberrecht im digitalen Binnenmarkt, NJW 2019, 1841–1847

Wandtke, Artur-Axel/Hauck, Ronny, Urheberrecht versus Pressefreiheit, NJW 2017, 3422–3425

Wandtke, Artur-Axel, Grenzenlose Freiheit der Kunst und Grenzen des Urheberrechts, ZUM 2005, 769–776

Weber, Klaus, Creifelds Rechtswörterbuch, 27. Edition, München, 2021

Weinreb, Lloyd L., Copyright for Functional Expression, Harvard Law Review 1998, Volume 111, 1149–1254

Yoo, Christopher S., Copyright and Democracy: A Cautionary Note, Vanderbilt Law Review 2000, Volume 53, 1933–1964